老人服務與照護

服務與照護

Elderly Services and Care

黃惠璣 ◎主編

陳人豪、黃惠璣、蕭文高、
郭旭格、陳政雄、陳俊佑、
陳瑛瑛、曾月盃、詹鼎正、
石慧玲、毛慧芬、張淑卿、
黃源協、蔡秋敏、王寶英、
林志鴻、莊秀美、林綺雲 ◎著

主編序

隨著醫療科技快速發展，人類壽命得以延長，加上少子化的社會現象，高齡人口比率逐年遞增，人口結構老化遂成為世界趨勢。依據世界衛生組織調查推估至西元2025年，全球65歲以上人口將高達十二億人。行政院經濟建設委員會推計，台灣65歲以上人口比例將由2006年的10%，增至103年的13%，之後快速上升，至2051年預估可達37%。順應高齡人口快速成長的需求，高齡者照護儼然成為當今刻不容緩之重要議題。老人因生理功能隨著年齡增加而衰退，疾病的症狀與老化現象交替使疾病不易診斷，長期慢性疾病使照護的複雜度增加，需要跨專業領域的團隊共同照護。 但目前坊間的書籍多是書寫照護技巧，較少有適合跨領域者彼此研讀的書籍。因之，一本提供從事長期照護領域工作之護理師、社工師或照顧服務員等使用的工具書，增加彼此瞭解及合作，則益顯重要。

在構思單元內容時感謝郭旭格醫師、陳政雄老師、蔡秋敏科長提供的建議，才有一時之選的作者，更感謝各單元的作者不遺餘力呈現自己的專業與實務。本書由淺顯易懂的筆觸呈現照護、服務、新興議題三篇。第一篇「照護篇」：由老人的特性、活動、安全照護、環境的安排、健康促進、社區參與，談論如何照護老年人。第二篇「服務篇」：探討如何提供老年人居家、社區及機構的服務。第三篇「新興議題」：瞭解照護老人的倫理議題、如何提供失智者治療性環境、淺談長期照護保險制度，甚至議及老人服務產業、老人自殺等老人照護之特殊議題。

長期照護是勞心勞力的工作，提供良好照護品質的主要方法有：足夠的照護人力及照護能力，經營者負起社會責任追求品質降低利潤，學

者負起專業及社會責任盡力指導及教育民眾，以及合宜的政令等。本書期望「擲地有聲」，聚集社會人文關懷的力量，提升照護品質，尚祈先進及讀者不吝賜教。

黃惠璣 謹序

2011年10月

作者簡介

黃惠璣

學歷：University of Ulster at Northern Ireland, UK 護理科學博士
現職：私立長庚科技大學護理系副教授
經歷：國立台北護理健康大學護理系副教授
　　　國立台北護理學院長期照護研究所副教授

陳人豪

學歷：美國哈佛大學公衛學院公衛碩士
　　　台大醫學院醫學系畢業
現職：台大醫院老年醫學部暨內科部主治醫師
　　　台大醫學院內科臨床講師
經歷：台大醫院內科部主治醫師
　　　美國哈佛大學醫學院老年醫學科專科醫師訓練
　　　台大醫院內科部住院醫師
　　　署立台北醫院內科住院醫師

蕭文高

學歷：國立暨南國際大學社會政策與社會工作博士
現職：朝陽科技大學社會工作系助理教授
經歷：彰化縣政府社會局身心障礙福利課課員
　　　朝陽科技大學老人服務事業管理系專任助理教授

郭旭格

學歷：美國哈佛大學公衛學院公衛碩士
陽明大學醫學院醫學系畢業
現職：美國University of Texas Medical Branch內科醫師
經歷：台大醫院老年醫學部暨內科部主治醫師
台大醫學院內科兼任助理教授
國家衛生研究院老年組助研究員
美國哈佛大學醫學院老年醫學科專科醫師訓練

陳政雄

學歷：私立中華大學建築與都市計畫學系碩士
現職：陳政雄建築師事務所負責人
老人建築研究室主持人
中原大學建築研究所、台北科技大學建築研究所、實踐大學
家庭研究與兒童發展研究所兼任副教授

陳俊佑

學歷：東吳大學社會工作學系碩士
高雄醫學院醫學社會學系學士
現職：財團法人天主教失智老人社會福利基金會社工主任
臺北市萬華老人服務中心主任
經歷：羅東博愛醫院社工員
台北縣愛德養護中心社工組長
東吳大學社工系、長庚技術學院老人照顧系兼任講師

陳瑛瑛

學歷：國立陽明大學公共衛生研究所流行病學組博士
現職：台北榮民總醫院感染管制室護理長
　　　國立陽明大學護理學院兼任助理教授

曾月盂

學歷：台北護理學院長期照護研究所碩士
現職：衛生署基隆醫院護理科督導
經歷：台北市中山醫院急診室護理師
　　　衛生署基隆醫院內科、外科護理師
　　　衛生署基隆醫院護理之家護理長
　　　衛生署基隆醫院護理科教育規劃暨長期照護督導

詹鼎正

學歷：美國約翰霍普金斯大學公共衛生學院衛生政策與管理學系老
　　　人學與長期照護博士
現職：台大醫院內科部暨老年醫學部主治醫師
　　　台大醫院老年醫學部代理主任
　　　台大醫學院內科臨床助理教授
　　　台灣老年學暨老年醫學會理事
　　　中華民國骨質疏鬆症學會秘書長

石慧玲

學歷：中山醫學院營養學系
現職：國立台灣大學醫學院附設醫院北護分院營養師
經歷：東元綜合醫院營養師
　　　國泰綜合醫院汐止分院營養師

毛慧芬

學歷：美國波士頓大學職能治療研究所碩士
現職：台灣大學職能治療學系助理教授
　　　台大醫院復健部兼任職能治療師
經歷：行政院長期照護制度推動小組第一屆民間委員
　　　台灣職能治療學會理事長
　　　新光吳火獅紀念醫院復健科職能治療組組長
　　　美國South Cove Manor職能治療師

張淑卿

學歷：陽明大學公共衛生研究所衛生福利政策組博士候選人
現職：輔仁大學護理系兼任講師
　　　內政部老人福利機構評鑑委員
經歷：中華民國長期照護專業協會秘書長
　　　台北醫學大學護理系專任講師

黃源協

學歷：英國新堡大學（Newcastle upon Tyne）社會政策博士
現職：國立暨南國際大學社會政策與社會工作學系教授兼人文學院
　　　　院長
　　　台灣社會工作管理學會理事長
經歷：英國倫敦政經學院、布萊頓大學訪問學人

蔡秋敏

　　學歷：東海大學社會工作博士班進修中
　　　　　輔仁大學社會工作碩士
　　現職：新北市政府社會局兒童少年福利科科長
　　經歷：台北市政府社會局老人福利科專員
　　　　　台北縣政府社會局老人福利課課長
　　　　　台北市立浩然敬老院社工組組長

王寶英

　　學歷：國立台北護理學院長期照護研究所碩士
　　現職：台北市私立聖若瑟失智老人養護中心機構主任
　　經歷：台北縣愛德養護中心護理組長
　　　　　台灣世界展望會專員
　　　　　私立長庚醫院護理師

林志鴻

　　學歷：德國Bielefeld大學社會學院社會科學博士
　　　　　東海大學社會研究所碩士
　　經歷：國立台北大學社會工作學系專任副教授
　　　　　國立中正大學社會福利學系專任助理教授
　　　　　行政院經濟建設委員會研究員

莊秀美

　　學歷：日本久留米大學比較文化研究科博士
　　現職：東吳大學社會工作學系教授
　　經歷：東吳大學社會工作學系講師、助理教授、副教授

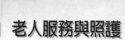

林綺雲

學歷：東海大學社會學研究所博士
現職：國立台北護理健康大學人類發展與健康學院院長
　　　國立台北護理健康大學生死教育與輔導研究所教授兼所長
　　　社團法人台灣失落關懷與諮商協會第一、二屆理事長
　　　社團法人台灣生命教育學會終生會員兼理事

目　錄

第一篇

照護篇

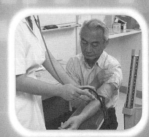

第一章

◉—陳人豪

老人的生物生理

學習重點

1.老化的定義與學說。

2.老化的生理改變。

3.正常老化與疾病的區別。

前言

一個人自出生後便開始進行老化過程，一直到死亡為止。老化的過程相當複雜，且不同人之間的老化速率並不相同，甚至一個人各個器官之間的老化速率也不相同。此外，老化與疾病經常並存，一般人常將疾病的症狀誤以為是老化所造成。因此，吾人需熟悉老化對各器官功能之影響，對於無法以正常老化來解釋的臨床表現或症狀，一定要追究其可能病因，並設法治療之。

老化的定義與學說

老化是指一個人隨著時間流逝所發生之所有不能歸因於疾病之改變的總和。一個人的年齡可依據其出生日期來計算之，稱為時序年齡（chronological age）；也可依生理功能來決定，稱之為生理年齡（physiological age）。即使是時間年齡相同，在老化過程中之生理功能的改變可能不同。尋常的老化（usual aging）是指一個人的老化過程遵循所屬族群的平均範圍。老化的過程除了老化本身的影響之外，還會受到環境、生活型態、棄用（disuse）或疾病等其他因素之影響。一個人在老化的過程中，若能將老化以外的因素所造成之功能衰退減至最小，則稱為成功的老化（successful aging）。

目前有關老化的學說很多，大致上可分成兩大類：基因預設（genetic program）與隨機破壞（stochastic or random damage）。前者認為預設的基因結構或基因表現之改變導致老化；後者則認為老化是由於體內大分子物質（如核酸、蛋白質等）隨時間所累積的各種隨機破壞超過體內的修復能力，這些隨機破壞可能源於自由基、氧化或醣甘化（glycation）等。總而言之，老化可能是由各種遺傳與環境等因子之間

交互作用所造成的現象。

 老化的生理改變

所有老化生理的研究皆來自觀察一群常人的某些特定生理功能隨年齡差異所產生的變化。在老化的過程中，個人歧異性愈來愈大。因此，臨床上在面對特定之老人時，即使其某一器官並未罹病，該器官功能因老化改變的程度也未必會遵循同一族群正常老化的範圍，故需因人而異做不同之判斷與考量。不同個體或族群間以不同的速率老化，即使是同一個體的不同器官也以不同的速率老化。單純由老化造成之功能改變通常很輕微，所以比較年輕人和老人在基礎狀態下的器官功能時，常不易分別兩者間的差異。若是藉由壓力測試來挑戰器官功能的極限時，較能分別出年輕人和老人器官功能的差異。

由於以華人為對象的老化研究不多，本文所探討之資料及數據大多係引用歐美之相關文獻。然而，西方人與華人在遺傳或生活環境上有相當的差異，其老化的現象是否相似，仍需進一步研究。

一、心臟血管系統

正常心臟在休息狀態下的心輸出量（cardiac output）與心搏量（stroke volume）不太受老化影響，但心臟對交感神經或其介質鄰-苯二酚胺（catecholamine）的刺激反應變差。運動時可達到的最快心跳速率會隨年齡之增長而大致呈線性下降，此心率稱之為最大心率（maximum heart rate），吾人可用220減去年齡來估算之。此外，老人在運動後心臟恢復常態需較長的時間。隨年齡增加，心肌鬆弛的速率變慢，在舒張早期由左心房流入左心室的血液量減少，因此更需要左心房的收縮來維持心臟的前負荷（preload）。另外，周邊血管阻力上升，壓力反射（baroreflex）的敏感度變差。在血壓方面，多數研究顯示收縮壓與脈壓

（pulse pressure）會隨年齡而上升，舒張壓則從約35歲增加至約60歲後便不再上升，之後甚至可能稍微下降。

對血壓正常的人而言，其心臟體積通常不會因老化而改變，但左心室壁的厚度可稍微增加。心肌細胞的數目隨老化持續緩慢減少，竇房結（Sinoatrial node, SA node）之細胞數目從20歲開始減少，至75歲時僅剩約10%。單一心肌細胞的體積變大，其內可發生各種退化現象，包括脂褐質（lipofuscin）堆積。心肌細胞間之纖維組織增加，也可能有類澱粉沉積（amyloidosis），而心臟瓣膜與傳導系統（conduction system）可發生纖維化與鈣化。此外，動脈會隨年齡增加而變長並呈現紆曲，動脈內膜稍變厚，內皮細胞的大小、形狀與排列變得較不一致，使得內膜較不光滑。動脈壁中層之平滑肌層變厚，鈣化增加，彈性蛋白斷裂增多。

至於動脈硬化是老化或疾病，目前或許仍有爭議。但老人動脈硬化的高盛行率卻是不爭的事實。動脈硬化使老人較易發生高血壓、冠狀動脈疾病與腦中風。此外，竇房結與傳導系統的退化，使老人較易罹患病竇症候群（sick sinus syndrome）與傳導異常（conduction disturbance）。壓力反射變差與血管彈性變差可能使老人較易發生姿勢性低血壓（orthostatic hypotension）。由於在老人心臟的前負荷依賴左心房收縮之比重較高，若罹患心房纖維顫動（atrial fibrillation）時，其心輸出量所受的不利影響將大於年輕人。

二、呼吸系統

胸廓前後徑隨年齡增加逐漸擴大，胸廓因肋骨鈣化與肋間肌強度減弱而逐漸失去彈性。吐氣時肺臟回彈（recoil）的能力隨老化而變差，呼吸肌肉的強度與耐力下降，通氣（ventilation）與灌注（perfusion）的不協調（mismatch）增加，一氧化碳擴散容量（diffusion capacity for carbon monoxide, DLco）下降。肺功能隨老化所發生的變化包括全肺容量（total lung capacity）略降、肺活量（vital capacity）下降、殘餘容量（residual volume）上升及閉鎖容量（closing volume）上升。從20歲至60歲肺部

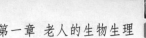

無換氣功能的空間（dead space）可增加20-40%。一秒內最大吐氣容積（forced expiratory volume in one second, FEV1）從20歲左右開始逐年下降，不吸菸者每年約減少20-30毫升，吸菸者每年可減少70-80毫升。

由於通氣與灌注的不協調增加，動脈血氧分壓（PaO_2）每十年約下降3.2毫米汞柱，吾人可用100減去年齡的三分之一來估算該年齡可接受的動脈血氧分壓。另外，隨著年齡增加，動脈血氣體酸鹼值（pH）維持不變或稍微下降，二氧化碳分壓（$PaCO_2$）維持不變或稍微上升，此二者即使稍有變化，仍在一般參考值內。此外，呼吸道纖毛的活動力和數目下降，咳嗽功能變差，呼吸中樞對通氣的支配亦變差。氣管與支氣管直徑變大，肺泡變平，肺泡中膈變薄，肺泡表面積每十年約減少4%。此外，肺泡的微血管數目減少，而微血管纖維化增加，肺泡壁的彈性蛋白斷裂，肺泡的基底膜變厚。上述變化使老人在呼吸時，必須付出較大的功，對激烈運動的耐受力變差，也容易發生肺部感染。

三、腎臟

隨著年齡增加，腎臟每單位質量的平均血流量下降，其中腎皮質部的血流量減少較為顯著，髓質部則較無變化，存活的腎元（nephron）之灌流量因代償而變大。為維持腎絲球過濾率（glomerular filtration rate），過濾分率（filtration fraction）因而上升，肌酸酐廓清率（Creatinine Clearance, Ccr）約以每年每平方米每分鐘約0.8毫升的速率下降。然而，有長期追蹤之縱向性研究顯示，約有三分之一的人腎絲球過濾率不隨老化而改變，約三分之一的人則緩下降，另三分之一的人較明顯退化，但少於5%的人則呈現上升現象，可見個體差異隨老化愈來愈明顯。在正常情況下，雖然老人的肌酸酐廓清率下降，但是血清肌酸酐濃度並不會上升，主要是老人的肌肉質量變少，由肌肉之肌酸（creatine）分解來的肌酸酐變少。此外，腎小管有許多功能變差，包括葡萄糖與胺基酸再吸收、鈉離子和鉀離子之保存與分泌的功能、尿液稀釋以及濃縮與尿液酸化等。在體液不足時，老人的腎素（renin）與醛

固酮（aldosterone）分泌量較低，而腎小管對抗利尿激素（antidiuretic hormone）的反應較遲鈍。腎臟活化維生素D的能力變差，但紅血球生成素（erythropoietin）的製造能力則不受老化影響。

　　腎臟的質量從30歲至80歲減少25-30%，大多是屬於腎皮質的質量減少。腎元的數目到80歲時可減少30-40%，尤其是擁有亨利氏環（Henle's loop）而具最強濃縮尿液能力的腎元減少最多。自發性腎絲球硬化（glomerular sclerosis）的比例可從40歲時1-5%增至80歲10-30%，腎膈細胞（mesangial cell）數目亦增加。腎小管的長度縮短、容積減小，遠端腎小管或集尿小管發生憩室（diverticulum）的比例上升。腎間質纖維化，基底膜變厚。輸入小動脈（afferent arteriole）變成螺旋狀，而輸出小動脈（efferent arteriole）與弓狀動脈（arcuate artery）則變細。

　　在基礎狀態下，腎臟老化並不會造成水分、電解質（鈉離子、鉀離子與氯離子）或酸鹼代謝的異常。但在面臨壓力時，老化的腎臟因預留量（reserve）不足，容易發生急性腎衰竭與水分、各種電解質失衡及酸鹼不平衡。從遠端腎小管產生的憩室可變成感染病灶或形成良性腎囊腫。許多藥物需經腎臟排泄，醫師宜依據年齡估算肌酸酐廓清率來開立處方，之後再根據對治療的反應與藥物濃度監測來調整藥物劑量。最常用來估算肌酸酐廓清率的公式為Cockcroft及Gault所提出，其後由Lott及Hayton修正：

$$Ccr\ (ml/min) = \frac{[\ (140\text{-age})\ \times \textbf{lean body weight}\ (kg)\ ]}{72 \times \textbf{serun creatinine}\ (mg/dl)}$$

（女性：乘以0.85）

四、肝膽腸胃系統

　　隨著年齡增加，口腔黏膜逐漸萎縮，唾液腺之腺泡細胞（acinar cell）部分被結締或脂肪組織取代而稍有減少。牙齒之牙釉質（enamel）

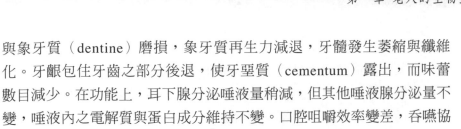

與象牙質（dentine）磨損，象牙質再生力減退，牙髓發生萎縮與纖維化。牙齦包住牙齒之部分後退，使牙堊質（cementum）露出，而味蕾數目減少。在功能上，耳下腺分泌唾液量稍減，但其他唾液腺分泌量不變，唾液內之電解質與蛋白成分維持不變。口腔咀嚼效率變差，吞嚥協調性下降。上述改變使老人易有牙周發炎與蛀牙，因而導致牙齒缺損。牙齒與味蕾的改變會影響正常進食，使老人容易營養不良。此外，老人也容易因吞嚥失調發生吸入性肺炎。

食道上三分之一的橫紋肌與下三分之二的平滑肌因老化呈肥厚變化，腸肌神經節細胞（myenteric ganglion cell）數目減少。食道蠕動收縮的幅度減小，但影響食物運送功能的食道收縮時機、速率與收縮持續時間則維持不變，食道下方括約肌的功能也不隨老化改變。

胃的蠕動力（motility）與排空（emptying）功能不變，但當食物由食道進入胃部時，胃放鬆以容納食物的能力較差。胃蛋白酵素（pepsin）與內因子（intrinsic factor）的分泌減少，胃壁前列腺素（prostaglandin）的合成變差。若胃酸分泌減少，可能會使鈣、鐵及某些藥物（如ketoconazole）不易在小腸被吸收。過去研究顯示約九成的老人可在基礎狀態下酸化胃內容物。

腸道絨毛萎縮，黏膜細胞增生減緩，腸肌層之神經元數目減少，淋巴組織也變少。功能上，腸道的蠕動力變差。小腸因乳糖酵素減少，使乳糖不易被分解吸收。小腸的維生素D受器減少，使維生素D與鈣的吸收下降。然而一些脂溶性物質（如維生素A、維生素K與膽固醇）的吸收反而變好。大腸的收縮協調性變差，並由於類鴉片受器（opioid receptor）的數目在大腸內增加，使老人易因藥物使用產生便祕。另外，肛門的緊張度（tone）下降使老人易大便失禁。

肝臟質量隨年齡增加而逐漸減少，流經肝臟的血流量每十年約減少10%，其內膠原蛋白與脂褐素的含量則增加。肝細胞數目下降，但單一肝細胞體積則增大，且再生能力減退。一般臨床上測量的肝功能，包括天門多胺酸轉胺酶（aspartate aminotransferase, AST）、丙胺酸轉胺酶（Alanine Aminotransferase, ALT）及膽紅素（bilirubin），其數值不會因

老化而改變。血清白蛋白約每十年每100毫升下降0.054克，然而此變化大部分要歸因於營養不良或疾病。鹼性磷酸酶（alkaline phosphatase）與丙種麩氨酸轉酵素（γ-glutamyl transpeptidase）隨年齡增加而稍微上升，但仍在參考值內。肝臟的微小體（microsome）代謝藥物可分為第一相與第二相反應。第一相反應會隨老化而變差，而第二相反應則不隨老化而有明顯改變。事實上，抽菸、喝酒、喝咖啡與不同藥物的交互作用對肝臟代謝藥物的影響遠大於老化本身的作用。

胰臟體積縮小，血流減少，總胰管管徑變粗，腺泡萎縮。各種消化酵素的分泌量稍減少，但仍可供應生活所需。至於膽囊，其膽汁中成分的結石產生指數（lithogenic index）上升。

五、內分泌系統

(一)血糖與胰島素

在50歲以後，空腹血糖每十年每100毫升上升約5毫克，飯後二小時血糖每十年每100毫升上升約5-10毫克，糖化血色素（HbA1C）亦稍微上升，但仍在參考值範圍內。胰臟分泌胰島素（insulin）的能力下降，但血漿內胰島素濃度反呈上升，可能是由於胰島素的清除速率減緩與周邊組織對胰島素有抗性。老人分泌的胰島素也有較高比例呈現活性較低的前胰島素（proinsulin）狀態。此外，肌肉減少、脂肪增加與活動量不足會加重胰島素抗性，故適當的運動對老人十分重要。

(二)甲狀腺素

隨著老化，甲狀腺實質的纖維化增多，濾泡的上皮細胞變成較扁平且分裂減少。血管的變化使濾泡與血液間的物質傳送變差。四碘甲狀腺素（thyroxine, T4）的分泌減少，但其代謝清除速率也變慢，所以血中濃度維持不便或稍降。由於周邊組織將四碘甲狀腺素轉換成三碘甲狀腺素

（triiodothyronine, T3）的能力變差，而老人代謝清除三碘甲狀腺素的能力不變，所以血中三碘甲狀腺素濃度略爲下降，但仍在參考值範圍內。然而，有人認爲正常老化過程中血中三碘甲狀腺素濃度並不會改變，所觀察到的下降是疾病所致。血中甲促素（Thyroid-Stimulating Hormone, TSH）濃度不變或略升。在老人服用甲狀腺素時，需考慮身體基礎代謝率下降與四碘甲狀腺素代謝清除速率變慢，並適當減少使用劑量。

(三)副甲狀腺素與抑鈣素

　　副甲狀腺素細胞與甲狀腺內的C細胞〔分泌抑鈣素（calcitonin）〕在老化過程中所發生的結構變化很少。副甲狀腺素與抑鈣素二者皆和血鈣與磷的調節相關。副甲狀腺素隨年齡增加而上升，可能是因爲活化維生素D減少，故對副甲狀腺素分泌的抑制變小。至於老人血中抑鈣素濃度則不變或下降。血清游離鈣濃度隨年齡增加而稍微降低，但仍在參考值的範圍內，而血清總鈣濃度則變化不大。血清磷雖隨年齡增加而降低，但仍在參考值的範圍內。

(四)腎上腺分泌的荷爾蒙

　　不論是基礎或刺激狀態下，血中腎上腺皮質素（cortisol）或腎上腺皮質促進素（Adrenal Corticotropic Hormone, ACTH）濃度不受老化影響，此二激素的晝夜節律（circadian rhythm）也不因老化而改變。此外，腎上腺皮質素的分泌與清除亦維持不變。

　　腎上腺分泌的雄性素（androgen）主要是脫氫表雄酮（dihydroepiandrosterone, DHEA），此激素的分泌受腎上腺皮質促進素的調節，成年以後DHEA的分泌量每十年約減少10%。近年來DHEA被視爲一種抗老化的藥物，有人認爲補充DHEA可減緩某些生理或心理功能的老化，但DHEA與老化之間的因果關係仍不清楚。

　　隨著年齡增加，腎上腺皮質醛固酮（aldosterone）的分泌、血中濃度與清除速率皆下降，但在一般狀況下因代償機轉並不會發生電解質異

常。另外，在限制食鹽攝取或水分不足時，腎素與醛固酮的上升幅度也較低，影響鈉鹽與水分保存。正腎上腺素（norepinephrine）的血中濃度與尿液排泄量皆逐漸上升，可能是此激素的目標器官對其有抗性。

(五)生長激素與體制素

在基礎狀態下，老人血中生長激素（growth hormone）濃度與其清除速率變化不大，然而在壓力狀態下，老人的生長激素分泌較為遲緩且不足。一天中生長激素的分泌高峰在半夜，有些研究顯示老人在此時段的分泌量較低。類胰島素生長因子（insulin-like growth factor）可在周邊組織執行生長激素的功能，有些研究顯示其血中濃度在老人會下降。老人血中體制素（somatostatin）或生長激素抑制素（growth hormone-inhibiting hormone）的濃度高於年輕人。

(六)抗利尿激素

老人的下視丘在血液滲透壓上升時分泌的抗利尿激素（antidiuretic hormone）比年輕人多，可代償腎小管對抗利尿激素的抗性。某些藥物可能會增加抗利尿激素的分泌或強化其作用，這些藥物包括三環抗憂鬱劑（tricyclic antidepressants）、選擇性血清素再吸收抑制劑（selective serotonin reuptake inhibitors）、非類固醇類抗發炎藥物（nonsteroidal anti-inflammatory drugs）等，在開立上述藥物時需監控血清鈉離子濃度。

(七)心房利尿鈉因子

心房利尿鈉因子（atrial natriuretic factor）在老人之血中濃度可能因腎臟的抗性增加而上升，此激素可能和老人的夜尿症（nocturia）有關。

(八)褪黑激素

老人的松果體（pineal gland）分泌褪黑激素（melatonin）的量可能會減少，但個人差異極大。有人認為此激素的減少會導致老人的免疫

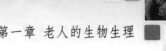

力、抗癌、代謝或自主神經的調控變差。

六、肌肉與骨骼系統

由於肌纖維的數目減少與體積減小，肌肉質量從30歲至80歲約可減少30-40％，其中以下肢近端的肌肉減少最多。然而，個人差異頗大，同一個體的不同肌肉群也可有很大的差異。愈常使用的肌肉愈不易隨老化而失去功能（如橫膈膜）。隨著年齡增加，肌肉內脂肪與纖維化成分漸增，肌纖維的數目與體積皆漸減，尤其是快速收縮的第二型肌纖維（type II）。肌肉細胞因老化所造成的改變包括收縮蛋白合成減緩、粒腺體數目減少與分解肝醣酵素活性降低等。此外，肌肉內神經支配也減少，並且在神經肌肉交界（neuromuscular junction）發生許多改變，使神經傳導訊息不易由神經末梢傳到肌纖維。

由於肌肉與葡萄糖的代謝及產熱有關，老人較易發生葡萄糖耐受不良（glucose intolerance）與體溫過低（hypothermia）。另外，因為肌肉變少及脂肪增加，水溶性藥物的分布容積（volume of distribution）會減小而較易發生藥物中毒，脂溶性藥物則因分布容積變大而使藥物的半衰期延長。老人的肌肉強度可經由訓練而增強，故復健治療可矯正廢用性萎縮（disuse atrophy）。

約從二十幾歲開始，骨頭吸收（resorption）的速率逐漸超過骨頭形成（formation）速率，導致骨頭質量下降。女性在一生中可損失35%緻密骨和50%海綿骨，骨質減少在停經前後開始加速進行。男性一生損失的骨質約為女性的三分之二。此外，骨頭內膠原蛋白隨老化失去彈性，身體修補顯微骨折（microfracture）的速率也變慢。上述因子使骨頭的強度變差而容易發生骨折。若骨質流失過快，使骨頭無法維持結構上的完整性，會導致骨質疏鬆症（osteoporosis）。骨頭的代謝受到許多因子的調節，為防止骨質疏鬆症，在年輕時應注意鈣質與維生素D的攝取，並多運動，以貯存「骨本」。另外，關節軟骨的表面由平滑逐漸變粗糙，軟骨的強度變差，水分含量減少。骨關節炎（osteoarthritis）是老人常見

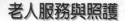

的疾病，但常被誤認為是老化現象，應加以治療之。

七、神經系統

從20歲至80歲，大腦的重量約減少5-7%，大腦的血流量也變少。大腦灰質（grey matter）與白質（white matter）皆萎縮，過去研究顯示50歲以前灰質減少較白質多，50歲以後則相反。神經元（neuron）的數目也隨老化而逐漸減少，但受影響的部位不是廣泛性的，而是以較大的神經元減少較多，包括小腦、大腦藍斑核（locus coeruleus）與黑質（substantia nigra）等。神經膠質細胞（glial cell）的數量則增多、神經元的樹突（dendrite）數量減少，突觸（synapse）的密度降低。周圍神經與自主神經系統除神經元數量減少外，神經幹內的神經纖維數量也變少。

腦內的酵素、神經傳導物質與受器的數目和功能會因老化發生許多改變。神經傳導速率隨老化而變慢，老人處理分析感覺訊息的速率減慢，執行運動反應所需時間也較長。但是並非所有大腦功能受老化影響，例如：語言能力維持不變，而智力受老化影響也不大。老人的睡眠時間減少，熟睡與快速動眼（rapid eye movement）睡眠的比率也減少。

大腦功能退化使老人容易因疾病或藥物的影響而發生譫妄症（delirium）。睡眠型態的改變，使失眠成為老人常見的問題。此外，翻正反射（righting reflex）變慢，也與老人容易跌倒有關。

八、感官系統

(一)眼球及視覺

隨著老化，眼球周圍組織彈性變差，眼瞼變得鬆弛，易有眼瞼外翻或內翻。結膜會萎縮且變黃，而角膜則沒有變化，前房的容積變

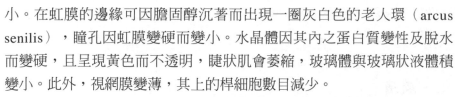

小。在虹膜的邊緣可因膽固醇沉著而出現一圈灰白色的老人環（arcus senilis），瞳孔因虹膜變硬而變小。水晶體因其內之蛋白質變性及脫水而變硬，且呈現黃色而不透明，睫狀肌會萎縮，玻璃體與玻璃狀液體積變小。此外，視網膜變薄，其上的桿細胞數目減少。

在功能上，淚腺製造淚液功能變差，角膜對觸覺的敏感度在高齡者可減退50%，瞳孔對光的反應也變得較遲緩。水晶體的調節（accomodation）能力變差，光線通過水晶體時易產生散射。視力敏銳度（acuity）變差，尤其是對動態的物體更不易看清楚。眼睛對顏色的感覺會改變，對深淺的感覺會減退，對色彩對比的靈敏度下降，對光線明暗改變的適應也變差。由於上述變化，使老人易有白內障、老花眼與青光眼。視覺老化與眼疾使老人視力變差而易發生跌倒或其他意外。老人也宜避免在夜間開車，以免因對向來車突來之閃光而發生意外。

(二)耳朵及聽覺

外耳道壁變薄，耳垢變乾而黏，鼓膜變厚。中耳內聽小骨間的關節退化，在內耳的毛細胞與聽神經元數目減少。隨著老化，高頻與低頻聽力都變差，尤以高頻聽力下降更明顯，這使老人不易分辨說話時發出的子音。當兩耳聽力減退程度不一致時，可造成聲音來源定位困難。與人交談時，若對方說話速率較快或環境中有迴音干擾時，老人不易聽清楚。以上變化使老人易有耳垢阻塞與失聰，老人也可因聽力不佳而易發生意外。在與老人交談時，宜放慢說話速率，並在安靜的環境中進行，避免太多迴音或背景雜音。

(三)嗅覺及味覺

嗅神經元持續減少使老人嗅覺減退，可能進而影響食慾，也可能使老人在瓦斯外洩時因不易察覺而發生瓦斯中毒之意外。舌頭上的味蕾與味覺中樞的神經元減少，使味覺的閾值上升，而不同味覺的衰退速率不一。有高血壓的老人可能會因味覺衰退導致吃很多鹽還不覺得鹹，故無

法做好低鹽飲食治療。老人可能因「食之無味」而影響食慾，長久影響可能導致營養不良。

九、皮膚

隨著年齡增加，表皮內的基底細胞（basal cell）、黑色素細胞與蘭格罕氏（Langerhans cell）細胞數目減少，真皮與表皮界面變得較為平坦。真皮厚度可減少20%，其內纖維母細胞與血管數目減少，膠原蛋白與彈性蛋白含量變少，而膠原蛋白的交互連結（cross-linking）增加。皮膚附屬器的改變包括汗腺萎縮、毛髮失去色素、頭髮變少及感覺受器〔巴齊尼氏小體（Pacinian corpuscle）及梅斯納氏小體（Meissner's corpuscle）〕數目下降。

基底細胞分裂成熟為表皮細胞並形成角質層的速率從30歲至70歲可減少50%。汗腺與皮脂腺功能變差，指甲生長速率變慢，維生素D_3合成減緩，皮膚感覺變差，皮膚發炎能力與吸收功能下降，膠原蛋白失去彈性。上述變化使老人的皮膚較乾燥、粗糙及脆弱，自我防衛能力下降。一旦有傷口發生，癒合的速率也較為緩慢。老人也不易藉排汗來達到散熱調節體溫的目的，易發生中暑或體溫過高現象。高齡老人踝關節附近若失去振動覺（vibration sensation），可能只是老化的影響，未必代表有疾病。為保護皮膚，老人宜避免過度日曬，以減少光老化（photoaging）之皮膚病變。為避免皮膚過於乾燥，可塗抹油性物質（如凡士林）加以保濕。

十、生殖系統

(一)女性

卵巢的體積縮小，呈纖維化，殘存卵細胞（oocyte）數目明顯減

少，黃體（corpus luteum）與白體（corpus albicans）萎縮。卵巢對濾泡促素（follicle-stimulating hormone）與黃體生成素（luteinizing hormone）的反應變差，動情素（estrogen）的製造明顯下降，黃體素（progesterone）與睪固酮（testosterone）的分泌也減少。子宮與陰道均萎縮，陰道內之肝醣含量減少導致乳酸菌減少，使陰道酸鹼值上升，進而易滋生致病細菌群，而且基態與性交時陰道潤滑液之分泌皆減少。由於動情激素不足，乳房內之乳腺逐漸退化，再加上韌帶支撐與肌肉張力變差，使乳房鬆弛下垂。

停經除了造成生育能力喪失，也可造成停經症候群與心理調適障礙。動情素減少使膀胱與尿道黏膜萎縮，故老年女性容易罹患膀胱炎與尿道炎。失去動情激素的保護作用，停經婦女也較易有動脈硬化、高脂血症、冠狀動脈疾病與骨質疏鬆症等疾病。

(二)男性

睪丸中的細精管退化，製造精子的塞爾托利氏（Sertoli）細胞變成多核，精子產量變少，精子活動力變差，帶有異常染色體的精子比例上升。分泌睪固酮的萊迪希氏（Leydig）細胞之數目與功能皆下降，而血中與睪固酮結合的球蛋白濃度則上升，所以游離態的睪固酮減少，抑制素（inhibin）的分泌也減少。攝護腺良性增生（benign prostatic hyperplasia）的盛行率隨著年齡增加而上升，有學者認為這是老化現象，並非疾病。攝護腺良性增生除造成排尿障礙，也使罹患泌尿道感染的機率增加。此外，攝護腺在射精時的分泌量隨老化而減少。老年男性雖然生殖力逐漸下降，但不會像女性完全失去生育力。睪固酮的濃度降低與老年男性失去性慾有關。

十一、造血與免疫系統

在老化過程中，骨髓的質量減少而脂肪量則增加。血比容和血色素

隨年齡增加而下降，血清鐵含量逐漸下降。在需要快速生成紅血球時，老人骨髓反應則較緩慢且不足。不論男女，老人的血色素若每100毫升低於12克，即屬於貧血。貧血是老人常見的疾病，應對所有老人的貧血詳查其原因，不可單歸諸老化。另外，紅血球沉降速率（erythrocyte sedimentation rate）本身不隨老化而改變，但老人的紅血球沉降速率有偏高的傾向，可能與老人的高罹病率有關。老人之凝血酶原時間（prothrombin time）與活化凝血酶時間（activated partial thromboplastin time）不隨年齡改變，但纖維素原（fibrinogen）、第七及第八凝血因子（clotting factor VII與VIII）及D-二聚體（D-dimer）則稍微升高。

從15歲至75歲胸腺的質量減少90%，不僅由胸腺分泌的荷爾蒙減少，而且胸腺新生成的淋巴球數目也減少。在老化過程中，T淋巴球的數目維持不變或減少，許多T淋巴球亞群（subset）的數量與功能受老化影響，這使淋巴球在遭遇抗原時的增生能力變差。另一方面，B淋巴球的數目維持不變或減少。B淋巴球產生特異性抗體的能力變差，部分可能是因為輔助性T淋巴球（helper T lymphocyte）的功能變差，也可能源自B淋巴球本身的功能退化。此外，老人有較大量的自體抗體（autoantibody），自然殺手細胞（natural killer cell）的活性隨年齡增加而下降或維持不變。巨噬細胞（macrophage）的數目與功能大致不受老化影響，但有人認為巨噬細胞呈現抗原的能力因老化而變差。血液中血小板的數目可能維持不變或稍降，但老人遭遇出血時較易有血小板低下。過去研究顯示白血球的數目及功能因老化而不變或稍減。顆粒性白血球（granulocyte）的數目與大部分功能也維持不變。

由於免疫系統老化，使老人對皮膚試驗（如結核菌素測驗）的反應比年輕人差。老人對外來抗原的反應往往較為不足，在接種破傷風類毒素（tetanus toxoid）後所生成的抗體在較短的時間內即消失。

正常老化與疾病

　　隨著年齡的增長，個體的器官逐漸老化，許多疾病的盛行率也隨之上升。儘管老化與疾病經常並存，有時甚至難以分別，吾人應瞭解正常老化和疾病之間的不同。老化的過程是持續漸進的，而疾病的發展速率則可快可慢，有時會停止惡化或甚至改善。老化是不可治療的，其後果是功能上不可逆的衰退；至於疾病，則可預防、控制或治療的，疾病對功能上的影響則視損傷嚴重度而定，有恢復的可能。老人器官功能的衰退，通常受疾病的影響遠多於老化。凡是無法以正常老化來解釋的功能衰退或現象，一定要找出可能的原因並設法治療之。

結語

　　老化可能是由各種遺傳與環境因子之間複雜的交互作用所造成，而老化的速率在不同族群或同一族群中的不同個體間各不相同，個體間型態與功能之差異性也隨著老化愈來愈大。因此，族群研究之器官老化平均值未必適用於特定個人。老化對器官功能的影響往往遠小於疾病的影響，故臨床上若觀察到不尋常的器官功能改變，須先考慮是源自疾病。若發現有疾病存在，宜儘早治療以免導致器官功能持續惡化。

參考書目

Abrams, W. B., Beers, M. H. & Berkow, R. (2000). *The Merck Manual of Geriatrics*. Whitehouse Station, Merck & Co., Inc.

Bottomley, J. M. & Lewis, C. B. (2007). *Geriatric Rehabilitation: A Clinical Approach* (3rd ed.). Upper Saddle River, NJ: Prentice Hall.

Cassel, C. K., Leipzig, R. M., Cohen, H. J., Larson, E. B., Meier, D. R. & Capello, C. F. eds. (2003). *Geriatric Medicine: An Evidence Based Approach* (4th ed.). New York: Springer Publishing.

Faulkner, W. R. & Meites, S. (1997). *Geriatric Clinical Chemistry: Reference Values*. Washington DC: AACC Press.

Hazzard, W. R., Blass, J. P., & Halter, J. B. et al. (2010). *Principles of Geriatric Medicine and Gerontology* (5th ed.). New York: McGraw-Hill, Inc.

Pompei, P., & Murphy J. B. et al. (2010). *Geriatrics Review Syllabus: A Core Curriculum in Geriatric Medicine* (7th ed.). American Geriatric Society.

WHO (1993). *Principles for Evaluating Chemical Effects on the Aged Population*. Geneva.

Timiras, P. S. (2002). *Physiological Basis of Aging and Geriatrics* (3rd ed.). Boca Raton, FL: CRC Press.

第二章

◉—黃惠璣

老人的心理

學習重點

1. 瞭解影響老年人心理發展的因素。

2. 說出老年人心理發展的理論。

3. 指出老年人的生活品質與心理發展的關係。

4. 指出活躍老化與老年人心理發展的關係。

5. 能運用老年人靈性照護制定改善老年人心理發展之計畫。

6. 能執行改善老年人心理發展之計畫並評值之。

前言

　　老年人的心理發展受老化過程生理功能退化，家庭及社會環境變化的影響。臨床上，發現影響老年人心理變化的因素很多，這些因素有：疾病或衰老、親人死亡、退休後缺乏社會參與、不良的生活習慣，或缺乏正確的養老觀、沒有良好嗜好，以及悲觀的人生態度。老年人的心理發展與其生活品質有不可分割的關係。老年人之心理健康要透過生活保健、健康促進、醫療服務、心理社會專業與志工服務，協助老年人、個人及其家庭促進情緒穩定與維持社會關係和諧之狀態。Johnson（1986）定義生活上之心理健康：一個人具有能力去克服並對付日常生活問題，以及跟別人保持和諧關係，能夠解決日常生活工作之衝突、維持健康飲食、保持理性思考，可以自我表達、處處為人設想、促進自我瞭解、改善溝通技巧，有建設性地表達感受而不傷到別人，更要保持自信以迎接挑戰。

　　侯慧明、陳玉敏（2008）調查機構100位住民發現，孤寂感的程度愈大的住民憂鬱程度也愈大。許坋妃（1997）指出老年人若有適當的休閒生活可以增加與人接觸的機會及加強身體活動力，減少孤獨與寂寞感覺，亦可隨著參與休閒活動而獲得到心理滿足。謝政諭（1989）認為休閒活動可以促進生理、心理、社會及智能發展；吳慶烜、陳俞伶（2004）認為休閒活動可以帶給老年人生活上之充實及滿足感，對老年人而言是有助於身心發展的活動，也可以解決老年人壓力，讓老年人更顯活力、朝氣與自信。Rowe和Kahn分別於西元1997年及1998年發表成功老化（successful aging）的三個主要因素：避免疾病和殘障、維持高度認知與身體功能、持續的社會參與。美國學者Armstrong和Crowther（2002）領導的研究團隊在這三項指標之外，提出第四個要件——「正向的靈性」（positive spirituality），以宗教之特性導引老年人正面思考，整合為成功老化的四大元素。誠如孔夫子說：「吾十有五而志於

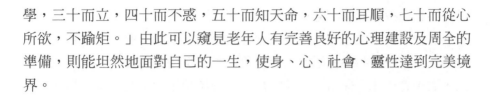

學，三十而立，四十而不惑，五十而知天命，六十而耳順，七十而從心所欲，不踰矩。」由此可以窺見老年人有完善良好的心理建設及周全的準備，則能坦然地面對自己的一生，使身、心、社會、靈性達到完美境界。

老年人心理發展

　　老年人的心理健康是一種相對主觀而非絕對的狀況。一位心理健康的老年人，能滿足自己內心之需求，呈現出適合自己及社會環境的行為。老年人的健康行為與幸福感表現在人際關係、生活水準、事業、家庭之成就感受。例如老年人表現出為人處世態度、彈性決策以及成熟的情緒均可顯示其心理健康的程度。丹麥心理學家Petersen（1995）提出茂盛理論（theory of thriving），這個理論指出老年人的健康是多重因子交互影響下的結果；這些多重因子包含身體健康、心理情緒穩定及社會互動。老年人心理情緒穩定度決定於個人期望與環境正負向互動的連結，若老年人與環境連結愈正向，則其生活福祉的滿意度亦愈高（Petersen, 1997）。但Bergland和Kirkevold（2001）為文提出本理論不合適機構的住民，因該作者群認為機構老年住民對生活的期望度很低，也不容易與環境產生互動，更不容易經由環境情境導引出穩定的心理情緒。

　　Erikson（1963）提出老年人處在生命週期較後面的階段，其心理社會發展必須自省，例如重新思考當生命的終結前自己生命意義與重要性，統整自己過去所做的選擇與結果。若感到滿足，則將擁有超越感；若是對自己的一生不滿意，惋惜過去沒有好好把握機會，對即將來臨的生命終點感到無奈與失望，此時需要照護團隊經由生命回顧的技巧，學習解決問題及重新建立人際關係；協助老年人重建生活的重心，找到新的生命定位，詮釋生命的意義（簡玉坤，2004）。如此才能經由人生回顧的過程學習滿足，擁有自我超越的感受。

　　Peck（1955）擴充Erikson老人心理發展理論，認為老年期發展任務

的內容有三項，並強調老年人為了心理發展順利，必須解決三大危機：統整自我價值感或工作角色偏差、身體超越或身體不適、自我超越或自我偏見。統整自我價值感或工作角色偏差，是接受現在老年人角色的價值，而不會一味只保留退休前的角色；身體超越或身體不適，是接受老化後身體的慢性疾病，練習與慢性疾病共存，接受治療規律服藥，而不是一直期望沒有疾病；自我超越或自我偏見是指接受死亡，視死亡為生命不可避免的結局，主動地打算未來，超越死亡的界線，不會拒絕承認即將到來的死亡（吳永銘，1998）。健全心理發展的老年人必須坦然地面對死亡的事實，接受現在的我，肯定死亡的必然性，成功地適應對死亡的預期與準備。

老年人的心理發展與生活品質

Fry（2000a, b）探討331位社區老年人及深度訪談37位老年人有關老年人的生活品質，分析質、量性資料顯示，老年人認為在生命終點前都要保有自主、可控制及獨立做決定的能力才能保有生活品質。生活品質是個人主觀的感受，是對社會、心理、健康及醫療或非醫療層面的生活滿意度。生活品質的高低能呈現出現實與期望的差異，所以生活品質是個人對生活認知的評價過程，反應是否對目前生活滿意的感受。因此，生活品質是一種主觀的知覺。Ware和Sherbourne（1992）認為健康在老年人心中，是極重要的目標。Baxter、Shetterly、Eby和Mason（1998）認為影響生活品質最顯著的就是是否擁有健康。相對於台灣的研究，謝美娥（2000）調查失能老年人發現，愈是能自我決定居住於何處的老年人其整體生活品質也較高。居住在機構的老年人比住在社區的老年人，僅在身體健康方面較好，但在其他方面的生活品質面向則較差。該研究資料經多元迴歸分析得知，有健康資源、經濟資源、家庭資源、社會資源及能安排自我居住地的權力者，可以預測失能老年人可以擁有較好的生活品質。所以老年人在生命晚期，要活得尊嚴，過得獨立，與能否自

主安排居住環境及擁有健康、經濟及社會資源有極大的關係。

# 活躍老化與老年人心理發展

　　有學者將社會參與、個人健康和社會安全視爲活躍老化（active aging）的三大支柱，張素紅、楊美賞（1999）指出，一般而言喪偶的老年人較有偶的老年人較少參加活動也較感到孤寂。施春華等人（2005）在某社區隨機選取50位老年人進行爲期四個月社區參與的介入性研究，發現參與度愈高的老年人其憂鬱程度亦愈低。林麗惠（2006）則將老年人學習列爲活躍老化的第四大支柱，以強化老年人學習在活躍老化過程中的重要性，由此可見，活躍老化代表一種尊重自主和自我參與的老年生活方式，其層次較成功老化更爲高階。

一、活躍老化的定義

　　聯合國（1999）於國際老年人年（Year of Older People in 1999），提出老年人需要獨立、參與、尊嚴、照顧和自我實現，以及社會要重視老年人權的主張。WHO（2002）提出活躍老化，指出活躍老化之概念係由成功老化、生產性老化（productive aging）和健康老化（healthy aging）逐漸發展而來。WHO定義活躍（active）是老年人持續參與的過程，定義活躍老化爲：使老年人健康、參與社會、得到安全保護，達到老年人的生活品質的一連串過程。活躍老化強調老年人沒有失能且肢體可以自在的執行日常生活活動即是身體健康；無認知功能障礙與無憂鬱症狀即是心理健康；具有高度社會支持與可自主的參與活動即等於有社會健康的獨立生活能力。朱芬郁（2006）認爲活躍老化有五個特徵：(1)能與他人互動；(2)生活有目標；(3)能自我接納；(4)能個人成長；(5)有自主權。活躍老化重要元素是能維持活動力。

二、活躍老化之內涵

Rowe和Kahn（1997）定義成功老化，更進一步說明成功的老化三個要素的內涵：

1. 避免疾病與疾病相關失能的發生：除了不要罹患疾病，還要避免暴露於疾病的危險因素中，例如要有健康的生活方式。
2. 擁有高度的認知與身體功能：高度的認知與身體功能代表是否具有從事活動的潛力，且能實際執行活動。
3. 持續的社會參與：是維持人際間關係與從事生產活動（productive activity）的重要因子。人際間關係包括與人接觸、處理事務、資訊交換、得到情緒支持和直接協助；生產活動是指從事不一定有給薪但是有社會價值的活動，例如在家照顧孫兒、陪伴身體功能障礙的家人、參與志工工作等。

以上內容都能透過老年人大學、老年人服務中心、銀髮族學苑等機構提供教育機會，鼓勵老年人多參與具生產力的經濟活動，讓老年人有機會投身社區活動共享社會參與。另外，政府單位、家庭、社區須重視老年人保護、住宅安全、老年人尊嚴等問題。老年人退休後若有很好的規劃，除終身學習外也要能學習休閒，追求身、心、靈社會的自由滿足及自我超越，這是促成活躍老化的方法之一。

老年人的靈性與心理發展

從Erikson（1963）的心理社會觀，Aden、Benner和Ellens（1992）與Westerhoff（2000）的宗教觀，視老年人靈性發展與有無信心是動態的過程，隨著年齡增加而需求也跟著增加。Lane（1987）曾提及靈性有四個特徵：超越、聯繫或歸屬、奉獻、釋放；Carson（1989）提及人的靈

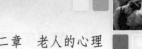

性需求，是想獲得神、自己、他人的寬恕、愛、信任與希望，進而體悟生命的意義，追求神、自己、他人與環境間整合的關係，以達到天人合一的靈性安適狀態。Wang（2004）邀請25位機構老年人，23位為非機構居家老年人，接受每週乙次為期四個月的個別性懷舊治療。結果顯示，僅機構老年人在自我健康、憂鬱症狀以及心情狀態之組內前後測有顯著進步。此結果代表懷舊治療對居住於機構的老年人較社區老年人具有正向效果，意即老年人透過懷舊及生命回顧可以重新定位自我的價值，找到與人和諧的關係，得到心理的滿足與居住的地點不一定呈正相關。

一、靈性的定義

《辭海》（1993）定義靈性是：人的精神狀態、善與美好、是神靈的狀況。《韋氏字典》（1993）則定義靈性是：給予生物體生存與活動的原動力、超乎自然者，是一個人非物質的層面但是影響人內心深處之必要條件。Frankl（1969）認為人有生理、心理、靈性層次。Reed（1992）認為靈性是個人生命過程中自我超越能力的表現。個人在自我關係、人際關係與人神關係間，透過自我體會生命意義與價值的過程。因此靈性內涵有：

1.意義：對生命有存在的意義。
2.價值：是個人生命中認為最有價值的事務、信念及標準。
3.超越：超脫個人經驗的層面。
4.連結：與自己、他人、與神的關係。
5.歸屬感：是生命之自我實現。

Wolman（2001）認為人類自古以來一直追求比內在更大、更值得信賴的永恆。這連結力量的泉源等同於人內在的靈魂、人類彼此之間的關係、與自然的宇宙間有神秘不可見的存在，顯現於外的是一種文學與哲學的交融。Emmons（2000）給靈性下的定義是：個體追求生命的意義與目的過程，應包括追尋對生命意義、一致性的生活方式，或是對大自

然與人性更超越存在的連結。

二、靈性需求

臨床上，大部分老年人帶有慢性疾病，因慢性疾病及其合併症造成的生活不適，又要面對疾病變化的不可逆性，常會有生氣、傷心、焦慮、逃避或憂鬱等負向心理情緒反應，若家庭社會支持網絡不足，易導致老年人對人生缺乏意義及價值感，形成生命是受苦的感受。隨著老年人較年輕人接近死亡，開始思考和尋找其人生的意義與價值，老年人常因無法找到生命的意義而感到無力與無助，甚至有自殺的危機，故老年人有尋求「生命意義以及他人的信任與諒解」等靈性需求。靈性照護是一種賦予有生命生生不息的感受，此感受滲透老年人的生理、心理情緒、社會與倫理層面等，形成一個超越價值觀的感覺。

Koening（1994）認為老年人在靈性上的需求是要瞭解生命中受苦的意義，才能超過現況中不能得到滿足的意念。生命需要支持以面對失落，使生活得以延續。老年人需要他人肯定並支持其宗教行為，保有個人自尊與價值感，可以表達憤怒及懷疑，感恩影響生命中的每一個人，學習饒恕人與被饒恕，接受及準備面對死亡。本人曾帶領學生用懷舊老歌的方式，請老年人述說生命故事，滿足靈性的需求。特別是有流水聲音的音樂可以引起人腦產生 α 波，α 腦波可以讓人感覺心情寧靜（Chang et al., 2010），很適合使用於老人的靈性照護。

結論

老年人之心理健康需要家庭親友及社會的支持，更需要醫護、社工、心理各專業人員之照護，其中更需要志願工作人員之大力支持，才能讓老年人身心健康及生活幸福。長期照護機構中，老年人沉悶的生活若能輔以懷舊治療、生命回顧，豐富老年人生活，使其心靈上有安慰，

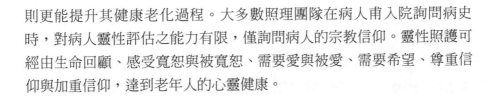

則更能提升其健康老化過程。大多數照理團隊在病人甫入院詢問病史時，對病人靈性評估之能力有限，僅詢問病人的宗教信仰。靈性照護可經由生命回顧、感受寬恕與被寬恕、需要愛與被愛、需要希望、尊重信仰與加重信仰，達到老年人的心靈健康。

問題與討論

　　社區獨居老年人萬伯伯75歲未婚，有二十五年糖尿病、十五年高血壓的疾病史，是低收入戶，個性木訥可自我照顧生活起居。某日，萬伯伯在家門口跌倒，被鄰居送醫院後，行右側髖關節置換手術，住院期間曾引起腦中風發作一次，立即由病房轉加護病房（ICU）。萬伯伯由ICU轉回病房後，拒絕護理人員的照護及社工探訪，請問假若你是照顧者要如何處理？

1. 請寫下該位老年人可能有的身、心、社會、靈性的健康問題為何？
2. 請討論老年人的身、心、社會、靈性的健康問題如何交互影響？
3. 請依不同的健康問題訂立照護計畫。

參考書目

朱芬郁（2006）。〈高齡者學習社區策略規劃之研究〉。未出版博士論文。
　　台北：國立台灣師範大學。

吳永銘（1998）。〈我國老年人教育辦理現況暨發展取向之研究〉。成人教
　　育研究所未發表碩士論文。高雄：國立高雄師範大學。

吳慶烜、陳俞伶（2004）。〈影響老年人選擇休閒設施因素之研究——以台
　　南市松柏育樂中心為例〉。《嘉南學報》，30，頁461-476。

林麗惠（2006）。〈台灣高齡學習者成功老化之研究〉。《人口學刊》，
　　33，頁133-170。

侯慧明、陳玉敏（2008）。〈長期照護機構老年人孤寂感及其相關因素探
　　討〉。《實證護理》，4(3)，頁212-221。

施春華、侯淑英、楊明仁、張麗珍、張自強、黃俊仁（2005）。〈社區老年
　　人憂鬱症狀的流行病學及活動參與介入之成效〉。《實證護理》，1(1)，
　　頁29-34。

張素紅、楊美賞（1999）。〈老年人寂寞與其個人因素、自覺健康狀況、社
　　會支持之相關研究〉。《高雄醫學科學雜誌》，15(6)，頁337-347。

許坋妃（1997）。〈高年齡者社會參與與動機、參與行為及參與滿意度之研
　　究〉。社工所未發表碩士論文。台中：東海大學。

謝政諭（1989）。《休閒活動的理論與實際——民生主義的台灣經驗》。台
　　北：幼獅文化事業公司。

謝美娥（2000）。〈影響失能老年人生活品質的可能因素：一個量化的初探
　　——以台北市為例〉。國科會補助的研究計畫報告。

簡玉坤（2004），〈老年人心理壓力及因應之道：生物—心理—社會整合模
　　式〉。《護理雜誌》，51(3)，頁11-14。

Aden, L., Benner, D., & Ellens, J. H. (1992). *Christian Perspectives on Human
　　Development*. Grand Rapids, MI: Baker Book House.

Armstrong, T. D., & Crowther, M. R. (2002). Spirituality among older African
　　Americans. *Journal of Adult Development, 9*(1), 3-12.

Baxter, J., Shetterly, S. M., Eby, C., & Mason, L. (1998). Social network factors
　　associated with perceived quality of life. *Journal of Aging & Health, 10*(3),
　　287-311.

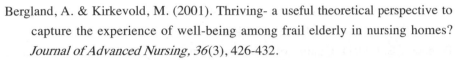

Bergland, A. & Kirkevold, M. (2001). Thriving- a useful theoretical perspective to capture the experience of well-being among frail elderly in nursing homes? *Journal of Advanced Nursing, 36*(3), 426-432.

Carson, V. (1989). Spirituality and the nursing process. In V. Carson (1989). *Spiritual Dimensions of Nursing Practice*. W. B. Saunders: Philadelphia, pp. 150-179.

Chang, F. Y., Huang, H. C., Lin, K. C., & Lin, L. C. (2010). The effect of a music programme during lunchtime on the problem behaviour of the older residents with dementia at an institution in Taiwan. *Journal of Clinical Nursing, 19*(7), 939-948.

Emmons, R. A. (2000). Is spirituality an intelligence? Motivation, cognition, and the psychology of ultimate concern. *International Journal for the Psychology of Religion, 10*(1), 3-26.

Erikson, E. H. (1963). *Childhood and Society*. New York: Norton.

Frankl, V. E. (1969). *The Doctor and the Soul: From Psychotherapy to Logotherapy*. New York: Bantam Books.

Fry, P. S. (2000a). Guest Editorial: Aging and quality of life (QOL)- The continuing search for quality of life indicators. *International Journal of Aging and Human Development, 50*(4), 245-261.

Fry, P. S. (2000b). Whose Quality of Life Is It Anyway? Why Not Ask Seniors To Tell Us About It? *International Journal of Aging and Human Development, 50*(4), 361-383.

Johnson, B. S. (1986). *Psychiatric-mental Health Nursing: Adaptation and Growth*. N.Y.: Lippincott Company.

Koening, H. (1994). *Aging and God: Spiritual Pathways to Mental Health in Midlife and Later Year*. London: Haworth Pastoral Press, pp. 283-295.

Lane, J. (1987). The core of the human spirit. *Journal of Professional Nursing, 3*, 332-337.

Peck, R. C. (1955). Psychological Developments in the Second Half of Life. In J. E. Anderson (ed.) (1956). *Psychological Aspects of Aging* (pp. 42-53). Washington: American Psychological Association.

Peck, R. C. (1968). Psychological developments in the second half of life. In B. L. Neugarten (Ed.), *Middle Age and Aging*. Chicago: University of Chicago Press.

Petersen, E. (1995). Thriving and Quality of Life, Crisis and the Development of Society. Psychologist Institute, Aarhus University, Aarhus, Denmark.

Petersen, E. (1997). Quality of Life, Resignation and Survival. A Prospective Investigation of 292 Women Treated for Cancer ± Described in Terms of the Theory of Thriving. Psychologist Institute, Aarhus University, Aarhus, Denmark.

Reed, P. G. (1992). An emerging paradigm for the investigation of spirituality in nursing. *Research in Nursing & Health, 15*, 349-357.

Ross, L. A. (1997). Elderly patients' perceptions of their spiritual needs and care: a pilot study. *Journal of Advanced Nursing, 26*(4), 710-715.

Rowe, J. W. & Kahn, R. (1997). Successful Aging. *The Gerontologist, 37*(4), 433-440.

Rowe, J. W. & Kahn, R. (1998). Successful Ageing. In K. Dychtwald (1998). *Healthy Aging: Challenges and Solutions*. An Aspen Publication.

Wang, J. J. (2004). The comparative effectiveness among institutionalized and non-institutionalized elderly people in Taiwan of reminiscence therapy as a psychological measure. *Journal of Nursing Research, 12*(3), 237-245.

Ware, J. E., & Sherbourne, C. D. (1992). The MOS 36-Item Short-Form Health Survey (SF-36): Conceptual Framework and Item Selection. *Medical Care, 30*(6), 473-483.

Westerhoff, J. (2000). *Will Our Children Have Faith?* NY: The Seabury Press, 1976. Revised and expanded ed., Harrisburg, PA: Morehouse Publishing.

Wolman R. (2001). *Thinking with Your Soul: Spiritual Intelligence and Why it Matters*. Harmony Books.

World Health Organization (2002). Active Ageing: A Policy Framework. Geneva: WHO.

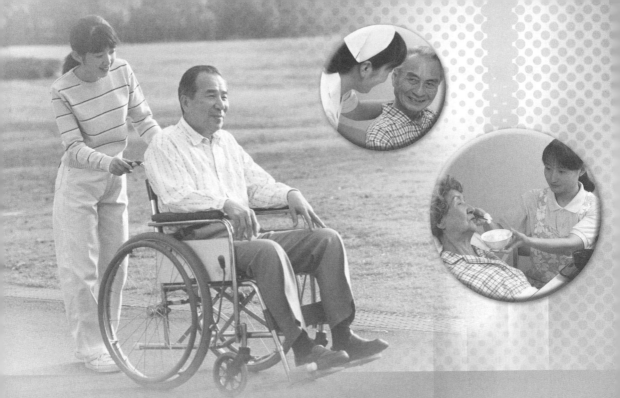

第三章

◉— 蕭文高

老人的社會

學習重點

1.瞭解社會老化的相關概念與影響。

2.探討社會老化之相關理論。

3.認識老化迷思與年齡歧視之內涵。

4.介紹促進積極老化之社會對策。

 前言

　　隨著我國人口老化速度增加，有關老人的議題與服務在大眾傳播媒體及公共政策上出現的頻率愈來愈高，對於各種因應高齡社會的措施與制度之探討，不僅逐漸受到個別家庭的關注，亦成為選戰與施政計畫的主軸。可以想見，在現代社會裡，老人、家庭與社會之間的相互關係，已經與舊有時代大不相同，當人們平均餘命持續地延長，勞動參與率增加，且更依賴職場所獲得的薪資以維持生活水準時，對老人與家庭成員而言，面臨退休、疾病與失能都是重大的事件，加上都市化與少子化現象侵蝕傳統家庭內部的支持能量，一旦老人需要額外的照顧或資源，對家庭的經濟與生活型態勢必產生連帶的衝擊，若是衝擊面擴大到整體社會，將累積成為一種新興的社會議題。

　　一個國家人民平均壽命之延長，代表的應該是健康與環境的優良指標，是種進步的象徵，只是諷刺的是，因為社會結構的轉變，其背後所隱藏的卻不盡然是樂觀的結果。除了生命增長，人們期待晚年過的是有品質、有意義與有尊嚴的生活，它需要相當多條件的配合，包括身體、經濟與環境等因素，其中，生理的老化是每個人必經的生命歷程，生理機能的衰退則是共通且無法逃避的結果，差別在於對老化的速度與感受之差異，至於外部環境則非個人所能掌握，老人是否能享有較佳的生活品質，不能忽略政府與整體社會對於老人或是老化過程的態度與對策。

年齡與社會老化

　　在長遠的歷史演變中，老年人口之快速增加是近代社會所特有，平均餘命之延長是促成前述現象的必要條件。有關古人年齡的訊息，可以從部分文獻記載中獲得線索，在西元8世紀唐朝時期，詩人杜甫的〈曲

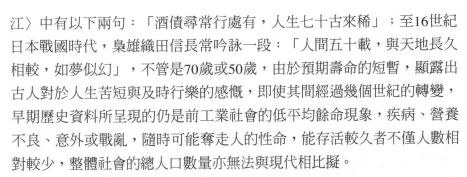

江〉中有以下兩句：「酒債尋常行處有，人生七十古來稀」；至16世紀
日本戰國時代，梟雄織田信長常吟詠一段：「人間五十載，與天地長久
相較，如夢似幻」，不管是70歲或50歲，由於預期壽命的短暫，顯露出
古人對於人生苦短與及時行樂的感慨，即使其間經過幾個世紀的轉變，
早期歷史資料所呈現的仍是前工業社會的低平均餘命現象，疾病、營養
不良、意外或戰亂，隨時可能奪走人的性命，能存活較久者不僅人數相
對較少，整體社會的總人口數量亦無法與現代相比擬。

　　時空轉換至近代，對於壽命的統計數據已經較爲明確，不過若是
依照聯合國的統計資料顯示，即使是1950年至1955年間，全球人口的平
均餘命也才46.6歲，只有先進國家人民的平均餘命超過60歲，甚至到了
2009年，多數發展程度較低國家人民的平均餘命仍未超過60歲，阿富汗
與辛巴威兩國甚至未超過45歲（UN, 2009: 6），亦因此，有鑑於各國人
口的結構性差異，對於老化現象的討論與焦慮感主要還是來自歐、美、
日以及新興工業國家等老年人口眾多，或人口老化速度較爲明顯的地
區。當超過特定年齡的老年人口成爲普遍而不再是特例時，老人與老化
的議題才會受到重視，此時，年齡（age）與老化（aging）將是用以辨
別老人與其他人口群之差異，以及老人如何被社會所看待的兩個重要依
據。

一、年齡

　　依學術上的觀點，老人（old age）與老化都是種社會建構，也就是
說，它是社會世界與生活下的產物，因而老年或是老化的標準都不是絕
對，在不同的歷史、地區與空間中，兩者被賦予的意義即不相同。以我
國爲例，目前的老人福利法將老人界定爲65歲以上，這是大家較爲熟悉
的門檻，但是很少人知道在1980年立法院首次通過的老人福利法中，老
人的定義卻是年滿70歲，由於該法律之條文是許多老人福利（如津貼、
救助、納稅減免）發放與提供的依據，縮短了五歲之差距代表政府認定
應享有老人相關福利之對象已有所轉變，當然也關係到政府所需增加的

社會福利財政負擔。然而，有時不論客觀的定義如何，老人對於年齡的主觀認知仍會與外界不同，例如：有些人「不服老」，覺得自己仍然年輕，不喜歡被稱為老人或使用老人特徵明顯的用品（如拐杖）。

身分證上所記載的是個人的時序年齡（chronological age），它是一般人辨別何謂老人的客觀標準，前述老人福利法所採用的即是此種類型，不過，它卻不是唯一的標準。即使是雙胞胎或同時出生者，或許人們的時序年齡相當，個別的生理與心理狀態卻會不一樣，我們可以看見只要經過適當的保養與維持，生理年齡（physiological age）往往會與時序年齡有著不小的差異，例如在每次進行例行性的健康檢查後，負責檢驗的單位總會指出，總統的生理機能遠較同齡者為佳，雖然不知道是否為了讓人民安心，可以想像，同樣會有人的生理年齡因為某些因素較時序年齡來得高，例如接觸過多外界的污染源，包括抽菸、不乾淨的水、空氣或是食物等，以致於對身體機能造成損傷、衰退，並影響到老年時期的生活品質與滿意度。

至於心理年齡（psychological age）指的是個人的記憶、學習、情感與判斷能力，或是對於環境的適應力（Ebersole et al., 2005: 107），相較於生理年齡可以透過生理數據加以呈現（如肺活量、骨質密度等），心理年齡的評量必須借助許多的量表，觀察老人的行為，或是由老人直接表達其想法，因此它相對抽象，不容易產生一個絕對的衡量標準。雖然透過各種媒介可以瞭解老人的心理年齡，個人對於環境的適應力同樣會受到疾病或是早期生活經驗所影響，它有時會被類比成一個人處世或社會應對的成熟度，可以想見，如果人們希望自己的生理年齡盡量保持年輕的話，那麼對於心理年齡的期待通常至少要等同或是超越個人的時序年齡。

二、社會老化

老化是一種動態的過程，也是每個人生涯歷程發展的一部分。與前述各種年齡概念相對應，老化同樣不是專指個人時序年齡愈來愈高，還

包括生理老化（如髮色、行動、姿勢）、心理老化（如記憶、認知），甚至是社會老化（social aging）。依Hooyman和Kiyak（2008：4）之界定，社會老化指的是個人生命歷程中，在老年期所經歷的社會變化，包括角色、人際關係與支持系統的轉變。由前述定義可知，社會老化並不單是種「個人」的事件，還必須考量到外在環境的影響，例如在當前的法定退休年齡下，即使部分人百般地不願，屆齡退休仍是老人身不由己的選擇，這是「社會」對人們的約束，原因可能來自於為了釋出就業機會給年輕人，或是認為老人在努力一輩子後應該享享清福，不管原因為何，老人的角色與人際關係因而發生改變，他們必須重新調整生活的重心與步調。

另一個社會老化的影響是社會加諸在人們身上的年齡規範（age norms），指的是社會對於不同年齡層所期待之適切行為（Harris, 2005：14），年齡規範的存在有助於我們在社會中找到行為的依據，不會因為不當的表現而覺得立場尷尬。值得注意的是，年齡規範並不全然是針對老人，比如說，我們會希望兒童表現出可愛與天真，而不是嚼著檳榔、叼著香菸；同樣地，若是年屆40歲的中年男人已經閒居在家，可能會讓人覺得不甚合適，總覺得此時應該是人生努力在職場衝刺的時間；相較之下，退休對老人與社會而言卻是「正常不過」的現象，反而若是單身老人與年輕人發生戀情，或穿著鮮豔與流行的服飾，才會招來異樣的眼光，這就是年齡規範的力量，它通常不會觸犯到正式的法律，卻是一種非正式與隱性的約束力。

社會老化還會來自社會的氛圍，亦即整體社會如何看待老人的價值。過去，我們常聽到類似的比喻，指美國是「兒童的天堂、老人的地獄」，至於台灣則相反，是「老人的天堂、兒童的地獄」，其突顯的並不是老人福利辦得好或不好，而是傳統東方社會受到儒家思想影響，所形成的孝道觀與奉養父母的傳統文化。當然，社會的氛圍與價值是會變動的，養兒防老的概念或許已經不再深植人心，對於子女照顧責任之期待，慢慢地轉移至依靠個人與配偶儲蓄，以及政府或民間所提供的各種經濟安全與照顧工具，例如參加公辦社會保險與退休金制度，或是接

受來自家庭之外所提供的生活協助與照顧服務等，此時，各種有關老人的政策與服務規劃，同樣會隱含著政府如何看待老人的價值，因而老人福利可能被視為是人民的基本權利，或是用以填補家庭不足的殘補性措施。

社會發展與人口老化

在已知的歷史裡，幾乎沒有一個時代像當前一樣，全球老年人口占總人口比率如此之高，且還在持續地攀升當中。依聯合國提出的世界人口老化報告數據指出，2009年全世界60歲以上者約7.37億人，占總人口的11%，估計到了2050年將達20億人，占總人口22%（UN, 2009: 11），其中，已開發國家的老年人口比率較開發中及低度開發國家來得高，同樣是2009年的數據，已開發國家60歲以上人口即已占總人口之21%。至於台灣的數據則是以65歲當門檻，至2009年底，我國老年人口占總人口10.6%，依經建會所做之中推估，該比率將於2017年增加為14.0%，達到聯合國所稱的高齡社會（aged society）標準，並於2025年再增加為20.1%，邁入超高齡社會（super-aged society）（行政院經建會，2008：14-15）❶。

由不同國家發展程度所顯現的差異可知，人口老化的現象與整體社會發展有著相當大的關聯，已經有相當多文獻解釋其間的原因，出生率及死亡率下降，生活水準及醫藥科技之進步是主要促成因素（Wilmoth & Longino, 2007: 37），在此，我們並不深入探討相關因素，而是要進一步關心，社會發展對老人帶來什麼樣的影響，因為，人口老化本身只是種現象，它會受到社會如此關注的原因，在於外部制度或環境伴隨人口老化所產生之不足，以致於間接影響到老人，這些改變同樣也是社會變

---

❶另一個常用的指標是高齡化社會（ageing society），其老人人口比率之門檻為7%，我國在1993年已達到這個標準。

遷或是社會發展的產物，多元並行發展的結果，使得老人及其家庭形成了相關的問題與需求。

一、家庭支持體系

如果老年人口比率增加的同時，家庭的規模仍然維持過去的水準，且成員彼此間所提供的相互支持沒有太大的變化，那麼，人口老化對於整體社會而言，或許並沒有太多值得討論之處。其之所以被視為是需要加以處理的議題，在於社會發展不僅賦予我們更長的生命，同時也改變了家庭的結構，降低老人所能獲得的支持網絡。造成家庭支持結構改變的主要原因有：少子化與同住人口減少。首先，少子化除了直接促成家庭人口數下降外，由於家庭中下一代旁枝很少，加上成員壽命之延長，形成了所謂的「竹竿家庭」（pole family）型態，每個人的系譜只有樹幹，沒有樹枝，祖父母多過子女，四代同堂的家庭將變得稀鬆平常（教育部，2006：11），此種型態轉變的影響是前所未有的，將來，我們或許會發現家中兩代老人並存的現象增多，老人的主要照顧者還是老人，若非老人配偶彼此相互照顧，就是年輕老人照顧老老人。

至於同住人口之減少，則來自現代化社會的最大特徵——分工，分工促進生產效率，為了加入商品或服務所形成的生產體系，我們必須先付出勞動力賺取薪資，再以薪資投入消費，因此為了獲得更多的工作機會，人們遷徙到較為都市化與工業化的地區，或是離開原生家庭外出謀職，使得家庭內共同居住的人口數持續下降，家庭內部相互支持與照顧的功能亦跟著降低。依照政府的相關資料顯示，2005年65歲以上高齡者與家人居住比率，雖然仍是以「與子女居住」占60.4%為主，但是較1996年減少3.9%，而「僅與配偶同住」及「獨居」比率則分別增加1.6%及1.4%，達到22.2%及13.7%，兩者合計共35.9%，顯示依賴後輩照料生活的比率逐漸減少（內政部，2006：31；行政院主計處，2008：7）。

在資本主義的運作邏輯下，個人的生存大部分取決於市場上的人力需求，高度機械化與全球化的分工模式，人們不得不以大量的工作

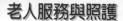

時間來回應,加上離開家庭選擇走入職場的工作人口增加,除了減少家庭內同住人口外,由於政府缺乏完善的福利政策,爲了避免付擔高額育兒成本或影響個人的職場成就,在理性考量下,生育意願普遍不足,更進一步加速社會少子化現象。當社會變遷至雙薪家庭與高齡少子化的型態時,家庭內的照顧力量因而分散或弱化,需求卻沒有隨之減少,若是高齡者失能或生活無法自理時,照顧勞動必須由家庭外的資源來加以填補,照顧服務產業亦因應而生,只是,在國內缺乏制度性的長期照護保險制度下,購買照顧服務除了所費不貲,服務供給的來源亦相當不夠,且城鄉間差距極大,致使很多人因而寧願僱用外籍看護工,以補充照顧支持之不足。

二、退休與社會安全制度

退休制度是20世紀工業化、勞力過剩與生活水準提升下的產物(Hooyman & Kiyak, 2008: 478),在尚未建立退休制度之前,早期人們並沒有明確退出職場的時間表,除非身體健康已無法負荷,或是著手將資產轉移給後代的繼承者,否則工作占據人生相當長的時間。相較之下,退休制度逐漸成形後,65歲或更早的退休時間,代表的是人們必須在晚年經歷重大的角色轉變,也可以說是種挑戰,一方面,來自職場的所得中斷增加老人對於生活的不安定感,爲了應付更長退休生活之消費支出,人們必須在工作時盡可能地預留晚年的生活費用;另一方面,則是可以自行控制的時間增加,如何適應此種新的生活型態,將影響老人自身的心理與生活品質。

早在二十多年前,當人們開始以工業化社會或是資本主義社會來形容整體社會的變遷時,德國的社會學界則偏好另一個用語——「工作社會」(work society),指的是工作或是生產成爲社會相當重要的一部分,它不僅是社會的經濟基礎,也是政治衝突的根源,更是社會的基本價值觀(Kohli, 1988/2008: 26),因此,退休會使得老人面臨一種類似失業的象徵,就是被視爲不具生產力,甚至被當成社會的負擔。事實

上，許多老人雖然退出正式的職場，卻協助家庭各種勞務，例如爲工作的子女準備三餐、整理家庭環境、協助照顧孫子女等，這些無酬性的勞動工作不會獲得薪資，卻能夠提供社會運作的支持。另外，部分社區志工主要亦來自退休人口群，他們參與社區事務、協助社區團體運作、辦理社區活動等，都屬於無形的貢獻，只是相關付出在工作社會中所獲得的讚賞往往不如一份正式性的工作。

　　同時，工作也成了人們退休後是否能夠享有足夠經濟安全的重要前提。爲了維持人們退休生活的水準，現代福利國家均設計各種社會安全制度（如我國的勞工保險、國民年金保險等），由政府、雇主及個人三方面，依照不同的組合狀況，在工作時期或退休前共同提撥相關費用，以作爲退休後所能領取的各種年金（pension）之來源，其引發的議題是，有無工作以及不同的工作性質，將會左右個人退休經濟保障的水準，以國內的狀況爲例，軍公教人員的退休經濟安全，仍然相對優於勞工、農民與沒有進入職場的家務勞動者（其中特別是以女性爲主）。

　　社會安全制度影響老人，相關制度卻也面臨高齡社會的挑戰，其原因出在制度的設計。自從德國鐵血宰相俾斯麥（Otto von Bismarck）在1889年針對老人建立退休社會安全制度，70歲被認定爲退休年齡與領取老人年金的起始點，只是當時德國人的平均年齡根本不到這個門檻，資料顯示，在1881年至1890年間，只有19.7%的男性活超過70歲（Kohli, 1988/2008: 29），因此有機會獲得年金者，當然也只有相對少數。如今，少子化現象造成繳交保險費的人變少，而領取年金的人存活時間愈來愈長，部分歐洲國家發覺公辦年金體系可能會破產，已逐步將退休及可領取年金的年齡向上修正。國內的勞保、軍保與公教人員保險同樣有高額的潛在負債，且國人整體平均退休年齡未滿60歲，長久以往，雖然我國目前的老年人口比率不如歐洲，但老年人口增長速度與低生率在全球卻名列前茅，遲早必須面對類似的問題。

三、科技

在當代社會裡，科技產品或技術運用已經充斥我們的生活，無論是電腦、電視或是汽車等，都是社會進步的象徵與產物，或許這並不代表我們已經完全被科技所主宰，科技卻已成為左右人們生活品質的重要因素。值得注意的是，科技對老人會同時帶來正向與負向的影響，首先，由於目前許多科技產品的設計是以年輕人為考量，其中特別是資訊類產品，為了讓功能、外型符合年輕人的需要，產品之介面與使用規則有時往往不利高齡者使用，例如過小的手機按鍵、字幕，過於灰暗的色調、字型等，隨著科技產品逐漸運用在溝通、工作與休閒各領域時，老人與科技之間的距離愈遠，愈可能退出所處社會的各個層面；相對地，若是能有效地加以運用，科技不僅有助於老人學習，亦能夠增進與他人溝通之管道，協助解決生活上的部分困難，因此，隨著老年人口增加，老年科技之發展已日益受到重視。

(一)老年科技與應用領域

老年科技（gerontechnology）由兩個詞彙所組成，老年學（gerontology）與科技（technology），指的是針對有益整體或部分老人之科技（包括用品與環境），所進行的研究、發展與應用（Melkas, 2008: 469），其中特別是在下列領域（Fozard, 2005: 242）：

1. 健康與自尊：指運用科技支援身體、認知與情感功能，以及對於疾病的處遇與預防，若是個人能夠透過科技達到自立，便能夠維持自我尊嚴。
2. 住宅與日常生活：指運用科技協助個人達到日常生活的自主、便利與安全。
3. 移動與交通：指運用科技支援個人的移動，以及對於車輛與大眾運輸之運用。

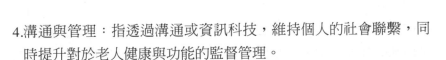

4.溝通與管理：指透過溝通或資訊科技，維持個人的社會聯繫，同
　時提升對於老人健康與功能的監督管理。
5.工作與休閒：指透過科技協助老人持續工作，並參與各種教育、
　休閒與藝術活動。

(二)老年科技的功能

　　透過對於各個領域之研究、發展與運用，老年科技可以發揮下列四
種使用目的或功能（Fozard, 2005: 243-244）：

1.預防與投入：指運用科技以延緩或預防因為年齡所產生的生理及
　行為改變，以及隨後所造成個人功能的限制，此目的關心的是發
　生在居家及環境之意外所導致人們的負向狀態。
2.補充與協助：指運用科技以補充因為年齡所導致的認知與行動功
　能之缺損。
3.照顧支持與組織：當面臨身體或是行為失能時，由照顧者或老人
　本身運用科技以支援各種照顧活動。
4.提升與滿足：指運用科技擴展個人活動的範圍與深度，使得人們
　享有舒適、活力與生產力，此項目的特別著重科技在工作、自我
　滿足（如教育學習）與溝通層面之使用。

　　講到老年科技很多人會把它等同於「輔助器具」（assistive
devices）（以下簡稱輔具），事實上，兩者並不完全相等，老年科技本
身的意涵較輔具更廣，且後者主要是運用在相對失能者身上，依照1988
年美國失能者科技相關輔助法所界定，輔具指的是用來增加、維持或是
改善失能者功能性能力的項目、設備或產品（不論是直接購買、改良或
訂做），其類型相當地多樣，包括行動輔具（如輪椅）、居家輔具（如
定杓碗）、溝通輔具（如助聽器）等，適用的人口群也相當地多，包括
老人、身心障礙者甚至是兒童等。就照顧服務而言，輔具本身雖然無法
完全負擔直接性的照顧工作，實證研究卻顯示它能適度地降低老人所面

臨的失能狀況（Verbrugge & Sevak, 2002: 376），減少對於照顧者的依賴（Cutler, 2006: 263），亦是協助照顧者與老人改善家庭生活品質的重要工具。

　　隨著整體經濟發展以及社會安全制度陸續建立，配合可能開辦的長期照護保險，將來老人將更有能力購買所需要的各種服務與用品，但是其前提是，針對許多尚未開發或發展的科技產品與服務項目，必須建立足夠的供給市場，老人才能享有購買的選擇權，進而刺激市場從量的增加，達到質的改善。甚至，許多老年科技更運用通用設計（universal design）的理念，將科技商品人性化與一般化，適合多種人口群使用，避免因為使用特定產品而遭致異樣目光，就如同中川聰（2008：29）所指，在現今急速成長的高齡化社會裡，無論是產品的設計或製造，都應該重新以「消費者」的角度為出發點，並且用心地關懷該設計或產品在使用上對消費者所帶來的使用不便等問題。

老人與社會：老化理論的解釋

　　經過前述討論，可以初步看見老人與社會的相互關係。基本上，老人在社會中的地位或角色，受到制度與環境的影響，同時，每個人心中對老人或老化過程都有其定見與想法，至於這些想法是否有其規則可循，還是可以區分出相似的類型，值得透過理論的角度加以深入分析。講到理論，人們總會將它與抽象的概念連結在一起，或許是因為理論的命名與解釋讓人難以望文生義，因而對讀者形成距離感，使讀者失去了進一步閱讀瞭解的興趣，這是相當可惜的一件事。理論本身就是種解釋的集合，是為瞭解釋某些現象、事件所產生，因此，就如Bengtson等人（2009: 5）所言，理論就像是鏡片，透過不同的鏡片，我們將會看見不同的事物，缺乏理論，可能讓我們的眼光變得狹隘。

　　有關老人與社會或是老化的理論相當地多，且仍持續發展當中，從1970年中期以後，相關理論已經呈現百家爭鳴的現象，部分學者更結合

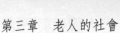

政治經濟、女性主義、文化、生命歷程與現象學等多元觀點，試圖更細緻地解釋人們老化的現象。在此，我們無法完全加以介紹，而是選擇較常受到運用，且較早發展的理論進行討論，這些理論並不會因為其成形較早，致使對老化的解釋力或運用上被完全地淘汰，反而，有時我們對於老人的「直覺」，或許正好與某些理論不謀而合，只是我們不知道這些「直覺」事實上均有其理論脈絡可供參酌。

一、撤退、活動與持續理論

撤退、活動與持續理論是解釋老化過程的古典理論，它們均發展於1960年代。撤退理論（disengagement theory）認為，老化無可避免地會降低老人與他人的互動，以及老人與所屬社會系統的相互脫離或撤退，此種撤離過程可以發自老人本身，或是由他人開始進行。退休、喪親或喪偶、子女遠離是屬於外部環境對老人的撤退，一旦撤退開始，老人便難以再形成新的聯繫，隨著撤退過程結束，原有人們與社會間所維持的均衡狀態，將被新的均衡狀態所取代（Cumming, 1963/2008: 121-122），此過程為老人所接受、期待，發自內心自然而然地形成，其中沒有帶有任何的強迫，最終並占有老人全部的自我，老人也會逐漸減少對他人與外在環境的情感投入及互動（Havighurst et al., 1968: 161）。

活動理論（activity theory）則持著跟撤退理論相對的觀點，指出晚年生活的滿意程度來自個人積極地維持人際關係，並且持續地投入有意義的事務。支持此理論的學者認為，除了因身體與健康所帶來無可避免的改變之外，老人的心理面與社會面需求跟中年時期並無不同，若老人從社會中撤退，將導致其社會互動減少，違背老人本身的期待與意願，因此，老人應該積極地保持活躍，避免與社會脫節，盡可能地維持中年時期的活動，即使被迫從許多面向撤退，也要找出替代選擇，例如尋找其他工作或興趣以銜接退休生活，建立個人人際網絡，以降低親人或朋友過世所產生的衝擊（Havighurst et al., 1968: 161）。

經過實證資料之檢證與分析，活動理論與撤退理論均無法完善地解

釋老人的角色轉變，持續理論（continuity theory）的觀點因而被提出，該理論認為，即使變成老人，每個人仍然具有相當的自主性與選擇權，研究證實，人們在老年期的生活方式，傾向於與過去生活保持一致性，可見，性格（personality）在其中扮演了相當重要的關鍵（Neugarten et al., 1968: 176）。從這個觀點來看，若是一個人原本就屬於比較內向，不善於交際，在其退休之後，生活滿意度的來源當然不是來自與外界的頻繁互動；同樣地，若是一個人即是屬於外向活躍性格，一旦面臨退休，其他替代性之角色或活動，將遠比退縮在家來得更有吸引力。

依照當前的主流想法，撤退理論的觀點較不為大家所接受，該理論的最大缺點在於它認為個人脫離職場與社會網絡的過程必定會發生，且是普遍與無法避免的，但是從各種事實與經驗法則來看，顯然不是如此；至於活動理論同樣有其缺失，它忽略了每個人的健康與經濟條件並不相等，年齡、種族、性別或族群背景因素亦會帶來結構性的阻礙，限制或降低人們參與相似活動的渴望與機會，例如有錢有閒者常常是各種社會場合的主角，此外，由於性格的關係，部分老人亦不喜歡接受新的挑戰（Achenbaum, 2009: 32-34）。至於持續理論的缺點在於它難以進行實證，除了維持生活型態的論述外，沒有提到生理面及心理面的交互影響力，忽略了外在社會力對於老化過程的影響（Hooyman & Kiyak, 2008: 312）。

二、現代化理論

從學理上而言，人的存在必定受到外界環境的影響，亦即是一種人與環境之間的相互關係。同樣地，在老化的過程中，不能忽略的是除了老人本身對於老化過程的態度與因應外，社會如何影響或促成老人看待自己的價值也相當重要。前述撤退、活動與持續理論的討論焦點相對偏重以老人為主體，忽略外在環境如何形塑與改變老人的社會地位和角色，針對這個部分，現代化理論（modernization theory）或許可以提供另一種分析取向，在Cogwill（1974: 12-17）的研究中指出了現代化如何

導致老人社會地位低落的四個面向（如圖3-1）。

(一)健康科技

　　現代化衛生設備與傳染病控制降低人們的死亡率，加上出生率減少與各年齡層壽命延長，總人口數量持續增加，勞動力的供給亦相當充足，以致不同世代間的競爭壓力隨之升高，退休制度成為紓解此種壓力的出口，在強調工作倫理的主流社會裡，老人從工作所能獲得的酬賞與心理滿足逐漸減少，其社會地位亦因而降低。

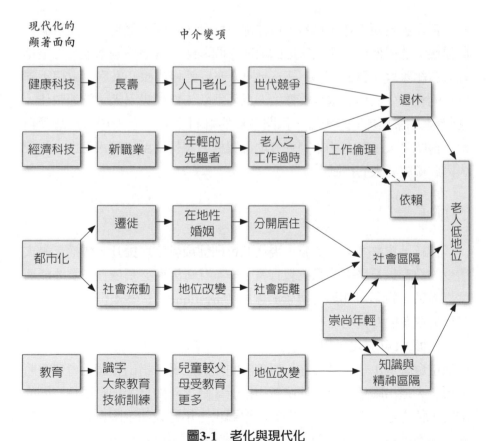

圖3-1　老化與現代化

資料來源：Cowgill (1974: 14).

(二)經濟科技

現代化所導入的經濟技術創造許多新的職業，或使舊有的職業轉型，年輕人成為這些新工作機會之先驅，並從中獲得財務與心理層面的報酬；相較之下，高齡勞工只能繼續從事傳統工作，這些工作不是過時，就是得不到社會的高度評價，當然也無法獲得較高的酬賞，這將同時迫使老人退出職場，失去所得與社會地位。

(三)都市化

為了獲得新工作，鄉村人口往都市移動，年輕人更是主要人口群，此種遷徙造成他們與原生家庭的地理空間隔離，最終分隔兩地，加上年輕人自組家庭，既有擴展（extended）家庭轉變成核心家庭，致使不同世代的社會生活與想法差異擴大。且因為新工作較吸引人、待遇較佳，當年輕人搭上進步的潮流，拋開破舊的鄉村生活，老人卻只是故步自封，傳統老人所享有的崇高社會地位與權力將轉移至年輕人身上，年輕人因此擺脫老人的控制。

(四)教育

傳統社會許多人是文盲，現代社會則促成識字率提升，包括年輕人所受的教育以及勞工的職業教育等，許多父母因而必須依賴子女才能與外界溝通，對長者知識的尊崇與迷思（mystique）當然不復存在，老人將喪失更多權力與地位。

由圖3-1可發現，現代化理論的最終論點在於解釋為什麼老人的社會地位會降低，這已經存在一種負向的預設立場，指出整體社會變遷將造成老人退出職場、無法適應新的技能、缺乏新知識，加上居住空間的隔離，使得老人與年輕人之間的聯繫弱化，年輕人甚至因為獲得更多教育，而在社會中享有優勢等。雖然相關論述並不全然正確，卻是部分人對於老人的主要想法，只是，該理論同樣存在許多的盲點，首先，它忽

略社會變遷同樣也會對老人帶來正向的助力，例如資訊社會的各種革新或許阻礙老人對於新科技的使用，然而只要經過適當的學習，資訊科技不僅可以縮小地理空間的阻隔，讓人們容易維持既有家庭內的親情、關係，老人亦可以藉由資訊科技的協助，獲得更多社會訊息與學習管道。其次，隨著福利國家建立社會安全或是退休金制度，人們在年輕時的儲蓄，搭配政府設計的所得轉移機制，讓老年時期所擁有的經濟能力不會大幅下滑，老人所能享有的經濟權力，有時反而較正在工作且需付擔各種生活費用（如房貸、育兒）的年輕人還要高。

三、年齡階層理論

從社會學的角度，社會階層指的是因為不同的財富、權力或是聲望，造成人們在社會中的地位差異，並影響個人所能享有的物質、資源以及機會。相關概念被用來分析社會所產生的不平等，其中最明顯的是，中下階層常成為社會的弱勢，無法翻身，且由於其缺乏資源與機會，弱勢的現象會延續到下一代，成為一種貧窮或是弱勢的循環。相似的是，社會階層理論對照的是個人的財富、權力與聲望，至於年齡階層理論（age stratification theory）的關注焦點就是年齡，也就是分析不同年齡層或世代（cohort）從出生、成長到老化的過程，所受到的歷史與文化背景之影響。當人們屬於同一個世代時，會經歷共通的歷史與環境（Riley, 1971/2008: 139），例如在日據時代出生的老人，對於日語或是日治文化的瞭解，有時遠比對中原或中華文化來得深入，並影響到個人的生活習慣與偏好。

同樣地，第二次世界大戰後，國共內戰讓中國大陸各省軍民遷居台灣，他們對於戰爭的感受與體驗，以及彼此在眷村的生活記憶，勢必又會產生另一種不同的老人世代類型。不同的年齡階層有其個別的次文化（subculture）（Riley, 1971/2008: 139），有時我們會比較目前社會上年輕人、中年人與老年人等不同世代的學習動機、工作態度、消費習慣與育兒傾向等，並賦予不同的代表性稱號，即便不是廣被接受，1980年代

後出生的年輕人，就常被貼上「草莓族」的標籤，以隱喻其外表光亮，卻難以抗壓的特質。因此，假設目前的年輕世代在將來邁入老年時，一定會有許多不同於當前老人世代的生活習慣與經驗，比如，對於資訊產品的使用與依賴度更高，相對接受西式飲食，且隨著高等教育普及與識字率之提升，對於各種訊息的接收方式也將有所差異。

🔍 老化迷思與年齡歧視

整體社會變遷或是發展對公眾在老化與老人之態度轉變扮演相當重要的角色（Featherstone & Hepworth, 2005: 358），從古至今，對於老人的想法為何，常會反應在日常生活的用語上，例如有些人將老等於殘、病、弱，許多我們熟悉的形容詞如「老番顛」、「老不修」、「老不死」等，背後則預設了某部分有關老人的價值觀，認為老人總是神智不清，老人就應該要有老人的樣子，甚至，老人對於社會而言是種負擔，其中所隱含的迷思（myths）與歧視，使得人們對老人及老化過程本身產生厭惡、畏懼與負面心理，進而呈現在相關政策與制度的規劃中，致使許多服務總是難以滿足老人的真正需要與需求。

一、老化迷思

老化迷思指的是對於老化訊息或知識的錯誤認知。這些認知因為缺乏明確的管道來加以澄清，或是因為傳統、口耳相傳與大眾媒體的報導等，持續積非成是，因而影響人們對於老人或老化的態度。為了避免相關問題，美國老化研究院出版了測驗個人老化智能商數（I.Q.）的小冊，採取問與答的方式，列出許多題目讓人們認識老化的過程與現象，雖然相關內容主要是以美國為研究背景，其中部分資料仍值得我們參考，摘述如下（National Institute on Aging, 2003）：

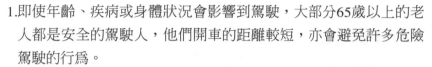

1.即使年齡、疾病或身體狀況會影響到駕駛，大部分65歲以上的老人都是安全的駕駛人，他們開車的距離較短，亦會避免許多危險駕駛的行為。

2.老人可能會出現無法入眠或難以久眠的狀況，這是老人的睡眠品質改變，而非睡眠時間。

3.老人的記憶不一定會隨著年齡增長而快速減損，記憶的混淆或喪失主要是來自疾病（如阿茲海默症）、受創與憂鬱等。

4.年老會造成性功能的反應變慢，不過許多老人仍有性需求，且保持活躍與滿意的性生活。

5.老人的性格基本上與過去大致一致，不會產生很大的變化，年輕時若是較為外向、風趣、充滿自信，則老年時也會如此，反之亦然。

6.老人也可以學習新的事務，研究顯示，透過學習可以讓老人改善原有的技能（如開車），甚至是學習到新的技能（如電腦）。

　　類似上述事實之呈現，有助於破除對老化的部分迷思，從我國的官方數據或研究資料中，也可以找到類似的案例。例如依內政部（2006：90）所進行的老人狀況調查指出，87.33%以上的老人可以自理生活，不需要別人協助，換句話說，台灣多數是身體健康的老人，即使有部分慢性疾病的威脅，在藥物與現代醫療科技的協助下，多數老人可以自行處理吃飯、上下床、上廁所、洗澡、上下樓梯等日常生活起居活動。以我國目前的照顧服務體系來看，由於感受到人口老化可能帶來的威脅，政府正努力地發展各種照顧服務項目，間接促成人們日漸熟悉相關專有名詞，如安養院、養護中心、居家照顧或失智症等，只是，過度強調對於老人的照顧有時會讓服務體系之規劃偏重在失能老人，只處理照顧流程的末端工作，忽略了如何維持健康老人的自主性，預防並延緩他們變成失能的狀態。

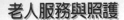

二、年齡歧視

　　年齡歧視指的是以年齡作為判斷的依據，對特定年齡層產生刻板印象或是偏見的一種現象，歧視（discrimination）通常帶有行為的意義，指的是因為年齡的因素而拒絕提供他人機會或是資源，至於偏見（prejudice）則是以刻板或負面的印象來看待老人（Bytheway, 2005: 338）。雖然年齡歧視並非專門用於老人身上，兒童、青少年或是成年人都有可能因為其所處年齡層，而被社會賦予特別的意義，忽視群體內部的種種差異。不過目前講到年齡歧視此一專門用語時，主要還是針對老人，特別是社會貶低老人的貢獻，對老人形成刻板印象，鼓勵老人自我貶抑，使其害怕老化的過程等。老人面臨的年齡歧視主要有下列幾種來源（Dubois & Miley, 2008: 144）：

(一)年齡歧視的主要來源

◆讚頌年輕（exalting youthfulness）
　　亦即稱頌或是讚揚年輕，將老與死亡連在一起，依年齡將人們進行區隔，視老人都是一個樣，並依照其所屬的年齡層判斷老人的個人特質，對於「老」產生負面的評價。

◆視老化為衰老
　　也就是認為老化必將帶來智力、記憶與問題解決能力之衰退。雖然部分老人確實面臨心智上的退化，但真正造成前述現象的原因是個人的健康狀況與疾病，而非年齡，這會讓人們忽視老人本身的價值。

◆視老人為固執
　　認為老人是固執、不知變通，且難以改變的，因此，想要改變老人是沒有用的，是一無所獲的。但事實上，人是否容易改變，其原因並不在年齡，而是個人早期的生活經歷與特質。

對於老年人口群的年齡歧視，存在生理、心理與社會面的背景因素。就生理層面而言，由於身體的機能會隨著年齡增長而逐漸下降，使得老人在移動或是活動的反應不如年輕人，只是身體機能對每個老人的影響並不相同，即使跨過了65歲的門檻，只要適當地保養，許多老人仍可以產生與一般成年人同樣的表現。就心理層面而言，記憶或是認知能力的衰退並不會影響生活能力，罹患失智症、譫妄或是精神疾病的老人之比率並不如想像中的高，其人生的豐富閱歷，反而是解決問題的重要助力。就社會層面而言，法定的退休年齡限制，讓許多仍具備工作能力的老人退出職場，甚至，由於照顧老人花費家庭或政府相當多的費用，使得社會產生一股對於老人的偏見，視老人是社會的負擔，忽略其過去的貢獻。

　　早在兩千多年前，古羅馬的政治與哲學家西塞羅（Marcus Tullius Cicero）在其《論老年》（*On Old Age*）的講著中就曾指出，一般人認為老人不快樂的原因有四種，其中之一是他們從積極性的工作中撤退，但這是因為世俗過度重視年輕人所從事的體力工作所致，忽略老年人在智力性工作上的貢獻，甚至，若假定老人不能參與公共事務，那麼就像是舵手對於船的航行一無是處一般，人生的重大事務並非只靠體力、活動與敏捷的身體，而是深思熟慮、性格與意見的表達，這些並不是老人的弱點，反而是老人的強項。

　　從大眾傳播媒體與公眾人物所展現的價值觀中，如何留住「青春」，保持類似青年人的體態、外貌，常隱含在各種商品的促銷活動中，其或許只是種商業的手段，卻會引起人們對於「老化」的負面印象與恐懼。同時，年齡歧視也有新的型態，Estes（1979；引自Novak, 2006: 4）稱它為「新年齡歧視」（new ageism），與舊有的年齡歧視不同，此觀點普遍認為老人健康不佳、貧窮或是缺乏社會支持，需要社會特別的對待，這對老人來說雖然是「好事」或是「福利」，卻是以偏見的形式，引導各種福利或措施的設計，例如過度強調老人需要照顧或照料，但真正的事實是——身體不佳的高齡者只占整體老人的少數，忽略提供老人積極性的健康促進措施，或是精神面的生活服務規劃。

(二)年齡歧視的代價

年齡歧視會帶來相當的代價，且這個代價不僅是老人本身，包括年輕人與整體社會同樣需要承擔相當之成本（Palmore, 2005: 80-82）：

◆老人的代價

歧視對老人最明顯的代價就是被忽視、否定、取笑，拒於職場之外、缺乏機會、受虐等，這不知不覺地打擊其自尊心，部分受害者甚至因而接受外在所賦予的負面印象（如老人不應當有性慾、不知變通、沒有生產力與效能），最終導致自我貶抑，在此種惡性循環下，老人會在各種活動上更加地退縮，影響健康。

◆年輕人的代價

對於老人的歧視在某種程度上扭曲了許多事實，或過度簡化許多問題的答案，讓老人成為代罪羔羊，致使社會上的年輕人忽略問題真正的原因，例如：將政府的財政困難歸因於發放過多的老人福利，卻忽略了造成財務問題的真正緣由何在。

◆經濟與社會的代價

因年齡因素而退休將浪費老人的人力資源，且由於部分老人不願意參與社會的志願性工作，其本身所擁有的知識與經驗無法傳承，若是讓老人處於孤立或隔離的環境，可能造成的身心疾病，最終還是必須由社會承擔相關成本，社會內的組成分子亦會對老化與死亡產生不正確的偏見與恐懼。

積極老化的社會對策

當全球人口老化成為一種新的社會趨勢與潮流，跨國性組織亦開始注意到相關議題，聯合國早於1991年便提出了「老化綱領」

（Proclamation on Aging），揭示老人應該擁有的「獨立、參與、照顧、自我實現、尊嚴」五大原則項目，隨後更將1999年訂定爲「國際老人年」，期待世界將來能走向「接納所有年齡層的社會」。依據前述原則，世界衛生組織（WHO）則在2002年提出「積極老化」（active aging）政策架構，並廣爲學界與各國政府的運用。事實上，相關概念已有許多類似的用語，例如：正向老化（positive aging）、健康老化（healthy ageing）、成功老化（successful aging）等，這些用語所呈現的是對於老化價值觀的轉變，老化不應該只是被動消極的過程，若期待人們在晚年能享受有品質、有尊嚴與有意義的生活，各界必須以更爲積極、正面的方式，因應人口快速老化的世界潮流。

　　積極老化指的是爲了增進人們年老時的生活品質，所提供健康、參與及安全之最適機會過程（WHO, 2002: 12），該名詞定義看來有些拗口，若將它轉換成較爲白話的說明，亦即積極老化是種過程，此過程藉由提供人們獲得健康、參與及安全的適切機會，以增進邁入老年期的生活品質。積極一詞本身所強調的不僅是身體健康，或是能夠投入勞動市場，而是人們必須持續參與社會、經濟、文化、精神與公衆面的事務。影響積極老化的決定因素如**圖3-2**所示。

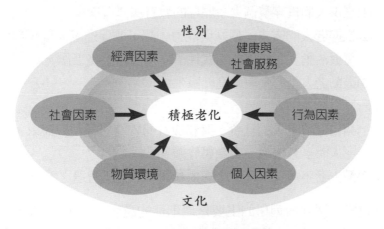

圖3-2　積極老化的決定因素

資料來源：WHO (2002: 19).

　　由圖3-2可知，老人是否能夠達成積極老化並非單一因素可以決定，若要確保老人能享有適當的生活品質，絕對不能只依靠老人對於自身的要求（如注意飲食與生活習慣），外在因素的配合（如政府所推動的政策），也相當的重要。積極老化的目的在於透過延長人們的健康平均餘命（healthy life expectancy），以提升高齡者之生活品質（WHO, 2002: 12），與一般平均餘命的測量只著重人們可以存活的壽命不同，健康平均餘命重視的是人應該盡可能地讓身體保持自主的時間延長，因為，隨著人們愈活愈久，若生活必須完全仰賴他們的照顧，或是依賴機器維持生命跡象，相信這不是老人所樂於接受。為了達成前述的目的，WHO（2002: 47）指出政策的設計，可以從提升人們健康、參與及安全三個層面著手：

1.健康：
(1)預防並降低大量失能、慢性病與過早死亡所帶來的負擔。
(2)降低造成主要疾病的危險因子，增進生命歷程中維持健康的相關因子。
(3)發展可持續獲得、接受、高品質且友善老人的健康與社會服務，以滿足人們的需求與權利。
(4)提供照顧者教育訓練。
2.參與：
(1)提供人們貫穿整個生命歷程的教育與學習機會。
(2)根據老人的需求、偏好與能力，認可並促進老人積極參與經濟發展活動、正式與非正式性工作及志願服務工作。
(3)鼓勵老人全心參與家庭社區生活。
3.安全：
(1)藉由保障老人的社會、財務與身體安全之權利與需求，以確保老人能享有保護、安全與尊嚴。
(2)減少老年婦女享有安全的權利與需求上所遭遇之不平等。

　　上述三大面向所列舉的主要是原則性的說明，WHO的政策架構中有更為詳細的說明，例如：推動居家無障礙空間、增進社會互動有助於健康面向之達成，終身學習或志願服務則是參與的重要面向，而健全

的社會安全制度與老人虐待預防為安全面向所不可或缺。總之，有關老人的各種議題，不僅是實質層面的社會現象，還關係到老人本身所應享有的權利與願景，作為後進的工業化國家，台灣在相關領域的準備起步較晚，我們看到也預見了高齡社會的來臨，只是在政策與實務環境的規劃未臻完善，它需要更多的投入與瞭解，也可以說是一種與時間賽跑的過程。由於老年群體的異質性，關於老化的社會對策需要更為全面的思維，過度偏重在照顧，或是忽略整體社會對於老人的價值觀，只會讓老人處於更不利的地位，亦無法達成積極老化的理想境界。

問題與討論

1. 社會老化是老化的面向之一，請敘述其定義，並列舉說明年齡規範對老人的影響。
2. 老年科技的主要應用領域為何？其目的與功能有哪些？
3. 現代化理論是解釋社會老化的理論之一，請說明並評論該理論之核心內涵。
4. 年齡歧視之主要來源為何？請列舉說明老人所受到的年齡歧視有哪些？
5. 何謂「積極老化」？政府的政策設計可以從哪些面向提升人們的健康、參與及安全，以達成積極老化。

參考書目

中川聰（2008）。《通用設計的法則——從人性出發的設計學》。台北：博碩文化。

內政部（2006）。《老人狀況調查報告》。台北：內政部。

教育部（2006）。《邁向高齡社會：老人教育政策白皮書》。台北：教育部。

行政院主計處（2008）。《社會指標統計年報2007》。台北：行政院主計處。

行政院經建會（2008）。《中華民國台灣97年至145年人口推計》。台北：行政院經建會。

Achenbaum, W. A. (2009). A Metahistorical Perspective on Theories of Aging, In V. L. Bengtson, D. Gans, N. M. Putney & M. Silverstein (eds.), *Handbook of Theories of Aging*. New York: Springer.

Bengtson, V. L., D. Gans, N. M. Putney & M. Silverstein (2009). Theories About Age and Aging, In V. L. Bengtson, D. Gans, N. M. Putney & M. Silverstein (eds.), *Handbook of Theories of Aging*. New York: Springer.

Bytheway, B. (2005). Ageism, In M. L. Johnson (ed.), *The Cambridge Handbook of Age and Ageing*. Cambridge: Cambridge University Press.

Cowgill, D. O. (1974). The Ageing of Populations and Societies, *Annals of the American Academy of Political and Social Science, 415*: 1-18.

Cumming, E. (1963/2008). Further Thoughts on the Theory of Disengagement, In S. A. McDaniel (ed.), *Ageing Vol. 1: Origins, Theories and Practical Concerns*. London: Sage.

Cutler, S. J. (2006). Technological Change and Ageing, In R. H. Binstock & L. K. George (eds.), *Handbook of Ageing and the Social Sciences*. Burlington: Academic Press.

Dubois, B. & K. K. Miley (2008). *Social Work: An Empowering Profession*. Boston: Pearson Education.

Ebersole, P., P. Hess, T. Touhy & K. Jett (2005). *Gerontological Nursing and Healthy Aging*. St. Louis: Mosby.

Featherstone, M. & M. Hepworth (2005). Images of Ageing: Cultural Representations of Later Life, In M. L. Johnson (ed.), *The Cambridge Handbook of Age and Ageing*. Cambridge: Cambridge University Press.

Fozard, J. L. (2005). Gerontechnology: Optimising Relationships between Ageing People and Changing Technology, In V. Minichiello & I. Coulson (eds.), *Contemporary Issues in Gerontology: Promoting Positive Ageing*. Abingdon: Routledge.

Harris, D. K. (2005). Age Norms, In E. B. Palmore, L. Branch & D. K. Harris (eds.), *Encyclopedia of Ageism*. New York: The Haworth Pastoral Press.

Havighurst, R. J., B. L. Neugarten & S. S. Tobin (1968). Disengagement and Patterns of Aging, In B. L. Neugarten (ed.), *Middle Age and Aging: A Reader in Social Psychology*. Chicago: University of Chicago Press.

Hooyman, N. R. & H. A. Kiyak (2008). *Social Gerontology: A Multidisciplinary Perspective*. Boston: Person Education.

Kohli, M. (1988/2008). Ageing as a Challenge for Sociological Theory, In S. A. McDaniel (ed.), *Ageing Vol. 1: Origins, Theories and Practical Concerns*. London: Sage.

Melkas, H. (2008). Potholes in the Road to Efficient Gerontechnology Use in Elderly Care Work, In F. Kohlbacher & C. Herstatt (eds.), *The Silver Market Phenomenon: Business Opportunities in an Era of Demographic Change*. Springer-Verlag Berlin Heidelberg.

National Institute on Aging (2003). *What's Your Aging IQ?* Washington DC: U.S. Department of Health and Human Services.

Neugarten, B. L., R. J. Havighurst, & S. S. Tobin (1968). Personality and Patterns of Aging, In B. L. Neugarten (ed.), *Middle Age and Aging: A Reader in Social Psychology*. Chicago: University of Chicago Press.

Novak, M. (2006). *Issues in Aging*. Boston: Person Education.

Palmore, E. B. (2005). Costs of Ageism, In E. B. Palmore, L. Branch & D. K. Harris (eds.), *Encyclopedia of Ageism*. New York: The Haworth Pastoral Press.

Riley, M. W. (1971/2008). Social Gerontology and the Age Stratification of Society, In S. A. McDaniel (ed.), *Ageing Vol. 1: Origins, Theories and Practical Concerns*. London: Sage.

UN (2009). *World Population Ageing 2009*. New York: UN.

Verbrugge, L. M. & P. Sevak (2002). Use, Type, and Efficacy of Assistance for Disability, *Journal of Gerontology: Social Sciences*, 57B(6): 366-379.

WHO (2002). *Active Aging: A Policy Framework*. Geneva: WHO.

Wilmoth, J. M. & C. F. Longino (2007). Demographic Perspectives on Aging, In J.

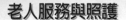

M. Wilmoth & K. F. Ferraro (eds.), *Gerontology: Perspectives and Issues*. New York: Springer.

第四章

◉——郭旭格

老人症候群

學習重點

1.瞭解常見的老人症候群。

2.瞭解老人症候群常用的診斷工具與診斷表格。

3.瞭解老人症候群的臨床表現與處理。

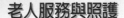

前言

　　1993年起，台灣正式邁入老年化社會，提升老年人完善的照護，是醫療發展重要的方向。老年族群的醫療不單只是就疾病本身──如心血管疾病、慢性肺疾、肝腎疾患等──做適當的治療，更要對老年族群常見的症候群做進一步的瞭解。所謂老年病症候群（geriatric syndromes），如跌倒、步態不穩、認知功能障礙、失智症、譫妄、尿失禁等等，這些症候群雖然不是疾病之診斷，它們卻是影響老年人生活品質與日常功能極為重要的因子，有時甚至如同冰山的一角，是嚴重潛在性疾病的主要表徵。不幸的是，在忙碌的診間或是病房，這些症狀與症候群往往被忽略。本文將介紹幾個最常被討論的老年病症候群。

失智症

　　台灣地區65歲以上人口失智症（dementia）之盛行率為1.9-4.4%（約2.5%）。此盛行率比歐美國家（約5-10%）為低。依國際阿茲海默症協會失智症亞太地區盛行報告所估計，台灣在2005年有近14萬失智症患者，到2050年預計將有66萬失智症患者，目前每年有4.3萬位新失智症個案，2050年每年將有約20萬位新失智症個案。根據世界衛生組織的資料，依研究證據顯示，神經精神疾病（如失智症）的殘障負擔，僅次於傳染病和寄生蟲疾病。失智症的疾病負擔超出瘧疾、破傷風、乳癌、吸毒和戰爭的疾病負擔，而且在未來的二十五年中，失智症的疾病負擔預計將增加76%以上。

　　失智症其實是一「症候群」，也就是一群症狀的組合。這一群症狀主要是以記憶力、定向力、判斷力、計算力、抽象思考力、注意力、語言等認知功能障礙為主，同時可能出現個性改變、攻擊性行為、妄想或

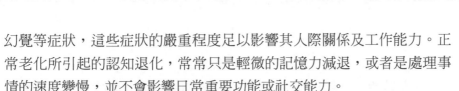

幻覺等症狀，這些症狀的嚴重程度足以影響其人際關係及工作能力。正常老化所引起的認知退化，常常只是輕微的記憶力減退，或者是處理事情的速度變慢，並不會影響日常重要功能或社交能力。

失智症的病人往往並不會有病識感，也不覺得自己的記憶力不好，常常是由家屬或配偶帶來就診。通常家人很難說出發病正確時間，患者功能逐漸退化，整個病程會拖上好幾年的時間。血管性失智症則依其腦血管病變而定，一般呈階梯式退化的現象。也因為失智症病人的家屬通常無法確定症狀最早何時發生，醫師可以藉由問一些生活上的事件，例如：是否有短期記憶的障礙（如吃過飯卻忘了、重複問同一件事情）、是否可以自己打電話找朋友或家人、是否可正確服藥或自己理財等等，來大概確定疾病的進程。失智症的患者通常有下列的特徵：

1. 記憶減退、無法學習及保存新的資訊，如無法想起剛剛才發生的事，且即使經過提醒也無法想起該事件。
2. 無法處理複雜事務，如無法處理自己的財務；無法勝任原本熟悉的事務，如銀行行員數鈔票常出錯、英文老師卻忘記了常用的簡單字彙如「car」、司機伯伯現在經常走錯路、以前的大廚師卻常加錯調味料或用錯食材等。
3. 無法處理突發狀況、判斷力變差、警覺性降低。開車常出車禍或出現驚險畫面；過馬路不看左右紅綠燈；借錢給陌生人；聽信廣告買大量成藥；一次吃下一週的藥量；買不新鮮的食物等。
4. 無法抽象思考：對言談中抽象意涵無法理解，而有錯誤反應。日常生活操作電器，如微波爐、遙控器或提款機的操作，對指示說明的意思無法理解。
5. 失去處理視覺空間的能力（visuospatial ability），喪失對時間、地點的概念。一般人偶爾會忘記今天是幾日，在不熟的地方可能會迷路。但失智症患者會弄不清年月、白天或晚上，在自家周圍迷路，找不到回家的路。
6. 東西擺放錯亂。一般人偶爾會任意放置物品，但失智症患者更頻

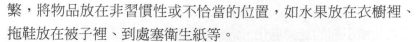

繁，將物品放在非習慣性或不恰當的位置，如水果放在衣櫥裡、拖鞋放在被子裡、到處塞衛生紙等。

7.語言能力障礙，比如想不起名字或常用字彙，以替代方式說明簡單的辭彙，如「送信的人（郵差）」、「用來寫字的（筆）」等。

8.行為與情緒出現改變，行為偏差以及個性改變。失智症患者的情緒轉變較快，一下子哭起來或生氣罵人，情緒的改變不一定有可理解的原因。失智症患者也可能有明顯的個性改變，如原本個性溫和，最近卻變得暴躁、粗言粗語，不能忍耐別人的笑語。

9.出現妄想（delusion）。「妄想」是錯誤不真實的信念，較常出現的是被偷妄想，相信有陌生人、小偷、家人或是照顧者在偷東西；其他如被害妄想，擔心或堅信有人要害他；忌妒妄想，相信老公或老婆已經有外遇而憂鬱或十分憤怒；或遺棄妄想，認為家人會丟下他不管。當出現妄想時，失智症患者往往會出現情緒激動、焦慮、憂鬱症狀，甚至表現出侵犯性（aggressive）或攻擊性（assaultive）的行為，出現暴力行為。

一、危險因子

(一)年紀

年紀是失智症最強的危險因子，尤其是阿茲海默症（Alzheimer's diseas）。根據一老年人社區研究，對於65-69歲的老人，阿茲海默症的年發生率約0.8%；70-74歲為1%；75-79歲為2%；80-84歲為3.3%；大於85歲為8.4%。大於85歲的居民罹患阿茲海默症是65-69歲居民的十四倍。對於護理之家與安養護機構的老年族群，失智症之盛行率更高達二分之一到三分之二之譜。

(二)心血管危險因子

許多研究指出高血壓是造成認知功能退化（cognitive decline）以及失智症的危險因子。中年時期若是血壓控制不佳，邁入老年時，得到失智症的機會會增加77%。最近的研究也顯示糖尿病會增加患者罹患失智症的危險性達0.5-1倍，尤其是血管性失智症（vascular dementia），增加的危險性高達1-1.5倍。另外，高血壓、糖尿病、心臟疾病與吸菸等心血管危險因子對造成失智症有顯著的加乘效果。

(三)ApoE4 genotype

脂蛋白E4基因型（ApoE4 genotype）不僅是阿茲海默症的危險因子，也會整體增加得到失智症的機會，但不是每位有此基因的人一定會得病。目前檢測此基因只是一種研究工具，不建議當成臨床篩檢。

(四)慢性腎臟病

腎功能不全〔男性肌酸酐（creatinine）大於1.5mg/dL，女性大於1.3mg/dL〕會增加老年人失智的危險性，尤其是血管性失智症。

(五)肥胖

許多長時間的追蹤型研究顯示，中年肥胖或體重過重，會增加老年時得到失智症的風險。有趣的是，年老時的低體重或者體重減輕，卻也會增加日後發生失智症的風險，這可能是因為老年人的低體重或體重減輕，某種程度代表著一些潛藏的疾病。

(六)低教育程度

高教育程度會降低阿茲海默症發生的機會。這是因為高教育程度會降低阿茲海默症中的病理變化〔如類澱粉蛋白質（beta-amyloid）〕對認

知功能的不良影響，高教育程度並無法降低或延遲阿茲海默症病理變化的發生。所以當高教育程度者發生阿茲海默症時，他們智能退化的速度會比較快，而且腦中所累積阿茲海默症的病理變化也會較為嚴重。

(七)步態異常

步態異常是失智症重要的危險因子。有步態異常的老人，得到失智症的機會約增加1倍（hazard ratio 1.96, CI 1.3-2.96）。

(八)其他

甲狀腺機能異常、維他命B12不足、神經性梅毒、正常腦壓性水腦症（normal pressure hydrocephalus）、頭部創傷（head trauma）、憂鬱症病史、家族史或是與有機溶劑的接觸。

二、失智症的分類

失智症可依照臨床表現、神經病理以及病因，分成不同種類。目前主要有四大類失智症，包括阿茲海默症、血管性失智症、帕金森氏症相關的失智症如路易氏體失智症（Dementia with Lewy Bodies, DLB），與額顳葉型失智症。造成失智症的原因，以阿茲海默症為最多（約50-60%），其次為血管性失智症（約10-20%），混合型失智症（阿茲海默症合併血管性失智症）約10%。其他如額顳葉型失智症、良性腦瘤、正常腦壓性水腦症、維他命B12缺乏、甲狀腺功能過低、藥物副作用或憂鬱等，占約10-20%。

三、診斷工具

(一) DSM-IV

失智症是一個臨床診斷，任何懷疑失智症的患者，都應該仔細詢問病史。最好能夠詢問到與病患一同日常起居的家屬，才能確定患者的智能變化、是否有異常的思考或行為模式、人格是否有改變等等。病患的藥物也要仔細檢查，如抗膽鹼激性藥物（anticholinergics）、安眠藥或抗精神藥物等，都可能會引起智能障礙。此外，病患也應接受詳細的理學檢查與神經學檢查。應注意病患是否有半邊的肌力異常或感覺異常，如步態、肌張力等等。最常用的失智症診斷臨床標準是DSM-IV（**表4-1**）。

1. 多重認知缺損。必須有記憶障礙（memory impairment），包括無法學習事物或回憶已學會的事物，並且至少存在以下認知障礙的一種：
   (1) 失語症（aphasia）：雖然有正常的發聲器官，卻失去言語功能。
   (2) 失用症（apraxia）：雖然運動功能正常，可是執行上出現困難，如無法使用餐具、不會使用牙刷、喪失如廁或穿衣等基本功能。
   (3) 失認症（agnosia）：雖然感官功能正常，可是仍無法辨認物體或人、事、物的名稱，瞭解或分辨能力不好。
   (4) 執行功能障礙（executive dysfunction）：無法執行有計畫的活動，以達成預設的目標。無法將日常生活的事情有效組織起來、喪失判斷能力、無法做出合理的決定等。
2. 認知功能障礙會造成社會功能的嚴重缺損，使病人無法扮演好在社會與家庭中適當的角色。
3. 症狀非僅出現於譫妄的病程中。

表4-1 DSM-IV Criteria for Dementia

A：The development of multiple cognitive deficits manifested by both 多重認知發展障礙同時合併有以下A-1、A-2兩項的障礙： A-1：Memory impairment（impaired ability to learn new information or to recall previously learned information）記憶的損傷（無法學習新事物或無法回憶以前學習的事物） A-2：one（or more）of the following cognitive disturbance: 至少有下列一個的認知障礙： Aphasia（language disturbance）失語症（言語障礙） Apraxia（impaired ability to carry out motor activities despite intact motor function）失用症（雖無運動中心損傷，但有運動能力有障礙） Agnosia（failure to recognize or identify objects despite intact sensory function）認識不能（感覺中心雖無損傷，但認識或分辨事物有障礙） Disturbance in executive functioning（i.e.,planning, organizing, sequencing, abstracting）執行功能障礙（即計劃、組織、排序、摘錄）
B：The cognitive deficits in Criteria A1 and A2 each cause significant impairment in social or occupational functioning and represent a significant decline from a previous level of functioning。符合A-1和A-2之認知障礙，並且已造成社交或職業上困擾，也和先前之功能狀況比較之下已有明顯的衰退現象
C：The course is characterized by gradual onset and continuing cognitive decline 認知的衰退過程是漸近並且持續地
D：並不是由下列的原因造成以上A-1和A-2的認知障礙： other central nervous system conditions that cause progressive deficits in memory and cognition（e.g., cerebrovascular disease, parkinson's disease, Huntington's disease, subdural hematoma, normal pressure hydrocephalus, brain tumor）其他中樞神經系統狀況導致記憶和認知的進行性障礙（例如腦血管疾病、帕金森氏病、漢汀頓氏病、硬膜下血腫、正常腦壓性水腦症、腦瘤） systemic condition that are known to cause dementia(e.g., hypothyroidism, Vitamin B12 or folic acid deficiency, niacin deficiency, hypercalemia, neurosyphilis, HIV infection）已知會造成癡呆之全身性狀況（如甲狀腺官能不足、B12或葉酸缺乏症、高血鈣症、神經梅毒、愛滋病毒感染） Substance-induced conditions 物質—導致之狀況
E：The deficits do not occur exclusively during the course of a delirium 此障礙並非只出現在譫妄的病程中
F：The disturbance is not better accounted for by another Axis I disorder（e.g., Major Depressive Disorder, Schizophrenia）此障礙無法以另一種第一軸向疾病作更佳的解釋（如重度抑鬱症、精神分裂症）

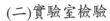

(二)實驗室檢驗

實驗室檢驗，如生化電解質檢驗、甲狀腺功能、維他命B12、葉酸等，常常用來排除其他導致認知退化的次發性原因。臨床上若懷疑有神經性梅毒，也應加以排除。根據美國神經學學院的建議，腦部的電腦斷層或核磁共振也是失智症的評估檢查之一。

(三)認知測驗

認知測驗（cognitive testing）是臨床上用來診斷失智或認知功能障礙的重要工具。畫時鐘測試法（Clock Drawing Test, CDT）與三個名詞複述及記憶的測試（3-item recall）合併使用稱為「迷你認知評估」（Mini-Cog assessment），於美國老年醫學會所出版之手冊*Geriatrics At Your Fingertips*所建議使用，用來診斷失智症有99%的敏感度與96%的特異性。先請病人複述並記憶三個關聯性不強的字眼（如紅色、快樂、腳踏車），之後請病人畫時鐘（要有數字、長短針，並且指定畫出一個時間，如11:20），最後再測試病人是否還記得之前複述過的三個名詞。*Geriatrics At Your Fingertips*所建議的「迷你認知評估」內容及施行方法可在下列網站找到http://www.hospitalmedicine.org/geriresource/toolbox/pdfs/clock_drawing_test.pdf。判讀Mini-Cog的方式如**圖4-1**。

簡易智能狀態測驗（Mini-Mental State Examination, MMSE）也是常用的工具，涵蓋了許多不同的認知範疇（cognitive domains），包括對人、時、地的定向能力、注意力、記憶能力、計算及書寫能力、語言能力（流暢度、理解力、複誦力）以及建構能力等（如**表4-2**）。MMSE的分數介於0分到30分，愈低分表示症狀愈嚴重。MMSE的分數和年齡、教育程度有關。若受檢者的教育程度為國中以上，其分數低於24分時，則可能表示受檢者有認知功能異常；小學程度為21分，未受教育者為16分。

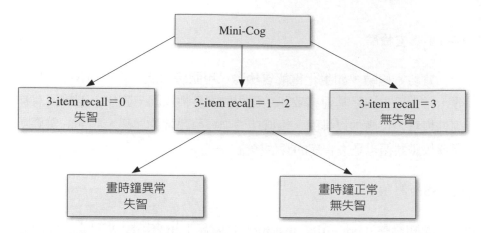

圖4-1　判讀Mini-Cog的方式

表4-2　簡易智能狀態測驗（Mini-Mental State Examination, MMSE）

題目	分數／總分
現在是民國＿＿＿年？＿＿＿月？＿＿＿日？星期＿＿＿？季節＿＿＿？（每項一分） 【不可以看日曆或月曆回答，寫下受訪者回答的各項答案】	□／5
請告訴我，我們現在是在那一個縣、市？＿＿＿這棟樓房／建築是做什麼用的？用途是什麼？＿＿＿這間醫院（診所）的名稱？＿＿＿現在我們是在幾樓？＿＿＿這裡是哪一科？＿＿＿（每項一分） 【逐項問，可以講的出來就給分，寫下受訪者的各項答案】	□／5
請跟著我唸，並記住下列三樣東西。我說完後，請您重複一遍。請務必記好，等一下我會要您再說出這三樣東西的名稱。（每秒唸一樣，每項一分，按第一次複述結果計分，計分後可再練習二次）： □紅色　□快樂　□腳踏車	□／3
現在我想請您做一些簡單的算數。（每答對一次一分）請您從100起連續減去7，也就是100－7得到的數目再減7。好，請問100－7等於多少？下一個呢？ 【寫下受訪者回答的各項答案，問完五次為止，可複述受訪者答案再問下一個】 □ 93　□ 86　□ 79　□ 72　□ 65	□／5
我要您記住的東西是什麼？（每項一分） □紅色　□快樂　□腳踏車	□／3
（拿出手錶）這是什麼？（拿出鉛筆／或原子筆）這是什麼？（每項一分）	□／2
請跟著我唸：白紙真正寫黑字（只能清晰唸一次，唸的出來給一分）	□／1

（續）表4-2　心智狀態檢查（Mini-Mental State Examination, MMSE）

題目	分數／總分
請照吩咐做下面三個步驟：（每動作一分） □用你的右手／左手拿這張紙【請受訪者用他的非慣用手拿紙】 □把紙折成對半□再把紙放在腿上	□／3
請讀這行字，然後照它的指示做（如果他把眼睛閉起來就算正確，給一分） **請閉上眼睛**	□／1
在紙上寫一完整的句子：（含主詞動詞受詞語意完整的句子得一分），請寫在下面的方框空白處【不要提示受訪者】	□／1
這裡有個圖形請在旁邊畫出一個相同的圖形，請畫在本頁空白處	□／1
總分	□／30

四、失智症的臨床處置與照護

失智症的照護，首重團隊合作。團隊成員包括病人、照顧的家屬、醫師、社工與護士。若有需要，也可加入復健醫師與物理、職能、語言吞嚥治療師。失智症對病人與家屬的衝擊很大，因為這是個不可逆的過程，病人只會慢慢變差，沒有回覆正常的可能。病人與家屬常常需要在治療照護的過程中學習，並嘗試保有樂觀進取的態度。隨著疾病日漸嚴重，病人與家屬往往會遇到新的問題，所以定期回診並與醫師討論治療目標是相當重要的。應該利用病人尚有決定能力之前，指定健康與財務代理人、預立醫囑，並且決定是否接受急救措施。

失智症的治療目標，在於設法維持患者的生活品質與生活功能，並且設法控制失智症帶來的行為問題。假如患者有嚴重的精神症狀，如妄想、幻覺、情緒低落、激動或躁動等，應與醫師討論是否進一步檢查或

調整藥物。照顧失智症患者是一件相當累人的事，所以也需要注意病患家屬的情緒與體力負荷，加強對家屬的心理輔導與建設，讓他們在照顧病人之餘，仍然盡量可以有健康的生活。

失智症進展到後來，許多病人需要相當吃重的照顧，有些家屬會選擇自己照顧，有些會僱用看護工來幫忙照顧，有些會把病人送到護理之家。這些選擇沒有絕對的對或錯，端看病人與家屬的決定以及個別家庭的需求。許多末期失智症的患者其實已經不會認人了，又常常伴有精神與行為的問題，經過專業評估後，假如決定醫療機構是個長期適合病人的場所，醫療人員有責任輔導家屬，讓他們相信這是一個對病人有益的決定，而不是不孝的行為。

五、藥物治療

(一)認知功能藥物治療

◆乙醯膽鹼水解酵素

乙醯膽鹼（acetylcholine）見於中樞和周邊神經系統，是重要的神經傳導物質。阿茲海默症病人大腦的膽鹼乙醯轉移脢（choline acetyltransferase）的產量降低，進而使得大腦的乙醯膽鹼製造減少。抗乙醯膽鹼水解酵素（cholinesterase inhibitors）藉著抑制乙醯膽鹼水解酵素（cholinesterase），而增加突觸裂隙（synaptic cleft）的乙醯膽鹼濃度。目前衛生署已核可的乙醯膽鹼水解酵素有三種，包括donepezil（愛憶欣Aricept）、rivastigmine（憶思能Exelon）以及galantamine（利憶靈Reminyl）。這三種藥物有減緩認知功能退化與日常生活退化的效果。

◆Disease modifying agents

谷氨酸（Glutamate）可導致N-methyl-D-aspartate（NMDA）受體的過度興奮，而產生神經細胞的缺氧或細胞毒性，進而影響學習或記憶。

memantine是NMDA受體的拮抗物（antagonist），可以延緩失智症病人的認知退化。

(二)行為及情緒症狀治療

90%以上的失智症患者在病程中會出現行為或情緒問題，或者出現有妄想、幻覺、錯覺與錯認的精神症狀，尤其以中度及重度的失智症最為明顯。當行為症狀出現時，要詳加評估失智症患者身體疾病或譫妄的病因。出現行為問題、妄想或幻覺時，若對於患者本身及家人都會造成很大的壓力，若無法以非藥物的方式安撫病人，就可考慮藥物治療。對於老年患者的首選藥物為atypical neuroleptics，因為其造成錐體束外症狀（Extrapyramidal Symptoms, EPS）的副作用較少。所謂錐體束外症狀係包括肌肉緊張異常、靜坐不能和類似巴金森氏症狀，可能會有肌肉僵硬、行動緩慢、手抖、流口水、大舌頭等等現象。這類新一代的藥物包括riesperidone、olanzapine及quetiapine。可是有研究卻顯示，這些非典型抗精神病藥物（atypical antipsychotics）會微幅增加死亡率，美國FDA也因此發出警告，所以用藥之前應該與家人溝通。若有憂鬱的症狀，也應加以治療。

譫妄

譫妄（delirium）就是急性的精神混亂狀態。譫妄在老年人的急性醫療相當常見，大約10-30%送到急診的老年病患有譫妄的情形；而老年人剛住院時發生譫妄的比率約有14-24%，也約有三成的老年病患，在住院過程會發生譫妄。老年人術後發生譫妄的發生率約為15-53%，而在加護病房的發生率更高達70-87%。

譫妄有何臨床上不良的影響呢？譫妄會延長住院天數、造成功能退化、影響老年人出院後的功能恢復，增加出院後住到機構的機會（ref does delirium contribute to poor hospital outcomes）。譫妄也容易使住院患者發生的併發症增加3-5倍，並增加死亡率。研究指出，發生譫妄的患者一個月及六個月的死亡率達14%及22%，幾乎是沒有發生譫妄的2倍。

一、臨床表現與診斷

所謂譫妄症患者的注意力和認知功能會突然下降，屬於急性精神混亂狀態。這種認知與行為之異常是突然發生的，而且變化相當迅速。比如說，一個因肺炎住院的老人，中午可能神智還算清楚，可以與人交談而不會有誤認家人的情形。可是到了傍晚，老先生突然變得很激動，很害怕旁邊的家屬會傷害他，且不認得旁邊的女兒，吵著要回家。女兒很難過，因為老先生以前不曾如此，好像是變了另一個人似的。約略經過兩個小時後，老先生逐漸安靜下來，也漸漸認得旁邊的家人，並開始進食晚餐。可是到了午夜，老先生又突然激動起來，吵著要下床回家。不管值班醫師和護士如何勸說，老先生卻依然故我，注意力相當的不集中。這個例子就是典型的譫妄，病患原本是很理性的人，可是他的認知功能卻在幾個小時之內，有劇烈的變化。他的注意力無法集中，好像在思考另一個世界的事情，並且講一些奇怪的話。此外，病人的意識狀態並非正常，因為譫妄發作時，病人的情緒相當的激動。

目前診斷譫妄最常用的工具為混亂評估方法（Confusion Assessment Method, CAM）（如**表4-3**）。CAM的敏感度和準確度都超過95%以上。讀者可試著把上述的案例，套在**表4-3**的CAM診斷工具中。

譫妄症可進一部分成三種形式，低活動型（hypoactive）、高活動型（hyperactive）及混合型（mixed）。上述的案例是屬於高活動型，是較易被診斷的譫妄症。高活動型譫妄症的表現包括躁動、增加警戒狀態，且常合併幻覺，故較易被察覺。低活動型譫妄症的表現以嗜睡、精神活動功能減低為主，是老年人較常見的形式。低活動型譫妄症不易被察覺，且預後較差。至於混合型譫妄症，即是表現具有上述兩種形式的譫妄症。雖然治療只可能使認知功能障礙的症狀緩解，譫妄症一旦發生，

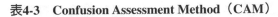

表4-3　**Confusion Assessment Method（CAM）**

The diagnosis of delirium: 1 AND 2 AND (3 or 4)
1. Acute change in mental status and fluctuating course（急性發作，病程在短時間內波動） Is there evidence of an acute change in cognition from the patient's baseline? Does the abnormal behavior fluctuate during the day, ie, tend to come and go, or increase and decrease in severity?
2. Inattention（注意力不集中） Does the patient have difficulty focusing attention, eg, being easily distractible, or having difficulty keeping track of what was being said?
3. Disorganized thinking（怪異的思考模式） Is the patient's thinking disorganized or incoherent, eg, rambling or irrelevant conversation, unclear or illogical flow of ideas, or unpredictable switching from subject to subject?
4. Altered level of consciousness（意識障礙） Is the patient's mental status anything besides alert, ie, vigilant (hyperalert), lethargic (drowsy, easily aroused), stuporous (difficult to arouse), or comatose (unarousable)?

症狀常持續一段時間。有研究顯示，只有約一半的住院病患在發生譫妄症後六個月，認知功能才得以完全恢復。

二、致病機轉

　　譫妄症眞正的致病機轉十分複雜，至今仍然不是很清楚。目前認爲譫妄症是一種腦部功能障礙，病人在腦波圖上顯示廣泛性的皮質慢波。過去的研究顯示膽鹼缺乏（cholinergic deficiency）與譫妄症有關，服用抗乙烯膽鹼藥物的病患較易產生譫妄症，其血清中抗乙烯膽鹼的活性也有增加的現象。其次，與神經傳導物質製造有關之胺基酸的比例改變可能也和譫妄症有關，例如：色胺酸（tryptophan）與苯丙胺酸（phenylalanine）的比例改變會導致血清素（serotonin）過多或缺乏，進而造成譫妄症。

　　另外，其他神經傳導物質，包括多巴胺（dopamine）、正腎上腺素（norepinephrine）、γ-胺基酪酸（r-aminobutyric acid）等均曾被報導

75

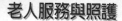

可能與譫妄症的發生有關。細胞激素（cytokine），尤其是介白質素-2（interleukin-2）及腫瘤壞死因子（tumor necrosis factor），會增加腦部血管屏障的通透性來調節神經傳導物質，也可能與譫妄症的發生有關。

三、危險因子

與譫妄症有關的危險因子相當多，可分成兩類：誘發因子（predisposing factor）與促發因子（precipitating factor）。所謂誘發因子，也就是「無法改善」的危險因子，包括年紀大（advanced age）、失智症、多重疾病、日常生活功能障礙（impaired activities of daily living）、酒精濫用及重度知覺障礙（如失明或失聰）。促發因子，也就是「可能改善」的危險因子，則包括任何急速改變的身體狀態，如各種疾病（如急性心血管疾病、急性呼吸系統疾病、急性中樞神經系統疾病、各種感染、脫水、電解質失調、肝功能及腎功能異常、血糖異常、貧血等）、處方的改變（尤其是鎮靜藥）、不活動（immobilization）、使用留置導管（indwelling catheters）、約束（restraint）、營養不良、便祕及尿液滯留、環境的影響及疼痛控制不佳（uncontrolled pain）等。

許多藥物會誘發譫妄症，最常見與譫妄症有關的藥物包括鎮靜安眠藥、抗焦慮劑、鴉片製劑、抗癲癇藥物、氫離子幫浦抑制劑，和具抗膽鹼（anticholinergic）活性的藥物（如部分感冒藥及治療過敏藥物）等。譫妄症通常是由數個上述危險因子同時影響而產生的。

四、評估

應依據病患的相關病史、身體檢查（包括神經學檢查）及實驗室檢查，針對上述的危險因子來評估，以找尋可能造成譫妄症的原因。許多譫妄症病患由於意識混亂而無法確實提供病史或表達不適，因此家屬或主要照顧者所提供的病史變得極為重要。評估譫妄症病患包括心智狀態

（mental status）；另外，病患所服用的藥物（包括處方箋及非處方箋的藥物、酒精等）也很重要，即使是長期的用藥也可能會造成譫妄症。

基本的實驗室檢查包括全血球計數、生化（包括肝、腎功能及電解質失調、血糖）、尿液分析、心電圖、胸部X光檢查等。至於腦波、腦部影像學檢查或者是腦脊髓液的檢查，在譫妄症的診斷上扮演的角色較為有限。除非有新的局部神經學症狀（focal signs）或懷疑有癲癇發作或腦膜炎，才會選擇性地安排這些檢查。值得注意的是，導致病患發生譫妄症的原因，通常是由數個危險因子共同影響。因此，不可找到一個可能造成譫妄症的原因後，就停止進一步的評估或處置。

五、治療

一旦譫妄症發生，首要步驟就是確定可能導致譫妄症的危險因子（致病因子），針對可改善的因子加以處置（如治療肺炎或泌尿道感染等），同時防止譫妄症惡化及預防其併發症，並治療病患的破壞性行為（disruptive behavior）。

(一)非藥物性處置

所有譫妄症病患均應接受非藥物性處置，包括：

1. 提供安靜及舒適的環境，包括避免過多的訪客或噪音、避免於夜間從事醫療處置及提供合適的燈光照明等，就寢前可喝熱牛奶或熱水以助睡眠。
2. 增加定向感，包括提供日曆、時鐘、病患熟悉的物品或親人的照片，鼓勵家屬親自照顧病患，以及避免房間及照護團隊的變更等。
3. 若有視力或聽力異常，應給予眼鏡或助聽器。
4. 儘早移除任何不必要的管線，例如：導尿管、靜脈導管、氧氣管或心跳監測管線等。

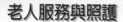

5.儘早下床活動或進行復健，鼓勵病患白天時多活動，以保持清醒。

7.攝取足夠的營養及水分，但避免以鼻灌食或點滴方式給予。

8.若病患有破壞性行為，應考慮二十四小時專人看護，且最好是家屬親自照顧。

(二)藥物性處置

當譫妄症病患因破壞性行為而有威脅自己或他人安全，或中斷其所接受的治療時（如自拔氣管插管或中央靜脈導管），才是使用藥物治療譫妄症的時機。在病患接受藥物處置時，應同時接受非藥物性處置。對於藥物的使用，以抗精神病藥物（antipsychotic）為首選，包括強效型典型抗精神病藥物（typical antipsychotic），如Haloperidol，以及新一代非典型抗精神病藥物。

Haloperidol是最常使用的藥物之一，其起始劑量為0.5-1mg，可經口服、靜脈注射或肌肉注射給予，每三十分鐘可重複劑量直到病患的行為達到可接受的情況為止，總劑量不超過3mg，但是要注意是否有錐體束外症狀的發生。

新一代非典型抗精神病藥物包括risperidone、quetiapine或olanzapine，其副作用比較少，但缺點是無短效針劑可使用。應注意的是benzodiazepine類的鎮定劑（如lorazepam等）等會使譫妄症惡化，應盡量避免使用之。其使用時機是因酒精或benzodiazepine戒斷時所引起的譫妄症，或者病患有巴金森氏病、抗精神病藥物惡性症候群（neuroleptic malignant syndrome），或使用抗精神病藥物至最大劑量而病患的行為控制仍然不佳時。另外，約束也會使譫妄症惡化，除非不得已，應最好避免之。若使用束縛，需每天評估是否符合使用之適應症。

六、預防

　　譫妄症最有效的處置方法，是預防譫妄症的發生。可以避免或改善上述的危險因子，進而達到譫妄症的初級預防（primary prevention）。美國耶魯大學的Dr. Sharon Inouye進行一連串有關譫妄的預防性研究，結果顯示針對有下列六個危險因子的病患加以處置，可減少40%的譫妄症的發生：

1.對於失智症的病患，施以大字報及經常提醒人、時、地的處置。
2.對於睡眠不足的病患，使用非藥物性處置以增進睡眠。
3.儘早讓病患活動，包括對臥床的病患施以關節運動。
4.對於有視力障礙但未全盲的病患，給予眼鏡、放大鏡或其他相關輔助工具。
5.對於有聽力障礙但未全聾的病患，定期清除耳垢，並給予助聽器。
6.對於有輕微脫水的病患，予以補充足夠的水分。

 老年憂鬱症

　　根據聯合國世界衛生組織之報告指出，憂鬱症將在西元2020年成為全球性疾病負擔排名第二高的疾病。老人的身體疾病會隨著年歲的增加而增加，社會及經濟問題也會累積而愈來愈多。這些問題會帶來情緒上的困擾，因此醫療人員及老人的照顧者，甚至老人自己都傾向於把老人的憂鬱視為是面對上述困擾的正常反應，而忽略它可能是憂鬱症。憂鬱症不僅會影響到個人生活功能、引發或加重生理疾病、增加家人負擔，更嚴重的是與自殺行為呈現高度的相關性，雖然自殺意念會隨著年紀增進而下降，但老年人一旦有自殺的想法，會予以執行並以自殺結束自己

生命的危險性較年輕人為高。老年人自殺死亡率約為年輕人的2倍，研究顯示其中80%合併有憂鬱症。所以老年憂鬱症（geriatric depression）需及早發現治療，否則後果不堪設想。

一、流行病學

憂鬱症狀並非正常老化的一部分。住院老人憂鬱症的盛行率約30%，而有腦中風、心肌梗塞或癌症的老人，憂鬱症盛行率可高達約40%。對於護理之家的老人來說，認知功能正常者憂鬱症之盛行率為10-20%，而對認知功能異常者憂鬱症之盛行率高達為70-80%。一般來說，符合重型憂鬱症診斷標準居住於社區的老年人約2-5%，而雖然不符合重型憂鬱症診斷標準，但是有憂鬱症症狀者，約占15%。

二、老年期的身心變化與憂鬱症的危險因子

(一)老年期的身心變化

老年期面臨的變化，包含：

1. 認知功能的改變：包含注意力、記憶力、定向力、判斷力等。
2. 知覺感受能力改變：視覺、聽覺隨著老化而變差，影響對外界的感知能力。
3. 自我領域轉變與受限：退休與身體衰老、病痛、體力耗弱等造成行動能力的削減，導致生活領域受限，人際網絡互動局限。
4. 自我形象改變：隨著年紀增長，樣貌衰老及身體健康逐漸減退。
5. 分離與失落：除了淡出職場及社交場域之外，居家生活層面亦面臨子女成家立業而離別，親朋配偶逐漸凋零或離去的壓力。

(二)老年期憂鬱症的危險因子

整體而言，老年要面臨各式各樣的「失落」（loss），包括各式各樣人生資本的流失。老年人經歷上述的變化，因此，在面臨社會心理的變化時也顯得較為弱勢。綜觀老年期憂鬱症的危險因子包含：

1.女性。
2.低社經階層、社交孤立、隔離。
3.身體健康狀況不佳與多重醫療問題。
4.失能、認知功能異常或失智症。
5.搬家、遷徙或入住護理之家。
6.喪偶。
7.焦慮緊張個性。
8.疼痛。

另外，憂鬱症狀特別容易在有多重性心血管危險因子的老年人中出現，Alexopoulos在1997年提出血管性憂鬱症假說（vascular depression hypothesis）。約有25-50%發生過急性中風的老年人，會出現憂鬱的症狀，進而影響復健的進行、日常生活功能與認知功能。中風後憂鬱症（post-stroke depression）最常出現在中風後前兩年，尤其好發於中風後三至六個月。儘管沒有明顯的中風症狀，老年人的大腦可能出現缺血性的微小血管的變化（white matter lesions或leukoaraiosis）。當出現這些變化時，他們發生憂鬱症狀的危險性增加了2-4倍。當憂鬱症狀合併有多重性心血管危險因子存在時，病患的認知功能容易受損（尤其是訊息處理速度及執行功能的退化），及出現步態不平衡等問題。

三、老年憂鬱症之臨床表現

憂鬱症在臨床上除了情緒上的問題，同時會影響身體的功能和思

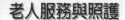

考的方式。睡眠、食慾和活動能力的改變很常見。在身體方面：憂鬱症的病患可能會失眠，也可能會睡太多；食慾可能會低落（不想吃），也有可能會暴食（吃太多）；脾氣可能會變得暴躁或是不想動；身體沒力氣、表情冷漠、疲倦，甚至完全不動、性慾降低。在心理方面：注意力會不集中、覺得自己沒有價值、無助感、無望感、對周遭的事務漠不關心、覺得自己是別人的負擔、常常以淚洗面、思考速度可能減慢。

老年人較無法表達憂鬱情緒，常常以身體症狀來取代情緒的不舒服，如失眠、腰酸背痛、手腳發麻或關節酸痛、容易疲勞、腹部不適等。老人出現愈多身體不適抱怨時，憂鬱的可能性也隨之升高。因為老人常以身體症狀來隱藏其憂鬱情緒，高達50%的老年憂鬱在門診被遺漏掉，也因此老年憂鬱症的人常會有反覆四處就醫之情況。其他的特點包含老年憂鬱較少有家族遺傳史，較容易受到社會心理因子所誘發，較多認知功能缺失及合併精神症狀，另外，症狀表現常較不典型，會出現假性失智症、身體症狀、焦躁易怒的狀況。

另外，如果老年人用喝酒作為排解憂鬱情緒的方式，也可能是憂鬱症的徵兆，特別是過去並未有飲酒問題的人，突然出現過度飲酒的行為時。老年憂鬱症的症狀與一般憂鬱症的表現有所不同，常帶給臨床醫師診斷上的困難，若是沒有警覺性或未能細心詢問病史，很容易會忽略了它的存在。以下幾點，是老年憂鬱症的特點與困難診斷之處：

(一)較少表達情緒低落或憂傷感受

老年人著重身體的不舒服，較少表達憂傷感受。醫師問診應澄清是否有興趣喜好減少的情況或是出現負面消極，如低自尊、無助感、過度自責內疚以及自殺意念的想法。

(二)較多抱怨身體的不舒服

常見有疼痛、眩暈、耳鳴、胸悶、胃腸不適及泌尿方面的問題。究竟是生理疾病或是體化症狀，有時的確難以區分。必須仔細鑑別，查明

個案的身體症狀是否有合理的病因可以解釋。

(三)憂鬱症狀與慢性疾病症狀難以區別

老年人常有多重慢性疾病，這些慢性疾病會帶來一些身體的不舒服，而與憂鬱症狀重疊。例如有慢性心衰竭或阻塞性肺病者，可能會有失眠、容易疲累、胃口不好等問題，跟憂鬱的症狀極為類似。詢問病史時，可注意有哪些症狀是新出現的？以及多參考主要照顧者或其他家人的想法。

(四)憂鬱症狀有時候是因為藥物的負作用導致的

如Steroids、Beta-blockers、Methyldopa、Clonidine、Nifedipine、Digoxin、L-dopa等，必須小心鑑別。

四、憂鬱症的分類

(一)重度憂鬱症（major depressive disorder）

診斷以DSM-IV為依據（如表4-4）。病患必須有DSM-IV九個症狀中至少五個症狀（必須至少有情緒不好，或者對活動或興趣顯著減少），而且持續兩個星期以上。除了情緒不好的其他八個症狀，可以用「SIG-E-CAPS」的縮寫來幫助記憶。

S sleep changes: increase during day or decreased sleep at night

I loss of interest in activities that used to interest them

G guilty or worthless

E lack of energy or fatigue

C reduced cognition &/or difficulty concentrating

A change of appetite: usually declined, occasionally increased

表4-4　重鬱症診斷標準（DSM-IV criteria major depressive disorder）

一、至少兩週期間內，同時出現下列症狀五項（或五項以上），且呈現由原先功能的
　　改變：(1)憂鬱心情；(2)失去興趣或喜樂，此兩項症狀至少應有其中之一。
　　1.憂鬱心情，幾乎整天都有，幾乎每日都有。
　　2.對所有或幾乎所有的活動，興趣或喜樂都顯著減少，幾乎整天都有，幾乎每日
　　　都有。
　　3.非因節食而明顯體重下降，或體重增加（一個月內體重變化超過5%）；或幾乎
　　　每天都食慾減少或增加。注意：在兒童期，無法增加預期應增的體重即應考慮。
　　4.幾乎每日失眠或嗜睡。
　　5.幾乎每日精神運動性激動或遲滯（psychomotor agitation or retardation）。
　　6.幾乎每日疲累或失去活力。
　　7.幾乎每日有無價值感，或過度、不合宜的罪惡感（並非只是對生病的自責或罪
　　　惡感）。
　　8.幾乎每日思考能力或專注能力減退，或無決斷力。
　　9.反覆想到死亡（不只害怕自己即將死去）、重複出現無特定計畫的自殺意念、
　　　有過自殺嘗試或已有實行自殺的特定計畫。
二、此症狀不符合混合發作的準則。
三、此症狀造成臨床上重大痛苦，或損害社會、職業或其他重要領域功能。
四、此障礙並非由於某種物質使用（如藥物濫用、臨床用藥），或一種一般性醫學狀
　　況的直接生理效應所造成。
五、此症狀無法以傷慟反應（bereavement）作更佳的解釋。意即在所愛的人死亡
　　後，症狀持續超過兩個月以上，或症狀特徵為：顯著的功能障礙、病態的專注於
　　無價值感、自殺意念、精神病性症狀或精神運動性遲滯。

P　psychomotor agitation (anxiety) or retardation (lethargic)

S　suicide/death preoccupation

(二)低落型情感性疾患（dysthymic disorder）

　　此過程是慢性、持續性、中等程度的憂鬱症狀。依據DSM-IV定義，必須有心情憂鬱加上兩項以上的症狀，如睡眠問題、食慾不佳、倦怠感、罪惡感或覺得沒有價值、注意力不集中，且症狀存在至少兩年。

(三)輕度憂鬱症（minor depression）

　　當老年人的憂鬱症狀未達重度憂鬱症，或其持續的時間未達低落型情感性疾患的診斷標準時，就可稱為輕度憂鬱症或稱為subsyndromal depression。輕度憂鬱症之後發展成重度憂鬱症的危險性高達5.5倍。在DSM-IV被歸類爲未註明特性之憂鬱症（depressive disorder not otherwise specified）。對老年人來說，輕度憂鬱症對身體與社會的負擔和重度憂鬱症類似，也會增加老年人自殺的危險。

五、診斷

在懷疑有憂鬱症之前，必須先排除其他因素，包括藥物、潛藏的癌症、代謝或內分泌方面的疾病、感染，或中樞神經系統疾病。老年憂鬱量表（Geriatric Depression Scale, GDS）是臨床上常用的憂鬱症篩檢工具。老年憂鬱量表的特點係專爲老人編製的，且採二分法（是／否）做答，簡單易答，適合老年人作答。老年憂鬱量表有一題、五題、十五題或三十題等不同版本。其中五題的版本（如**表4-5**），其信度和效度與十五題及三十題的老年憂鬱量表相當。假若受試者回答了兩個以上顯示憂鬱症狀的回應，就要懷疑是憂鬱症。

其他常用的篩檢工具如個人健康問卷（Patient Health Questionnaire, PHQ-9），請參考**表4-6**。

雖然這些量表是簡單有用的工具，但這些評分表只是篩檢的工具，並無法取代完整的評估，以及和病患與家屬之間的會談。

另外，對於憂鬱症患者自殺的想法或意圖，最好以直接詢問的方式加以評估。例如：問病患「你是否覺得自己不值得再活下去了？」或是「你是否曾經想要傷害自己？」對於有自殺念頭的病患，應進一步詢問是否有自殺的計畫，若有則應積極介入處理。

表4-5　五題老年憂鬱量表

1.您對您的生活滿意嗎？
2.您是否常常感到厭煩？
3.您是否覺得您現在的處境沒有希望？
4.您是否比較喜歡待在家裡，而較不喜歡外出及不喜歡做新的事？
5.您是否感覺您現在活得很沒有價值？

表4-6　個人健康問卷（PHQ-9）

在過去的兩星期內，您有沒有以下的情況出現？				
	沒有 0	有幾天 1	幾天以上 2	幾乎每天 3
做事情興趣減少				
心情憂鬱、絕望、無助或悲傷				
難以入睡、易醒或睡得太多				
覺得疲勞或沒有力氣				
胃口不好或吃得太多				
覺得自己不好、失敗、對不起其他人或家人				
集中精神有困難				
行動或講話太慢，或煩躁				
有自殺或想傷害自己的想法				

0-4分表示可能無憂鬱症；5-9分表示輕度憂鬱症，可以在兩星期後追蹤，以決定治療與否；10-15分中度憂鬱症，應嘗試用抗憂鬱劑治療；大於15分為重度憂鬱症，應使用抗憂鬱劑治療並照會精神科醫師。

六、治療

在治療方面，主要可以分為藥物治療、電痙攣治療（Electro-Convulsion Therapy, ECT）及心理治療（psychotherapy）等三方面。應該先排除次發性憂鬱症的原因，並加以治療。若病患憂鬱症狀嚴重，可以開始給予藥物治療。不同種類的抗憂鬱藥的療效大致上不會差異太大，大約有六成左右的病人，其憂鬱症狀會因使用抗憂鬱劑而改善。原則上，之前曾經使用有效的抗憂鬱劑可以優先選用，以低劑量起始，緩慢增加劑量。臨床上常犯的錯誤是給藥劑量太低且給藥時間太短。

一般來說，症狀改善所需要的時間快則兩個星期，慢則需要八至十二個星期，一般平均約四至六星期。足夠劑量治療滿八至十二週而無效時，可換另一種抗憂鬱劑。選擇不同的藥物最主要考量是副作用。

(一)藥物治療

◆三環抗憂鬱劑（Tricyclic Antidepressant, TCA）

　　屬於傳統藥物，因為副作用的關係，現在已經很少第一線用於老年人的憂鬱症了。這些副作用包括心律不整、延遲心臟內傳導、姿勢性低血壓，而且抗乙醯膽鹼及抗組織胺作用較明顯，容易導致口乾舌燥、尿液滯留、便秘，而且有中樞神經系統的副作用，藥物過量時會致死，危險性較高。目前較少使用於第一線。老年患者在使用之前，應先照一張用藥前的心電圖，當作日後比較之用，也應定期監測藥物濃度。

◆選擇性血清素再回收抑制劑（Selective Serotonin Reuptake Inhibitors, SSRIs）

　　為目前藥物治療的主流。百憂解（Prozac，學名為Fluoxetine）應該是最常聽到的抗憂鬱劑，它就是屬於SSRIs類的藥物。但是百憂解的半生期較長，也容易和其他藥物有交互作用，再加上老年患者肝腎代謝能力較差，所以不建議把百憂解當成老年憂鬱症的首選藥物。其他較新型的SSRIs有Paroxetine、Citalopram與Sertraline。可能的副作用包括低血鈉〔像是抗利尿激素分泌異常綜合症（SIADH）〕、腸胃不適、睡眠障礙、性功能障礙、焦慮、肢體顫抖、心搏變慢等。

◆選擇性血清素─正腎上腺素再回收抑制劑（Serotonin-Norepinephrine Reuptake Inhibitors, SNRIs）

　　其中最常用的為Venlafaxine（商品名Effexor）。其抗憂鬱作用被認為是對刺激性的神經傳導物質（如serotonin、norepinephrine等）的再回收具有強力的抑制作用，藉此增加神經系統中刺激性的神經傳導物質的濃度。常見副作用有頭痛、想睡、失眠、頭昏、神經質或焦慮、衰弱、高血壓及性功能障礙等；胃腸方面的副作用有噁心、口乾、便祕、體重降低、厭食、嘔吐、拉肚子等現象。

◆其他類

Mirtazapine會加強腎上腺素與血清素的神經傳導作用,有著良好的抗憂鬱效果。與其他抗憂鬱藥比較,較無抗膽鹼及抗組織胺的副作用,也無性功能障礙等副作用。常見的副作用為嗜睡(36%)、食慾增加(15%)、體重增加(7.5%)、眩暈(4%),嚴重的副作用為顆粒性白血球減少症及嗜中性白血球減少症。起始劑量為每日一次於睡前服用15mg,之後再依臨床反應來調整劑量,維持劑量為每日15-45mg。低劑量具強效鎮靜效果,幫助失眠,也會使體重增加。一般在接受治療二至四週後憂鬱症狀即會有所改善,若反應不明顯則可增加劑量,再經二至四週若仍無反應則應停止治療。在肝腎功能不好的病人會減少其廓清率,所以使用於這類的病人必須注意。

Bupropion(商品名Wellbutrin SR)其作用機轉不明確,可能是經由抑制dopamine與norepinephrine的再吸收。它同時也是戒菸輔助劑。衛生署許可適應症也包括治療尼古丁依賴症,作為戒菸之輔助。常見不良反應有激動、口乾、失眠、頭痛、噁心、嘔吐、便秘、顫抖等。Wellbutrin SR劑量達每天300mg時,癲癇發作率約為0.1%,每天400mg之發作率為0.4%。Wellbutrin SR必須整顆吞服,不可剝開、嚼碎或磨粉。起始劑量為每日150mg,早上服用;逐漸提高至每日服用兩次,每次150mg,連續兩次劑量之間至少必須間隔八小時。每日最大劑量400mg。嚴重肝硬化者需調整劑量,150mg隔天服用。

Trazodone具有頗強的安眠效果,也可以作為安眠藥物使用。常見的副作用包括:嗜睡、頭痛、噁心、姿勢性低血壓或勃起過久(priapism)等。在治療憂鬱時,Trazodone的起始劑量為每天50-100mg,可以在睡前給患者服用,以善用其安眠的作用。由於Trazodone具有明顯的鎮定效果,只要使用得宜,這副作用也可成為治療憂鬱症有關的睡眠障礙。

(二)電痙攣治療

病人接受治療時會接受藥物鎮靜，治療後也會因失憶而忘了一些較不好的經驗，算是一種安全有效的方法。對於有合併精神症狀的憂鬱症患者，或是抗憂鬱劑的治療效果不佳，或病患有強烈自殺、自傷傾向，或病患無法耐受目前藥物的副作用，這時可考慮使用電痙攣治療。

(三)心理治療

目前臨床上最常使用也最具療效的兩種方式為人際取向心理治療（interpersonal psychotherapy）和認知行為治療（cognitive behavior psychotherapy），整體來說，重度憂鬱越嚴重時認知功能越差，心理治療效果也越差。

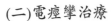 跌倒

跌倒（falls）是老人常發生的意外事件，也是老人受傷導致死亡的主要原因之一。跌倒並不是一種病，而是一個多重病因（multifactorial）造成的結果。跌倒是威脅老人行動獨立最常見的原因之一，對於大於65歲的老人來說，跌倒的年發生率約30-40%；而對於那些曾經跌倒過的人，跌倒的年發生率則高達60%。跌倒大部分會造成一些傷害，可從輕微的破皮、瘀青等軟組織傷害，到嚴重的顱內出血或髖骨骨折。大約10-15%的跌倒會造成髖骨骨折。跌倒也會因受傷而臥病在床，進而造成壓瘡或吸入性肺炎。20%跌倒的老人會害怕再次跌倒，因而造成心理障礙或焦慮。

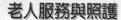

一、危險因子

造成老年人跌倒的原因有很多，過去十幾年間有幾個大型的流行病學統計來研究老年人跌倒的危險因子。其中年紀、女性、跌倒病史、認知低下、下肢無力、平衡問題、關節炎以及使用精神科藥物等因子，出現在至少兩篇以上的研究報告中。視覺、本體感覺及前庭系統都會隨年紀變大之後而退化，而使身體維持姿勢平衡能力變差。老人若有跌倒病史，發生跌倒的機會比從未跌倒者高出5倍。輕度到中度的認知低下與跌倒及髖關節骨折有關。對於大於75歲的老人而言，輕度或中度的認知低下（MMSE 18-23）者，跌倒的機會是正常認知者的2倍。

另外，年紀大者，血壓調節功能不佳，會增加姿勢性低血壓與暈厥的危險，這些都與跌倒有關。老年人吃完飯之後，經常發生姿勢性低血壓，稱為飯後低血壓（postprandial hypotension），也是造成老人跌倒的重要原因，可是很常被忽略。藥物是造成跌倒的重要原因。研究顯示，作用於中樞神經系統的藥物，如neuroleptics、benzodiazepines、antidepressants，或血管擴張劑，是造成跌倒的主要藥物。一些環境因子，如燈光不足、地毯鬆動、地板不平或是路面濕滑等，都和跌倒有關。值得注意的是，床欄的使用並無法完全預防跌倒。這些危險因子，可歸納為內在因素和外在因素（如圖**4-2**）。

二、病史及理學檢查

(一)病史

最重要的病史就是詢問病人以前是否有跌倒過，因為它與是不是會再次跌倒息息相關。跌倒時在做哪些活動（如吃飽飯、解小便）、是否有一些前兆（如頭暈、胸悶、心悸等）、在哪裡跌倒（如浴室、樓梯

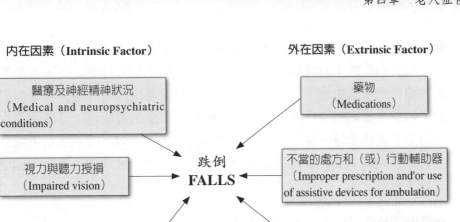

圖4-2 老年跌倒的多重因素及潛在致因

等）都是很重要的病史蒐集來源之一。評估跌倒發生之相關狀況，可依SPLATT口訣依序問診：

◆症狀（symptoms）

跌倒之前或跌倒的時候有無伴隨之症狀，包括心悸、呼吸困難、胸痛、頭暈、暈眩、是否意識喪失、大小便失禁的情形等。若跌倒前有心悸、胸痛等症狀，要考慮心臟方面的問題；若有伴隨意識上的喪失、大小便失禁，則要考慮中風、昏厥或癲癇發作。

◆前次跌倒病史（prior falls）

跌倒或將近跌倒（near falls）的病史，因為將近跌倒的頻率越高，跌倒的機會越大。

◆跌倒發生的地方（location of the falls）

跌倒是發生在室內還是室外？跌倒的地點在哪裡？如此可以提供搜尋環境的危險因子。

◆跌倒時正在做什麼（activity during the falls）

　　首先詢問跌倒的機制為何？是滑倒、絆倒或是下肢無力等。若是滑倒，要考慮平衡功能、步態不穩、視力不良或環境因素問題；若是病患由平躺或坐姿站起後昏倒，要考慮姿勢性低血壓的可能性；若跌倒發生於抬頭看或轉頭時，要考慮頸動脈竇症候群；頸部彎曲時跌倒要考慮基底動脈的問題；拿取東西時跌倒要考慮平衡問題；被地毯的邊緣絆倒要考慮下肢無力。

◆跌倒的時間（time of day the falls occurred）

　　如在夜間跌倒應要考慮是否有視力障礙、燈光不足、夜尿症或服用藥物所導致等可能性。若跌倒發生在用餐後兩小時內，要考慮飯後低血壓等。

◆跌倒在地上所停留的時間（length of time on the ground）

　　跌倒後是否可以自己站起來，以及在地上停留的時間均會影響到之後併發症的機率。

◆跌倒是否造成傷害（trauma or injury resulting from the falls）

　　是否因生理上的傷害（如瘀青、骨折等）與心理上的陰影（如害怕再次跌倒），而避免從事某些日常生活活動。

　　另外，也應詳細檢查病人所服用的藥物，特別是vasodilators、neuroleptics、benzodiazepines與antidepressants，是病史詢問不可或缺的一環。

(二)理學檢查

　　在理學檢查方面，有兩項重要的功能性檢查，分別是「起立—行走」計時測試（Timed Get Up and Go Test）與「功能性伸取測試」（Functional Reach Test）。這兩樣檢查是整合性的評估，需完整的肌肉骨骼功能及平衡本體功能才能完成。「起立—行走」計時測試，是請病

人從椅子上站起，往前走3公尺，轉身，再走回椅子坐下。這整個過程如果超過十秒鐘，就代表病人是跌倒的高危險群。在功能性伸取測試中，要求病人在保持穩定的狀況下，拳頭盡可能的往前伸展，若往前伸展的距離若小於15公分，也表示病人是跌倒的高危險群。其他的理學檢查方面，如測姿勢性的血壓、視力檢查、聽力、平衡的檢查、下肢檢查（是否有因關節炎而變形、無力等）等，都是重要的檢查（如**表4-7**）。

表4-7　評估跌倒的老年病人：理學檢查的重點

生命徵象
　發燒、體溫低
　呼吸速率
　脈搏和血壓（躺著、坐著、站著）
皮膚
　腫脹
　蒼白
　外傷
眼睛
　視覺敏銳度
心臟血管
　心率不整
　頸動脈雜音（carotid bruit）
　主動脈瓣狹窄徵象
　頸動脈竇的敏感度
四肢
　退化性關節疾病
　活動範圍
　變形
　骨折
　足部的問題（結痂硬繭、大趾內側的腫脹、潰瘍、不適當不合腳或破舊的鞋子）
神經方面
　心智狀態
　局部徵候
　肌肉（無力、僵硬、麻痺）
　周邊神經（特別是位置感覺）
　小腦功能（特別是腳跟到小腿測試，heel-to-shin test）
　震顫、行動遲緩、其他非自主性運動
　觀察病人「起立—行走」計時測試

目前並沒有針對跌倒的老年人特別的實驗室檢查，若有必要的話，應以病史和身體檢查蒐集所得的資訊爲依據，安排相關的檢查。神經影像僅建議用於有頭部外傷、出現新的局部神經徵象，與懷疑有中樞神經病變的老人身上。

三、跌倒的處理及預防

跌倒是有多重因素所造成，也因此跌倒後的處理，需視病人個別情況，並採取多重因素介入（multi-factorial intervention），給予預防和治療。

(一)運動

平衡訓練、肌力訓練與耐力訓練皆可以降低跌倒的機率。另外，研究顯示，太極拳可使身體的各部分放鬆與平衡，改善下肢肌力與姿勢的控制，也可以降低跌倒的機率。

(二)藥物

檢視病患藥物，若是有抗精神病用藥、鎭靜劑、安眠藥、抗憂鬱劑等，或同時服用四種以上藥物，應考慮降低劑量或停止不必要之藥物。

(三)居家環境的改善

居家環境的安全，應特別針對照明、地板表面、家具、樓梯、浴室等方面加以評估及建議，包括：室內及樓梯間保持明亮、地板避免濕滑有凹洞、用雙面膠或重物固定會滑動的地毯、階梯與浴室設置防滑設施並裝置扶手、通道處不放置家具或其他物品、電話線與延長線沿著牆垣、常用生活用品放在伸手可及之處、避免站在椅上取物等，將這些設施加以改善可以減少在家中跌倒的機會。

(四)視力問題

所有的老人均應詢問有關視力的問題並進行評估，必要時建議轉科由眼科醫師做進一步的詳細檢查及追蹤治療。

(五)強化骨骼的藥物（bone strengthening medications）

很多藥物的使用是來預防或治療骨質疏鬆，進而預防骨折，如荷爾蒙、鈣片、維生素D、雙磷酸鹽類藥物（bisphosphonates）等。

(六)約束

過去為了避免步態不穩的老人跌倒，常以束縛帶將他們固定在床上或椅子上，但並沒有證據支持用約束的方法可以預防跌倒，不僅如此，反而還會增加跌倒後嚴重受傷的機率。

(七)姿勢性低血壓

應避免服用會引起姿勢性低血壓的藥物（如α-blocker），建議起床時最好放慢動作。並先在床沿坐兩三分鐘，讓腦部血液供應充足後，再下床走動。白天時，不妨多散散步，即使坐在椅子上時也多活動雙腳，可幫助血液回流；症狀嚴重者可穿上彈性襪或褲腳較緊的長褲，也可壓迫血液回流，改善血壓過低情形，對無禁忌症的病患建議多增加水分與鹽分的攝取，若上述方法都不奏效，可以給予無禁忌症民眾fludrocortisone acetate，並注意有無高血壓、低血鉀、鬱血性心臟衰竭等副作用。

四、小結

依照美國老年醫學會（American Geriatric Society）、英國老年醫學

會（British Geriatric Society）以及美國骨科學會（American Academy of Orthopedic Surgeons），跌倒處理至少應包括：

1. 所有老人一年應該至少問一次是否有過跌倒的病史。
2. 對於有過一次跌倒病史的老人，應該要做「起立─行走」計時測試。若檢查過程中發現任何異常，如下肢肌肉無力無法站立、步態不穩、困難行走等現象，應考慮進一步評估。
3. 老年人在過去一年若發生多次跌倒，應要有完整的跌倒評估。

跌倒是老人常見的健康問題，內科醫師應熟悉老年人跌倒的完整評估，並找出所有可能導致跌倒的原因與危險因子，並針對各項原因與因子提供合適的建議及介入，如此才能有效減少再跌倒的機會。

尿失禁

65歲以上居住在社區的老人中，15-30%有尿失禁（urinary incontinence）；而對於65歲以上居住於長期照護機構老人，有尿失禁的比率高達50%。尿失禁會增加陰部感染、蜂窩組織炎、壓瘡、尿道感染、跌倒、睡眠失調、憂鬱症、性功能異常等問題的機會。尿失禁也會造成病人家屬很大的壓力，是導致病人被送至安養院的原因之一。尿失禁會嚴重的影響老年人的生活品質，不敢出入社交場合。大部分的尿失禁患者羞於主動告知，需賴醫療人員的主動評估。

一、尿失禁的分類

依據病因的急慢性可將尿失禁分為以下兩類：「暫時性尿失禁」（transient urinary incontinence）和「持續性尿失禁」（established urinary incontinence）。前者通常起因於急性疾病或醫源性問題，當這些因素不復存在，尿失禁亦獲得改善。後者指的是與急性疾病較無關而持續存在

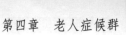

之尿失禁。

(一)暫時性尿失禁

　　暫時性尿失禁是由一些可回復性因子所引起的。大約三分之一住在社區的老人，以及大約二分之一的住院老人有暫時性尿失禁。暫時性尿失禁原因很多，諸如身體無法活動、精神疾患、尿路感染、停經後的萎縮性陰道尿道炎、任何原因導致的尿量過多或糞便阻塞等。糞便阻塞在老年人很常見，會造成膀胱出口的機械性阻塞進而產生滿溢性尿失禁，或是引發反射性膀胱收縮而造成急迫性尿失禁；只要解除糞便阻塞，即可改善尿失禁的情形。許多藥物如抗乙醯膽鹼、鈣離子阻斷劑、乙型受體作用劑與麻醉藥品止痛劑等，會導致尿液滯留，進而引起尿液滿溢而失禁。造成暫時性尿失禁的原因及處理，可以用英文字DIAPPERS來表示，以方便記憶（如**表4-8**）。

表4-8　暫時性尿失禁的原因及處理——DIAPPERS

	原因	處理
D	Delirium, confusional state	治療造成譫妄之原因。
I	Infection, urinary tract infection	抗生素治療。
A	Atrophic urethritis, vaginitis	外用雌激素。
P	Pharmacy	停止使用該藥物；若非得使用，則以其他藥物替換或減低劑量。
P	Psychological, such as depression or psychosis	適當之藥物或非藥物治療。
E	Excess urine	減少飲水量及避免飲用利尿之飲料，例如含咖啡因之飲料。
	Endocrine, such as hyperglycemia or hypercalcemia	糖尿病之控制，高血鈣之治療。
	Edema, such as venous insufficiency or heart failure	使用壓迫型的彈性襪、下肢抬高、限制鹽分之攝取、利尿劑之使用（避免夜間使用）。
R	Restricted mobility, such as arthritic pain	規則時間如廁，使用如便盆等之替代物。
S	Stool impaction	清通糞便，若必要亦可使用軟便劑、糞便成型藥物或輕瀉藥，建議食用多纖維食物、多喝水、多運動。

(二)持續性尿失禁

持續性尿失禁的分類、定義以及各別常見的原因列於**表4-9**。可分為下列幾種：

◆應力性尿失禁

骨盆底骨骼肌鬆弛會導致尿道過動，進而產生應力性尿失禁（stress urinary incontinence）。由於骨盆腔底肌肉鬆弛，控制尿道口能力減弱，

表4-9　持續性尿失禁之分類定義及常見原因

分類	定義	常見原因
應力性（stress）	因腹壓上升（如咳嗽、運動、大笑時）而造成不自主地漏尿	1.骨盆底骨骼肌鬆弛及尿道過動（urethral hypermobility）。 2.膀胱出口或尿道括約肌無力。 3.攝護腺切除導致尿道括約肌無力。
急迫性（urge）	感到尿意後，因為無法延遲排尿動作而造成漏尿	膀胱迫肌過動（detrusor hyper-activity），可以伴隨以下兩種情況： ·局部泌尿道病灶，包括腫瘤、結石、憩室或出口阻塞。 ·神經病變，包括中風、失智症、巴金森氏症、脊髓損傷。
滿溢性（overflow）	因為膀胱過脹而造成之漏尿	1.攝護腺、尿道狹窄（stricture）或膀胱突出（cystocele）造成之膀胱出口結構性阻塞。 2.因糖尿病或脊髓損傷而造成膀胱不收縮（acontractile bladder）。 3.多發性硬化症（multiple sclerosis）或其他位於薦椎之上之神經病變造成之逼尿肌與括約肌不協調（detrusor-sphincter dyssynergy）。 4.藥物之作用（造成尿液滯留之藥物）。
功能性（functional）	因為身體或意識功能障礙、缺乏動機或是因為環境因素導致無法如廁因而失禁	1.嚴重的失智或是其他中樞神經病變。 2.精神症狀，諸如憂鬱、敵意。

當腹部用力腹壓突然增加時，如咳嗽、噴嚏、大笑、提舉重物或做運動時，尿液便會同時不自主地流出。應力性尿失禁常發生於多產、自然分娩、停經和肥胖的女性老年人身上。婦女在懷孕和生產過程中，會對支撐尿道的骨盆腔底肌肉造成巨大壓力，導致鬆弛和撕裂。當婦女在停經以後，具有維持肌肉彈性的女性荷爾蒙會減低或失調，使骨盆腔底肌肉的禁尿功能減弱。除了骨盆腔底肌肉鬆弛之外，有一類較少見的應力性尿失禁，稱為內括約肌功能不足（intrinsic sphincter deficiency），而造成尿道無法正常關閉。造成內括約肌功能不足最常見的原因是多次的尿道手術，其他原因尚有骨盆腔放射線治療後導致的尿道硬化、子宮根除手術後自律神經失調、長期留置導尿、停經後雌激素缺乏合併尿道黏膜下層萎縮等。內括約肌功能不足會造成持續性漏尿。對老年男人來說，應力性尿失禁並不常見，若有，則多發生於攝護腺手術之後。

◆急迫性尿失禁

其表現為突發性的強烈尿意感，常常會害怕來不及上洗手間，接著發生漏尿的情形。病人常會有對尿失禁的恐懼感。臨床上有一些會誘發尿意感，甚至急迫性尿失禁（urge urinary incontinence）的情境，包括聽到水聲、洗手、走到冰冷的環境，或者剛回家嘗試打開門鎖時等等。這種突發性的強烈的尿意感可發生在任何時間，包括夜間休息、睡眠的時候，所以會有白天頻尿或夜晚夜尿（nocturia）。急迫性尿失禁的病人反而在咳嗽、打噴嚏時較少會產生瞬間漏尿的情形。急迫性尿失禁最主要的原因是膀胱逼尿肌過度活動（detrusor overactivity），屬於膀胱過動症（overactive bladder syndrome）之一。

對老年人而言最常見的急迫性尿失禁的原因是膀胱逼尿肌活性過高並且合併膀胱收縮不良（Detrusor Hyperactivity with Impaired Contractility, DHIC）。這些老年人因廣泛的膀胱逼尿肌退化而造成膀胱收縮不良，亦同時併有膀胱逼尿肌的不自主收縮。因為膀胱逼尿肌收縮力道不足，病人可能會有尿滯留，甚至合併滿溢性尿失禁的情形。DHIC的病患使用抗乙醯膽鹼類的藥物要很小心，因為反而容易引發尿滯留。DHIC可能有尿

急、頻尿、尿流速降低及膀胱內餘尿過多，在老年男性病患可能被誤認為有尿路出口阻塞（如攝護腺肥大）的問題。

◆滿溢性尿失禁

滿溢性尿失禁（overflow urinary incontinence）是因膀胱無法正常排空，而使得尿液滿溢。最常見的原因包括藥物、糖尿病神經病變性膀胱（diabetes neuropathic bladder）、攝護腺肥大及尿道狹窄等。病人常有持續漏尿的症狀，小便需要用力，但是卻有尿流減弱、尿流速降低，且膀胱無法排空的情形。

在中樞神經發生病變如脊髓損傷的病人，橋腦泌尿中樞（pontine micturition center）對於尿道括約肌放鬆的訊號無法傳達下來，而使尿道括約肌持續收縮，進而造成膀胱出口阻塞及滿溢性尿失禁。

◆功能性尿失禁

無法（如中風後行動不便）或不願意到廁所排尿（如精神疾病）稱之。可以伴隨其他類別之失禁，特別是膀胱逼尿肌過度活動之急迫性尿失禁。而機構中老年患者，其尿失禁大部分即是因為行動不便或是失智，亦即功能性尿失禁。

◆混合型尿失禁

同時存有上述兩類或以上尿失禁稱之。女性常見的組合為急迫性併應力性尿失禁，機構中之老年人則以急迫性併功能性尿失禁為常見組合。

二、尿失禁的診斷

針對所有患有尿失禁的老人，我們都應該進行病史詢問、理學檢查、尿液常規檢驗以及解尿後餘尿量的測量。至於其他檢查，則視需要而定。

(一)病史

病史的部分應該將重點放在失禁的特徵、伴隨的相關疾病及目前用藥常規等。失禁的特徵包括何時發作、漏尿的頻率、體積及合併的症狀（如尿急、頻尿、小便灼熱、小便用力、尿不乾淨、尿間斷及排尿需用力等）。是否有引發尿急或失禁的因子（如特定藥物、咖啡、酒精、笑、聽到水聲、氣溫低等）、大便是否正常。其他如內科疾病、外科開刀史與發生尿失禁的時程關係也應詢問。

詢問病人是否有尿急或有突發性尿意感，對診斷膀胱逼尿肌過度活動的敏感度（specificity）及專一性（sensitivity）都不錯。當病人漏尿發生在腹壓增加（如咳嗽、大笑、提重物等）之後，對於診斷應力性尿失禁的敏感度很好，可是專一性並不好。滿溢性尿失禁或DHIC的失禁，也可能發生在腹壓增加的活動之後。可以幫忙區別的是腹壓增加之後，與實際上發生尿失禁的時間間隔。應力性尿失禁的病人，腹壓的增加與漏尿幾乎是同時發生的，兩者之間沒有明顯的時間間隔。當腹壓升高與尿失禁有明顯的時間間隔，或是病人有尿急的感覺，就要考慮是DHIC與滿溢性尿失禁。

(二)理學檢查

理學檢查應該包含腹部檢查、肛門指診（是否有糞便堆積、攝護腺是否肥大或有腫塊）、生殖器檢查以及腰薦椎神經檢查（如會陰部感覺、肛門括約肌張力的檢查）。對於女性，骨盆腔檢查尤其重要，應包括視診（是否有陰道黏膜萎縮、膀胱脫垂、直腸脫垂）以及咳嗽試驗。若病人咳嗽與漏尿幾乎同時發生，較可能為應力性尿失禁；若病人有延遲性的漏尿，則應考慮DHIC、滿溢性尿失禁，或因為腹壓升高導致的逼尿肌活性過高（stress-induced detrusor overactivity）。做咳嗽試驗時，請病人不要先解尿，會陰部保持放鬆，而且請病人用力咳嗽一次（若咳嗽多次則無法區分是立即性漏尿或延遲性漏尿）。此外，檢查也應包括意

識狀態及行動能力的評估。如果患者有夜尿或夜間失禁的情形，則需檢查是否有鬱血性心衰竭或靜脈回流不全併水腫的理學徵象。

(三)尿液檢查

釐清是否有泌尿道感染的可能。雖然急性期泌尿道感染與尿失禁有絕對的關係，但是無症狀菌尿症與尿失禁之間的關係卻是有爭議的。因此，對於居住於護理之家的慢性尿失禁患者，菌尿症是不需要接受治療的。

(四)餘尿試驗（post-voiding residual）

尿後之殘餘尿量的測量對於診斷非常重要。我們可以用可攜帶型的超音波機器測量，但是標準的測量方式是以單導的方式在自發性排尿後數分鐘內直接量測。如果殘餘尿量小於100ml，則表示膀胱的排空功能正常；若大於200ml，則表示異常，應懷疑尿道阻塞或膀胱逼尿肌無力，可考慮加做腎臟超音波，以排除水腎。如果殘餘尿量介於100ml與200ml之間，其判讀則必須根據症狀及其他檢查的結果。

(五)排尿紀錄（voiding record）

在追蹤尿失禁時，應鼓勵病人記錄解尿的情形，如何時解尿、解尿時有無失禁、每次解尿的量。病人也應記錄其解尿或尿失禁之相關活動，例如：喝咖啡、何時睡覺、是否有任何異常的泌尿道症狀等。**表4-10**是一個75歲女性病患的解尿紀錄。這是一個DHIC的病患，她相信多喝水對健康有益，所以一天喝很多水。病患一天可以感覺到許多次突發性的尿急，特別是聽到沖水的聲音。在建議病人一天不要喝超過1,500 ml的水之後，症狀有很大的改善。

表4-10　排尿紀錄範例

排尿紀錄　　　　　　　　　日期：＿＿＿＿＿＿

說明：
1.每一次於廁所解尿，請於第一欄相對的時間空格作一記號。
2.請於第二欄記下每一次解尿的尿量。
3.萬一有漏尿或失禁的情況，請於第三或四欄的相對應時間空格作一記號。

時間	於廁所解尿	尿量	少量漏尿	大量失禁	漏尿／失禁的原因*
6 am	V	200			
10 am		130		V	急迫／聽到沖水的聲音
12 pm	V	130			
3 pm		120	V		提重物
5 pm		150		V	急迫／下班回家開門
6 pm		200		V	急迫／聽到沖水的聲音
7 pm	V	150			
9 pm		130		V	急迫／聽到沖水的聲音
12 pm	V	140			
3 am	V	250			

今天使用＿＿＿＿＿＿＿＿＿＿片襯墊

＊例如：如果您咳嗽的時候漏尿或失禁，請寫咳嗽；如果因為憋不住而漏尿或失禁，請寫「急迫」。

(六)尿路動力學測試（urodynamic testing）

對尿失禁而言，尿路動力學只針對泌尿道來檢查，並非是一項常規性的檢驗。尿路動力學雖然是診斷尿失禁的Golden Standard，但是因為老年人尿失禁常為多重因素所導致，而此項檢查具有侵入性、價格昂貴、只針對泌尿道來檢查、且需要專門的儀器與專業人員，在臨床上並非為檢查項目之首選。

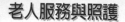

三、尿失禁的處理

(一)行為治療

　　行為治療是尿失禁臨床處置的第一線，其治療效果並不亞於藥物治療，可以達到75%左右改善，但需要花費較多的人力與時間。許多醫師受限於門診時間有限，而無法詳細說明，而跳過了行為治療直接採用藥物治療。身為內科醫師，應多熟悉行為治療的做法，並常運用在病人身上。行為治療是依據病人的認知功能狀態，可分為需要患者配合的措施（認知功能正常者）以及需要照顧者配合的措施（認知功能異常者）兩大類，前者需要患者有一定程度以上的身體功能及足夠的動機，目標為恢復正常排尿機能；後者則是針對身體功能障礙的尿失禁患者，其目標為維持病患及環境的乾淨。

◆認知功能正常者

　　認知功能正常者之訓練如下：

1. 膀胱訓練（bladder training）。原則有二：一為定期解尿，以保持膀胱的低容積；二為訓練中樞神經系統與骨盆肌肉之間的協調，以應付突如其來的急迫性尿液感。膀胱訓練的詳細說明見**表4-11**。
2. 骨盆底肌肉運動（Pelvic Muscle Exercises, PME）。骨盆底肌肉指恥骨尾骨肌（pubococcygeal muscle），PME指訓練骨盆底肌肉群的自主性收縮與放鬆，此運動首由美國婦產科醫師凱格爾（Kegel）於1948年提出，故又名為凱格爾運動（Kegel exercise），類似中國國術或道家內功所謂的提肛運動。凱格爾運動為應力性尿失禁的主要非藥物性治療方式，做法如下：坐在馬桶上雙腿張開自然解尿，之後突然中斷解尿，並嘗試找出中斷解尿動作所使用到的肌肉群，而這些肌肉就是凱格爾運動所要鍛鍊

表4-11　膀胱訓練說明

1.當白天清醒時，每兩個小時定期上廁所。兩個小時到了，即便沒有明顯的尿液，或者才剛發生失禁的情形，仍然應該嘗試著上廁所。
2.若是感受到突如其來的尿液感，請牢記下列幾點： (1)站立在原處或就近坐下，切忌不要急著衝去廁所。 (2)放鬆，深呼吸，慢慢吐氣。收縮骨盆的肌肉，想像尿急的感覺就像是一個波浪，終究會過去的，並嘗試著用意志力來壓抑此尿急的感覺。 (3)當尿急感過後，再慢慢走到廁所。
3.當病人可以保持上述流程，而都沒有發生尿失禁的情形達到兩天以上，就可以嘗試拉長上廁所的間隔（如三小時）。如果又可以成功地達成目標，可嘗試再次拉長上廁所的間隔。
4.當解尿間隔可順利達到四小時，或者是可達到任何患者覺得舒適的時間間隔，就算訓練成功。
5.請持之以恆，整個過程可能需要好幾個星期才能訓練成功。

　　的肌肉。一次收縮的持續時間，訓練初期時建議可由二秒、三秒開始，再逐漸增加至十秒。多數學者建議每天施予PME，至於每天分三至四次或一次做完皆可，只要總收縮次數達最低需求量（每日三十至四十五下）。以上運動可以在平躺或坐或站的任何姿勢進行。注意過程中要避免使用到臀部腹部及大腿的肌肉。

3.生理回饋法（biofeedback therapy）。生理回饋儀是一種利用體表、陰道或肛門內裝置以偵測電的訊號或壓力的變化，並呈現在電腦螢幕上，讓個案經由聽覺、視覺的回饋來確知骨盆底肌肉的收縮，它不僅可輔助學習骨盆底肌肉運動，並可提高婦女執行骨盆底肌肉運動的動機。生理回饋對應力性尿失禁、急迫性尿失禁及混合性尿失禁都適用。研究顯示，骨盆底肌肉運動搭配生理回饋儀對尿失禁的改善率達54-87%。

◆認知功能異常者

　　認知功能異常者之訓練如下：

1.規則時間如廁（timed voiding）：不管患者想或不想，於規則時間間格如廁（白天時每兩小時；晚上時則每四小時）。目標在於避

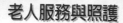

免弄濕環境；適用於在意識或身體功能上有障礙的患者；需要相
當的照顧者人力及動機。

2.習慣的養成（habit training）：類似規則時間如廁，唯如廁時間
彈性地根據患者的習慣訂定。患者解小便的習慣可由排尿紀錄得
知。

3.定時提醒患者如廁（prompted voiding）：白天時每隔兩小時詢問
並提醒如廁的需求，並詢問協助的需求，只有在患者的要求下才
協助進行如廁的動作，並在患者願意嘗試正常如廁時，給予正向
肯定。對於機構中的尿失禁患者，若皆給予三天的試驗治療，約
有25-40%會有所改善。

(二)藥物治療

用於治療尿失禁的藥物如**表4-12**所述。

◆急迫性尿失禁

假若行為治療沒有發揮效果，就要考慮藥物治療。對於有急迫性尿
失禁的老年人，抗乙醯膽鹼類的膀胱鬆弛劑，可以減少60-70%失禁的
發生。oxybutynin與tolterodine是兩種較常開立的抗乙醯膽鹼類膀胱鬆弛
劑。使用時應注意其抗乙醯膽鹼副作用如口乾、便秘、蛀牙等。膀胱餘
尿量也可能增加，所以在老年病患，要時常監測膀胱餘尿。有時候尿失
禁在用藥時反而嚴重，這可能是尿滯留所引起的，應要減低藥量。對於
患有攝護腺肥大而有尿阻塞的男性、糖尿病患者或是有膀胱收縮障礙的
患者要特別注意尿液滯留的副作用產生。患有失智症的老人在接受抗乙
醯膽鹼藥物治療時，則要注意譫妄的發生。女性急迫性尿失禁患者若合
併萎縮性陰道炎或尿道炎也可以接受局部外用雌激素的治療，每晚塗抹
0.5-1g的陰道乳膏（vaginal cream），效果需要數個月才可見到。雖然
imipramine有抗乙醯膽鹼的作用，也同時具有甲型受體作用，但容易有
姿勢性低血壓的副作用。所以，如果急迫性尿失禁為主要的症狀，治療
還是以雌激素併膀胱鬆弛劑為主。

表4-12　用於治療尿失禁的藥物

藥物	劑量	作用機轉	適應症（失禁的類別）	可能的副作用
抗乙醯膽鹼（anticholinergic）及抗痙攣（antispasmodic）藥物				
Oxybutynin（Ditropan, immediate release）	2.5-5.0mg tid	增加膀胱容積（bladder capacity）；減少膀胱不自主收縮	急迫性，混合型	抗乙醯膽鹼作用（眼乾、視力模糊、眼內壓上升、譫妄、便秘）
Oxybutynin（extended release; Ditropan (XL)）	5-30mg qd			如上，但眼睛乾澀較輕。
Tolterodine（Detrusitol SR）	4mg qd			如上，但眼睛乾澀較輕
Imipramine	25-50mg tid			抗乙醯膽鹼作用；姿勢性低血壓；心臟傳導障礙
甲型受體作用劑（α-adrenergic agonists）				
Imipramine	25-50mg tid	增加尿道平滑肌收縮		頭痛，心搏過速，血壓上升
Duloxetine	40mg bid			嘔吐、疲倦
結合型雌激素（conjugated estrogens）				
外用陰道乳膏	0.5-1.0g per application	強化尿道周圍的組織	急迫性尿失禁併有萎縮性陰道炎	
陰道環（vaginal ring）（Estring）	1 ring every 3 months			
乙醯膽鹼作用劑（cholinergic agonists）				
Bethanechol	10-30mg tid	刺激膀胱收縮	滿溢性尿失禁併弛緩性膀胱（atonic bladder）	心搏過慢，低血壓，支氣管收縮，胃酸分泌
甲型受體阻斷劑（α-adrenergic antagonist）				
Terazosin	1-10mg qhs	放鬆尿道平滑肌以及攝護腺包膜（prostatic capsule）	急迫性尿失禁併有攝護腺肥大	姿勢性低血壓
Doxazosin	1-8mg qhs			
Prazosin	1-2mg tid			
Tamsulosin	0.4-0.8mg qd			

◆應力性尿失禁

對於應力性尿失禁，甲型受體作用劑（α-adrenergic agonists）併用局部的雌激素是藥物治療之首選。應力性尿失禁的患者，在下列情況下可嘗試接受藥物治療：輕度至中度的失禁；無明顯解剖構造上的異常（如膀胱脫垂）；沒有藥物治療之禁忌（如甲型受體作用劑不適合用在患有難以控制的高血壓的患者身上）。Imipramine有甲型受體作用劑與抗乙醯膽鹼的雙重效果，對應力性尿失禁為主要症狀的尿失禁，或急迫性與應力性混合型尿失禁者，皆可嘗試。Duloxetine是一種血清素 正腎上腺素再回收抑制劑（SNRIs），也有甲型受體之作用，可增加尿道括約肌的強度，減少失禁發生的次數。其常見之副作用為嘔吐約23-28%，其次為疲倦約10-15%。在歐洲，Duloxetine已被核准使用於應力性尿失禁的患者。

◆慢性滿溢性尿失禁

慢性滿溢性尿失禁，不管是用乙醯膽鹼作用劑還是甲型受體阻斷劑，效果都很有限。

但對於膀胱收縮無力的患者，往往就只有支持性療法，如減少會降低膀胱收縮的藥物，及無菌式間隔性導尿（sterile intermittent catheterization）。Bethanechol是一種cholinergic藥物，可用來減緩因手術、藥物或其他原因引起之尿液滯留。目前並沒有好的臨床試驗，可證實Bethanecol對滿溢性尿失禁的治療效果。

(三)手術治療

下列情況應考慮手術治療：應力性尿失禁患者且行為治療與藥物治療無效者、年老女性患有嚴重骨盆脫垂者、年老男性曾因為尿道阻塞（如攝護腺肥大）而導致完全尿滯留者，或餘尿量過多以至於容易有反覆性尿路感染或水腎（hydronephrosis）。針對患有應力性尿失禁的年老女性，手術的選擇包括膀胱頸懸吊術（bladder neck suspension）、懸吊手術（sling procedures）以及尿道旁注射手術（periurethral injection）。

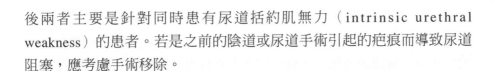

後兩者主要是針對同時患有尿道括約肌無力（intrinsic urethral weakness）的患者。若是之前的陰道或尿道手術引起的疤痕而導致尿道阻塞，應考慮手術移除。

(四)尿管放置

針對尿失禁患者有三種尿管或放置法可以選擇：外套式尿管（external condom catheter）、間歇性導尿管（intermittent catheterization）以及長期留置導尿管（chronic indwelling catheterization）。

外套式尿套不插入膀胱，基本上是一個連接著儲存袋的尿套。雖然女性使用的尿套也已被研發出來，但這方法卻多用於對尿失禁治療效果不佳，且身體功能依賴的年老男性患者。目前並無完整的研究以探討使用外套式尿管的可能併發症，但是有證據顯示使用外套式尿管有可能會增加患症狀性尿路感染的機會。

間歇性導尿管在治療尿滯留或滿溢性尿失禁上有重要的角色。其執行可以由照顧者或是患者本身來完成。導尿頻率根據殘餘尿量予以調整，目標是使殘餘尿量少於300ml。

長期留置導尿管置放會導致許多併發症，諸如慢性菌尿症（chronic bacteriuria）、膀胱結石、尿道旁膿瘍（periurethral abscesses）、膀胱癌等等。處於機構中的年老男性患者若接受長期導尿管置放，特別容易會有症狀性尿路感染出現。所以必須慎選患者予以長期留置導尿管放置。

衰弱

衰弱（frailty）並不是一個病，是描述長者既乾瘦又虛弱，活動力低行動緩慢，看起來毫無元氣的形容。歐美國家65歲以上的長者，約10-25%患有衰弱症候群。超過85歲的老人，有將近一半有衰弱的情形。衰弱的老人，各個生理系統都會產生功能的退化，造成生理儲備容量降

低。這會使得衰弱老人的抗壓性減弱，而無法應付多變的外在環境與日益退化的身體功能。衰弱並不只是外觀的描述，而是各種負面醫療後果的代名詞。根據研究顯示，衰弱的老人比較容易跌倒、失能、住院、住進安養機構，也有較高的死亡率。

一、衰弱的定義

在2001年，美國約翰霍普金斯大學Dr. Linda Fried，根據他們的研究成果，首先為老年人的「衰弱」症候群，下了操作型定義。他們找了五個指標，只要符合其中三個以上，就可以診斷是衰弱。這五個指標為：

1. 體重減輕（shrinking）：在沒有刻意減重的情形之下，臨床上體重在一年內掉了10磅（4.5公斤）或減輕了5%。
2. 肌肉無力（weakness）：測量左右手的握力，按照性別、身高體重的不同，而定有不同的臨界值。在Dr. Linda Fried是取研究族群中表現最差的20%為切點。
3. 費力（exhaustion）：病人自覺一週中有三天以上「做每件事都要花很大的力氣」。
4. 行動遲緩（slowness）：測量行走15英尺（4.75公尺）所需的時間。按照性別與身高取研究族群中，表現最差的20%為切點。
5. 身體活動量不足（low physical activity）：估計老人每週消耗的卡路里數。按照性別取研究族群中表現最差的20%為切點。換算過後，男性一週內活動消耗小於383大卡，女性一週內活動消耗小於270大卡稱為身體活動量不足。

二、造成衰弱的原因

(一)少肌症

少肌症（sarcopenia）是造成衰弱最重要的原因。人體的肌肉質量，在35歲左右達到高峰，接下來就慢慢流失。當超過60歲以上，每十年可流失15%的肌肉組織。70歲以上，流失的速度更快，每十年可流失30%的肌肉組織。雖然肌肉組織逐漸流失，老年人卻沒有變瘦，流失的肌肉反而被結締組織以及脂肪組織取代。

肌肉組織減少，一連串的身體功能就會受到影響。如肌肉無力、平衡失調、活動力下降、步態不穩、容易跌倒等。肌肉組織是體內能量代謝的重要器官，肌肉流失會使得體內基礎代謝率降低，體溫調節能力就有障礙，進而出現低體溫的問題。另外，肌肉組織與葡萄糖的代謝有關，肌肉組織流失，會增加胰島素抗性（insulin resistance），進一步影響血糖而容易得到糖尿病。

有許多原因會造成少肌症。生長激素（growth hormone）男性荷爾蒙（testosterone）會活化肌肉組織中的胰島素生長因子（insulin-like growth factor, IGF）基因，使得IGF-1增加，會進一步促進肌肉組織的生成。這些荷爾蒙會維持體內的肌肉量（lean body mass），但其濃度會隨著年紀大而濃度降低，進而誘發少肌症。有一些臨床試驗也顯示補充testosterone可能維持老年人的身體功能，增加肌肉強度。營養的攝取不足與維他命D不足，都顯示為少肌症的重要危險因子，應加以補充。人體的慢性發炎反應，會增加介白質素-6（interleukin-6, IL-6）和腫瘤壞死因子（tumor necrosis factor-alpha, TNF-alpha）的濃度。這些慢性發炎的介質也會導致少肌症。

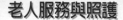
(二)免疫失調

隨著老化，體內T細胞與B細胞的功能也漸漸退化。interleukin-2 (IL-2)濃度（由T細胞分泌）會漸漸降低。由B細胞分泌的抗體，也隨著老化漸漸減少。另一方面，免疫失調卻會分泌較多代謝性的細胞激素（catabolic cytokines），造成慢性發炎，加速肌力流失。

(三)神經內分泌失調

有一群激素的濃度會隨著老化而降低，包括雌性素（estrogen）、雄性素（testosterone）、生長激素與脫氫表雄酮（dehydroepiandrosterone, DHEA）。但是體內的壓力性荷爾蒙，如腎上腺素、正腎上腺素與腎上腺皮質素等，分泌量卻隨著老化而增加。雖然這些壓力性荷爾蒙會讓人心跳血壓上升，來對抗外來壓力，若長期處於此狀態，將導致骨質流失、肌力下降、胰島素抗性增加及免疫力下降。

三、多重慢性病與衰弱的關係

許多慢性疾病會導致或誘使衰弱的發生，也因此被視為衰弱的次發性原因。糖尿病病人比較容易跌倒，也容易有功能退化的情形。很多與糖尿病密切相關的現象，與衰弱的形成有關。這些包括自律神經系統失調（容易有姿勢性低血壓與餐後低血壓）、周邊神經病變、周邊血管病變、認知功能異常等。

貧血也會造成老人的衰弱。貧血的老人較容易有暈厥、失能、認知異常、憂鬱，並且死亡率較高。所以檢查出貧血的原因並加以治療，在衰弱的預防上是相當重要的。憂鬱症在老年人的表現較不典型，也因此許多病人未被診斷出來。憂鬱的病人也因為沒有動力與食慾，不關心自己的健康與飲食，造成自己日益虛弱。

心肺功能不好的病人，如心衰竭與慢性肺病的患者，往往運動耐受

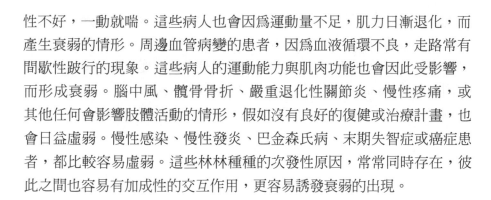

性不好，一動就喘。這些病人也會因為運動量不足，肌力日漸退化，而產生衰弱的情形。周邊血管病變的患者，因為血液循環不良，走路常有間歇性跛行的現象。這些病人的運動能力與肌肉功能也會因此受影響，而形成衰弱。腦中風、髖骨骨折、嚴重退化性關節炎、慢性疼痛，或其他任何會影響肢體活動的情形，假如沒有良好的復健或治療計畫，也會日益虛弱。慢性感染、慢性發炎、巴金森氏病、末期失智症或癌症患者，都比較容易虛弱。這些林林種種的次發性原因，常常同時存在，彼此之間也容易有加成性的交互作用，更容易誘發衰弱的出現。

四、衰弱的評估與處理

造成衰弱的原因相當多也很複雜，周全性老年評估（Comprehensive Geriatric Assessment, CGA）是種全方位系統性的評估，也是找出衰弱的原因及其治療較完備的評估方式。經由整合各種不同領域之專業人員，從身體、精神、社會與功能等各層面，完整的評估篩檢衰弱老人的疾病或病況，以選擇最佳之處置。周全性老年評估的特點是需以團隊合作作為評估衰弱老年病患的主要方式。周全性老年評估的團隊成員包括醫師、護理師、社工師、職能治療師、物理治療師及其他周邊相關支持人員，如營養師、臨床藥師、語言治療師、臨床心理師、志工及宗教人員等。

當然病患及其照顧者亦為其中的成員，因其亦須熟悉健康照顧的知識及技術，才能維持並促進治療的效果，也才能在病方與醫方有共識的前提之下，使病患獲得妥善的照護。此團隊主要的功能在於蒐集相關的資訊以增加診斷的精確性，各司其職並相互溝通，藉著定期舉行的病患討論會，來共同擬定病患的治療計畫、決定治療目標並預測其預後，再將此計畫付諸實行並追蹤其效果，視其成效而做出適當的修正等。周全性老年評估雖名為「評估」，其實也包含了評估後的處置。

所以虛弱病人經過周全性老年評估後，往往可以找出一些潛在性的誘因而進一步安排治療。如病人體重減輕，可能有潛藏的癌症、甲狀腺

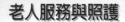
功能異常或憂鬱症等潛在性的原因，可藉由適當的檢查找出病因；病人如果有熱量攝取不足或維他命D低下等就要加以補充。除了找出衰弱的誘因之外，適當的運動與復健對衰弱的處理尤其重要。有許多證據顯示肌耐力訓練（endurance training）、阻力訓練（resistance training）與平衡訓練（balance training）、是改善衰弱、防止功能退化的好方法。

參考書目

《老年醫學次專科醫師訓練手冊》。國家衛生研究院老年醫學研究組。2006年12月。

台灣憂鬱症防治協會網站http://www.depression.org.tw

Fantl JA, Wyman JF, McClish DK, et al., (1991/02/06). Efficacy of bladder training in older women with urinary incontinence. *JAMA, 265*(5): 609-613.

Fiatarone-Singh MA. (2002). Exercise in the oldest old: some new insights and unanswered questions. *J Am Geriatr Soc., 50*: 2089-91.

Guideline for the prevention of falls in older persons. American Geriatrics Society, British Geriatrics Society, and American Academy of Orthopaedic Surgeons Panel on Falls Prevention. *J Am Geriatr Soc*. 2001 May; *49*(5): 664-72.

Herzog AR, Fultz NH. (1990/03). Prevalence and incidence of urinary incontinence in community-dwelling populations. *J Am Geriatr Soc., 38*(3): 273-281.

Holroyd-Leduc JM, Straus SE. (2004/02/25). Management of urinary incontinence in women: scientific review. *JAMA., 291*(8): 986-95.

Inouye SK. (2006/03/16). Delirium in older persons. *N Engl J Med., 354*(11): 1157-65.

Inouye SK, Bogardus S. T., Charpentier P. A., et al., A multicomponent intervention to prevent delirium in hospitalized older patients. *New England Journal of Medicine* 1999; *340*: 669-676.

Morley JE, Haren MT, Rolland Y, Kim MJ, et al., (2006). Frailty. *The Medical Clinics of North America, 90*: 837-847.

Ott A, Stolk RP, van Harskamp F, Pols HA, Hofman A, Breteler MM. (199912/10). Diabetes mellitus and the risk of dementia: The Rotterdam Study. *Neurology, 53*(9): 1937-1942.

Reisberg B, Doody R, Stoffler A, Schmitt F, Ferris S, Mobius HJ. (2003/04/03). Memantine in moderate-to-severe Alzheimer's disease. *N Engl J Med., 348*(14): 1333-1341.

Robert M. Palmer. (2003). Acute hospital care. In Christine K. Cassel, Rosanne Leipzig (eds.), *Geriatric Medicine, An Evidence-Based Approach* (4th ed.). Springer Verlag Publisher. pp. 133-45.

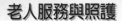

Roman GC. (2003/05). Vascular dementia: distinguishing characteristics, treatment, and prevention. *J Am Geriatr Soc., 51* (5 Suppl Dementia): S296-304.

Tinetti M. E., Baker D. I., McAvay G., et al., (1994). A multifactorial intervention to reduce the risk of falling among elderly people living in the community. *New England Journal of Medicine, 331*: 821-827.

Tzourio C., Dufouil C., Ducimetiere P., Alperovitch A. (1999/12/10). Cognitive decline in individuals with high blood pressure: a longitudinal study in the elderly. EVA Study Group. Epidemiology of Vascular Aging. *Neurology, 53*(9): 1948-1952.

第五章

●——陳政雄

老人的居住環境

學習重點

1.瞭解老人的居住安排，居家的同堂、鄰居、近居、獨居有何
　優缺點，機構的共室與個室有何不同。

2.瞭解老人的身心狀況與居住形態之關係，健康期、障礙期、
　臥病期該住在哪裡。

3.學習老人居住環境的構成要素，以及廣義的家與照顧服務
　的關係。

4.知道如何建構一個理想的居住體系。

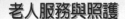

前言

由於產業的現代化，形成少子女的高齡化社會；由於人口結構轉型，促成人口老化現象；由於平均壽命延長，衍生許多養老課題；由於家族形態改變，造成三代同堂式微；由於雙薪家庭增多，使得居家照顧困難。因此，老人愈來愈沒有家庭資源可以依賴，社會保障對老人而言也就愈來愈重要，也不得不愈來愈重視老人的居住問題。

老人的居住安排

「居住」是人類安身立命的根本，在某一時空下，與周遭的人、事、物發生密切的關係。對老人而言，是個充滿故事的生活場所，愈久愈純、愈老愈香，會帶給老人無限的回憶與滿足。相反的，遷徙、離別一個久居住慣的地方，會帶給老人無限的不安與遺憾。因此，老人的居住安排不能不妥善為之。

居住安排對個人而言，尤其是對嬰幼兒及老年人而言，是家庭生活與支持系統中最重要的基礎，而老年人居住安排的不同選擇又關聯著家庭的代間聯繫與相互支持（孫得雄等，1997）。

影響老人的居住安排之因素很多也很複雜，由於老人的種族、性別、年齡、身心狀況、婚姻狀況、子女人數、經濟條件、教育程度、居住房舍、價值觀、居住地，以及現代化、都市化、工業化的程度等不同因素，都會影響老年人的居住安排（關華山，1996；孫得雄等，1997；直井道子，1993a；吳老德，2003a）。

老人的居住安排可以分為兩大種類：「居家」與「機構」（如**表5-1**）。大部分的老人都希望居住在自己的家裡，包括：與子女同住、老夫婦同住、與親友同住、獨居等，小部分的老人會住在機構裡。

表5-1 老人的居住安排

居家	同住	同堂	定住
			輪住
		鄰居	部分
			完全
	分住	近居	
		獨居	
機構	共室		
	個室		

資料來源：陳政雄著（2005）。《台灣地區老人福利服務設施現況與檢討——台灣老
人的居住安排與住宅問題》，頁68-71。台北市：台灣建築報導雜誌社。

一、居家可以分為「同住」與「分住」

依據傳統儒家的倫理思想，親子同住被認為是傳承、義務、理想、
當然的事情。但是，對於少子女化、長壽化的高齡化社會而言，會有不
同的想法與作法。

從父母的角度來看，由於社會保障的不周，對晚年照顧問題的不
安，是促成同住的主要原因；當老夫婦中有一人身體衰弱時，或有一人
往生時，當老人由於其他原因需要依附時，是考慮同住的時候。

從子女的角度來看，雙薪家庭的家事、育兒需要有人幫忙，以及
住宅取得困難、節省家計開支等理由，也是形成同住的主要原因。因
此，親子雙方在互利互惠的狀況之下，會有同住的念頭（古瀨敏等，
1994）。

一般而言，單身未婚的老人較傾向於自己一個「核心家戶」
（nuclear household），而離婚、喪偶或與配偶分居的老年人則大多和
子女同住，有偶的老年人大多數與子女住在一起，而因年齡的關係，其
中有許多是與已婚子女同住而形成「折衷家戶」（stem household）或
「複合家戶」（complex household），又稱為「擴大家戶」（extended

household）❶（孫得雄等，1997）。

　　台灣的女性、已婚子女愈多、年齡愈大、行動不便、教育程度愈低、本省籍的老人，與子女同住的機率較高（孫得雄等，1997），男性及教育程度愈高、所得愈高、就業的老人與子女同住的比例愈小。由於婆媳之間的緊張與母女之間的關係相比，守寡的母親比較傾向與女兒家同住，而都市及城鎮的老人較鄉村老人更可能與子女同住（關華山，1996）。

(一)同住可以分為「同堂」與「鄰居」

　　親子之間的生活時間、飲食習慣、婆媳文化、家計分擔、家事分工、家族代溝等差異與磨擦，將帶來一些同住的困擾。因此，必須要有各種不同的同住方式，以解決這類的問題（直井道子，1993a）。

◆同堂

　　同堂是指親、子兩代或祖、親、子三代以上，共同生活在同一家戶的居住安排。大家共同使用進口、廚房、浴廁，而且有老人的專用臥室與浴廁（如圖5-1）。

　　父母親可以永遠和某一個子女一起居住，稱為「定住同堂」。這種居住安排，父母親的生活起居較為規律，空間使用較為安定。親子同堂可以獲得較多的親情，不孤獨、不寂寞。可以隨時互相照顧、分擔家事，親子都很安心。可以共享老人的智慧與年輕人的流行，與時代的潮流同步。

進口、廚房、浴廁

圖5-1　同堂

---

❶老年人獨居、老夫婦同居或與未婚子女同住的家庭，稱為「核心家戶」。老年人與成年已婚子女同堂的家戶，稱為「折衷家戶」。老年人與兩對以上的已婚子女及其配偶子女同堂時，稱為「複合家戶」或「擴大家戶」。

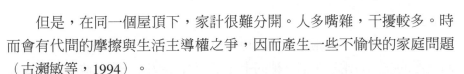

　　但是，在同一個屋頂下，家計很難分開。人多嘴雜，干擾較多。時而會有代間的摩擦與生活主導權之爭，因而產生一些不愉快的家庭問題（古瀨敏等，1994）。

　　父母親也可以在不同時間輪流居住於不同子女的家，稱為「輪住同堂」。這種居住安排，父母親的生活起居較有變化。但是，經常造成空間使用上的複雜性，例如：父母親不住時的空房問題，以及父母親的物品儲存空間等問題。同時，父母親的心理感受，以及輪流時間的安排也是一個複雜的社會問題。

　　如果父母在需要依附之前是夫婦同住的，有可能成為輪住，也可能到某一子女家定住，或某子女回父母的家定住，由其他子女支助家計（關華山，1996）。

◆鄰居

　　鄰居是指親、子兩代或祖、親、子三代以上，共同生活在同一宗基地上，形成一種「有距離的親密」（intimacy at a distance）關係。

　　鄰居可以分為「部分鄰居」與「完全鄰居」兩種，分述如下：

1.部分鄰居

　　進口、廚房、浴廁有部分分離時，稱為部分鄰居（如圖5-2）。部分鄰居保留部分的親子共用空間，可以保持親子應有的接觸，可以互相照顧，較為安心。同時，又可以保有親子各自的專用空間，可以減少生活上的相互干擾。

　　但是，部分鄰居需要較大的居住空間，共用部分的家計分擔較難。同時，生活時間上的衝突也要相互忍讓（古瀨敏等，1994）。

圖5-2　部分鄰居

2.完全鄰居

　　進口、廚房、浴廁完全分離時，稱爲完全鄰居（如**圖5-3**）。可以是同一層的左、右兩戶，同一棟的上、下兩層，或同一塊基地的兩棟建築物。

　　完全鄰居享有同堂的優點，又可以避免同堂的缺點。尤其，進入75歲以上的父母親，由於身心狀況比較衰退，能與子女隔鄰而居；可以隨時、及時獲得照顧，又有自己獨立的專用空間。同時，兩戶的產權可以分開登記，是一種較好的居住安排。

　　但是，完全鄰居需要更大的土地面積與更多的建築費用。家計費用雖然可以分開計算，卻反而不能節省生活費、維持費。同時，過分重視獨立生活的結果，也會減少親子之間的交流機會（古瀨敏等，1994）。

(二)分住可以分爲「近居」與「獨居」

　　當社會保障非常周全，老人可以安心的自立生活時，將促使較多的老人採取分住的居住安排（伊藤明子，1994）。

◆近居

　　所謂近居，是指親、子兩代居住在同一個生活圈；可以是同一條街的街頭、街尾，同一個社區的不同鄰里，同一個城鎮的不同區位等。所以，近居的時空很難定義。日本人認爲：只要煮一碗湯，端到父母親面前還是熱的距離（スープのさあ存い距離）；也就是說，子女可以很快

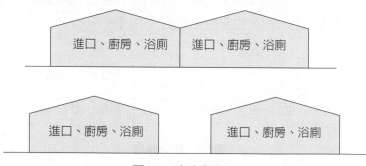

圖5-3　完全鄰居

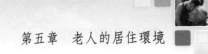

就能夠照顧到父母的距離，就可以叫做近居（直井道子，1993b）。現代交通發達、生活時間帶擴大，近居的範圍也就愈來愈大了。

對於前期高齡者而言，身心狀況還很健康，生活條件也還可以，近居是一種不錯的居住安排；每週或每月祖、親、子三代見一次面，反而更親密、更想念。

◆獨居

所謂獨居，是指親、子兩代居住在不同的生活圈，老人自己獨立生活的居住安排。

剛開始，老夫婦為了過個悠閒、自在的生活，子女為了過個獨立、自由的生活，因而親、子分開居住，形成老、少兩個核心家戶的局面。老夫婦的其中之一往生之後，另一位老人不願意或不可能再與子女同住時，就會形成獨居的現象。

西方的研究都指出，子女人數是影響老年居住安排的一個重要因素，也是影響老年人是否獨居的最重要的因素。由於兩性壽命水準的不同，女性老人獨居的機率遠大於男性。所得多寡也會影響老年人的居住選擇，高所得的老年人有能力選擇自己偏好的居住形態，而低所得的老年人受限於生活資源，較不可能選擇獨居（孫得雄等，1997）。

台灣的研究，顯示男性老人獨居的機率大於女性。即使考量了男女兩性平均餘命的差異後，老年鰥夫獨居的比例仍然高於老年寡婦（孫得雄等，1997）。都市裡年長且教育程度較高之男性老人獨居機率最高；而都市裡年輕且教育程度較低之婦女之獨居率最低（關華山，1996）。老年人的家庭作用會影響獨居現象，會做家事、會帶小孩的老年人比較不容易成為獨居老人。

對於75歲以上的高齡者而言，由於身心狀況比較衰弱，容易發生意外事故，需要隨時、及時的救援，並不適合獨居的居住安排。

綜合以上同堂、鄰居、近居、獨居等各種居家的居住安排，各有不同的優、缺點與適當的安排時機。對不同身心特性與不同經濟、社會狀況的老人，在確保私密、相互援助、家計分離、建造費用、生活內容及代間干擾上，有不同的生活特徵；同堂與獨居分兩極，鄰居與近居在中

間（如**表5-2**）（小室豐允等，1995）。

二、機構可以分為「共室」與「個室」兩種

未婚、離婚或無子女的老人，無法自立生活又無親人扶養時，必須接受機構的居住安排。即使有親友，依附於親戚朋友的家也並非長久之計，不見得比住到機構裡好（關華山，1996）。

(一)共室

共室是指兩位以上的老人共居於一室，優點是有伴、熱鬧，可以互相照顧；缺點是個人領域模糊，私密性較差，人際關係較為複雜，必須互相忍讓，小心處理。

(二)個室

個室是指一位老人單獨居住的個人房，可以帶進自己喜愛的家具或物品，門窗也可以自由開關。所以，與一般沒有個人特性的單人房有所不同（外山義等，2002）。

其優點是個人領域清楚，私密性較佳，主體性、明示性較高，有家的感覺；缺點是沒有伴、寂寞，有時覺得孤伶伶的。解決的方法是：走出個室與人交往。所以，個室空間不宜太大，才能促使老人走出個室，促成與人交流的機會。

表5-2 居家的居住安排與生活特徵

	同堂	鄰居	近居	獨居
確保私密	少	←	→	多
相互援助	多	←	→	少
家計分離	少	←	→	多
建造費用	少	←	→	多
生活內容	多	←	→	少
代間干擾	多	←	→	少

不論是居家或機構的各種居住安排，都有其優點與缺點。如何加強其優點，降低其缺點，就在於計畫時的定性定量；因應服務對象的身心特性，滿足服務對象的生活需求，是選擇最佳居住安排的不二法門。

老人的居住形態

　　隨著年紀的增加，身心的狀況也逐漸變化。不同身心狀況的老人，各有不同的生活能力；不同的生活能力，需要不同的居住安排；不同的居住安排，需要不同的居住形態，以滿足不同老人的生活需求（如**表5-3**）。

一、居家

　　善於保養身心、重視生活的老人，可以維持一段比較長的健康期。可以跑、跳、走，生活可以自理的健康老人，可以居住在「一般住宅」。

　　不善於保養身心、不注意生活習慣的老人，慢性病纏身、體力衰退、感覺遲鈍，生活起居需要拐杖、助行器、輪椅等輔具的幫忙；已經進入行動不便的障礙期的老人，就需要別人的照顧。

表5-3 老人的身心狀況與居住形態

身心狀況		健康期		障礙期		臥病期
移動程度		可以跑、跳、走		需要拐杖、輪椅等輔具		幾乎臥床
百分比		75%		20%		5%
生活能力		可以自理			需要別人照顧	
居住形態	居家	一般住宅	服務住宅	照顧住宅	轉介到機構	
		高齡者住宅				
		終身住宅				
	機構	安養機構	長期照護機構		醫院	
		老人之家	長期照護型、養護型、失智型		安寧病房	

資料來源：陳政雄著（2006）。《銀髮住宅整體規劃理念》，頁122-137。台北市：台灣老年醫學雜誌。

　　生活起居可以自理的障礙期老人，可以居住在「服務住宅」，接受生活支援員（Life Support Adviser, LSA）的健康管理。生活起居不能自理，需要別人幫忙的障礙期老人，可以居住在「照顧住宅」，接受照顧服務員的全天照顧。

　　老人的慢性病愈多，時間拖得愈久，就愈容易邁入臥病期。臥病期的老人幾乎整天躺在床上，整天都需要有別人的照顧才能生活。需要別人照顧的臥病期老人，必須轉介到長期照護機構，接受各種醫護照顧服務。最後，可能轉介到醫院，接受醫療照顧服務。

　　一般住宅、服務住宅、照顧住宅都是提供老人居住的住宅，統稱為「高齡者住宅」，是集合多數老人住在一起的一種居家式的居住形態（園田眞理子，1993）。

　　高齡者住宅的共同特徵，首先，必須考慮老人的身心狀況、生活特性。為了讓老人可以移動自如、自立生活，高齡者住宅必須是整體性的「無障礙化」（barrier free）。其次，為了支援老人的自立生活，高齡者住宅除了硬體的條件之外，還必須加上軟體的服務機能。例如：餐飲服務、二十四小時的照顧服務等，這些服務內容與照顧程度可以採用開放式的供應體制，讓老人自己選擇自己所需要的各種服務與照顧。尤其，在實施長期照護保險制度之後，老人更可以依照自己的需要使用各種服務輸送體系，就像購買一般的福利商品一樣。

　　高齡者住宅的集合規模，可以大到幾百位老人的「連續照顧退休社區」（Continue Care Retirement Community, CCRC）[2]，也可以小到十幾位老人的「團體家屋」[3]。目前，以小規模、社區化為主，避免造成

---

[2]「連續照顧退休社區」必須包括100-250戶的獨立住宅與一些協助住宅，以及50-100床的護理之家。老年人可以依據自己的身心狀況，選擇入住或移住到各種居住形態，而終身不必遷離社區。這是八〇年代美國流行的高齡者住宅。

[3]「團體家屋」於1985年創始於瑞典，1995年日本開始試辦，1997年制度化，稱為「失智對應型老人共同生活援助事業」。團體家屋是提供少數失智症老人共同生活的場所，有個室及共用空間的小規模家庭化環境，可以是新建或改建的整棟獨立住宅、集合住宅的一部分，或附設於老人之家、醫院內。團體家屋可以達到安心居住場所、緩和失智症狀、滿足家族親情、減輕照顧負擔、減少長期住院、降

「孤島效應」❹。在有利於老人一起生活的前提之下，各色各樣的高齡者住宅都可以成立；實際上，世界各國也都有不同的高齡者住宅類型，以滿足不同老人的生活需求（如**表5-4**）。

表5-4　高齡者住宅的類型

	照顧住宅	服務住宅	一般住宅
瑞典	團體住宅 group housing	服務住宅 service house 共同住宅 collective housing	年金者住宅 pensioners housing
丹麥		庇護住宅 shelter housing 服務住宅 service flat	年金者住宅 pensioners housing
英國	庇護住宅2.5 shelter housing-2.5	庇護住宅1,2 shelter housing-1,2	退休住宅 retirement housing 老人住宅 old people's amenity housing
美國	連續照顧退休社區 continue care retirement community	協助式照顧住宅 assisted living 社區照顧住宅 congregate housing	成人社區 mature adult communities 獨立住宅 independent living 社區支持性住宅 congregate housing
日本	長者住宅 senior housing 照顧住宅 care house 團體家屋 group home	長者住宅 senior housing 銀髮住宅 silver housing	高級公寓 mansion 長者住宅 senior housing 銀髮住宅 silver housing
台灣	老人住宅、團體家屋		老人公寓

資料來源：陳政雄著（2009）。《台灣高齡者住宅政策之探討》，頁80-84。台北市：建築師雜誌社。

低建設費用等六大功能。

❹集中興建的高齡者住宅，由於規模龐大、形式封閉，住民自成一個族群，與社區居民不相往來。因此，容易與社區對立而形成孤立的狀況，稱爲「孤島效應」。

1989英國的Joseph Rowntree基金會提出「終身住宅」（lifetime house）的概念，認為住宅設計必須滿足居住者一生不同身心狀況的需求。健康期的時候，終身住宅必須重視居住者的個人喜好，以充實生活內容為目標。障礙期的時候，終身住宅必須注意居住者的身心變化，以無障礙化環境為主題。臥病期的時候，終身住宅必須掌握居住者的照顧服務，以減輕照顧壓力為課題。

而且，針對身心狀況的變化過程而建設的永續性住宅，也適合小孩到老人都可以同住的人性化住宅。所以，終身住宅是一種全人、全家、全程的住宅模式，也是一種可以對應世代交替的永續性居住形態（建築文化特集，1992）。

二、機構

與居家的居住安排相比較，機構的居住安排是一種封閉式的系統，規模較大、私密性較低，照顧程度較專業而密集。

健康期的老人可以居住於安養機構，提供住宿、餐飲、個人服務及社會照顧（social care）等支持性與保護性服務，以社會模式（social model）為主，健康模式（health model）為輔。依其服務內容及照顧程度，可分為：膳宿之家（boarding home）、休息之家（rest home）、庇護照顧設施（shelter care facilities）、成人之家（adult home）、住宿照顧之家（domiciliary care home）、自費老人之家等多種居住形態（謝美娥，1993）。例如：台灣的安養堂、仁愛之家、安養機構，以及日本的健康型自費老人之家等。

障礙期的老人可以居住於養護型、失智型的長期照護機構，由機構提供個人照顧、社會服務、娛樂活動、日常生活動作協助，如穿衣、洗澡、餐飲等，白天由護理人員值班服務，或提供全天的專業服務。以健康模式為主，社會模式為輔。例如：台灣的老人養護之家及失智症照顧專區；日本的養護型自費老人之家、養護老人之家；英國的寄宿之家（residential home）等。

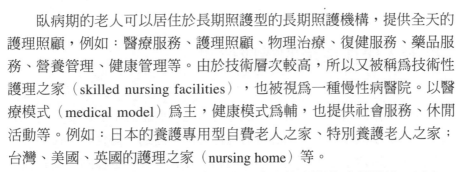

　　臥病期的老人可以居住於長期照護型的長期照護機構，提供全天的護理照顧，例如：醫療服務、護理照顧、物理治療、復健服務、藥品服務、營養管理、健康管理等。由於技術層次較高，所以又被稱為技術性護理之家（skilled nursing facilities），也被視為一種慢性病醫院。以醫療模式（medical model）為主，健康模式為輔，也提供社會服務、休閒活動等。例如：日本的養護專用型自費老人之家、特別養護老人之家；台灣、美國、英國的護理之家（nursing home）等。

　　往生前的「安寧病房」為照顧末期病患的專門的療護機構，以身、心、靈的完整療護的「全人」照顧，以心繫患者、關懷家屬的「全家」照顧，以照護患者到臨終的「全程」照顧，以結合醫師、護理師、營養師、社會工作員、物理治療師、職能治療師、宗教人員、志工等，共同照護患者及家屬的「全隊」照顧模式，提供一個完整的、周全的、安寧的照顧服務，維持患者最終的生命品質與尊嚴，被稱為「安寧照顧」或「安寧療護」（hospice care）（吳老德，2003b）。

　　雖然，入住機構可以接受高度專業而密集的照顧服務，可以減輕家族的照顧負擔。但是，由於社會的傳統孝道觀念、不願意被視為無力照顧自己、不願意離開住慣的地方、認為機構制度不健全等原因（周家華，2000），台灣的老人入住機構，大都是由於貧苦無依、身心障礙，或需要個別照顧、保護等不得已的原因。

　　由於機構式的集體生活，親情少、無角色、無壓力，因而很容易加速老化。老人入住機構之後，常會覺得身處社會性邊緣（social marginalization）環境。因此，機構式的居住形態除了必須重視品質保證（quality assurance）的服務之外，還需要加強生活環境的水準（standard setting）（Andrews, G. J. & Phillips, D. R., 2000）。其服務內容，除了生活照料、情緒支持之外，還必須提供補充性（compensatory）的協助，以建立老人獨立自主的生活能力，降低無依無靠的不安壓力（Aranyi, L. & Goldman, L. L., 1980）。

老人居住環境的構成要素

隨著年齡的增加，身心狀況的變化，老人愈來愈不能自立生活。這個時候，必須依據老人不同的身心條件，由不同的人力資源，在不同的居住形態裡，給予老人不同的照顧服務。並且，提供各種的中間設施，以構成完整的居住環境（如**表5-5**）。

健康期的老人，必須由家族、志工等，在個人住宅、一般住宅、老人公寓、退休社區等地方，給予老人自立援助（self care）的保健、預防之事務服務，老人就可以獨立生活了。並且，提供文康中心、體育設施、老人福利中心、老人大學等社區性的中間設施，以充實老人的居家生活服務。

障礙期的老人，必須由物理治療師、職能治療師、社會工作員、照顧服務員等，在服務住宅、照顧住宅、團體家屋、老人之家、養護之家、護理之家等地方，給予老人住宿、餐飲、清掃、洗衣等日常的家事

表5-5　老人居住環境的構成要素

身心條件	人力資源	照顧服務			居住形態	中間設施
健康期	家族 志工	自立援助	事務服務	保健 預防	個人住宅 一般住宅 老人公寓 退休社區	文康中心 體育設施 老人福利中心 老人大學
障礙期	物理治療師 職能治療師 社會工作員 照顧服務員	家事援助 個人照顧 護理照顧	家事服務 餐飲服務 照護服務 護理服務	健診 復健	服務住宅 照顧住宅 團體家屋 老人之家 養護之家 護理之家	保健設施 診療所 日間照顧中心 短期照顧中心
臥病期	保健師 醫生、護士	醫療照護 臨終照護	醫療服務	治療 醫護	老人醫院 安寧病房	醫院

資料來源：陳政雄著（2005）。《台灣地區老人福利服務設施現況與檢討——台灣老人的居住安排與住宅問題》，頁68-71。台北市：台灣建築報導雜誌社。

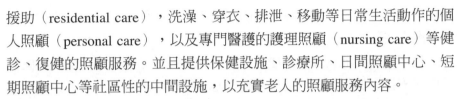

援助（residential care），洗澡、穿衣、排泄、移動等日常生活動作的個人照顧（personal care），以及專門醫護的護理照顧（nursing care）等健診、復健的照顧服務。並且提供保健設施、診療所、日間照顧中心、短期照顧中心等社區性的中間設施，以充實老人的照顧服務內容。

臥病期的老人，必須由保健師、醫生、護士等，在老人醫院、安寧病房等地方，給予老人醫療照護（medical care），以及往生前的臨終照護（terminal care）等治療、醫護的照顧服務。

為了達成初期照顧（primary care）的目標，因應老年期各個階段的需求，例如：健康管理、疾病預防、治療，以及身心機能的復健、療養等，必須包含醫療、保健、福利、建築等各個專門領域的分工合作。

照顧服務的人力資源，除了身邊的家族之外，還需要由照顧服務員、志工、物理治療師、職能治療師、社會工作員、保健師、醫生、護士等人員的參與。這些人力資源所產生的照顧服務的軟體效果，與建築的硬體環境相配合，才能構成一個良好的居住環境。所以，一個健全的老人居住環境必須由醫療、保健、福利、建築等四合一所構成。

廣義的家與居住環境

大部分的老人都希望繼續住在已經住慣的家裡安度晚年，即使身心狀況愈來愈差，居家環境愈來愈不方便，也希望能將家裡稍加改造之後，繼續居住下去；即使不得不搬家時，也希望能夠搬到已經住慣的地區附近。但是，不是所有的老人都能夠如願以償。

對老人而言，住宅已經不只是一個提供住宿的地方而已；更重要的是，還必須因應老人的身心狀況，持續而迅速地提供有效的照顧服務。因此，凡是可以照顧服務老人的生活場所，就是老人的「廣義的家」。

由於身心狀況衰退的結果，有些老人不得不搬離住慣的家，住進附設照顧服務的住宅。例如：老人公寓、退休社區、服務住宅、照顧住宅等。這些高齡者住宅，除了可以因應老人的身心狀況的需求之外，應該

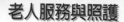

與一般的個人住宅、集合住宅、國民住宅、出租住宅等一起規劃，小規模而融合在社區裡。

為了讓老人能夠安心地居住在廣義的家裡，必須提供多樣的社區照顧服務支援，例如：由「居家照護中心」提供照護服務，由「在宅服務中心」提供二十四小時的諮詢服務、家事服務、提供輔具、住宅改造、緊急通報等支援，由「社區照顧中心」提供「社區關懷據點」、「日間照顧中心」、「短期照顧中心」等中間設施，以及二十四小時的巡迴照護服務等。這些社區照顧服務系統與廣義的家結合，構成一個完整的居家照顧服務體系（如圖5-4）。

不同身心狀況的老人，可以住進不同的機構設施接受安養、療養的照顧服務，例如：保健設施、老人之家、養護之家、護理之家等。身心狀況更衰弱的老人，可以利用老人醫院、療養型病床群、安寧病房、老人失智性治療病房、精神療養病房等醫院設施，接受醫療、醫護照顧服務。如此，可以建構一個完整的設施照顧服務體系（如圖5-5）。

如果，由於老人身心狀況的持續衰退，每一位老人必須被照顧二十年的話。從前，沒有做好居家照顧服務，老人只能在家裡居住兩年，其餘的十八年必須住在機構裡接受設施照顧服務。現在，做好了居家照顧

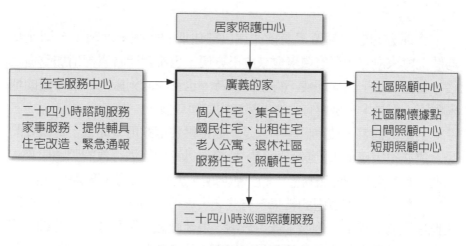

圖5-4　居家照顧服務體系

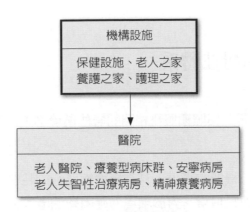

圖5-5　設施照顧服務體系

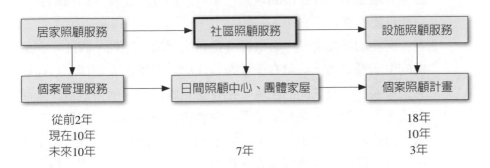

從前2年
現在10年
未來10年　　　　　　　　7年　　　　　　　　3年

18年
10年

圖5-6　廣義的居住環境

服務，老人可以在家裡居住十年，其餘的十年必須住在機構裡接受設施照顧服務。未來，在社區裡設有小規模、多功能照顧服務的日間照顧中心、團體家屋，老人可以在家裡居住十年，在團體家屋居住七年，只要在機構裡居住三年就可以了（如圖5-6）。

　　如此，在一個廣義的居住環境建構之下，老人可以居住在自己的家裡一段較長的時間，再住進社區裡的團體家屋一段時間，最後住進機構裡一段較短的時間；老人就可以在自己住慣的社區裡，盡量延長自立生活的時間，減少住進機構的時間。不但可以提升老人的居住品質，也可以減輕設施照顧服務的社會成本。

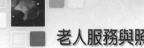

理想的居住體系

對老人而言，與照顧服務相關的居住環境必須注意以下五點（林玉子，1983）：

1. 老人身心機能的衰退，具有持續性進行的特徵，需要的照顧服務程度也與日俱增。對於環境適應困難的老人而言，為了照顧服務的需要而改變生活的據點，將帶給老人極大的不安。所以，如何讓老人繼續居住在住慣的地方，又可以接受到連續性的照顧服務有極重要的意義。

2. 老人與親朋好友之間，必須保持良好的聯繫、互動。因此，在適當的生活圈之內，必須有多樣的居住形態可供老人選擇，以縮短老人與親朋好友之間的距離。在考慮氣候條件、風俗習慣、生活方式、人力資源、福利制度等各地區的社會條件之下，應該在老人住慣的地方，規劃各種不同形態的住宅與設施。而且，必須明確地規定區域性設施與地方性設施的任務分配，必須建立相互之間的聯絡網路。

3. 老年人應該盡可能在一般住宅裡自立生活，即使不能在自己的家裡自立生活，也不要立刻入住到設施裡；應該選擇居住於社區附近的服務住宅、照顧住宅等高齡者住宅，盡量延長自立生活的時間。如果社區照顧服務設有日間照顧中心或團體家屋時，老人也應該多加利用。

4. 提供照顧服務的方法，應該分為專門人員的家庭訪問（in home support），與中間設施的接送服務（out home support）兩種。不能外出的老人，必須提供家庭訪問的照顧服務。但是，為了提升老人的身心機能條件、增加老人的社會交流機會，應該提供接送服務，讓居家的老人盡可能外出利用社區關懷據點、日間照顧中

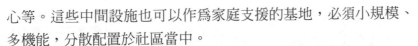

心等。這些中間設施也可以作為家庭支援的基地，必須小規模、多機能，分散配置於社區當中。

5.避免老人生活圈的縮小化現象，必須開發安全的、方便的交通系統，讓老人出門安全、親友來訪方便。除了改善現有的交通設施之外，提供老人的交通優惠、補助老人接送費用等，也是提升老人自立生活的方法。

資訊時代的來臨，促使地區分散型的衛星式照顧（satellite care）得以實現。以老人的體能，步行十至十五分鐘的生活圈，其半徑約500公尺左右。以中密度的社區計算，其人口數約為20,000人；將之分為四個區塊，每個區塊的人口數為5,000人。

假如老年人口比率為10%時，每個區塊的老人約為500人。其中，日常生活行動能力較差的臥床老人約占5%，約為25人。這些必須全天被照顧的老人，可以居住於護理之家，接受應有的照顧服務。另外，障礙期老人約占20%，約為100人。這些失能老人（N人）、失智症老人（100-N人）可以分別居住於照顧失能老人或失智症老人的團體家屋等，接受應有的照顧服務。

並且，在護理之家附設短期照顧中心，讓家屬、照顧者得有喘息的機會。在團體家屋附設日間照顧中心，讓居家的老人得有外出交流的機會，白天也讓家屬得以安心上班。

同時，設置一處小規模多機能的「服務輸送中心」，提供社區的在宅服務、居家照顧、訪問照護等支援服務。如此，就可以讓老人長久居住在住慣的社區，又可以讓老人得到應有的照顧服務，以完成理想的老人居住體系，達到在地老化的目標（如**圖5-7**）。

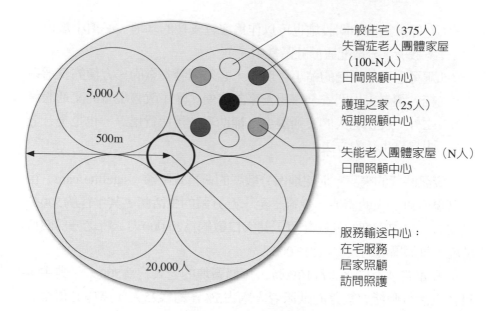

圖5-7　理想的居住體系

資料來源：陳政雄著（2005）。《台灣地區老人福利服務設施現況與檢討──台灣老
　　　　人的居住安排與住宅問題》，頁68-71。台北市：台灣建築報導雜誌社。

參考書目

孫得雄等編（1997）。《人口老化與老年照顧》，頁325-358。台北：巨流圖書公司。

關華山著（1996）。《台灣老人的居住環境》，頁79-90。台北：田園城市文化。

吳老德編著（2003a）。《高齡社會理論與策略》，頁315-317。台北縣：新文京開發出版有限公司。

吳老德編著（2003b）。《高齡社會理論與策略》，頁397-402。台北縣：新文京開發出版有限公司。

謝美娥著（1993）。《老人長期照護的相關論題》，頁24-26。台北：桂冠圖書。

周家華著（2000）。《老人學研究》，頁354。台北：正中書局。

陳政雄著（2005）。《台灣地區老人福利服務設施現況與檢討——台灣老人的居住安排與住宅問題》，頁68-71。台北市：台灣建築報導雜誌社。

陳政雄著（2006）。《銀髮住宅整體規劃理念》，頁122-137。台北市：台灣老年醫學雜誌。

陳政雄著（2009）。《台灣高齡者住宅政策之探討》，頁80-84。台北市：建築師雜誌社。

直井道子著（1993a）。《高齡者と家族》，頁94-132。東京都：サイエンス社。

直井道子著（1993b）。《高齡者と家族》，頁196。東京都：サイエンス社。

古瀨敏等著（1994）。《長壽社會の住まい》。東京都：東洋經濟新報社。

伊藤明子著（1994）。《高齡時代を住まう》，頁22。東京都：建築資料研究社。

小室豊允等著（1995）。《老人と住まい》，頁15。東京都：中央法規出版株式會社。

外山義等著（2002）。《個室化・ユニットケア》，頁8。東京都：地域ケア政策ネットワーク。

園田眞理子著（1993）。《世界の高齡者住宅》，頁3-4。東京都：日本建築センター。

建築文化特集（1992.09）。《高齡化社會の居住環境》，頁125。東京都：彰國社。

林玉子著（1983）。〈高齡化社會における老人の居住環境の展望〉。建築思潮研究所編，《建築設計資料季刊1983冬——老人の住環境》，頁4-13，東京都。

Andrews, G. J. & Phillips, D. R. (2000). Private residential care for older persons: Local impacts of care in the community reforms in England and Wales. *Social Policy & Administration, 34*(2), 206-217.

Aranyi, L. & Goldman, L. L. (1980). *Design of Long-Term Care Facilities*. New York: Van Nostrand Reinhold.

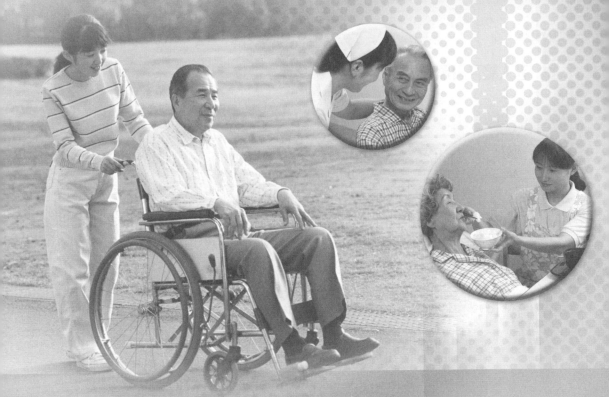

第六章

◉—黃惠璣

老人的健康促進

學習重點

1.瞭解老年人健康促進的定義。

2.能說出老年人之健康生活型態的內涵。

3.瞭解老年人健康促進與疾病預防之關聯性。

4.能執行健康計畫並評值之。

○ 背景

　　健康是生理、心理、靈性和社會安寧的狀態，但一般大眾卻常以有無疾病的觀點來判斷健康。以醫學的角度認定健康是個人沒有疾病與殘疾的狀態，WHO於1946年提出健康不只是沒有疾病，應該有積極的意義，廣義言之，健康是身、心、靈、社會良好舒適的狀態（WHO, 1978）。Morley和Flaherty（2002）指出，預防疾病及健康促進是老年人成功老化的兩個重要關鍵，Tripp-Reimer（1984）訪談老年人，認為健康是個人處於結構與功能良好，沒有疾病且感覺舒適的狀態。Kleczkowski、Roemer和Van der Werff（1984）在WHO強調：健康是生理的、心理的及社會的完全安寧幸福的狀態，不只是沒有疾病或虛弱而已（WHO, 1986）。

　　Pender等人（2002）指出整體健康包含生物、心理、社會、經濟以及文化的觀點；若就個人健康的定義是個人處在文化環境中身、心、社會與精神層面呈現穩定的狀態。Harris和Guten（1979）將健康行為分為預防疾病和增進與健康有關的正向行為；預防疾病是減少或去除已有的危險性行為，增進健康則表示積極主動的建立有益健康的行為模式。不當的行為會使健康受到危害，而適當的行為對個人健康有助益，即正向健康行為表現越佳則健康狀況越好（Muhlenkamp & Sayles, 1986）。Gochman（1988）認為健康有心理與非心理層面，兩者相互影響；健康行為包含預防疾病危險因子、保護不被疾病侵犯、假若有疾病要接受治療並扮演好生病角色、必要時需要尋求社會支持及與人建立穩定關係。生活方式是指人類生命活動特有的一定模式，客觀上受社會發展的影響，最終受社會經濟模式性質的影響（黃俊琪、饒似東、朱俊鑫，1999）。近代東西文化經濟發展，飲食西化，如高熱量少蔬果等速食的生活方式，直接間接影響人類健康及早發性慢性疾病。

　　WHO於1997年指出執行健康促進被認為是健康管理的有效方式，

包含：鼓勵健康生活方式、維護健康性的環境、強化社區活動、提供健康促進與預防疾病的基層服務，和建立健康公共政策（WHO, 1998）。WHO在此同時推出健康促進策略，協助開發中國家發展健康，更強調健康促進是21世紀國家公共衛生發展的藍圖（尹祚芊、張念慈、陳俞琪、巫菲翎，2000；Pender et al., 2002; WHO, 2009）。Bandura（2004）指出健康促進開始執行時就要設定目標策略，增加心理支持，需要改變社區互動系統才會完整且有效。個人與群體的健康促進最大的差異是改變健康行為方式（Bandura, 2004），例如Pender（1996）提出的健康促進是以個人的角度執行，Downie、Tannahill和Tannahill（1996）提出的健康促進是以群體的角度思量，需要政策或立法干預。

一、健康促進之發展

　　WHO歐洲部門於1991年發表「布達佩斯健康促進醫院宣言」，強調進入健康促進照護系統之前，需要全民執行健康促進。WHO團體成員於實務工作累積經驗，促使「健康促進」這個辭彙於1997年在雅加達國際健康促進會議中加以修定。健康促進全部內容分為兩部分，第一部分為定義健康促進的觀念和七項核心原則：「健康」、「健康促進」、「全民健康」、「公共衛生」、「初級健康照護」、「疾病預防」和「衛生教育」。第二部分常用的辭彙共有五十四項，包括WHO目前發展與執行之計畫：健康促進學校、健康社區、健康城市、健康醫院、健康工作場所等（林怡杉、廖欣如、葉婉如、劉潔心，2007）。

　　雅加達國際健康促進會議1997年強調「健康促進」，目的在使全民能夠對健康促進策略與實務工作發展有基本概念，進而從事與疾病預防相關的工作。隨著醫療進步經濟起飛，改變民眾健康疾病型態，WHO於2000年提出全民均健（Health for all）的理念，強調基層醫療保健日益重要，各地區的健康促進學校、健康促進社區、健康促進醫院等蓬勃發展以民眾為中心，增加資源可近性、有效性，達到全民健康促進與預防疾病，節省醫療成本。美國提出「健康國民2010」（Health people

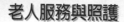

2010），強調教育民眾執行健康促進行為的重要性，健康促進行為對民眾生活品質影響甚巨。

　　台灣於民國36年《憲法》第157條規定：國家要推行健康保健業務，行政院衛生署於民國78年召開國民健康生活促進會，民國79年編列健康促進活動經費，民國82年增加健康促進研討經費（陳美燕，1993）。台灣政府於民國83年思考經營健康社區一併解決社區問題，包括：解決居民生活問題、改善環境景觀、創造生活空間、終身學習、營造健康醫療環境等；期望社區居民透過討論、組織、形成共識與行動，一起改造自己生活的家園，於是政策上開始推動「社區營造」。民國86年台大公共衛生研究所舉辦健康促進與教育的研習會（劉淑娟，1999），民國88年行政院衛生署訂定社區健康營造策略（陳靜敏，2002），社區健康營造是以「健康」議題作為切入點，希望透過社區組織，達到社區健康的過程（洪德仁，2004）。

　　社區營造以社區發展問題為導向，進行社區的組織與行動。鼓勵居民參與，共同行動解決社區問題的過程中，發現彼此共同的利益，強化對社區的認同，增進社區共同體的意識，然後透過長期累積的成果，最後達到整合的總體效果。例如在高齡化社區提供老年人完整性、持續性的健康促進資源與服務才能達到5A的原則：(1)可利用性（availability）：很容易被老年人利用；(2)可接受性（acceptability）：服務的項目及品質、經費可讓老年人接受；(3)可接近性（accessibility）：老年人能在居家臨近取得資源與服務；(4)適用性（applicability）：提供老年人適用的資源與服務；(5)有責任性（accountability）：老年人透過參與對自己的健康負起責任，而願意積極主動執行健康促進。民國90年7月設置國民健康局，以倡導全民健康促進為重點工作。

　　國內外經歷健康疾病的重大改變，國民十大死因由急性傳染病轉成慢性疾病，因此，國家健康政策由健康服務轉變成推動健康促進及重視健康的生活品質，健康是老年人希望擁有的，健康促進是協助老年人擁有健康的手段。

二、老年人健康生活型態

隨著醫療服務進步，國人壽命延長，老年人的十大死因是以慢性疾病為主，占老年死亡總人數的76.7%（行政院衛生署，2009）。西元2008年老年人十大主要死因依序為：惡性腫瘤、心臟疾病、腦血管疾病、肺炎、糖尿病、慢性下呼吸道疾病、腎炎、腎徵候群及腎性病變、高血壓性疾病、敗血症、意外事故。以上慢性疾病的共同危險因子是：食物含有高油、高鹽、高脂，無規律性運動，生活壓力較大等，唯有從事健康促進計畫，執行健康生活型態，方可減少罹患慢性疾病的風險。

慢性病是伴隨國民老化最常發生的疾病（胡月娟、林豐裕，2005），研究調查發現只有15%的老年人從事規律運動（蕭伃伶、劉淑娟，2004）。但運動能增加老年人心輸出量、最大攝氧量、新陳代謝率及肌肉張力，減輕肥胖程度、增強老年人的自尊與自信。不但使老年人延長壽命，降低老化程度，並減少疾病侵襲及罹病率，縮短病程，增進健康（Hatziandreu, Koplan & Weistein, 1988）。所以建立老年人規律運動之習慣，增進高品質之晚年生活。老年人要有「開始運動永不嫌晚」以及「運動生活化——多動一分鐘，多活兩分鐘」的觀念（行政院衛生署，2004）。

影響老年人持續運動的因素包括以下三項（蕭伃伶、劉淑娟，2004）：人格、生理特性及社會環境，例如不好的運動之經驗、態度、動機及自信心。而年齡、種族、職業、教育程度、社會經濟地位、身體狀況、疼痛、吸菸及自覺健康狀況與老年人的運動呈顯著相關。研究顯示，年齡與不運動呈現正相關，年齡越大者，越少運動。社會環境包括是否有「有意義的他人」支持、有無運動夥伴、時間或設備場所的方便性、是否有專業教練指導與建議。運動種類的選擇、趣味性及運動的強度、感受對老年人是否規律運動也有一定的影響。這些因素可以從教育著手改善，例如衛教老年人及家屬，身體關節和四肢不活動會引起疼痛，教導如何漸進式地運動以避免受傷。針對不同年齡的老年人給予不

同的運動指引，建立規律的運動習慣（黃惠璣，2004）。

老年人健康促進與疾病預防

　　老年人的健康促進行為並不強調疾病和殘障，而是注重老年人所擁有的體力和能力，其實就是透過老年人本身的知能，提升老年人自我的健康照顧能力，簡言之，健康促進在增進老年人最大的潛能和縮小老化對健康的影響（李怡娟等，2004）。許多學者都提到運動對老年人的好處，由國民健康局（2009）指出，社區老年人身體活動對生活品質與健康促進成正相關。規律的運動能增加老年人之血流量、心輸出量、最大攝氧量、新陳代謝率及肌肉張力，減輕肥胖程度，增強老年人自尊與自信，不但能使老年人壽命延長，降低老化速度，亦能改善其生活品質（蕭仔伶、劉淑娟，2004）。衛生署有關健康體能資料中顯示，每週累積2,000大卡的活動量，可降低43%死亡危險；每週500大卡輕微的活動量，比完全靜態生活的人，減少27%死亡機率。運動一小時，可延長至少兩小時以上壽命；減少憂鬱症發生，增強親子關係、人際關係與社交能力，提高生活品質並減少醫療支出（行政院衛生署，2004）。

　　鍾寶玲（2001）探討社區糖尿病老年人健康行為時發現：(1)健康行為自我效能；(2)家人或朋友之健康促進行為，是社區老年糖尿病患者願意執行健康促進生活型態的顯著預測因子，可解釋老年人整體健康促進生活型態總變異數的64.8%。此結果與馬懿慈（2002）探討某鄉鎮社區老年人社區健康促進行為之結果相似。所以老年糖尿病人的健康促進行為是日常有良好規律運動、控制飲食、規律服藥、社會參與，且與人維持良好關係、學習控制生活壓力等。

　　Hartweg（1990）提出健康促進的自我照顧模式（Health Promotion Self-Care Model），定義健康促進自我照顧是個案為了增進幸福安適，所採取的自發性、有目的的活動。以健康促進為一種目標，需要能自我照顧，兩者需相輔相成才能達成（王秀紅，2000）。綜言之，自我照顧

是個人為了達到健康與幸福安適的一種方法。在醫療上，個案的自我照顧方法需要遵從醫療照護原則，與專業照護人員討論自我的情況，以便由專業角度調整個人的照護方向。對未發病個案，以健康行為及疾病預防的概念執行健康促進行為。作者由照護老年人之經驗發現，若老年人有親友願意傾聽其心事，生病時可以依靠，較會使用預防保健服務，故疾病預防保健政策需提高個案疾病預防服務的可近性，也應鼓勵老年人家屬參與協助老年人接受預防保健檢查。

除此之外，鼓勵老年人家人或親朋好友多給予老年人關心與情緒上的支持，以促進老年人執行自我照顧行為，達到身心健康與幸福安適的生活。林家伃（2007）研究建議，未來在加強老年人健康促進與自我照顧部分，可針對身體虛弱、社會支持程度低者、男性、教育程度低的老年人做介入措施，以協助含以上因子的老年高危險族群採取健康的自我照顧行為。

由以上文獻得知，老年人的健康促進計畫是：養成良好規律運動、健康飲食、控制體重，若有慢性疾病須規律服藥及定期追蹤、參與社會且與人維持良好關係、學習控制生活壓力、培養自我照顧能力等。但老年人生活習慣已定型，需要專業人員由教育著手及協助、老年人家屬或好友支持，以克服健康促進執行時的困境。

訂立老年人健康促進計畫

一、Beatti健康促進策略

談到健康促進計畫前先瞭解Beatti（1991）設定縱橫交織的兩條線解釋如何執行健康促進的策略（如圖6-1），縱線上端是代表官方或權威，下端是協商；官方端由專家領導，由上而下形成社會政策性的介入，協商端由下而上強調個人參與及個人自主。橫線右端是群體，左端是個

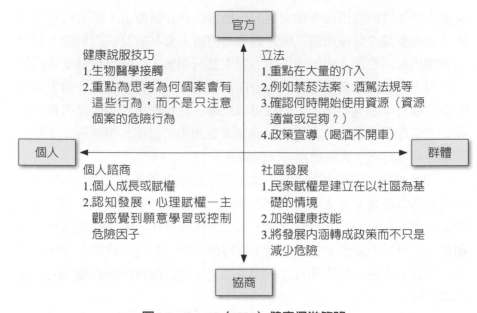

圖6-1　Beatti（1991）健康促進策略

資料來源：Beattie, A. (1991: 167).

人，由**圖6-1**可知健康促進介入的重點如下：

1. 健康說服技巧：專家介入。例如：護理人員鼓勵老年人運動，協助克服老年人不願意運動的困難。
2. 為實踐健康運作立法：運作官方立法，引導政府單位介入群體健康。例如：老年人福利法與身心障礙法引領社區及機構建制無障礙設施、無約束的照護情境。
3. 提供個人健康諮商：協助個案學習健康。例如：老年人學習太極拳可以增加肌力平衡，政府單位設置太極拳研習營，請專家教導或分享學習技巧。
4. 發展社區健康：加強社區個案技能。例如：老年人尋求在自己的社區有可以活動的地方，並努力發展活動團體。

二、Tannahill健康促進模式

　　另一位學者Tannahill於1985年以群體爲對象發展健康促進模式；該模式清晰規範、強調計畫與執行健康計畫的重要性，因此，Tannahill及其同事發展的健康促進計畫被WHO及我國作爲訂立健康政策時之參考。Tannahill健康促進模式有三個重疊的圓（如**圖6-2**），每個圓表示一個活動：健康教育、健康預防、健康維護。三個重疊的圓代表健康需由教育（透過媒體或宣導教育民衆）、預防（早期發現危險因子）及維護（立法懲罰或限制發生危害健康的狀況）三方面缺一不可，三個圓包含七個項目可以識別群體健康促進行爲可執行的內涵（Downie et al., 1996）：

1.透過減少危險因子的方式預防疾病發生。例如：子宮頸抹片檢查、老人步態測驗。
2.透過健康教育，早期偵測發現不知道的狀況，預防疾病發生。例如：教育民衆子宮頸癌早期發現早期治癒的情況、教育民衆學習太極拳可以增加下肢肌力、預防跌倒。
3.預防及避免不可逆的合併症發生，進而預防疾病及疾病復發。例如：教育民衆一旦發現子宮頸癌要如何治療、教育民衆老人跌倒若有骨折的治療及護理。
4.透過健康教育，預防疾病復發或出現其他不期望的症狀。例如：教育民衆子宮頸癌手術後的追蹤、髖部手術後下床活動的方法，減少手術合併症。
5.強調健康教育，可協助個人或社區發展健康，達到生活福祉。例如：教育民衆健康飲食或活動的重要性。
6.強調健康維護需經由立法及控制財務的情況下，促進健康及預防疾病。例如：由政府編列預算40歲以上每三年免費做成人健檢，大腸癌、乳癌的免費篩檢等。
7.透過健康教育或媒體，引起民衆對健康維護之知覺。例如：廣告

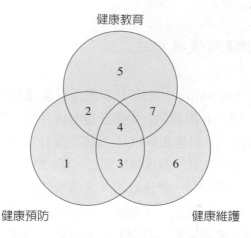

圖6-2 Tannahill（1985）健康促進模式

資料來源：Downie, R. S., Tannahill, C., & Tannahill, A., (1996: 59).

「3分鐘護一生」、老人安全宣導短片、免費癌症篩檢等。

作者依據以上文獻整理老人健康促進與疾病預防之差異，如**表6-1**所述。

表6-1 比較健康促進與疾病預防之異同

項目	健康促進	疾病預防
定義	是為維持健康而做的活動或行為；即執行健康的行為及健康的生活方式	生活中避免疾病危險因子及合併症的發生
表現	促使正向行為發生	避免負向行為發生
生活	維持健康的生活方式	減少引發疾病危險因子的生活方式
參與者	全體老年人	高危險群的老年人
持續性	養成健康的生活習慣，例如運動	避免不健康的生活習慣，例如戒菸
態度	積極的擁有健康的生活方式	積極的消除危險因子

結語

　　擁有健康是老年人需要永遠努力的願景，給老年人一個安全、有品質、健康的生活環境，是醫護人員的職責。作為一個提供健康服務的護理人員，與老年人及其家屬一起探索生命的奧妙和思索生活的本質，以健康專業，參與老年人照護。因現代人們生活壓力大與運動量不足、熬夜或睡眠不足的生活型態及不健康飲食習慣等生活方式，造成老年人的健康體能低落。為了要提升健康體能、規律的運動及運動生活化，需要學習規律和適當強度的運動。事實上，透過運動可以降低過重的壓力，也可以降低生理和心理上的疲勞，透過規律生活運動的習慣，促進個人身體健康，更可以提高自身的生活品質，並可以減緩因缺乏運動所產生的身體退化或是發生慢性疾病，延長健康時間。然而，過度的運動，也會造成運動傷害，因此適度的運動，讓本身的生理、心理、社會、靈性達到舒適，維持健康預防疾病。

　　每年定期接收疫苗注射，是衛生政策上預防傳染性疾病、降低抗生素使用及減少抗藥性最佳方法之一。老年人因共病多及抵抗力較差，常造成許多併發症或死亡，研究顯示流感疫苗可減輕罹病的嚴重性，因此可以降低老年人的整體或常見疾病的住院率、住院天數及死亡率，且頗具成本效益，所以我國常規的流行性感冒疫苗、老年人肺炎疫苗，需要定期接種。老年人或家屬不要過度相信沒有科學驗證的健康食品，要找專業醫師商量；與其每天藥補，不如攝取適量健康蔬果、魚肉和五穀雜糧食物。身體細胞修護是需要均衡或適時營養配方調整，而不是昂貴稀有的珍品，許多天然抗氧化劑或是微量元素都是存在自然新鮮的當地食材中。

　　除健康飲食外，避免致癌因子，規律作息與適量運動，合宜的紓壓法等才是健康促進的法寶。以中藥的角度思量，不要以訛傳訛，以為黃耆、枸杞、紅棗茶可以一直喝，或隨時來一杯，其實若是燥熱體質，

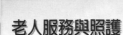

很容易因此而上火，更易有口乾、便秘等現象。老人要注意身體所發出的警訊，例如有點累時就會泡澡放鬆；有點感冒前症狀時就會喝檸檬水補充維生素C；平常會依當天狀況喝些保健茶飲，一定時間要全然的放鬆。養生要建立正確觀念：注意人與自然的調息、人與自己的調息、養生方法不是單一而是多樣方法。老年人之健康促進是全民運動，需要大家推展。

問題與討論

　　個案為高○○女士，70歲女性獨居，育有一女一子。過去病史有高血壓、高血脂、冠狀動脈疾病，每個月定期到醫院回診，規律服用藥物，血壓控制情況良好。某日因站不穩而跌倒，無骨折，僅右手有瘀血。由家人陪同送醫院急診室，個案血壓較高，安排CT、MRI檢查後確立診斷為左側腦幹缺血性中風，立刻住院治療。肢體活動只能轉身，但無法移位、站立、坐起、平地平衡站立，安排門診物理治療和職能治療訓練。

1.請討論該位老年人的健康問題如何？
2.請寫下該位老年人可能需要何種的健康促進計畫？
3.請依不同的健康問題訂立健康促進計畫。

參考書目

尹祚芊、張念慈、陳俞琪、巫菲翎（2000）。〈以病人結果為考量的照護模式——整合式健康照護系統〉。《護理雜誌》，47(2)，頁33-41。

王秀紅（2000）。〈老年人之健康促進——護理的涵義〉。《護理雜誌》，47(1)，頁19-25。

行政院衛生署（2004）。〈要活就要動〉。2009年8月5日取自www.doh.gov.tw/cht。

行政院衛生署（2009）。〈97年死因統計結果分析〉。2009年8月5日取自www.doh.gov.tw/cht。

李怡娟、陳慈立、吳淑芳（2004）。〈社區保健志工之充能程度及其健康促進生活型態行為之探討——以三芝鄉為例〉。《榮總護理》，21(4)，389-399。

林怡杉、廖欣如、葉婉如、劉潔心（2007）。〈以歐洲經驗導入台灣未來推動健康促進醫院之建議〉。《健康促進暨衛生教育雜誌》，27，頁63-78。

林家仔（2007）。〈台灣老人自我照顧行為及其影響因素〉，未發表碩士論文。台北：國立台灣大學公共衛生學院。

洪德仁（2004）。〈社區健康營造的資源〉。鄭惠美編，《健康促進與資源運用》，頁187-218。台北：台灣健康促進暨衛生教育學會。

胡月娟、林豐裕（2005）。〈慢性病患之疾病衝擊、健康行為與因應結果之模式檢定〉。《實證護理》，1(2)，頁140-147。

馬懿慈（2002）。〈社區老人健康促進生活型態及其相關因素之探討——以嘉義縣民雄鄉為例〉，未發表碩士論文。台北：國立台灣大學護理學研究所。

國民健康局（2009）。老人健康促進計畫2009-2012年李蘭社區老人健康促進。2011/8/10取自http://www.bhp.doh.gov.tw/bhpnet.

陳美燕（1993）。〈公衛護士與健康促進的生活方式〉。《護理雜誌》，43(3)，頁43-47。

陳靜敏（2002）。〈健康促進的創新策略：社區健康營造〉。《新台北護理期刊》，4(2)，頁1-8。

黃俊琪、饒似東、朱俊鑫（1999）。〈生活方式與人類健康〉。《中華疾病

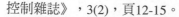
控制雜誌》，3(2)，頁12-15。

黃惠璣（2004）。〈銀髮族的運動〉。《長期照護雜誌》，8(3)，頁311-320。

劉淑娟（1999）。〈中年婦女自我照顧行為及其相關因素探討〉。《護理研究》，7(3)，頁221-233。

蕭仔伶、劉淑娟（2004）。〈老年人的健康體適能〉。《長期照護雜誌》，8(3)，頁300-310。

鍾寶玲（2001）。〈老年糖尿病人健康促進生活型態及相關因素之探討〉，未發表碩士論文。高雄：私立高雄醫學大學護理學研究所。

Bandura, A. (2004). Health Promotion by Social Cognitive Means. *Health Education & Behavior, 31*(2), 143-164.

Beattie, A. (1991). Knowledge and control in health promotion: A test case for social policy and social theory. In Gabe, J., Calnan, M., & Bury, M. (eds.). *The Sociology of the Health Service*. London: Routledge.

Downie, R. S., Tannahill, C., & Tannahill, A. (1996). *Health Promotion: Models and Values* (2nd ed.). Oxford: Oxford University Press.

Gochman D. S. (1988). Health behavior-plural perspectives. In Gochman D. S. (ed.). *Health Behavior-Emerging Research Perspective*. New York: Plenum Press. pp. 3-18.

Harris, D. M. & Guten, S. (1979). Health-protective behaviour: An exploratory study. *Journal of Health and Social Behavior, 20*, 17-29.

Hartweg, D. L. (1990). Health promotion self-care within Orem's general theory of nursing. *Journal of Advanced Nursing, 15*, 34-41.

Hatziandreu, E. I., Koplan, J. P., & Weistein, M. C. (1988). A cost-effectiveness analysis of exercise as a health promotion activity. *American Journal of Public Health, 78*(11), 1417-1421.

Kleczkowski, B. M., Roemer, M. I. & Van der Werff, A. (1984). National Health Systems and their reorientation towards health for all guidelines for policy-making. *Public Health Papers, No. 77*. Geneva, Switzerland: World Health Organization. http://whqlibdoc.who.int /php/who. Cited at 2009/08/12.

Morley, J. E. & Flaherty, J. H. (2002). It's Never Too Late: Health Promotion and Illness Prevention in Older Persons. *Journal of Gerontology: Medical Sciences In the Public Domain, 57A*(6), M338-M342.

Muhlenkamp, A. F. & Sayles, J. A. (1986). Self-esteem, social support, and positive

health practices. *Nursing Research, 35*(6), 334-338.

Pender, N. J. (1996). *Health Promotion in Nursing Practice* (3rd ed.). Connecticut: Appleton & Lange.

Pender, N. J., Murdaugh, C. L., & Parsons, M. A. (2002). *Health Promotion in Nursing Practice* (4th ed.). Upper Saddle River, NJ: Prentice-Hall.

Tripp-Reimer, T. (1984). Reconceptualizing the construct of health: Integrating emic and etic perspectives. *Research in Nursing & Health, 7*(2), 101-109.

World Health Organization (1978). Declaration of Alma-At. http://www.who.int/hpr/archive/docs/almaata. Cited at 2009/8/12.

World Health Organization (1986). Ottawa Charter for Health Promotion. http://www.who.int/hpr/archive/docs/ottawa. Cited at 2009/8/12.

World Health Organization (1997a). *The Jakarta Declaration on Health*. WHO Regional Office for the Western Pacific.

World Health Organization (1997b). *Guidelines for the Development of Health-Promotion Workplaces*. WHO Regional Office for the Western Pacific.

World Health Organiztion (1998). The world health report 1998 - Life in the 21st century: A vision for all. http://www.who.int/whr/1998/en/. Cited at 2009/08/28.

World Health Organiztion (2001). Promotion in the 21st Century. http://www.who.int /hpr/archive/docs/jakarta. Cited at 2009/8/12.

World Health Organization (2001). The Fifth Global Conference on Health Promotion: Bridging the Equity Gap. http://www.who.int/hpr/conference/products/mms/mmsproducts. Cited at 2009/8/12.

World Health Organiztion (2009). Health promotion glossary. Geneva: As author. http://www.who.int/hpr/NPH. Cited at 2009/08/23.

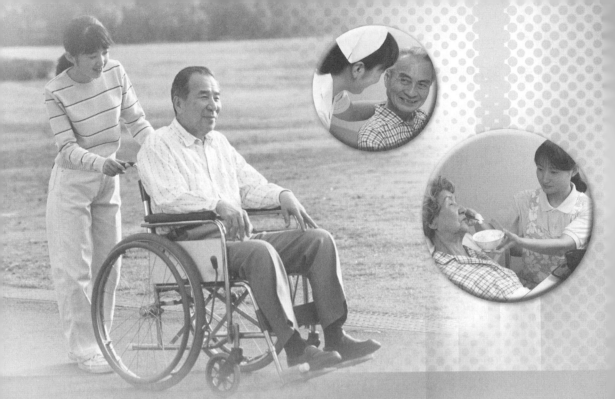

第七章

●──陳俊佑

老人的社區參與

學習重點

1.瞭解老人社區參與的意義與功能。

2.瞭解老人社區參與的現況與展望。

前言

　　過去世界各國對人口老化的政策，多局限提供老人照顧及保障其所得安全，但由於人類平均餘命持續的延長，以及介於1946年至1964年之間出生的「戰後嬰兒潮世代」（baby boomers），成為有史以來最龐大的老化人口，形成所謂「老人潮」（senior boom）。全球老人總人口，預計會從1990年的三億五千七百萬，上升至2025年的七億六千一百萬，屆時全球每七人就有一位是老人（U.S Bureau of the Census, 1996；朱郁芬，2005）。嬰兒潮世代也創造台灣人口的高峰，從1945年開始，每年出生嬰兒數達25萬人，直到1950年代中期，嬰兒數達40萬以上，連續二十年迭創新高（林燕翎，2005），這些人即將在2010年前後達到65歲。

　　高齡人口的遽增將為社區人口結構帶來前所未有的衝擊。他們比先前的老年世代享有較佳的健康，他們的收入也使許多老人可享有運動、藝術、旅遊等休閒活動。葉肅科（2005）也指出高齡化社會必須面對的主要挑戰是：克服老年或人口老化的刻板印象之難題，並且進一步鼓勵老人更積極的貢獻社會。面對高齡化社會的發展，社會對於老人應有正面或積極的老年意象。我們不僅要瞭解他們的多樣性，也要認知到他們可持續地扮演許多角色，並對社區與整體經濟做出貢獻。

　　經濟合作暨發展組織（OECD）最近研究發現，藉由健康促進及失能預防工作的推動，可降低長期照護需求，這也是各國政府試圖降低對長期照護負擔所採行的作法，期能實踐「疾病壓縮」理念，延緩老化或失能，以降低長期照護的負擔（舒昌榮，2008），以降低照顧的社會成本。

　　故近來各國轉而相繼採取促進積極、健康老化（promoting active ageing）的策略，積極迎向高齡社會，聯合國1991年通過「聯合國老人綱領」（Proclamation on ageing），提出獨立、參與、照顧、自我實現、尊嚴等五要點，以宣示老人基本權益保障之共同目標（內政部，2009）。同樣的，國際老人人權宣言第7條指出，老人應有充分參與教

育、文化及公民活動的機會（林振春，1999）。

　　世界衛生組織（WHO）也於2002年提出「活躍老化」（active ageing）核心價值，認爲欲使老化成爲正面的經驗，必須讓健康、參與和安全達到最適化的狀態，以提升老年人生活品質。同年聯合國在老化問題世界大會，亦關注如何將老人融入社會各層面、擴展老人角色，以及活力老化等政策議題；世界衛生組織並匯集全球性友善老人城市計畫（Age-Friendly Cities Project, AFCP）實驗成果，於2007年公布以住宅、交通、戶外空間與建築規劃、社會參與、溝通與訊息傳播、市民參與與就業、社會尊重、社區支持與醫療服務等八大發展指標，期冀排除環境中的障礙，積極增進老人的日常活動和社會參與機會（內政部，2009）。

　　許多國家都需要面對人口高齡化的現象，要處理必須由國家、中央政府與地方政府及國際組織間共同採取相關因應策略與合作。致力消除老年人是依賴人口的刻板印象，並認爲政府應開發老人人力資源、調整家庭、社區和社會環境、降低老人勞動參與的障礙、提供老人彈性和部分工時的工作機會（楊志良，2010）。故我國《老人福利法》第26-29條亦指出，主管機關應協調目的事業主管機關提供或鼓勵民間提供各項老人教育、休閒、運動措施，並鼓勵老人參與志願服務，雇主對於老人員工不得予以就業歧視等，促進老人社會參與。

　　總而言之，老人在脫離工作上的社會連結之後，可藉由參與部分時間或志願服務的工作，繼續發揮生命的光與熱，例如：社區義工、社區人力時間銀行等，藉由社區服務活動，一方面扮演著一替代性、有意義的社會角色，建立新的人際關係，以滿足社會互動的需求，增進老年人的社會歸屬感、自我價值與自尊心；另一方面，透過服務人群，將其智慧、經驗貢獻社會，實現「參與服務」的理念，減少老人人力資源的浪費，展現老人亦是社區共同生產的夥伴，滿足其成就感。由於透過社會參與的行動，亦同時調適高齡者在心理、情緒、生理方面的健康，使得高齡智者較易達到成功老化（朱芬郁，2004）。

老化的迷思與活躍老化

一、老化的迷思

　　社會大眾對於老化都有一個刻板印象，那就是隨著人們進入老年，退出壓力工作和複雜的人際關係後，就漸漸鮮少與人互動。這些狀況，限制並減少了老人的社會參與。這個刻板印象，包括預期老年人會有較少的朋友、減少其社會活動，並減少與其他朋友的接觸等等。有些學者開始研究這個刻板印象，並稱之為脫離接觸（disengagement）現象，用以形容這個老年人獨特的老化過程。然而，刻板印象卻屢受挑戰。

　　早在五十年前（1960年），英格蘭的一個老年學術研究機構就針對上述的刻板印象做了一個相關研究。Zborowski和Eyde（1960）針對年齡介於51歲到92歲（早期，老年在生理年齡上的定義較現今為早），研究老化與社會參與的關聯。其中包括最主要的老化程度變項：生理年齡，並佐以其他人口學變項（如性別、收入、教育程度），和另一個重要的老年社會角色變項：退休狀態，來進行老年的社會參與狀態的分析。社會參與的項目包括：與非親屬接觸狀態、探訪頻率、聯繫人的居住位置、與人接觸滿意程度、居住狀況和從事公益活動等。

　　早期的發現早就顛覆了我們多數信以為真的刻板印象：老化真的會限制社會參與？研究事實證明，無論是生理年齡、退休狀態，甚至性別、收入與教育程度（背後象徵的意義是社經地位），對老人參與社會其實影響不大。這個研究給我們一個啟示：個人的社會參與現象，並不會因為老化的過程而減少。相反的，老人可能亦有高意願參與社會。而在以下的研究中，我們更可發現，社會參與跟成功老化息息相關，並且，社會參與是成功和活躍老化中不可或缺的重要因素。

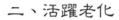

二、活躍老化

　　活躍老化概念之提倡，源自於1999國際老人年（Year of Older People in 1999）（Davey, 2002；舒昌榮，2008），聯合國在1992年10月召開的第47屆聯合國大會，通過一項從1992年到2001年爲關懷老人的十年行動策略，並將1999年訂爲人類史上的第一個國際老人年，國際老人年的訂定，主要是希望透過各界的合作，共同創造一個不分年齡，人人共用的社會。

　　活躍老化概念爲強調高齡者本身的健康和獨立，將身心健康的訴求擴展到社會和全民的參與；世界衛生組織希望將活躍老化涵蓋的層面，由高齡者個人的身心健康和獨立層面，擴展到社會參與和社會安全的層面（Davey, 2002；舒昌榮，2008）；並將活躍老化界定爲個體在老化過程中，將個人健康、社會參與和社會安全尋求最適的發展機會，以提升老年生活的品質（WHO, 2002）。

　　活躍老化強調積極參與活動和健康之間的連結（Walker, 2002；舒昌榮，2008）。所謂活躍一詞，係指持續參與社會、經濟、文化、宗教和公民事務，而非局限於身體活動的能力、體力或參與勞動市場的能力或勞動力；所謂健康一詞，根據世界衛生組織所界定的意涵，係指生理、心理、社會層面均達到舒適安好的程度。因此，在活躍老化的政策架構中，所有的政策和方案，除了應提升個體的健康狀況之外，也應關注個體的心理健康及其與社會參與的連結，而其目標即在於延長個體健康的預期壽命，並在老化的過程中維持良好的生活品質（WHO, 2002）。

　　林麗惠（2006）則將成功老化分爲六個層面，包括有健康自主、經濟保障、家庭層面、社會及親友層面、學習層面、生活適應層面等。故老年人藉由參與社區或是社會活動的過程中，可以達到健康的身心社會平衡，將老化視爲一種必經的過程，並且成功的活躍與面對老化。

社區參與的定義

一、社區參與

社區參與（community participation）的概念常與民眾參與、市民參與、公民參與、公共參與以及社會參與（social participation）等意思指涉雷同，同時深受西方民主發展理論中政治參與一詞的意義所影響。政治參與的意義原指社會大眾參與及影響政府決策制訂與執行的行為，但後來卻逐漸演變成為對於政治系統統治正當性所造成的衝擊與影響；然而，民眾參與、市民參與、公民參與、乃至於社區參與的行動，其目的並不在於支持或顛覆政治系統統治行為的正當性與否，而是希望透過人民對於公共事務的意見表達和言論參與，爭取己身需求回應的滿足與社會價值的實現（廖俊松，2004）。

「參與」（participation），此現象在社會科學中已被廣泛的研究。如政治學中常觀察民眾參與和政權關係、教育領域中也常研究學生參與如何影響學習等。綜合觀之，可以知道一個較為完整的參與概念實需要考慮到參與的主體、範疇、過程、目的以及權力競合等諸多面向表現。當然，這些參與面向的表現如果直接作用影響在各層級政府的政治與政策作為，就是所謂的政治參與；但如果這些參與面向的表現並無意直接影響政府的政治與政策作為，而是意欲落實於個別區域或有限的行政地理空間內公共事務之自治表現，則我們就可以稱之為社區參與，也就是如Cunningham（1972）所定義：一般社區內居民參與社區內相關公共事務的決定與執行過程（廖俊松，2004）。而在本章中，我們特別將參與局限於「社會參與」或「社區參與」，並嘗試瞭解「社會／社區參與」、「社區中的社會參與」在健康領域中對健康與疾病、老化、照護等的關聯和影響。

　　在談社區參與之前，宜先瞭解「社會參與」的定義。國外健康學者則將社會參與定義爲個體行爲，特別是在研究老人的社會參與研究上。Louise Demers（2009）將老人的社會參與定義由日常生活活動（social activities）與社會角色（social roles）所組成（Demers et al., 2009）。其中，日常生活包括個人照顧與行動能力，而諸如人際關係、休閒等等則歸類於個人社會角色的彰顯。Luc Noreau（2004）等人也曾在其研究中運用上述概念測量失能老人的社會參與狀況。其將營養、體適能（fitness）、個人照顧（personal care）、溝通、居住行爲（housing）、行動能力（mobility）等作爲日常生活活動的定義與測量。而社會角色的定義與範圍則包括：責任（responsibility）、人際關係（interpersonal relationships）、社區生活（community life）、教育、就業（employment）與休閒（recreation）等（Noreau et al., 2004）。

　　曾中明（1993）認爲社會參與的層面很廣，包括政治、經濟、文化、社會及教育等公共事務。其中對社區參與可分爲五種類型，分別爲休閒活動、宗教活動、志願服務、進修研習和政治參與（張怡，2003）。國內普遍認爲社會參與是一種全面性的參與，廣義而言包括政治、經濟、文化及其他社會事務等層面。提供老人教育及學習機會、鼓勵個人依能力、偏好及需求，乃至於投入經濟發展相關的活動或志願服務工作皆爲社會參與的一環。而透過各項服務鼓勵民眾充分參與社區及家庭生活等教育學習、社區生活參與、開發人力資源等（內政部，2009），則屬社會參與中推廣與促進的範圍。

　　與社會參與相較，「社區參與」的定義則較局限於社區中。此社區不限於地理環境。現代社會科學已將社區視爲具有互動、交換與分享的場域，如不受地理位置上限制的網際網路虛擬社群（virtual community）亦視爲社區的一種。而健康促進領域的學者也漸漸把社區的概念由鄰里、團體認同等的取向，轉到社區是一種由習性（habitus）、資產（capital）以及場域（field）形成的社會認同（social identity）的結果（Stephens, 2007）。因此，社區參與不再只限於地理位置或者鄰里關係中的參與，只要在場域中能有認同、能分享習性與資產，都可視爲社

區。

我們引用國內學者將社區參與定義如下：民眾基於特定的需求或利益，自願加入社區及主動與社區夥伴分享權利，是一種提供服務、善用資源的活動，或透過活動將可形成決定的過程（許淑敏、邱啓潤，1999）。

黃國彥、詹火生（1994）對老人的社會參與的界定，認為可分為兩種：一為有酬的工作，一為無酬的志願性服務工作。李瑞金（1995）指出，老人的社會參與可從志願服務工作及文康休閒活動探討。林珠茹（2002）則界定老人的社區參與，在定義上是一個動態的概念和行動，有組織的行動投入社區活動，因社區類型各有獨特的形式、內涵和目標。

綜合以上的研究，歸納出對老人社區參與的界定可從定義及類型區分：在定義上，老人透過參與社會的機會和權利的擁有，以一個動態的概念和行動，有組織地投入社會上各類型的活動形式；在類型上，區分為有酬勞形式的人力資源運用及無酬勞性質的社區參與。其中社區參與包括文康休閒、志願服務、宗教活動及政治參與（張怡，2003）。

世界衛生組織乃將社會參與列為積極老化的第二大支柱，並且提出以下三項策略：

1. 從生命歷程發展的觀點，提供教育和學習機會給高齡者。
2. 鼓勵高齡者在老化的過程中，依其個人的需求、興趣和能力，參與經濟發展活動、正式和非正式的工作，並從事志願服務。
3. 鼓勵高齡者在老化的過程中，參與家庭和社區生活（舒昌榮，2008）。

二、社會資本

另一個和社區參與息息相關的概念為「社會資本」（social capital）。相對於社會／社區參與，社會資本是整個社區的集體結果，

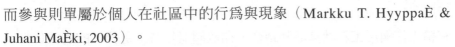

而參與則單屬於個人在社區中的行為與現象（Markku T. HyyppaÈ & Juhani MaÈki, 2003）。

那麼，何謂社會資本？世界銀行（World Bank, 2011）定義，社會資本是社會裡能幫助成員合作達成目標的一種關係與資產。因此，只要能建立此種關係，即能提高社區中的參與、建立承諾與互信，進而達成社區目標。

近年來，社會資本在健康的領域中備受關注且有不少研究成果。研究顯示提升社會資本可以帶來社區健康提升，例如：擁有高度社會資本的社區，其有較低的整體、心血管疾病與惡性腫瘤死亡率；而高度社會資本的社區則更能促進社區參與，並讓社區與成員擁有更好的權能激發，擁有更多的社會支持（Dutta-Bergman, 2004）。

許多研究顯示：志願服務與照顧活動對經濟體制顯然是重要的，老人擔任有給工作之外的志工與照顧者做出實質的貢獻。志願服務與照顧活動的經濟利益不僅是實質的，也具有超越其立即成果的價值。如果我們把這些活動當作社會資本概念的一環，那麼，志願服務活動的經濟利益也凸顯出老人帶給社會的其他利益。志願服務的附加價值超出經濟層面，也比輸送服務的替代成本更有價值。志願服務所帶來的「過程」利益是難以量化的，但它們卻論證：就其所有形式來看，志願服務可說是一種價值附加的活動。高度或強勢的社會資本是與社會凝聚力和穩定性有關，而低犯罪率、改善的健康與教育水準又與社會凝聚力相關。

在形成社會資本與幫助建構和維持社區發展上，重要的是要考慮到老人所扮演的角色。研究證據顯示：老人以各種方式貢獻社區，他們可能貢獻其家人、朋友、鄰里與社區。老人經常活躍於其地方社區，而且根據的是一種長期的地方感情。他們彼此支持生活於社區中的人，也經常是伴侶、身心障礙家人，甚或父母或兄弟姐妹的照顧者。許多老人也成為非營利組織的志工，雖然他們的人數通常不及中年志工，但他們卻較可能是高度投入的志工；花更多時間從事志願服務，或有較長的時間待在組織裡。有關戰後嬰兒潮世代的研究顯示：這群科夥（cohorts）到了老年將有不同的需求、動機與期望。這將影響其擔任志工與從事社區

活動,也造成不同的選擇與行動模式。可能的情形是:更多的人會將其有給工作與志工和社區活動結合,在他們老年時,更彈性的選擇是需要的。因此,未來的老年人口研究不僅要考慮這些不同需求,也必須關注不同老年生活風格的體現(葉肅科,2005)。

在人口老化的脈絡中,我們可進一步考量的工作是:如何增加並開啟社會資本的可能性。要更深入瞭解台灣社會的社會資本運作方式,實有必要透過進一步的研究來達成。社會孤立可以透過三種方式來克服:(1)以社區發展來增加社會機會;(2)以預防策略來降低社會風險;(3)透過社會支持方式提供更徹底或密集的援助,將貧困或危難降至最低程度。關懷老人的心理健康,就應透過國家的相關策略來維持。就社會資本建構來說,預防老人憂鬱、自殺與維持心理健康是必須加以探討的。譬如說,公共衛生的探討是初級預防,強調社會資本建構。次級預防是對特定條件(例如憂鬱)採取早期介入方式,仍屬社區層次的預防。第三級預防關注的是個人,其介入被證明是值得做的預防(葉肅科,2005)。

社區參與的理論與功能

一、社區參與的理論

在國內,一些常被提及的老人社區參與的相關理論有:

(一)活動理論(activity theory)

愈能維持高度的活動參與量,愈能有助於老人的角色認同,即保持活躍、活動將確保老人有較好的心理健康(周家華,1995)。該理論亦指出老年人的活動參與率,與老年的幸福感、自我概念及生活適應有密

切關係（林振春，2002）。

(二)權能激發（empowerment）

　　Lowy（1981）指出解決社區中老人問題的五個過程，服務社區老人的重要策略爲主動結合老人，喚醒老人改變社區和滿足老年生活需求的願望，並讓願望行動化。藉此讓老人們不再是孤立、依賴的人，而是主動參與社區生活的規劃者（趙善如、趙仁愛譯，2001）。社區參與是使老年人變得更活躍、更有活力，且能使社區產生更密切連結的有效方法。Empowerment同時蘊含權力與能力方面的增長和發揮：「權能激發是一種過程，可使人變得堅強夠去參與、分享影響他們的生活。亦即是挑戰或改變他們生活情境的個人、人際或政治面的行動參與。」

(三)疾病壓縮理論（compression of morbidity）

　　實施預防性之老人保健政策，從根本之民生課題——食衣住行育樂休閒著手，教導健康之生活方式，維持長期之健康，縮短慢性疾病之拖累，就對老人本身、老人家屬、老人照顧者與政府之醫療福利預算開支，可減輕負擔，這是一種預防性之老人福利策略（李宗派，2005）。

二、社區參與的功能

(一)生理層面

　　在2009年瑞典的一個研究老年失智症機構就針對732位老人研究發現積極的生活型態（包括社會參與、安排自己的生活、參與活動、旅行等），是可以預防老年失智症的發生，並且越積極的社會參與態度也有效改善憂鬱的精神情形。

　　建構老人持續性照護體系，積極且正向的面對老化過程，早期篩

檢早期預防失能，以期功能維持與獨立生活，發展社區活躍老化醫療照護模式。老年醫學以預防失能為專業核心，結合活躍老化目標與運動科學策略，成為老年臨床照護，並且發展成為以社區為基地的計畫。社區健康促進計畫之高齡友善策略，需要多部會的努力合作，例如安全人行道、休閒設施、就業環境、社區大學成年教育醫療服務等，促進所有高齡者能充分參與社區生活（陳慶餘，2010）。

依據研究指出，高齡者一旦從事規律的休閒活動，非但能夠提高自我的肯定和情緒的抒解，並可增強體能、減緩身體機能衰退的速率、增進生活品質、減少醫療支出；國外相關研究亦建議高齡者可藉由休閒活動的參與來協助適應及維持生活滿意，且參與休閒活動頻率越高的老人，其生活滿意度也越高（舒昌榮，2008）。

(二)心理層面

提供老人參與社區和社會活動的機會，如老人參與志工服務工作、終身學習教育、休閒活動等，能協助老人建立自我認知和社會關係（李瑞金，2010）。提供老人參與社會角色的機會，可以填補其空閒時間，協助老人培養一套比較健全的人生觀，減少或抑止老人問題的發生，使老人能有愉快的心理與生活。老人生命品質，除了維持健康狀況，延遲許多生理疾病和心理障礙外，更重要的還包含獨立自由的持續社會參與及學習新事物機會、就業、志願服務、教育和休閒活動等，即便是重度失能老人（李瑞金，2010）。

根據黃松林、洪碧卿、蔡麗華（2010）針對2005年內政部老人生活狀況調查之65歲以上有效樣本2,771人之基本資料，生活起居狀況與志願服務情形，進行次級資料分析。探討從事志工與其生活情緒相關情形。結果是大多數的負向情緒，都因是否參與志願服務而有顯著的差異，如不想吃東西、胃口不好、覺得心情很不好、覺得很孤單、寂寞、提不起勁（精神）來做事等六項，無參與者均有較低的現象，而且均達極顯著的水準。相反的是，受訪者覺得很快樂與否和覺得日子過得很好部分，

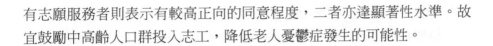

有志願服務者則表示有較高正向的同意程度，二者亦達顯著性水準。故宜鼓勵中高齡人口群投入志工，降低老人憂鬱症發生的可能性。

(三)社會層面

楊志良（2010）指出許多研究顯示高齡者持續投入有意義的學習、社會等活動，與他人持續建立親密的關係，保持心智與生理上的活躍，並發揮認知功能，將有助於高齡者尋求個人的生命意義及自我認同，進而邁向成功老化。尤其是高齡者若能參與志願性服務活動，將有助於提升自我價值感，並維持與社會的連結感，從中培養終身學習觀念，營造有尊嚴且正向的晚年生活。

老人教育係成人教育的延伸，它是專為老人設計的有組織的研習活動，發揮個人的潛能，滿足心理需求及增強社會調適的功能，以達到人生最充實的發展。老人教育的課程大致皆採非正式、無學分，並融入文康、休閒的教育方式，其目標有四（李瑞金，2010）：

1. 增強適應現代生活的能力。協助老人瞭解現時社會環境，控制及避免無助的情況。
2. 追求自我實現的理想。使老人認識自我，接受自我，並追求個人自我進步與成長。
3. 重溫再學的價值。使老人重拾舊日興趣，享受現有教育機會，培養新的喜好，增進新知能，增加生活樂趣。
4. 建立人際關係。促進社會參與，增進社會性融洽，發揮貢獻社會的功能，發展更有意義的生活。

在老年人口漸將超越青壯人口的過程，如果透過中高齡、老年人力資源的規劃與再利用，並促進人口老化知識的普及，協助老人活躍老化，將有助全民蓄積能力，以迎接邁入高齡社會的各種挑戰。因此，除社會福利、休閒活動及健康照顧等制度之外，也必須透過各類教育的方式，由下而上地讓民眾從小接受老化的知識，具備正確的老化觀念，進

而在高齡社會的各種挑戰來臨時，得以從容應變（舒昌榮，2008）。

根據歐盟執行委員會（European Commission）的看法，積極老化的關鍵要素包括以下五項：第一是可以工作得更長久，其次是延後退休，第三是退休後仍相當活躍，第四是參與維持健康的活動，最後一項，強調獨立自主並且盡可能地融入社會之中（Davey, 2002；舒昌榮，2008）。當健康體系、勞動市場、教育系統以及社會政策等各層面均能支持積極老化的概念時，社會將呈現以下的前景（WHO, 2002；舒昌榮，2008）：

1.在具有高生產力的生命階段，降低提早死亡的發生。
2.減少老年期的慢性病及其伴隨而來的失能狀態。
3.讓更多人在老化的過程中，享有良好的生活品質。
4.讓更多人在老化的過程，積極地參與社會、文化、經濟、政治、家庭以及社區生活。
5.降低在醫療和照護服務體系所支出的成本。

各國老人社區參與情況

一、北歐國家

在2004年秋，荷蘭政府提出一個廣泛之政策聲明，由2004年至2030年期間，衛生福利運動部將協調老人政策有關之保健、醫療、安全、流動、勞工與老人參與，要從事改革整個醫療保健與福利體系，州政府要提供集體保險及長期照護保險，地方政府要提供支持設備，一般公民要負起更多責任，根據個人收入，要分擔一些老人之服務費用，更要鼓勵老人從事獨立生活，參加非正式之同輩團體，支持社團以維持其社會功能（李宗派，2005）。

　　瑞典老人組織劇團演出，借重老人經驗與才華爲老人或其他觀眾表演。老人以娛樂活動方式拜訪學校與學童分享經驗（李瑞金，2010）。而我們可從公共電視的「貼心芬蘭系列報導之二：樂在施予」影片中（周傳久，2008），看到由三五老人組成的樂團，到社區中的教會、養老院義演，也到生日的幼兒家中，爲三歲小朋友演奏、慶生，促進「代間共融」，著實有著實質上的意義。而甫於2009年已經滿一百五十年歷史的每個禮拜的老人聚會，更是把社區的概念拓展到地球村。一般的聚會模式是由主人自製咖啡點心，透過海外服務工作的分享，參與的老人按照自己的能力購買一張五百元的服務券，以金錢支持海外服務工作，台灣的恆春基督教醫院與戒毒的沐恩之家，也都是早年由他們節衣縮食一張張捐出來的。

二、英國

　　英國於1961年設立老年關懷組織（Age Concern England），於2009年合併協助老人組織（Help the Aged）拓展爲Age UK，該組織主旨在改善老人生活品質，主要角色是籌募資金，支持地方性社團的計畫。目前全國超過500家慈善商店（charity shop）提供老人晚年生活資訊，包括旅遊、住宅型態、學習、居家照顧等社區服務，志工中有許多是領有退休金的老人。除服務英國本土，約花費四分之一的募款金額在海外開發中國家，協助老人健康維護、都市救濟、難民及災害救助，同時訓練老人照顧工作者（李瑞金，2010）。

三、美國

　　美國，其聯邦政府除了依社會安全與公共衛生法案提供老人一般之生活保障以及醫療保健之外，尚有1965年通過之《美國老人法案》（The Older American Act）特別爲老人長輩立法，授權聯邦政府設立老

人行政局，專司全國之老人行政，策劃全國之老人政策，協調政府與民間之老人福利與保健服務（李宗派，2005）。

美國學者Thompson和Wlison（2001）形容老人志工是「目前唯一還在增加中的自然資源」，實爲不可忽視的社會力量（楊培珊、梅陳玉嬋，2010）。高齡者貢獻所長，服務社會，成爲人力資源與服務的提供者；藉由參與志願服務及社會活動，除維持身心健康，促進生活適應，增加人際關係與社會凝聚力，並藉此提升自信心及自我價值感（黃碧霞、莊金珠、楊雅嵐，2010）。

在美國，有老人關心社會的「社區志願服務隊」，其服務的方法與項目爲只要社區有需要就展開工作，不分晝夜全天候服務。平時是兩人爲一組，在社區中與居民共同生活、共甘苦。其工作項目包括執行社區方案，主持日間托兒所、托老所，辦理家庭服務、推廣成人教育、實施醫療工作、提供法律指導、灌輸農業技術等，這些足以使銀髮族或社區居民瞭解生活意義與改善生活標準之有關項目（李瑞金，2010）。有所謂的資深者服務團（senior corps），是一項由前美國總統柯林頓（Bill Clinton）於1994年簽署的國家與社區服務（corporation for national and community service）的志工合作組織，以促使目前連結超過492,000個美國熟齡人口群結合志願服務組織提供志願服務，例如：擔任社區弱勢者的輔導者、教練與陪伴，或者在社區和組織中，貢獻其工作技能和專門技術，影響所及遍及全美國。其包括下述三個方案（Senior Corps, 2011；黃松林、洪碧卿、蔡麗華，2010）：

1. 寄養祖父母方案（foster grandparents）：針對兒童少年和有額外需要的年輕人，提供志願輔導、支持，並且幫助解決其弱勢問題。
2. 資深友伴方案（senior companions）：協助日常生活困難的社區成人友好訪問，擔任其友伴，協助其購物或相關家務差事，就醫等。
3. 退休資深志工方案（The Retired Senior Volunteer Program,

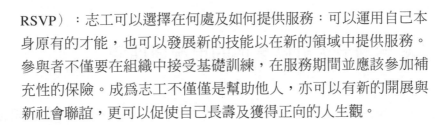

RSVP）：志工可以選擇在何處及如何提供服務；可以運用自己本身原有的才能，也可以發展新的技能以在新的領域中提供服務。參與者不僅要在組織中接受基礎訓練，在服務期間並應該參加補充性的保險。成為志工不僅僅是幫助他人，亦可以有新的開展與新社會聯誼，更可以促使自己長壽及獲得正向的人生觀。

四、日本

日本則於老人俱樂部會員中選用大量的志工，在經過一段時間的訓練後，從事居家服務工作，如郵電服務、學童課業輔導、幼兒照顧、記帳、配膳等。也有為獨居老人或臥病老人以及老夫老妻的家庭，消除老人寂寞，由健康的銀髮族老人組成「老人友愛訪問團」，也就是由老人服務老人，促進銀髮老人的人際關係與友誼，效果相當大（李瑞金，2010）。

莊秀美、賴明俊（2010）指出日本近年推動「生涯現役社會營造」，「生涯現役」的中文意思是「永不退休」、「退而不休」、「終身參與」的意思，為1985年在東京成立的一家名為「生活冒險俱樂部」的民間團體，該團體成立宗旨在於創造中高齡者的勞動場域及生命價值，倡導中高齡者應該享受創業、就業、志工、學習的終身參與價值（莊秀美、賴明俊，2010）。「生涯現役社會」就是指「直到人生最後階段都能夠活動、持續工作的社會」，關鍵在於建立一個可以「自由工作、退休也自由」的社會（莊秀美、賴明俊，2010）。從中央規劃與地方推動，由長壽社會課將分屬不同行政部門的「推動社會參與／社會貢獻活動」、「營造多元就業機會與工作環境」、「推動生涯學習與休閒活動」、「健康營造」進行統籌策劃。並結合在地企業、大學、非營利組織等民間團體，分別從研究、推廣及實作各方面參與。整體而言。政策目標清楚、體系整合為一、措施多元多樣、地方特性與需求兼顧等為其特性。

台灣老人社區參與的現況與展望

　　台灣老人的社會參與，可回溯至1994年文建會提出「社區總體營造」此一政策概念之時，原意是希望藉由文化工作入手，從文化藝術的角度切入社區，凝聚社區意識、改善社區生活環境、建立社區文化特色，由點而線至面，循序完成打造新故鄉，形塑新文化的理想（行政院文化建設委員會，1999）。隨著風起雲湧的發展，「福利社區化」、「富麗農村」、「城鄉新風貌」、「形象商圈」、「社區安全聯防」、「生態社區」、「社區大學」、「社區健康營造」、「校園社區化」等諸多口號與社會行動充斥，蔚為潮流；同時也充實了社區總體營造的視野與範疇，從單純文化藝術領域的提倡進而擴展為整體國家生活品質、環境意識、景觀美學以及人我倫理的社會營造。觀察這些林林總總的現象與趨勢發展，可以歸納出當前社區總體營造的內容與行動主要集中於五大面向（廖俊松，2004）：

　　1.社區公共空間的形塑：例如入口意象的建立、公園綠地與閒置空間空地的規劃整理、展演設施之充實維護、老舊建築、歷史紀念物與活動中心的活化和再利用等等。

　　2.自然環境生態保育：例如封山、護溪、植樹、生態工法邊坡溪流整治、生物林相護育、有機農業耕作等等。

　　3.地方產業的發展：例如地方特有文史的採集編纂與傳播、古蹟維護、民俗廟會祭典活動推廣、傳統手工技藝的保存與創新、生態旅遊宣導、特色休閒農業營造、商店街與形象商圈形塑、社區福利安養與照顧產業的推動等等。

　　4.公共安全與秩序的維護：此項行動較常見於都會區之社區，例如社區安全聯防、社區崗哨與巡守、社區媽媽與校園義工的編組、社區健康營造等等。

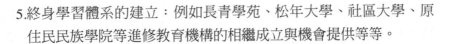

5.終身學習體系的建立：例如長青學苑、松年大學、社區大學、原
　住民民族學院等進修教育機構的相繼成立與機會提供等等。

　　為落實福利服務在地化、社區化理念，各地方政府鼓勵長輩走出家
庭，增進健康，肯定自我，充實長者精神生活品質，培養休閒娛樂，擴
大知識層面，規劃銀髮生涯，推動學習動動腦、終身學習，使銀髮族充
分享受健康快樂的生活。教育部（2006）指出國內目前辦理老人教育的
機構，如補習進修教育、社區大學、社教館及文教基金會是由教育單位
主導，而各縣市的長青學苑、文康中心、社會福利機構則是由社政單位
負責。另外，行政院農業委員會、行政院退除役官兵輔導委員會及行政
院原住民族委員會，亦編列相關預算推動有關農民、榮民、原住民等年
長者的服務工作。可見，目前的高齡教育的推動是呈現多頭馬車並行的
局面，並無統整。

　　黃松林、洪碧卿、蔡麗華（2010）則是指出內政部對於屆齡退休
者提供研習活動，以增強民眾規劃銀髮生涯的能力，及對於相關法令、
福利的瞭解，協助心理、生理及社會的適應。也就老人參與社會服務活
動部分，力求鼓勵老人參與社團或社會服務活動，增進社區參與及社會
參與。並辦理各項老人福利活動，建立老人人力銀行，滿足老人休閒、
康樂、文藝、技藝、進修及聯誼等需求，以增添老人生活情趣，達到健
身、防老的雙成效能。部分縣市政府也對中高齡志工有相當多的鼓勵措
施，包括早期的高雄市設立「長青志願服務團」、「薪傳大使」；台北
市早期有「長青榮譽服務團實施方案」、「銀髮貴人心傳活動」等；其
餘如高雄縣與屏東縣等，亦針對老人志工設有所謂的「健康促進輔導
員」等。

　　行政院自2005年即開始推動「社區照顧關懷據點」，以促進社區老
人身心健康，落實在地老化及社區營造精神，發揮社區自助互助的照顧
功能，結合有意願的村里辦公處、社會團體參與及設置，由當地民眾擔
任志工，提供關懷訪視、電話問安諮詢及轉介服務、餐飲服務、辦理健
康促進活動等。截至2010年10月底止，各縣市共設置1,664個據點；為落

實在地老化精神，強化資源缺乏地區之社區服務，內政部亦輔導補助各縣市政府自2009年至2011年間優先於：(1)山地、離島及偏遠地區；(2)村里涵蓋率尚未達到40%之縣市；(3)65歲以上老人人口比率較高的縣市，預計擴增300個據點（黃碧霞、莊金珠、楊雅嵐，2010）。

另根據李明政（2003）表示，原住民族部落地區普遍較為貧困，獨居老年人增加和生活艱困。因此，行政院原住民族委員會因應原住民部落老年人在現今時代所面臨的各種挑戰而損及權益及保障老年生活品質，也於2006年8月8日開始實施「推展原住民部落老人日間關懷站實施計畫」，期使透過部落中宗教組織的人力、物力、財力等資源辦理老人日間關懷站，特別針對因地理環境限制下偏遠地區、社會福利資源缺乏且不易取得照顧服務部落為優先補助對象，以為原住民族老人提供積極性、關懷性、連續性及人性化照顧服務，實現在地老化的目標。

而行政院經濟建設委員會人力規劃處於2010年9月6日所公告的「2010年至2060年台灣人口推計」之中推計，預估2016年65歲以上老年人口與15歲以下人口數幾乎同為302萬人，均約占總人口13%。自此以後，65歲以上老年人口將開始超過15歲以下幼年人口，預估2017年65歲以上人口比例超過14%，達到國際慣例及聯合國等國際機構所稱的高齡社會（aged society）；至2025年65歲以上人口比例超過20%，達到超高齡社會（super aged society）。故行政院在2008年3月正式核定我國首部《人口政策白皮書》，以「建構有利於高齡者健康、安全及終身學習的友善環境，以維持高齡者活力、尊嚴與自主」為總目標，推動策略包括「支持家庭照顧老人」、「完善老人健康與社會照顧體系」、「提升老年經濟安全保障」、「促進中高齡就業與人力資源運用」、「推動高齡者社會住宅」、「完善高齡者交通運輸環境」、「促進高齡者休閒參與」、「建構完整高齡教育系統」等八項對策（舒昌榮，2008）。

但是，從內政部（2010）最新公布的老人狀況調查報告（調查時間：2009年7月1日至8月1日，有效完成訪問5,520人），我們可以實際看到65歲以上「定期參加」老人社會活動參與情形，我們可以看到多寡依序為「養生保健團體活動」、「宗教活動」、「休閒娛樂團體活動」、

「志願服務」、「進修活動」，最少參與的是「政治團體活動」。與
2005年調查結果比較，各項活動除政治性團體活動外，定期參加的比例
皆有提升約2-3個百分點，其中「休閒娛樂團體活動」定期參加比例提高
3.08個百分點，「進修活動」亦提高2.93個百分點（見**表7-1**）。

　　65歲以上老人日常生活中活動項目若以主要比例觀之，以「從事
養生保健活動」最多，其次為「與朋友聚會聊天」、「從事休閒娛樂活
動」，另值得注意的是28.75%之老人並沒有日常生活活動（見**表7-2**）。

表7-1　2009年6月與2005年8月65歲以上國民活動參與情形　　　　單位：人：%

總計	年	定期參加	偶爾參加	沒有參加	不知道／拒答
養生保健團體活動	2009年	13.19	4.59	82.20	0.02
	2005年	10.56	4.59	84.85	-
宗教活動	2009年	11.33	19.32	69.27	0.08
	2005年	9.23	20.63	70.15	-
休閒娛樂團體活動	2009年	9.13	22.37	68.44	0.05
	2005年	6.05	16.32	77.62	-
志願服務	2009年	7.18	6.85	85.85	0.12
	2005年	4.79	7.70	87.52	-
進修活動	2009年	6.23	3.32	90.29	0.16
	2005年	3.30	1.80	94.89	-
政治團體活動	2009年	0.51	5.20	94.27	0.02
	2005年	0.63	6.38	92.99	-

資料來源：內政部（2010），中華民國九十八年老人狀況調查報告。

表7-2　2009年6月與2005年8月65歲以上老人日常生活活動之重要度

單位：重要度：%

項目別	與朋友聚會聊天	從事養生保健活動	從事休閒娛樂活動	照顧（外）孫子女	從事宗教修行活動	參加老人研修或再進修活動	從事志工或志願工作	其他	無	不知道／拒答
2009年	22.75	22.30	19.75	6.25	6.03	3.23	3.80	2.80	28.75	0.09
2005年	34.91	14.47	19.09	13.35	6.61	3.78	3.51	2.27	26.46	-

資料來源：內政部（2010），中華民國九十八年老人狀況調查報告。

　　對各項福利措施認知與利用情形均以「設置長青學苑或老人大學」項較高，並較2005年調查略有提升，惟利用度仍不足（見**表7-3**）。

　　為鼓勵老人，筆者曾經於2009年親身經驗辦理「活躍老化YES, I Can！」宣導活動，透過活躍老人的生命經驗分享，例如：81歲的終身

表7-3　65歲以上老人對政府各項老人福利措施認知與利用情形

單位：％：百分點

項目別	知道且利用			知道但未用			不知道			總計
	2009年	2005年	增減百分點	2009年	2005年	增減百分點	2009年	2005年	增減百分點	
設置長青學苑或老人大學	11.52	6.01	5.51	76.58	40.51	6.07	41.89	53.49	-11.60	100
中低收入老人生活津貼	9.04	8.89	0.15	42.28	34.16	8.12	48.68	56.95	-8.27	100
居家服務	1.57	1.96	-0.39	41.27	29.06	12.21	57.16	68.99	-11.83	100
居家護理	1.52	1.15	0.37	28.44	16.47	11.97	70.04	82.38	-12.34	100
獨居老人的關懷服務	1.40	1.15	0.25	45.21	29.95	15.26	53.39	68.90	-15.51	100
中低收入老人特別照顧津貼	1.31	0.66	0.65	26.95	15.54	11.41	71.74	83.80	-12.06	100
提供老人營養餐飲服務	1.04	1.34	-0.30	36.95	29.41	7.54	62.01	69.25	-7.24	100
中低收入老人重病住院看護補助	0.58	0.89	-0.31	23.45	16.32	7.13	75.97	82.79	-6.82	100
提供老人日間收托照顧服務	0.47	0.70	-0.23	30.20	26.99	3.21	69.33	72.31	-2.98	100
中低收入老人住宅設施設備改善補助	0.31	0.53	-0.22	14.65	8.84	5.81	85.04	90.63	-5.59	100
喘息服務	0.21	-	-	15.58	-	-	84.20	-	-	100
遭受虐待遺棄老人之保護	0.13	0.24	-0.11	33.30	24.27	9.03	66.57	75.48	-8.91	100

註：本表僅呈現由本人填答之狀況。
資料來源：內政部（2010），中華民國九十八年老人狀況調查報告。

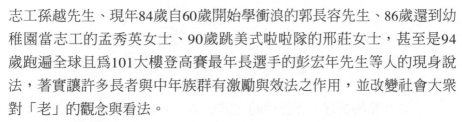

志工孫越先生、現年84歲自60歲開始學衝浪的郭長容先生、86歲還到幼稚園當志工的孟秀英女士、90歲跳美式啦啦隊的邢莊女士，甚至是94歲跑遍全球且為101大樓登高賽最年長選手的彭宏年先生等人的現身說法，著實讓許多長者與中年族群有激勵與效法之作用，並改變社會大眾對「老」的觀念與看法。

故2010年更進一步發想「2010年內政部重陽節慶祝活動～金彩人生、活力滿分：金齡超級偶像選拔大賽」，將全國各地的金齡寶藏～活躍老化的典範老人發掘出來。該活動總計158位來自全國各地的民眾報名參加，在149名有填答的參賽者中，過去曾參加公益或服務活動者占93.3%，其中79.2%現在持續有參加；有填具時數者占25.8%；而累積在五百小時以上時數者占23.2%。公益服務活動的類型分為以下五種：(1)擔任社團組織服務職務；(2)技術服務或傳承；(3)志工；(4)財物付出；(5)其他：捐血、攜家帶眷參加飢餓三十活動等。

在148名有填答者中，參賽者在55歲後有進修者占99.3%，僅有少數幾位未填答或填寫「無師自通」。將進修管道分為以下七項，依照參與率依序為：(1)「自行進修」有72.8%；(2)「長青學苑 / 老人大學 / 松年大學」有51.7%；(3)「其他單位」有45.7%；(4)「社區大學」有17.9%；(5)「正規學制」有17.2%；(6)「樂齡學習資源中心 / 樂齡學堂」有15.9%；(7)「社區關懷據點」有1.3%。曾參與1～2項進修管道者占總樣本數62.8%；參與3～5項進修管道者占35%；參與6～7項進修管道者占0.7%。學習狀況上較為特殊的有兩點，一是「修習碩士學分或取得學位」，少數幾位持續在各大學修習碩士學分班，還有一位最高齡（民國元年出生）的趙慕鶴爺爺（獲得金齡超級偶像總決賽第二名）在2009年取得碩士學位；二是「修習鄉土母語課程或取得證照」，如原住民語、閩南語、客語等鄉土語言，這在文化傳承上別具有意義。然而，不是每個進修管道各地方都有，有些參賽者表示當地鄉鎮無此資源，推敲在偏遠地區要參與學習不如都市方便。

絕大多數的參賽者都填寫了他們對未來人生的展望，將其資料分述以下五項，在149名有填答者中，依照次數出現比率依序為：關於「身

體健康」有63.8%；「人生」有59.1%；「社會」有45.6%；「家庭」有38.9%；「工作」有30.9%。可以看出參賽老人較為關心身體健康。符合2005年與2009年老人狀況調查結果對老年生活之期望，前幾項期望依序為「身體健康的生活」及「能與家人團圓和樂」相比。

除了常見的美好、正面性的文辭描述外，如「志工生涯之於我是家庭生活之外的依賴，生命價值再次被肯定，永遠是我樂此不疲的」、「原來老人不是社會的負擔，而是不同的利用價值」、「人生七十才開始，八十不算甚麼，九十比比皆是，一百不覺稀奇」、「80歲年齡，50歲體能，40歲頭腦，30歲幹勁」，更有不少長者為自己訂下實際的目標，歸類說明如下：

1. 出版著作：「個人畫冊籌備」、「以各大文學獎為重新出發的目標」、「在工作方面仍然不斷進修，希望在不久的時日中，仍能寫作幾本供學生們參考的專書」、「出版台語創作」、「出版書法字帖」等。

2. 服務與傳承：「希望85歲時達到義務工作時數一萬小時」、「社會服務目標是到93歲，照自己體能有信心做快樂的十年」、「志願服務是本人一輩子的工作，希望家人身體健康，作為我最好的後盾與支持力量，讓我能無後顧之憂的積極參與社會公益」等。

3. 興趣與學習：「只要眼睛還看得見就要一直一直刺繡下去，到95歲計畫辦湘繡個展」、「保持健康的身體繼續跑步」、「學習書法習字、健康管理、閩語研究」等。

獲得總決賽第一名的戴志蘭女士更在所住的安養院義務傳授國劇，她很驕傲她一位95歲的學生學習一年就粉墨登場，並於得獎時感言說要在舞台上唱到100歲。僅有一位提到自己年紀已大，「目前已90多歲了，一切參與都免談」，透露出較負向的情緒。較為特別的是有兩位老人提到「希望過『快樂的每一天』，隨時都可無憾的蒙主召回」、「自己已經準備好隨時離開人世，如果上帝今天接他走，他也可以沒有遺憾地離開。對於死亡的豁達態度，讓其能盡情地享受銀髮生活」，即使是

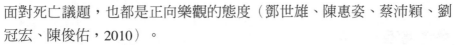

面對死亡議題，也都是正向樂觀的態度（鄧世雄、陳惠姿、蔡沛穎、劉冠宏、陳俊佑，2010）。

老年並不是暮年，是「還有前景的人生階段之一」（周傳久，2010）。就如同李宗派（2005）指出：對老人本身而言，「天增歲月人增壽」，長壽對老人本身是一種挑戰，在老化社會中，老人本身要扮演什麼樣之角色？不應該是被動地依賴年輕人，而是要主動地參與社區事務，提供經驗與智慧，協助年輕人判斷政府與民意機構在民主化過程中之決策事項，如何為人民與老人效勞？要促使每一個健康之老人得到應有之機會與責任，在高齡化社會中貢獻一己之長。老人保健要提升老人之生活品質，要協助擬定老人之醫療福利政策，要建立一個老人經濟安全體系，要保障老人之經濟獨立、生活自足，要使老人在晚年獲得尊嚴與尊重。老人保健強調預防性、治療性與復健性之醫療服務，老人保健重視安全之社區環境，要使所有之老人能夠享有整合性、多元性、選擇性、方便性與實用性之福利服務體系，要鼓勵世代連接、子孫孝敬、老少合作、共享天倫之樂、家庭關懷之滿足。老人保健在整個老人政策中極其重要，能夠促使老人隨緣生活、隨遇而安、隨心自在、隨意而作、隨難而定、安享晚年，則老而無憾。

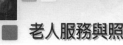

參考書目

內政部（2009）。「友善關懷老人服務方案」。行政院98年9月7日院臺內字第0980093938號函核定。

內政部（2010）。「中華民國九十八年老人狀況調查報告」。台北：內政部。

朱芬郁（2004）。〈社區高齡智者人力資源發展及其實施策略〉。《社區發展季刊》，107，頁348-359。

朱芬郁（2005）。〈社區大學高齡學習型態的現況與省思〉。《兩岸社區大學經營理念與運作實務研討會會議手冊》。台北：台北市社區大學。

行政院「人口政策白皮書」，2008 年3月，取自內政部戶政司網頁http://www.ris.gov.tw。

行政院文化建設委員會（1999）。《臺灣社區總體營造的軌跡》。台北：行政院文化建設委員會。

李宗派（2005）。〈高齡化社會中老人保健之重要角色〉。《社區發展季刊》，110，頁66-78。

李明政（2003）。〈族群與社會福利政策〉。《國家政策季刊》，2(4)，125-145。

李瑞金（1995）。〈台北市銀髮族社會參與需求研究〉。國立中興大學社會學系研究報告。財團法人台北市行天宮委託。

李瑞金（2010）。〈活力老化——銀髮族的社會參與〉。《社區發展季刊》，132，123-132。

周家華（1995）。〈我國高齡化社會的老人問題與老人福利研究〉。中國文化大學，中山學術研究所。

周傳久（2008）。《活躍芬蘭系列報導之二：樂在施予》。引自20080409網路資料http://www.peopo.org/portal.php?op=viewPost&articleId=14911

林振春（1999）。〈學習型社區中的高齡者學習方案〉，《成教雙月刊》，49，15-22。

林振春（2002）。〈社區大學與學習型社區〉。《社區發展季刊》，31，1-18。

林珠茹（2002）。〈老人社區參與和生命意義之相關因素探討〉。國立台北護理學院護理研究所碩士論文。

林燕翎（2005）。〈戰後嬰兒潮老了，大退休潮來了〉。引自20050221聯合新聞網http://data.udn.com/data/titlelist.jsp?random=0.7989307327234526

林麗惠（2002）。〈高齡者參與學習活動與生活滿意度關係之研究〉。國立

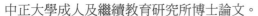

中正大學成人及繼續教育研究所博士論文。

林麗惠（2006）。〈台灣高齡學習者成功老化之研究〉。《人口學刊》，
　　33，頁70-133。

張怡（2003）。〈影響老人社會參與之相關因素〉。《社區發展季刊》，
　　103，頁225-235。

教育部（2006）。「老人教育政策白皮書」。教育部。

莊秀美、賴明俊（2010）。〈活躍老化──日本推動「生涯現役社會營造」
　　相關課題之探討〉。《社區發展季刊》，132，252-263。

許淑敏、邱啓潤（1999）。〈社區參與之概念及其應用〉。《領導護理》，
　　3(1)，13-18。

陳慶餘（2010）。〈老年醫學與活躍老化目標〉。《社區發展季刊》，132，
　　178-188。

曾中明（1993）。〈老年人的社會參與──志願服務〉。《社區發展季
　　刊》，64，頁94-96。

舒昌榮（2008）。〈由積極老化觀點論我國因應高齡社會的主要策略～從
　　「人口政策白皮書」談起〉。《社區發展季刊》，122，頁215-235。

黃松林、洪碧卿、蔡麗華（2010）。〈活躍老化：台灣長青志工之探討〉。
　　《社區發展季刊》，132，頁73-92。

黃國彥、詹火生（1994）。《銀髮族之社會資源》。國立嘉義師範學院編印。

黃碧霞、莊金珠、楊雅嵐（2010）。〈高齡化社會新對策──從「友善關懷
　　老人服方案」談起〉。《社區發展季刊》，132，頁3-14。

楊志良（2010）。〈由活躍老化觀點建構國民健康新願景〉。《社區發展季
　　刊》，132，頁26-40。

楊培珊、梅陳玉嬋（2010）。《台灣老人社會工作：理論與實務》（二
　　版）。台北：雙葉書廊。

葉肅科（2005）。〈高齡化社會與老年生活風格〉。《社區發展季刊》，
　　110，230-241。

廖俊松（2004）。〈社區營造與社區參與：金鈴園與邵社的觀察與學習〉。
　　《社區發展季刊》，107，頁133-146。

趙善如、趙仁愛譯（2001）。《老人社會工作──權能激發取向》。台北：
　　揚智文化。

鄧世雄、陳惠姿、蔡沛穎、劉冠宏、陳俊佑（2010）。〈從99年度內政部重
　　陽節活動「金彩人生、活力滿分～金齡超級偶像選拔大賽」看我國老人
　　活躍老化現況〉。《社區發展季刊》，132，頁133-147。

Cunningham, J. V. (1972). Citizen Participation in Public Affairs. Public *Administration Review, Vol.12*, 589-602.

Davey, J. A. (2002). Active Ageing and Education in Mid and Later Life. *Ageing and Society, 22*, 95-113.

Demers, Louise, Line Robichaud, Isabelle Gelinas, Luc Noreau, Johanne Desrosiers (2009). Coping Strategies and Social Participation in Older Adults. *Gerontology, 55*: 233-239.

Dutta-Bergman, M. J. (2004). An alternative approach to social capital: exploring the linkage between health consciousness and community participation. *Health Communication, 16*(4): 393-409.

Ervin, S. L. (2000). Fourteen Forecasts. *Futurist, 34*(6), 24-28.

Lowy, L. (1988). Human service professionals: Their role in education for older people. *Generations, 15*(2), 31-37.

Markku T. HyyppaÈ and Juhani MaÈki (2003). Social participation and health in a community rich in stock of social capital. *Health Education Research*, Vol.18, no. 6, p.770.

Noreau, Luc, Johanne Desrosiers, Line Robichaud, Patrick Fougeyrollas, Annie Rochette, Chantal Viscogliosi (2004/03). Measuring social participation: reliability of the LIFE-H in older adults with disabilities. *Disability & Rehabilitation*, Volume 26, Issue 6, pp. 346-352.

Senior Corps (2011). What is Senior Corps?引自01/03/2011網路資料http://www. seniorcorps.gov/about/sc/index.asp

Stephens, Christine (2007). Participation in Different Fields of Practice Using Social Theory to Understand Participation in Community Health Promotion. *J Health Psychol, 12*: 949.

Walker, A. (2002). A Strategy for Active Ageing. *International Social Security Review, 55*(1), 121-139.

WHO (2002). Active ageing: a policy framework. September, 18, 2006, retrieved from http://whqlibdoc.who.int/hq/2002/WHO_NMH_NPH_02.8.pdf

World Bank (2011). 引自世界銀行網站資料http://worldbank.org/poverty/scapital/index.htm

Zborowski & Eyde (1962). Aging And Social Participation. *J Gerontol , 17*(4): 424-430. doi: 10.1093/geronj/17.4.424

第八章

⦿──黃惠璣、陳瑛瑛、曾月盃

老年人的照護品質

學習重點

1.瞭解老年人照護品質的重要性。

2.瞭解老年人照護品質的指標之內涵。

3.會計算老年人照護品質的指標。

4.能解讀指標結果。

5.能運用指標結果制定改善照護之計畫。

6.能執行改善照護之計畫並評值之。

α 背景

　　Haywood-Farmer（1988）認為專業服務品質包含有形的設施設備、照護過程、工作人員的專業能力、對個案情況的判斷力，以及對服務對象表現出友善的態度或行為。品質是服務對象主觀性的感受，例如老年人感覺被尊重等，但Cook和Thompson（2002）指出機構提供的服務與老年人或家屬期望有所不同，機構必須要主動協調溝通。又醫療科技進步和人類平均餘命延長，出生人口趨緩，人口老化成為世界趨勢，老人也因老化與疾病而成為接受照護者，尤其是家庭照護老年人的功能式微的年代，姑且不論老年人入住機構是自願或半自願，但機構必須提供好品質的照護是大家關心的議題。

　　在美國，1970年起醫療品質觀念不斷變革求新求進步，醫院評鑑委員會Joint Commission on Accreditation of Healthcare（JCAH）將醫院評鑑逐漸擴大至護理之家、安養機構等長期照護機構，評鑑委員會在1987年更改為「醫療照護機構評鑑聯合委員會」（Joint Commission on Accreditation of Healthcare Organizations, JCAHO），這為美國長期照護機構接受評鑑的開始。Nicholas（1999）指出美國護理之家採用全面品質管理（Total Quality Management, TQM）和持續品質改善（Continuous Quality Management, CQM）可自行監控機構中住民的照護品質，護理之家工作人員可針對結果做改善照護的計畫措施，以維持住民的健康。Eaton（2003）指出美國機構評鑑的目的是：(1)保證照護的品質；(2)可以獲得聯邦資金；(3)方便政府單位移轉個案；(4)建立經營者的信心。台灣政府於2001年辦理安養護機構，2009年開始護理之家的評鑑業務，其他如老年人服務中心、日間照護、社區關懷據點等由地方政府定期督考業務，致力於提升照護或服務品質。

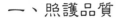

一、照護品質

美國品質管制專業學會（National Association of Quality Assurance Professional）定義照護品質指標是「在特定機構中以最好的知識為基礎，訂立可達成的目標，提供個案良好的照護及完整的記錄」。JCAHO（1991）將個案照護品質定義為「在現有的知識內，服務品質是增加個案期望的結果，並降低其不期望結果的程度」，簡言之就是「符合使用者要求的標準」就是品質。楊嘉玲（2001）利用深度訪談和參與式觀察的方法，探討護理之家老年住民、家屬與護理人員認定的照護品質。結果顯示護理之家照護品質可分為七個項目：機構環境、護理的專業能力、機構品質管理、住民之基本人權、提供照顧者的態度、促進住民社會互動，以及滿足住民或家屬的需求。以上項目特別在護理專業能力、住民基本人權與滿足需求的部分，家屬、住民及護理人員有不同的描述，期望藉由瞭解三者間的差異，可協調彼此間對護理之家照護品質的共識。

Fahey等人（2003）在《英國醫學期刊》發表研究結果，指出護理之家的醫師開立之處方藥大多是不適用於老年住民的，例如醫師開止瀉藥物，老年住民服用後便祕，醫師又改開改善便祕藥物，如此反覆，增加住民及照護者困擾。因此建議機構團隊合作，例如醫師、藥師、護理人員等一起討論住民問題及用藥前後的情況，可以避免醫師使用對住民不適用的藥物。但目前大多數機構面對的困難是安排不同專業團體一起開會討論在時間上很困難，又藥師發現一位住民有二位以上不同的專業醫師開立之藥物有重複用藥需要修改醫囑，但專業醫師經常不同意二位改善等情況，這需要不同專業間更多的協調努力。

品管圈（Quality Control Circle, QCC）是品質管理的工具之一，QCC經常使用於控管照護品質（Watanabe, 1991）。其內容有：指定專人負責某項特定業務，規劃實務、行政、專業服務的範圍，確定機構年度內重要需改善的照護項目（例如有高危險、有照護問題的項目），訂定事件嚴重度監測指標，確立監測指標的標準範圍（閾值），蒐集與整

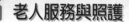

理資料，評值分析原因，採取行動以解決問題，評值所採取行動的效果並做記錄，向負責主官作定期報告。QCC執行方法首先是訂立流程，考慮誰去做較合適（who）、共同討論爲何要如此做的原因（why）、要如何做方才有效（how）、何時做何時完成或多久要檢討評值一次（when）、做的內涵爲何（what），如此依序機構的照護品質方可改善。

【案例介紹】

　　某委員於2010年在某機構評鑑，當日由機構人員陪同實地訪查。搭乘電梯，電梯內除委員、機構工作人員外，另有一位住民及其兩位家屬；其中一位家屬面對按鈕抱怨電梯很熱、沒有空調等，該委員於是上前詢問，是否對機構提供的服務有任何建議之處？家屬一面走出電梯一面表示機構人員態度很差，從不理會家屬的要求，護理人員會與住民吵架等。委員一面傾聽一面陪同住民及家屬走向一樓櫃檯，回頭看，發現機構人員站在電梯旁並未跟隨。機構人員連傾聽家屬抱怨的能力都沒有，就不難發現該機構的服務品質如何了？委員評鑑或督考時會詢問住民情況，機構護理人員表示當住民吃完飯後一再表示要吃飯，或在家走失就是失智症，沒有考慮(1)失智就如肺炎一樣；(2)住民需要；(3)是醫療診斷，所以有醫師的診斷。由法律觀點思考，《醫師法》（2007）第12條：醫師執行業務時，應製作病歷，內容有診斷或病名。第12-1條：醫師應向病人或其家屬告知其病情、治療方針、處置、用藥、預後情形及可能之不良反應。《護理人員法》（2007）第24條：護理人員之業務有醫療輔助行為，應在醫師之指示下行之。簡言之，醫療診斷及解釋是醫師之權責，《護理人員法》賦予護理人員可執行醫療輔助行為不是醫療診斷行為。亦即醫師告知及解釋診斷治療後，可對住民或家屬解釋說明，若住民或家屬仍有疑義時仍須由醫師再說明之。由上述案例，期望機構之照護品質可以有改善空間。

二、照護品質指標

　　Donabedian（1966）指出品質指標可分：(1)結構面：包含使用的工具、可用的資源、接受再教育課程、工作人員的證照、工作經驗等；(2)過程面：包含機構的內外活動設計，評估個案生、心、社會、靈性需求等；(3)結果面：由個案及家屬的滿意程度，個案生、心、社會、靈性的功能情況，評值機構照護品質（Henneman & Cunningham, 2005）。台灣於1978年實施醫院評鑑，財團法人醫院評鑑暨醫療品質策進會（醫策會）以台灣醫療品質指標計畫（Taiwan Quality Indicator Project, TQIP）名稱，正式在國內推行監測照護品質，TQIP訂立長期照護品質指標有六項：非計畫性體重改變、壓瘡、跌倒指標、轉出／出院至急性住院照護、院內感染、身體約束的使用，用於監控長期照護品質（醫策會，2008）。2005年醫策會推出新制醫院評鑑指標603條，目前Taiwan Healthcare Indicator Series（THIS）主要發展台灣急性照護品質指標，其臨床指標含五大指標系統（門診指標、急性指標、住院指標、加護指標、病人安全指標），共計184項。**表8-1**是長照機構評鑑指標內涵，依據《老年人福利法》（2009）第48條罰則，安養護機構評鑑列為丙或丁等者要繳交罰金，若連續兩年丙或丁等者則勒令歇業。所以作者建議護理之家評鑑或居家護理督考等，對於不合格之機構應立法處予相關罰則，評鑑優良者得給予獎勵。

表8-1　長照機構評鑑指標內涵

98年 一般護理之家（條）	99年 安養護機構（條）	配分	99年 居家護理督考（條）	配分
一、健康照護（31）	一、行政組織與經營管理（30）	20	一、執業能力（4）	14
二、人員管理（21）	二、生活照顧與專業服務（36）	30	二、機構管理（14）	74
三、經營管理（37）	三、環境設施與安全維護（46）	30	三、個案權益（5）	12
四、安全環境（25）	四、權益保障（12）	20	四、加分項目（3） 　　減分項目（3）	15 15
五、生活照顧（14）	五、加分題（6）	2		
五類128條	五類130條		四類29條	

資料來源：內政部及衛生署機構評鑑指標。

三、訂立品質指標的監測值

　　Naylor（2003）指出最近研究發現健康生活方式可以預防發生慢性疾病或減緩疾病的進行，因此老年人照護系統須從預防性照護的角度思考，老年人帶有慢性疾病入住急性、長期照護機構，或到生命終了的時候，要如何照護？如何訂定機構的監測？Katz和Green（1992）提出若某疾病在機構內有5%的盛行率就要建立常規性監測值（如**表8-2**）。護理人員可參考**表8-2**，依服務機構狀況自行訂立目標值（閾值）或監測值，作為自行監測追蹤照護品質的標準。

　　要計算閾值或監測值需要瞭解流性病學上常用的兩個名詞：盛行率（prevalence）與發生率（incidence）。

1. 盛行率：在某一時間點，於所定義的族群中，具有某種結果（疾病或現象）的人口之比率。主要指在某一時間，族群中有病的比例。可分為點盛行率和期盛行率，點和期之差別在於時間的長短；點是指在某一時間點上，而期則是指某一段時間內，現存的疾病數占總人口數之比率。此指標可用來作為評估醫療照顧的需求及提供衛生人力和財源的參考依據。

2. 發生率：在一段期間內，人群中所有新發病的病例數與其總人口數（指易感染的人口）的比值，此指標可作為評估該疾病控制的狀況之參考。至於品質指標要如何計算，請上長期照護網站套用

表8-2　A guide to monitoring & evaluating nursing services

需監測的形式	發病的樣本數
常規性監測 （Routine review）	5% or 30件以上
探索性監測 （Query review）	10% or 40件以上
密集性監測 （Intensive review）	15% or 60件以上
重要事件 （Sentinel event）	100%（每一件）

資料來源：Katz, J. & Green, E. (1992).

公式，以下各單元僅以概念呈現，較有助於讀者訂立品質指標計畫及改善措施之參考。

四、結論

筆者認為照護品質可順利達成的要素有：需要機構老闆及主任的支持，例如願意提高經營成本降低利潤、機構有合宜之軟硬體設備、工作同仁要有工作熱忱且願意參與；機構負責人能加強對新、舊成員培訓；機構能不斷的標竿學習與其他機構分享經驗。良好的照護品質是大家的期待，是老年人之福也是全民之福。

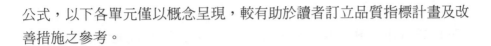 預防跌倒

跌倒是老年人常見的問題，根據統計，有近三分之一至一半的老年人口曾有跌倒之經驗，而跌倒除了造成老年人容易有骨折、意外傷害的危險之外，也會讓老年人心生畏懼而減少正常的活動，因而加速身心功能的退化（林碧珠，2001），害怕再跌倒，行動能力減少，依賴性增加，甚至死亡（Gallagher, 1997）。老年人因老化過程造成身體器官的退化，如視力變差、肌肉神經功能衰減、骨質疏鬆等，這些老化會導致活動較不協調及反應較差等，而增加跌倒及發生骨折的機會。

每年約有15-40%的老人發生跌倒，且隨著年齡增加而上升，其中40-50%的老人跌倒會造成擦傷、挫傷、扭傷或撕裂傷，3-5%造成骨折，以及1-3%造成髖骨骨折（梁偉成等，2005）。在老年人跌倒所造成的骨折中，髖骨骨折是最嚴重的，且會產生後遺症，如失能、依賴程度增加、活動受限等（Cumming & Klineburg, 1997）。Huang等人（2003）研究發現：老人跌倒事件所造成的影響層面甚廣，包括：身體功能改變、依賴程度提高、日常生活活動受限、害怕再跌倒，並破壞長者本身與家屬的心靈安適與生活品質。跌倒對老人的影響包括身體、心靈、社會三

方面，同時也降低生活品質，並且導致失能與死亡，所以是非常值得關切的老人健康照護問題。進一步瞭解造成老人跌倒的原因並加強控制可能的危險因子，對降低跌倒的發生率是非常重要的。

與歐美各國機構跌倒的盛行率及發生率比較，台灣較低，甚至一百床的住民一年只有一位跌倒，其原因是否爲跌倒沒有受傷所以不用通報？還是有人陪伴？限制老年人活動？抑或實施約束政策所致？值得深入探討。

一、老年人跌倒危險因子

Abreu等人（1998）將危險因子歸類爲內在因子與外在因子。內在因子包括年齡、性別、跌倒史、自覺健康狀況、視覺或聽覺損傷、膀胱功能失調、認知功能失調、步伐和平衡失調、社會心理狀態、家庭功能及用藥情形。外在因子主要爲危害環境安全因子，例如：樓梯沒有扶手、照明不足等（徐慧娟等，1996；Abreu et al., 1998; Huang et al., 2003）。老人發生跌倒的高危險因子包括：糖尿病、高血壓、認知功能障礙、睡眠障礙、服用安眠藥、缺乏運動、尿失禁、獨居、需花較長時間完成平衡測驗如Get-up & Go test。在居家衛浴使用活動地毯、沒有安裝扶手及其他環境因素等是造成老人跌倒的內外在因子（Huang et al., 2003, 2004）。

黃恆峻、詹瑞棋（1998）指出老年人常跌倒的原因有：肌力和骨質之衰退、平衡能力與本體感覺及視覺的改變、使用過多的藥物，患有姿勢性低血壓、退化性關節炎、失智症及巴金森氏症等。Huang等人（2003）在社區跌倒研究歸納出有關的跌倒危險因子：身體功能、認知程度、社會支持、內外在環境的影響、鞋子的穿著與身體及心智功能的障礙。其中在身體功能部分，眩暈（dizziness）在老人的盛行率約爲13-38%之間，它是老人跌倒的重要危險因子之一（Tinetti et al., 2000）。其他與老人跌倒相關的藥物包括：鎮靜劑、利尿劑、心血管藥物、精神科用藥、抗憂鬱劑、抗發炎藥物等（Leipzig et al., 1999）。然而影響老

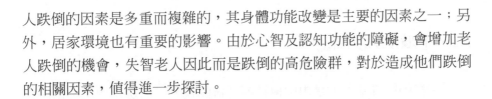

人跌倒的因素是多重而複雜的，其身體功能改變是主要的因素之一；另外，居家環境也有重要的影響。由於心智及認知功能的障礙，會增加老人跌倒的機會，失智老人因此而是跌倒的高危險群，對於造成他們跌倒的相關因素，值得進一步探討。

二、高危險跌倒個案穿髖部護墊

髖部護墊是由特殊材質製造而成的貝型護墊，置放於護墊褲兩側袋中，當跌倒發生時保護墊發生緩衝作用而能減少骨折發生的機率。許多的調查研究顯示正確穿著髖部護墊，在跌倒時能減少50%產生髖部骨折機率。在歐美國家有骨質疏鬆及跌倒危險因子的老人，常被建議穿髖部護墊，以降低髖部骨折的發生（黃惠璣等，2007）。Kannus等人（2000）在芬蘭的中南部22個衛生所，從1,725位可活動但身體虛弱的老人（frail elderly）中，隨機以1：2的方式分配在實驗組穿髖部護墊（n=650），或在控制組不穿髖部護墊。研究開始後第一個月控制組有67人發生骨折，實驗組有13人發生骨折。結果顯示髖部護墊可以在跌倒發生時減少60%的危險機率產生髖部骨折。

Wiener等人（2002）徵求10位自願者，穿著髖部護墊並接上電壓感應器（piezoelectric sensors）以記錄由站立到跌倒之垂直重力的力與時間的弧度（force-time curve）。結果發現10位志願者在跌倒85次後，除了3位志願者有短暫表皮痛及壓痛外並沒有發生骨折。Segui-Gomez等人（2002）在美國65歲以上的老人使用髖部護墊的資料去分析，發現使用者不論男女，除了穿著不方便以外，能讓使用者保有原來的生活品質，與髖部骨折後的花費比較，有其經濟效益。Parker等人（2003）從雜誌檢閱三年有關髖部護墊的實驗性或類實驗性研究，結果發現髖部護墊可以減少髖部骨折的危險，使用髖部護墊時沒有嚴重的副作用。但影響老年人可以正確及願意穿著髖部護墊的因素是：(1)主要照顧者的意願；(2)老年人需要協助下如廁；(3)無足夠的髖部護墊褲提供更換（黃惠璣等，2007）。

三、下肢肌力訓練

姿勢的維持基本上是由中樞神經系統的視覺、周邊感覺與平衡中樞的整合以便對運動反應作出適當反應。若感覺器官協調能力或運動功能障礙將會影響平衡而增加跌倒的機會（Lajoie & Gallagher, 2004）。老化的過程中，骨骼肌肉系統的退化，尤其是骨質疏鬆，也增加老年人跌倒後骨折的危險性。臨床上骨質疏鬆症會導致骨折（常見者為脊椎、手腕及髖骨三處）及其併發症（尤以髖骨骨折為甚），五分之一患者會在一年內死亡，存活者中約50%變成行動不良，需終身依賴別人照顧。除此之外，隨著年齡的增加，肌肉鬆弛是老化過程自然退化的一部分，肌肉軟弱無力、活動減少及活動受限制，都會增加跌倒的危險性。Huang等人（2010）在社區教導老年人打太極拳能有效的減少跌倒發生，所以老年人需要增加下肢運動，減緩老化。

四、移位

移動是人體自一平面轉向另一平面的動態過程。由椅子站立或坐下的身體移位，需要下肢肌肉、關節、神經協調方可完成，這一連串運動協調對一般人而言非常簡單，但對肌肉、關節、神經退化的老年人來說可是困難重重！常常需藉由他人的協助方可完成。如果不當的移位，不僅費力、不舒適，更可能有發生跌倒的危險，造成更大的傷害。平行移位是老年人在移位時借助某機械式的協助（例如一塊移位板）減少跌倒的危險，達到預防跌倒的危險。

五、小結

造成老年人跌倒的因素是多重的，特別是因為失智長者本身的多種

功能障礙，使他們成為跌倒的高危險群。因此在跌倒的預防策略上也應以多重介入的模式考量之。實際上，預防老年人跌倒的方法有：識別個別性的危險因子、高危險跌倒個案穿髖部護墊、下肢肌力訓練與平行移位等，預防老年人跌倒不是控制跌倒比率為零，而是降低跌倒後傷害程度，方是良策。

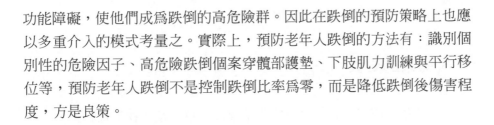

減少使用約束

　　身體約束緣起於精神科用以保護病人安全的一種措施，藉以控制其行為。實務上，護理人員為避免住民因拔管、跌倒及跌倒後引發合併症的醫療疏失，導致家屬對護理人員或照顧服務員（照護人員）的興訟糾紛，通常會對病人使用身體約束。Castle和Mor（1987）調查發現，美國聯邦護理之家的法規於1987年採用Omnibus Budget Reconciliation Act（OBRA）的要求後，護理之家僅於住民有危險或要預防受傷時，才會暫時使用約束。嗣後，推行無約束政策的護理之家驟增。英國國家衛生事業局（National Health Service, NHS）的長期照護政策沒有提及約束對照護品質的影響，僅提醒護理人員執行住民約束時的倫理原則。OBRA政策仍影響歐洲及澳洲多國機構積極建立無約束的環境（Black & Haralambous, 2005）。目前台灣並無特別法令可據以規範機構使用身體約束，僅於機構評鑑指標訂立：機構需要約束使用流程，醫師診斷、家屬簽署同意使用約束，分析約束品質指標等。易言之，機構照護人員若在無準則可依循情況下，可能較容易使用身體約束。

　　多位學者指出物理性約束可以增加機構住民死亡率及讓住民情況更惡化（Phillips et al., 1996; Tinetti et al., 1991）。Kane等人（1993）亦指出機構會使用精神科的藥物（psychoactive drugs）約束住民。鑑於國外無約束政策已實施多年，國內目前尚無約束之相關規範，反倒在機構定型化契約中說明可約束的條件（行政院消費者保護委員會，2008）。護理人員在執行約束時是否也有違反個案自主的倫理衝突？爰此，使用無

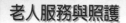

約束經營模式方能顯現機構的照護品質。

一、約束的定義

約束依其使用方式，可分為「化學性約束」及「物理性約束」。化學性約束之定義：係使用藥物限制或抑制某些行為或活動稱之，例如精神科用藥或鎮定劑等（Currier & Allen, 2000）。物理性約束又稱為「身體約束」，美國的醫療照護機構評鑑委員會（JCAHO, 2002）定義身體約束為：使用任何物理或機械方式，限制個人身體自由活動的過程。世界衛生組織於定義「老年人虐待」中提及，身體約束亦屬於老年人虐待之一種形式（WHO, 2005）。總言之，臨床上必須審慎評估身體約束的必要性，以維護住民之權利。台灣機構住民最常被床欄、安全帶、輪椅餐桌、約束背心、手拍等器具約束。黃惠璣、李中一（2009）研究針對「約束」的認定採以下四種標準：(1)排除每天坐輪椅八小時以上的約束；(2)排除使用床欄（雙側及單側）的約束；(3)排除(1)或(2)所述條件的約束；(4)以上所指的任何一種的身體約束方法。依約束不同判斷標準被約束盛行率分別是：(1)標準：盛行率為71.0%（95% confidence interval, CI=67.9-74.1%）；(2)標準：盛行率為43.2%（95% CI=39.9-46.5%）；(3)標準：盛行率為34.8%（95% CI=31.6-38.0%）；(4)標準：盛行率為74.1%（95% CI=71.2-77.0%）。由此可見，機構使用身體約束的盛行率很高。

二、減少使用約束的策略

機構照護人員使用約束時多以住民安全（例如預防跌倒）為主要理由，然而住民在收案三個月內跌倒的情況遠遠低於被約束的比率。實際上，預防高齡者跌倒的方法有：認識個別性的危險因子（Huang et al., 2004; Huang, 2004）、高危險跌倒個案穿髖部護墊（Huang et al.,

2006）、下肢肌力訓練（黃惠璣，2004）、與移位訓練等（黃惠璣、林季宜、王寶英，2007），而非只有約束為唯一方法。預防住民拔鼻胃管（NG tube）的方法，可評估作胃造瘻的可性性，減少NG tube對住民的不舒適，不是約束住民雙手。作者研究約束訪談機構照護人員，她們表示家屬要求約束住民。但被訪談的家屬則表示：機構要我們簽約束同意書；若不簽，則表示會很難照顧。台灣機構住民較歐美機構住民跌倒的比率低許多，但比較兩者之約束比率則相反，美國某些執行無約束措施之機構，約束的比率幾乎是零（Yeh et al., 2004）。

　　Black和Haralambous（2005）指出照護人員照護技巧不好、害怕住民受傷、缺乏機構支持、與家屬溝通障礙、環境設計不良及無明確約束政策等都會增加約束住民的機率。但目前長期照護機構之教育課程，大多圍於教導如何改良約束帶、強調合理約束住民、約束住民要有醫囑、家屬簽署同意書等議題，鮮有教導如何造就無約束情境！究竟身體約束可否使用？如何有效運用？影響照護人員使用身體約束之關鍵因素為何？如何建構無約束或減少約束的照護環境？誠為值得深入探討的議題（黃惠璣等，2008）。

三、小結

　　機構照護人員使用約束時多以住民安全為主要理由，與強調「促進被照顧者最大獨立功能」之理念背道而馳。機構住民若發生跌倒、遊走、步態不穩或自行拔管等現象時，照護人員為預防意外發生，係將住民身體約束起來。照護人員為第一線照顧者，經常會面臨個案的各種問題，其中以使用約束是較具有爭議性的照護措施。但改善機構環境、提供足夠照護人力、照護人員有足夠知識技巧、住民情況較穩定時，預期機構使用約束之狀況會減少。而教育課程即是提升知識最重要關鍵的一環；其中，內容應加強矯正錯誤的認知，重新省思約束在道德與人權上的議題，並拓展出無約束的計畫及措施。

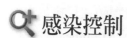

感染控制

感染是老人照護機構常見問題之一，由於老化致使器官功能退化和免疫功能降低，若加上慢性疾病、營養不良和肢體活動功能差等因素，將增加感染的風險，也易併發嚴重合併症（Barakzai & Fraser, 2008）。在美國長期照護機構中，估計每年有160-380萬人次感染和數千件群聚事件（Smith et al., 2008）。主要發生在留置鼻胃管、尿管、氣切或造口傷口等住民，通常以呼吸道或泌尿道感染最為常見。感染也是導致住民轉住醫院或死亡的主要原因之一，在照護機構中有27-63%住民因感染而轉醫院治療（Mody et al., 2005）。影響感染的因素包括照護人力、教育訓練、感染管制措施遵循度、環境與物品清潔和消毒、硬體與動線規劃等；而感染或爆發群聚除了反映機構的照護品質受到挑戰和威脅，也將增加額外人力、物力和成本（王復德等，2007；疾管局，2011；Chen et al., 2009）。因此，預防感染必須結合多項策略，建立感染管制機制並落實推動與實施。

一、預防感染與微生物傳播之主要策略

(一)住民健康管理與感染監測

1. 入住時應有最近三個月內胸部X光報告；具接觸性或呼吸道傳染性疾病者應住隔離（觀察）室並採取防護措施。收容精神疾病或智能障礙者機構須另提供入住前一週內桿菌性痢疾、阿米巴性痢疾及寄生蟲感染檢驗陰性報告，無報告者應安排住隔離室，採糞便檢驗確認後，才可轉入一般住房。
2. 入住後每年需胸部X光檢查；成年住民建議接受流感（每年注

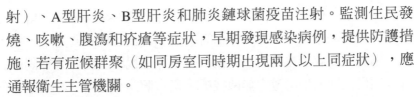

射）、A型肝炎、B型肝炎和肺炎鏈球菌疫苗注射。監測住民發燒、咳嗽、腹瀉和疥瘡等症狀，早期發現感染病例，提供防護措施；若有症候群聚（如同房室同時期出現兩人以上同症狀），應通報衛生主管機關。

3. 訂有陪病及探病管理規範，探視住民前後均應洗手；避免具傳染性疾病者探訪。

(二)工作人員健康管理

工作人員任用前有接觸性或呼吸道之傳染性疾病，如開放性肺結核、疥瘡、桿菌性痢疾、阿米巴痢疾及寄生蟲感染等，應先治療或採取感控措施至無傳染他人之虞。每年需胸部X光檢查，若有發燒或呼吸道感染等傳染性疾病徵兆，應報告主管、戴口罩和勤洗手，採取適當防護措施，有傳染之虞者應安排休假和治療，至無傳染性時才可恢復上班。

(三)規劃動線和落實感染管制

◆設有隔離室和充足的洗手設備

設有隔離室或分區照護（cohort method），提供發燒或疑似傳染病者暫留觀察；住民應限制離開隔離室，若必須離開，應確定維持微生物傳播給其他住民和污染環境表面的最低危險性；工作人員需穿戴適當的防護裝備（如口罩、隔離衣）和照護前後洗手，離開隔離室前需脫除手套和隔離衣。規劃清潔與污染動線不交叉，隔離室為污染區，護理站為清潔區，未脫除手套及隔離衣不得進入清潔區，以降低交互感染風險。此外，應有足夠的洗手設備和含酒精成分之乾洗手劑；定期清潔和檢查空調設備。

◆執行防護措施

照護住民時遵守洗手時機與原則，且依正確的步驟洗手。不可戴手套處理文書工作、接聽電話或按電梯等；手套無法取代洗手，脫除手套

後仍需洗手。研究顯示：脫除手套後，手部有5-50%細菌存留，而機械性洗手能有效清除手上80-90%帶菌。口罩應正確配戴；除了進入隔離室，協助腹瀉或未覆蓋敷料的傷口引流等住民時，最好也穿隔離衣。執行各項侵入性治療應遵守無菌技術，適當照護導尿管、呼吸器、氣切傷口、鼻胃管等裝置，包括放置時應洗手和戴無菌手套，必要時戴口罩和髮帽、穿防護衣、鋪無菌布單等；導管留置期間定期更換和觀察置入部位是否有紅、腫、熱、痛或化膿等局部感染的徵象或症狀，如有不明原因發燒，則立即拔除或更換導管。

◆物品與設備之處理

換藥車應每天檢視無菌敷料及器械之有效期限，並定期更換消毒。聽診器和血壓計等儀器和物品在不同住民之間應避免互用；可重複使用的設備需經適當的清潔和再處理，單次使用物品則最好銷毀。儀器表面維持清潔，可用75%酒精或500ppm漂白水等消毒劑消毒後，再給其他住民使用。不宜共用灌食用具、便盆和尿壺，並維持清潔乾燥。衣物及布單有髒污應隨時更換，並置於有蓋污衣車內。此外，清潔物品與污染物品應分開放置且有明顯區隔；也避免微生物傳播給其他住民或環境。

(四)環境之清潔與消毒

一般住房內的床和桌椅、地面或廁所應每天以清潔液或清水擦拭；清潔人員進行隔離室的清潔消毒時，必須戴手套和穿隔離衣，完成工作後應洗手，並脫下隔離衣送洗。一般環境可使用低濃度漂白水（100ppm漂白水，即0.01%濃度，市售漂白水5.25%稀釋500倍），若遭血液、體液、引流液或大量嘔吐物污染時，則以高濃度漂白水（500ppm漂白水，即0.05%濃度，漂白水5.25%稀釋100倍）擦拭消毒。另外，清潔區與污染區之清潔用具需分開使用，使用後洗淨清潔用具，並以漂白水消毒，最後放在固定位置晾乾。廢棄物應適當分類，感染性垃圾桶為腳踏式加蓋。

二、結論

　　由於感染的發生將導致高致病率和高死亡率，並增加醫療成本。因此，預防機構內老年人感染的策略，包括：住民和人員的健康管理與持續性監測；早期發現高感染危險住民；提升工作人員對於預防感染之認知，進而落實各項感染控制措施，如此才能有效的預防感染的發生與傳播，並避免機構內發生感染的群聚事件。

降低非計畫急診返診及再住院

　　非計畫急診返診及再住院是照護老年人常見的問題之一，台灣醫療品質指標計畫（TQIP）指出，非計畫急診返診可能是一個病人照護問題的警訊，原因可能爲治療或照護等因素，如病人未能遵從出院指導或不瞭解出院指導等等，皆可能造成非計畫性的急診返診，且返診後可能需要住院（醫策會，2008）。建議住院期間應提早做出院準備規劃，確認個案或家屬自我照顧能力，或出院後轉介急性後期照護單位（中期照護），俟病情穩定後再做老人適當的照護與安置，或選擇規律回診用藥，延續醫院慢性病個案管理師的指導與追蹤。

一、引發老年人再住院之危險因子

　　學者Hutt等人（2002）根據美國的Medicare統計指出，長期照護機構最常見住院診斷爲急性的充血性心衰竭、肺炎及泌尿道感染，而影響長期照護機構老人再住院因子爲年齡、男性、嚴重症狀、醫療照護及多重疾病者。國內學者林詩淳等人（2010）研究指出，十四天內再住院老人中，罹患慢性病前三名爲高血壓、糖尿病及腦中風，再住院老人中的

住院主要原因為肺炎及泌尿道感染。

Chuang等人（2005）探討中風病人再住院影響因素，包括：患者住院時之人口學特性、護理服務需求、出院準備服務計畫、後續醫療照護安排及照顧者特性。研究結果發現，日常生活功能障礙項目、第一次中風、傷口護理需求、接受出院安排以及出院後接受照護的地點等因素，與再住院比率有顯著相關。

綜合上述國內外文獻，引發老年人非預期性急診或再住院的原因，大多局限在慢性病照護，因此照護品質也會影響到日後合併症如肺炎及泌尿道感染等。

二、儘早做出院準備規劃

出院準備服務計畫是經由跨領域醫療團隊的評估、協調及資源提供，透過病患、家屬與醫療專業人員共同合作，確保病患出院後完整持續的照護。學者研究認為提早做出院準備服務計畫，能減少住院天數、再住院率並可增加病患的滿意度（Boling, 2009; Chow et al., 2008）。另外，許秀卿等人（2009）研究指出，出院準備服務雖無法縮短住院天數，但可以提高主要照顧者或家屬整體的滿意度，有助於病患返家後持續性的照顧與相關資源的利用。

根據學者吳秀悅等人（2007）在內科病人非預期性近期再入院研究中指出，出院準備規劃的前四項需求分別為「解說疾病病情」、「指導藥物服用方法」、「指導察覺疾病相關異常狀況」、「指導食物限制與選擇」。

以心臟衰竭病患之自我照顧行為作案例，其中以症狀的監測表現最差，需介入衛教措施改善其知識及自我照顧行為。使用「心臟衰竭患者健康照護手冊」，系統性衛教內容指導，包括心臟衰竭簡介、正確測量體重、食物選擇、按時服藥、規律運動、就醫前警訊及出院門診追蹤等知識，有效提升患者對於疾病徵象與症狀的瞭解、認識藥物，並清楚自我診斷及遵守服藥規定，全面性照護計畫可以改善心臟衰竭患者的自我

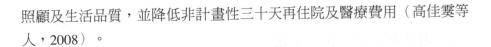

照顧及生活品質，並降低非計畫性三十天再住院及醫療費用（高佳霙等人，2008）。

三、轉介急性後期（中期照護）

中期照護（intermediate care）為銜接急性醫療與長期照護之照護單位，協助急性疾病痊癒後身心功能復健治療與照護，提供急性醫療至社區照護或長期照護之間，完整且連續的照顧服務。急性疾病緩解之後往往需要一段復原的過程，針對老年人在健康與疾病上的特殊性，急性疾病期間因為疾病治療或是臥床所產生的身體功能退化，需要建立一個整合身體功能復健、營養狀況調整及認知功能回復的健康照護服務。

中期照護的兩大主要目標是「促進自主」（promotion of independence）與「預防不必要住院」（prevention of unnecessary hospital admission），提供嶄新且完整的服務架構，包括醫院、社區醫院、照護機構與社區式照顧來達成目標。不過，中期照護並沒有一個制式的服務模式，而是依據病患的需求組合各種照顧服務資源，進而達到促進最大身心功能回復與減少住院（陳亮恭、黃信彰，2007），台灣面臨高齡化的社會來臨，政府除了進行健保DRGs制度的實施及長期照護保險規劃外，並開始在健康照護體系中架構「中期照護」。

衛生署新世代領航計畫自2009年開辦，規劃建立中期照護單位設立標準及培訓相關照護專業人才，並鼓勵及輔導護理之家發展中期照護，多元試辦中期照護服務計畫。2009年起衛生署體系陸續有屏東醫院、桃園醫院、苗栗醫院、基隆醫院等，退輔會體系則有台北等3家榮民總醫院，員山榮院、桃園榮院、龍泉榮院等12家積極發展本土化中期照護服務模式。

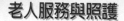

四、老人慢性病個案管理

個案管理過程包括評估、計畫、執行、合作、監控及評價服務，以院內診斷及治療高成本高危險個案為管理對象，提升個案及家屬的照護能力，追蹤個案的照護計畫（柯秀錦、白玉珠、曲幗敏，2005）。目前各家醫院均有慢性病個案管理師，包括糖尿病、肝病、慢性腎臟疾病、氣喘、高血壓、肺結核等慢性病個案管理師，可依據疾病歷程及個案家屬個別性，提供完整一系列照護計畫及追蹤，能有效協助個案家屬自我照顧能力。

五、小結

非計畫急診返診及再住院是老人照護棘手的問題，必須一一檢視就醫治療及照護過程等，把老人分成社區及機構兩部分做討論，社區老人照護著重在定期回診，配合醫院醫護人員及藥師指導，教導個案的自我照顧及家庭主要照顧者的訓練顯得特別重要；長期照護機構老人著重在機構工作人員照護品質，可參閱台灣長期照護專業協會出版之《機構品質指標監測操作手冊》，內容提供詳細的機構照護重點及收案標準，藉由非計畫性轉至急性醫院住院登錄表（月報表、年報表）記載數據，分析原因大約歸納為：因心血管代償機能減退、因骨折之治療或評估、因腸胃道出血、因感染、因其他內外科原因，藉由客觀數據實證，釐清是疾病因素或照護因素，方能提出具體改善對策，持續監測及改善策略循環以提高機構照護品質。

老年人營養評估與照護

　　營養不良是老年人常見照護問題，造成營養不良的原因有個人牙齒咬合、吞嚥、疾病因素、藥物影響、家庭經濟、照顧者等因素，易導致個案抵抗力降低，造成容易感染、再住院、延長住院天數等問題。正確評估可及早改善個案營養狀況，增強個案免疫力，降低再住院率並提升個案生活品質。因此本章節介紹評估方向及工具，評估方向包括人體學測量、生化檢查、飲食評估、營養健康狀況自我檢視表，依據上述影響老人生理問題及其他影響因素，提供適切評估及照護措施。

一、運用評估量表等工具

(一)營養篩檢表

　　由老人自我評估、家屬或照顧者協助填寫之篩檢表為「營養健康狀況自我檢視表」（如**表8-3**），另外，由醫護人員或營養師評估則使用「迷你營養評估量表」（如**表8-4**），約十分鐘即可完成。建議可以每三個月進行一次評估，迷你評估分數在17分以下為高度營養不良，需立即醫療介入評估及口服營養補充或管路灌食加強營養，分數在17-23.5分為中度營養不良，應轉介醫護人員或營養師進一步評估及建議。

(二)人體學測量

◆體重

　　台灣長期照護專業協會出版《機構品質指標監測操作手冊》指出六大品質指標之一，非計畫性體重增加或減少，定義為個案的體重在一個月內，體重增加5%或減少5%（台灣長期照護專業協會，2009）。

◆**身體質量指數（Body Mass Index, BMI）：體重Kg／身高^2（m^2）**

行政院衛生署訂定身體質量指數以18.5-24Kg/m^{2}為正常範圍，≧24.2 Kg/m^{2}為超重，≧27Kg/m^{2}為肥胖（行政院衛生署，2007）。但老年人70歲之後身體質量指數會降低，學者指出老年人身體質量指數＞25Kg/m^{2}為肥胖，＜18.5Kg/m^{2}為營養不良（陳映蓉，2001）。

表8-3　營養健康狀況自我檢視表

◎檢視並瞭解你的營養健康狀況如何？是否影響健康？ ◎營養不良的警訊常為人們所忽略，藉由這份檢視表可以幫助您或周遭的朋友，知道自己是否有營養不良的危險。 下列敘述若是符合您目前的情形，請在右欄的評分表做圈選並計算總分：		
項目	是	建議專業服務
1.我因身體不適而改變了所吃的食物種類或分量	2	營養教育、營養補充
2.我每天吃不到兩餐	3	社會服務、營養教育及諮詢
3.我很少吃水果、蔬菜、牛（羊）奶或奶類製品（起士、優酪乳等）	2	營養教育及諮詢、營養補充
4.我幾乎每天喝至少三罐（約1,000cc.）啤酒或半杯（約130cc.）烈酒（高粱或紹興），或半瓶（約300cc.）淡酒（紅酒或米酒）	2	營養教育及諮詢、心理衛生、藥物治療
5.我有牙齒或口腔的問題使我進食困難	2	營養教育及諮詢、營養補充
6.我不是經常都有足夠的金錢購買我需要的食物	4	社會服務
7.我經常獨自一人	1	社會服務、心理衛生
8.我每天服用三種（含）以上醫師所開立的處方藥	1	藥物治療
9.我沒有刻意增減體重，但過去半年來體重減少或增加約四至五公斤	2	營養教育及諮詢、營養補充、藥物治療
10.無能力製備食物且無人協助製備食物	2	營養補充、藥物治療
總分		
如果你的總分是： 0-2分：很好！六個月後再用此表重新檢視一次，觀察是否有變化。 3-5分：注意！你可能有營養不良傾向，請向營養師協助，看看他們是否可以幫助你改善你的飲食習慣及生活型態，三個月後再重新評估一次。 大於6分：當心！你的營養不良狀況已經非常明顯了，請立即向請營養師安排進一步的評估及相關專業人員與你見面。		

資料來源：Nutrition Screening Initiative: Development and Implementation of the public awareness checklist and screening tools. *Journal of the American Dietetic Association* 1992, *92*, 163-7.
台灣長期照護專業協會評估量表下載，2011年1月11日取自www.ltcpa.org.tw/public/download.html

表8-4　迷你營養評估量表

姓名：＿＿＿＿＿　性別：＿＿＿＿＿　出生日期：民國後＿＿＿年＿＿＿月＿＿＿　日期：　　年　　月

體重（公斤）：＿＿＿＿＿　　身高（公分）：＿＿＿＿＿＿＿　　膝高度（公分）：＿＿＿＿＿＿＿

營養師檢	分數	一般評估	分數
1.過去三個月之中，是否因食慾不佳消化問題、咀嚼或吞嚥困難以致進食量越來越少？ 0分＝嚴重食慾不佳 1分＝中度食慾不佳 2分＝食慾無變化	0	11.蛋白質攝取量　　　　　　　　　　是 否 　·每天至少攝取一份乳製品（牛奶、□ □ 　　乳酪、優酪乳） 　·每週攝取兩份以上的豆類或蛋類　□ □ 　·每天均吃些肉、雞鴨類　　　　　□ □ 　　0.0分＝0或1個是 　　0.5分＝2個是 　　1.0分＝3個是	0.0
2.近三個月體重變化 0分＝體重減輕＞3公斤 1分＝不知道 2分＝體重減輕1～3公斤 3分＝體重無改變	0	12.每天至少攝取二份或二份以上的蔬菜或水果 　0分＝否；1分＝是	0
3.行動力 0分＝臥床或輪椅 1分＝可以下床活動或離開輪椅但無法自由 　　　走動 2分＝可以自由走動	0	13.每天攝取多少液體（包括開水、果汁、咖啡、茶、牛奶）（一杯＝240cc.） 　0.0分＝少於三杯 　0.5分＝3～5杯 　1.0分＝大於5杯	0.0
4.過去三個月內曾有精神性壓力或急性疾病發作 0分＝是 2分＝否	0	14.進食的形式 　0分＝無人協助則無法進食 　1分＝可以自己進食但較吃力 　2分＝可以自己進食	0
5.神經精神問題 0分＝嚴重痴呆或抑鬱 1分＝輕度痴呆 2分＝無精神問題	0	15.他們覺得自己營養方面有沒有問題？ 　0分＝覺得自己營養非常不好 　1分＝不太清楚或營養不太好 　2分＝覺得自己沒有營養問題	0
6.身體質量指數（BMI）體重（公斤）／身高（公尺）^{2} 0分＝　　　　　BMI＜19 1分＝19≦　BMI＜21 2分＝21≦　BMI＜23 3分＝　　　　　BMI≧23	0	16.與其他同年齡的人比較，他們認為自己的健康狀況如何？ 　0.0分＝不如同年齡的人 　0.5分＝不知道 　1.0分＝和同年齡的人差不多 　2.0分＝比同年齡的人好	0.0
篩檢分數（小計滿分14） □大於或等於12分： 　表示正常（無營養不良危險性），不需完成 　完整評估 □小於或等於11分： 　表示可能營養不良，請繼續完成下列評估 　表。	0	17.臂中圍MAC（公分） 　0.0分＝MAC＜21 　0.5分＝MAC21～21.9 　1.0分＝MAC≧22	0.0
一般評估	分數	18.小腿圍CC（公分） 　0分＝CC＜31 　1分＝CC≧31	0
7.可以獨立生活（非住在護理之家或醫院）0分 ＝否；1分＝是	0	一般評估（小計滿分16分） 篩檢分數（小計滿分14分） MNA合計分數（滿分30分）	0
8.每天需服用三種以上的處方藥物 0分＝是；1分＝否	0		
9.褥瘡或皮膚潰瘍 0分＝是；1分＝否	0		
10.一天中可以吃幾餐完整的餐食 0分＝1餐；1分＝2餐 2分＝3餐	0	營養不良指標分數 〔MNA　17～23.5具營養不良危險性　□ 〔MNA　＜17　　營養不良　　　　　□	

（續）表8-4　迷你營養評估紀錄單

如需要作深入營養評估，請完成 full MNA®，可於www.mna-elderly.com下載。
Ref. Vellas B, Villars H, Abellan G, et al. *Overview of the MNA® - Its History and Challenges*. J Nutr Health Aging 2006;10: 456-465.
Rubenstein LZ, Harker JO, Salva A, Guigoz Y, Vellas B. Screening for Undernutrition in Geriatric Practice: Developing the Short-Form Mini Nutritional Assessment (MNA-SF). J. Geront 2001; 56A: M366-377.
Guigoz Y. The Mini-Nutritional Assessment (MNA®) Review of the Literature - What does it tell us? J Nutr Health Aging 2006; 10: 466-487.
® Société des Produits Nestlé, S.A., Vevey, Switzerland, Trademark Owners © Nestlé, 1994, Revision 2009. N67200 12/99 10M
如需更多資料：www.mna-elderly.com
台北市營養師公會評估量表下載2011年1月11日取自www.tda9701.org/m03-3.htm

◆腰圍、臀圍

　　我國國民健康局定肥胖的標準男性腰圍爲≧90公分，女性腰圍爲≧80公分；男性腰臀比爲≧0.92，女性腰臀比爲≧0.88爲肥胖（國民健康局，2004）。學者指出肥胖者有較高的風險罹患高血壓、糖尿病、心血管等疾病（邱怡玟等，2005）。

(三)生化實驗室檢查

　　基本生化實驗室檢查中以白蛋白（albumin）、血紅素（hemoglobin）、膽固醇（cholesterol）爲最普遍的營養評估指標。

　　1.白蛋白：血漿白蛋白正常值爲3.3-4.9g/dl，若低於3.5g/dl表示有營養不良情形。

　　2.血紅素：血紅素正常值男性爲14-18g/dl，女性爲12-16g/dl，文獻指出男性血紅素爲12-13g/dl，女性爲10-11g/dl爲臨界指標，血紅素過低表示貧血，容易造成缺氧。

　　3.膽固醇：總膽固醇正常值爲150-250mg/dl，若低於160mg/dl表示營養不良。

二、常見影響老年人營養之問題及照護措施

　　老年人營養之問題包括個案本身的牙齒咬合、咀嚼及吞嚥、消化吸收與排泄、疾病與藥物治療等等，並考量個案的日常生活功能相關問題，例如：行為能力、認知功能、社會經濟、情感因素等。

　　若個案有牙齒鬆動、脫落、牙周病或假牙裝置、清潔等問題，影響牙齒咀嚼的功能，照護措施應著重在牙齒與口腔衛生保健、假牙的清潔等。若個案因神經系統等疾病容易發生嚴重的吞嚥障礙，包括流口水、進餐時或進餐後嗆咳、食物殘渣留在口腔兩頰等症狀，照護措施為口腔清潔衛生，由醫療資源協助吞嚥評估、訓練及水分補充，或調整食材配方及管路餵食等替代方法。

　　老化過程身體機能逐漸衰退，容易出現食慾不佳、消化不良、便秘或腹瀉等問題，可藉由上述評估表記錄飲食狀況，並參考藥物使用或疾病等資料，提供醫師、護理師、營養師等專業人員加以評估，提供專業上的建議，適時補充足夠水分、維生素、礦物質、纖維量等照護措施。

　　若因多數慢性疾病與治療藥物，可能引起食慾改變、噁心、嘔吐、消化變差、便祕、腹瀉等問題，可由營養師指導的治療飲食，調整老年期常見慢性病飲食，搭配醫師根據定期生化檢查數據判斷疾病控制好壞，依此持續追蹤與調整。若與飲食相關的各項功能包括行動力、視力、聽力、味覺、嗅覺等，足以影響老年人的食物準備、進食能力與安全，建議專業人員如居家護理師到宅環境安全評估，改變環境或調整設施，或職能治療師建議適當輔具協助個案安全備餐。

三、小結

　　老人營養評估與照護分成社區及機構兩部分討論，社區老人照護著重在檢視個案的自我日常生活功能、備餐、牙齒咬合、咀嚼及吞嚥、消

化吸收與排泄、疾病與藥物治療等，定期回診照會醫院營養師門診，可獲得更多的諮詢及資源提供（營養講座、健康食材料理班），並配合醫院醫護人員及藥師指導，可維持更好的生活品質。長期照護機構老人除了比照上述內容，更著重在機構供餐品質、工作人員協助餵食、營造愉悅的進食環境（舉辦快樂餐、包水餃、自製月餅甜點等下午茶活動），藉由每月定期監測體重，參考上述之抽血生化報告及身體營養評估數據等，機構照護重點及收案標準可參閱台灣長期照護專業協會出版之《機構品質指標監測操作手冊》，藉由非計畫性體重增加5％或減少5％登錄表（月報表、年報表）記載數據，分析原因並提出具體改善方案，方能提高機構照護品質。

使用照護相關資源

　　台灣目前各縣市均設有「長期照護管理中心」，2003年底全國已建置25個據點。依據2007年行政院大溫暖社會福利套案「建構長期照護體系十年計畫」之定位，各縣市「長期照護管理中心」負責各縣市民眾長期照護服務需求的綜合評估，根據評估擬定照護計畫、核定服務內容，並依個案及家屬意願，提供長期照護服務及後續服務品質監控與追蹤。

　　長照十年計畫自2007年實施至今，我國所提供的長期照護相關服務及給付項目大致包括：居家服務、居家照護、居家復健、短期或臨時照顧、日間照顧（護）、機構式服務補助（含長期照護機構、護理之家、養護機構、安養機構）、營養餐飲服務、緊急救援服務、中低收入老人住宅設施設備補助改善、中低收入老人重病住院看護費補助、中低收入老人特別照顧津貼等項目。依據服務地點的不同，可分為居家式、社區式及機構式，另針對家庭照顧者提供喘息服務。2010年行政院衛生署健康照護處在「長照十年專區」公告，我國長期照護服務申請流程如**圖8-1**，長照十年計畫提供的服務項目及補助內容如**表8-5**，全國各縣市「長期照護管理中心」通訊名冊如**表8-6**。

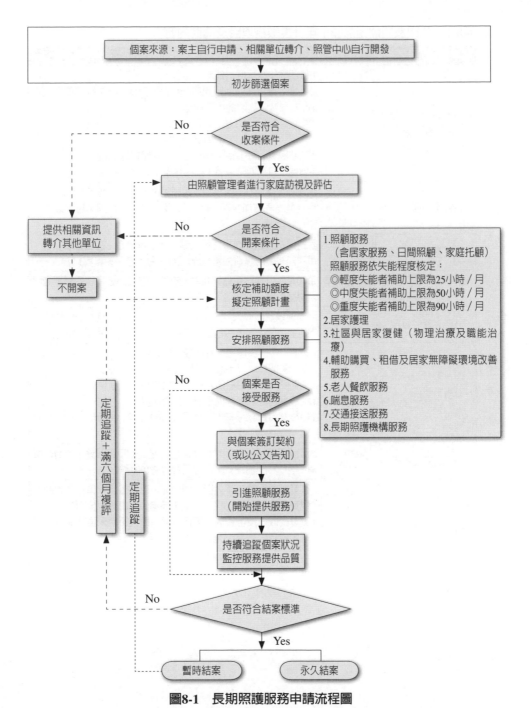

圖8-1　長期照護服務申請流程圖

資料來源：2010年行政院衛生署健康照護處「長照十年專區」公告。

表8-5　我國長期照護照顧十年計畫服務項目及補助內容

服務項目	補助內容
(一)照顧服務（含居家服務、日間照顧、家庭托顧）	1.依個案失能程度補助服務時數： 　輕度：每月補助上限最高25小時；僅IADLs失能且獨居之老人，比照此標準辦理。 　中度：每月補助上限最高50小時。 　重度：每月補助上限最高90小時。 2.補助經費：每小時以180元計（隨物價指數調整）。 3.超過政府補助時數者，則由民眾全額自行負擔。
(二)居家護理	除現行全民健保每月給付2次居家護理外，經評定有需求者，每月最高再增加2次。補助居家護理師訪視費用，每次以新台幣1,300元計。
(三)社區及居家復健	針對無法透過交通接送使用健保復健資源者，提供本項服務。每次訪視費用以新台幣1,000元計，每人最多每星期1次。
(四)輔助購買、租借及住宅無障礙環境改善服務	每10年內以補助新台幣10萬元為限，但經評估有特殊需要者，得專案酌增補助額度。
(五)老人餐飲服務	服務對象為低收入戶、中低收入失能老人（含僅IADLs失能且獨居老人）；每人每日最高補助一餐，每餐以新台幣50元計。
(六)喘息服務	1.輕度及中度失能者；每年最高補助14天。 2.重度失能者；每年最高補助21天。 3.補助受照顧者每日照顧費以新台幣1,000元計。 4.可混合搭配使用機構及居家喘息服務。 5.機構喘息服務另補助交通費每趟新台幣1,000元，一年至多4趟。
(七)交通接送服務	補助重度失能者使用類似復康巴士之交通接送服務，每月最高補助4次（來回8趟），每趟以新台幣190元計。
(八)長期照護機構服務	1.家庭總收入按全家人口平均分配，每人每月未達社會救助法規定最低生活費1.5倍之重度失能老人：由政府全額補助。 2.家庭總收入按全家人口平均分配，每人每月未達社會救助法規定最低生活費1.5倍之中度失能老人：經評估家庭支持情形如確有進住必要，亦得專案補助。 3.每人每月最高以新台幣18,600元計。

資料來源：2010年行政院衛生署健康照護處「長照十年專區」公告。

表8-6 全國各縣市「長期照護管理中心」通訊名冊 　　　99年2月更新

單位	地址	電話	傳真
基隆市長期照護管理中心	20402基隆市安樂區安樂路二段164號前棟1樓	02-24340234	02-24340344
	20145基隆市信義區東信路35巷47號2樓	02-24661280	02-24661260
宜蘭縣長期照護管理中心	26049宜蘭市民權路一段65號5樓	03-9359990 03-9314773	03-9359993
台北縣長期照護管理中心	22054新北市板橋區中正路10號2樓	02-29683331	02-29683510 02-29689242
台北市長期照護管理中心	10444台北市中山區長安西路15號3樓 （台北市身心障礙福利會館）	02-25222202	02-25111169 02-25221220
桃園縣長期照護管理中心	33001桃園市縣府路1號4樓	03-3321328	03-3321338
新竹縣長期照護管理中心	30210新竹縣竹北市光明六路10號B棟4樓	03-5518101 轉5210-5215	03-5531569
新竹市長期照護管理中心	30061新竹市竹蓮街6號3樓 （新竹市身心障礙福利服務大樓）	03-5627045 03-5628852 03-5628850	03-5628853
苗栗縣長期照護管理中心	36054苗栗市經國路4段851號2樓 （苗栗縣身心障礙發展大樓）	037-261009	037-260418
台中縣長期照護管理中心	42053台中縣豐原市中興路136號	04-25152888	04-25158188
台中市長期照護管理中心	40341台中市西區民權路105號2樓 （台中市中西區衛生所大樓）	04-22285260	04-22250161
南投縣長期照護管理中心	54062南投市復興路6號	049-2209595 049-2205885	049-2205887 049-2247343
彰化縣長期照護管理中心	50094彰化市公園路1段409號	04-7278503 04-7278490 04-7278491	04-7266569
雲林縣長期照護管理中心	64054雲林縣斗六市府文路22號	05-5352880	05-5345520
嘉義縣長期照護管理中心	61249嘉義縣太保市祥和2路東段1號3樓	05-3625750 05-3625849	05-3625790
嘉義市長期照護管理中心	60097嘉義市德明路1號（嘉義市衛生局1樓）	05-2336889	05-2336882
台南縣長期照護管理中心	72047臺南縣新營市府西路36號3樓	06-6322476 06-6323884	06-6325458
台南市長期照護管理中心	70165台南市東區林森路二段500號A棟5樓 （台南市政府無障礙福利之家）	06-2359595	06-2365410
高雄縣長期照護管理中心	81450高雄縣仁武鄉文武村文南街1號2樓 （高雄縣立老人活動中心）	07-3736397 07-3732935 07-3737013	07-3732940
高雄市長期照護管理中心	80266高雄市前金區中正四路261號2樓	07-2158783	07-2152065

（續）表8-6　全國各縣市「長期照護管理中心」通訊名冊　　　99年2月更新

單位	地址	電話	傳真
屏東縣長期照護管理中心	90054屏東市自由路272號 （屏東縣政府衛生局1樓）	08-7351010	08-7372032
屏東分站	92257屏東市華正路95號 （屏東縣老人文康中心）	08-7372500	08-7370862
高樹分站	90641屏東縣高樹鄉長榮村南昌路12-2號 （高樹鄉衛生所）	08-7960222	08-7965915
潮州分站	92044屏東縣潮州鎮南京路163號 （光華社區活動中心）	08-7882101	08-7894960
枋寮分站	94044屏東縣枋寮鄉保生村海邊路6號 （社會處枋寮區家庭福利服務中心）	08-8781101	08-8780029
台東縣長期照護管理中心	95054台東縣台東市桂林北路201號 （台東縣社會福利館）	089-357328	089-340705
花蓮縣長期照護管理中心	97060花蓮市文苑路12號3樓 （花蓮縣社會福利館）	03-8226889	03-8228934
澎湖縣長期照護管理中心	88041澎湖縣馬公市中正路115號 （澎湖縣衛生局1樓）	06-9267242	06-9278765
金門縣長期照護管理中心	89142金門縣金湖鎮新市里中正路1-1號2樓	082-334228	082-335114
連江縣長期照護管理中心	20941連江縣南竿鄉復興村216號	08-3622095 轉211	08-3625024

資料來源：2010年行政院衛生署健康照護處「長照十年專區」公告。

　　台灣長期照護專業協會網站民眾版，從相關的社會福利補助，查詢網址如下http://www.ltcpa.org.tw/public/benefit.php，以新北市長期照護管理示範中心為例，其服務項目為：

1.社區民眾保健、醫療與就業之一般問題諮詢。

2.失能（失智）者照護問題之諮詢。

3.日常生活照護問題之諮詢，如飲食、衛生、休閒等事項。

4.情緒輔導及支持。

5.長期照護機構資訊提供及轉介。

6.相關社會福利資源指引與轉介（如失能老人照顧津貼、居家服務、走失手鍊實施計畫、居家老人生命連線服務）。

7.長期照護生活輔助器材圖片展示及租借管道提供。

8.長期照護教育及宣導活動。

9.家庭照顧者訓練及支持。

問題與討論

1.請寫下老年人照護品質的六大指標之內涵。

2.請計算老年人照護品質的六大指標。

3.請解釋六大指標結果代表之意義。

4.請制定需改善之照護計畫。

5.請依不同品質的指標之照護計畫評值及修訂之。

參考書目

《老年人福利法》（2009）。「內政部社會司老年人福利」。2010年7月19日取自 http://sowf.moi.gov.tw/04/02/02_1.htm.

王復德、陳瑛瑛、顏慕庸、陳宜君、施姍汝（2007）。〈感染管制成效指標衡量〉。《感染控制雜誌》，17(6)，頁374-84。

行政院消費者保護委員會（2008）。「養護（長期照護）定型化契約範本」。2008年1月4日取自 www.ey.gov.tw/public/Attachment/7121316455371.pdf.

行政院衛生署健康照護處（2010）。「我國長期照護照顧十年計畫摘要本」。2011年1月7日取自 www.doh.gov.tw/ufile/doc/我國長期照護十年計畫摘要本.pdf.

行政院衛生署國民健康局（2004）。〈柳腰豐臀的完美對話——身體曲線與健康〉。2011年1月7日取自 http://www.health99.doh.gov.tw/TXT/PreciousLifeZone/print.aspx?TopIcNo=52&DS=1-Article.

行政院衛生署國民健康局（2007）。〈BMI測試〉。2011年1月7日取自 http://health99.doh.gov.tw/OnlinkHealth/Onlink_BMI.aspx.

吳秀悅、林淑媛、陳亞玲、黃麗利、張麗文、王佩雯、蘇佩眞（2007）。〈非預期性近期再入院內科患者之出院需求及滿足程度調查——以高雄某醫療機構爲例〉。《嘉基護理》，7(2)，頁1-9。

林詩淳、蔡坤維、江瑞坤、辜美安（2010）。〈長期照護機構中的老人再次住院的相關因素探討〉。《志爲護理》，9(3)，頁92-100。

林碧珠（2001）。〈髖骨骨折跌倒相關特性及其對老人影響之研究〉。《公共衛生》，28(1)，頁49-60。

邱怡玟、林文元、謝柏均、李佳霙、邱瓊慧（2005）。〈長期照護機構住民營養狀態評估指標之研究〉。《實證護理》，1(2)，頁112-122。

柯秀錦、白玉珠、曲幗敏（2005）。〈應用個案管理提升病人出院準備服務成效之專案〉。《護理雜誌》，52(4)，頁40-50。

徐慧娟、吳淑瓊、江東亮（1996）。〈跌倒對社區老人健康生活品質的影響〉。《中華衛誌》，15(6)，頁525-532。

財團法人醫院評鑑暨醫療品質策進會（2008）。「醫院評鑑」。2010 年7月23日，取自 http://www.tjcha.org.tw/Identify.asp.

財團法人醫院評鑑暨醫療品質策進會（2009）。「台灣醫療品質指標計畫長

期照護指標」。2009年7月19日取自http://www.tjcha.org.tw/index.asp.

高佳霙、丁紀台、葉明珍、張彩秀（2008）。〈全面性照護計畫之成效探討〉。《實證護理》，4(3)，頁233-242。

梁偉成、紀煥庭、胡名霞、林茂榮（2005）。〈社區老人跌倒機轉與傷害嚴重程度〉。《物理治療》，30，頁105-15。

許秀卿、陳志道、蕭芝殷、劉玉玲（2009）。〈出院準備服務之效果評估及影響出院後照顧模式之相關因素探討〉。《台灣家醫誌》，19(4)，頁192-202。

陳亮恭、黃信彰（2007）。〈中期照護：架構老年健康服務的關鍵〉。《台灣老年醫學雜誌》，3(1)，頁1-11。

陳映蓉、林麗眞（2001）。〈營養評估〉。《藥學雜誌》，17(1)，頁7-15。

黃恆峻、詹瑞棋（1998）。〈老年人常見的問題〉。《臨床醫學》，42，頁112-116。

黃惠璣（2004）。〈銀髮族之運動〉。《中華民國長期照護雜誌》，8，頁11-23。

黃惠璣、吳森琪、黃久秦、蘇秀娟、林文絹（2007）。〈探討教育課程及髖部保護墊對養護機構照護人員減少使用身體約束之成效〉。國科會研究計畫。

黃惠璣、吳森琪、蘇秀娟、林季宜、馬霏菲（2008）。〈機構住民使用身體約束之芻議〉。《台灣老年人保健學刊》，4(1)，頁23-38。

黃惠璣、李中一（2009）。〈某市養護機構住民身體被約束之狀況及相關因素之研究〉。《台灣衛誌》，28(2)，頁132-143。

黃惠璣、林季宜、王寶英（2007）。〈老年人或失智老年人跌倒危險因子之初探〉。《台灣老年人保健學刊》，3(1)，頁1-13。

楊嘉玲（2001）。〈護理之家照護品質指標：以老年住民、家屬以及護理人員的觀點探討〉。《台灣公共衛生雜誌》，20(3)，頁238-247。

衛生署疾病管制局（2011）。〈人口密集機構感染控制措施指引〉。2011年4月15日取自：http://www.cdc.gov.tw/ct.asp?xItem=13390&ctNode=1887&mp=1.

醫師法（2007）。「全國法規資料庫」。2010年7月19日取自http://law.moj.gov.tw /Scripts/.

護理人員法（2007）。「全國法規資料庫」。2010年7月19日取自http://law.moj.gov.tw/Scripts/.

Abreu, N., Hutchins, J., Polizzi, N. & Seymour, C. J. (1998). Effect of group versus home visit safety education and prevention strategies for falling in community-dwelling elderly persons. *Home Health Care Management & Practice, 10*(4), 57-63.

Barakzai, M. D., & Fraser, D. (2008). Assessment of infection in older adults. Signs and symptoms in four body systems. *Journal of Gerontological Nursing, 34*(1), 7-12.

Black, K. & Haralambous, B. (2005). *Barriers to Implementing Restraint Free Care Policies*. National Ageing Research Institute: Australia.

Boling, P. A. (2009). Care transitions and homehealth care. *Clinics in Geriatric Medicine, 25*(1), 135-148.

Brook, R. H., McGlynn, E. A., & Shekelle, P. G. (2000). Defining and measuring quality of care: A perspective from US researchers. *International Journal for Quality in Health Care, 12*(4), 281-295.

Castle, N. G. & Mor, V. (1987). Physical restraints in nursing home: A review of the literature since the Nursing Home Reform Act of 1987. *Medical Care Research Review, 55*, 139-170.

Chen, Y. Y., Wang, F. D., Liu, C. Y., & Chou, P. (2009). Incidence rate and variable cost of nosocomial infections in different types of intensive care units. *Infection Control and Hospital Epidemiology, 30*(1), 39-46.

Chow, S. K., Wong, F. K., Chan, T. M., Chung, L. Y., Chang, K. K., & LEE, R. P., (2008). Community Nursing Services for Postdischarge Chronically Ill Patients. *Journal of Nursing and Healthcare of Chronic Illness in Association with Journal of Clinical Nursing, 17*(7b), 260-271.

Chuang, K. Y., Wu, S. C., Ma, A. H., Chen, Y. H., & Wu, C. L. (2005). Identifying factors associated with hospital readmissions among stroke patients in Taipei. *Journal of Nursing Research, 13*(2), 117-28.

Cook, C. & Thompson, B. (2002). Reliability and validity of servqual scores used to evaluate perceptions of library service quality. *The Journal of Academic Librarianship, 26*(4), 248-258.

Cumming R. G. & Klineberg R. J. (1997). Fall frequency and the risk of hip fracture. *The American Geriatrics Society, 42*, 774-778.

Currier, G. W. & Allen, M. H. (2000). Physical and chemical restraint in the psychiatric emergency service. *Psychiatric Services, 51*(6), 717-719.

Donabedian A. (1966). Evaluating the quality of medical care. *Milbank Memorial*

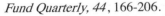
Fund Quarterly, 44, 166-206.

Eaton, J. S. (2003). Accreditation and reaccreditation and recognition in the United States. Trade in Educational Services: Trondheim, Norway. www.bc.edu/bc_org /avp/soe/cihe/ihec/policy/USAccreditation.pdf, available at 30th July, 2010.

Fahey, T., Montgomery, A. A., Barnes, J., & Protheroe, J. (2003). Quality of care for elderly residents in nursing homes and elderly people living at home: controlled observational study. *British Medical Journal, 326*, 580-590.

Gallagher, E. M. (1997). The STEPS project: Participatory action research to reduce falls in public places among seniors and persons with disabilities. *Canadian Journal of Public Health, 88*(2), 129-133.

Haywood-Farmer, J. (1988). A conceptual model of service quality. *International Journal of Operations & Production Management, 8*(6), 19-29.

Henneman, E. A. & Cunningham, H. (2005). Using Clinical Simulation to Teach Patient Safety in an Acute/Critical Care Nursing Course. *Nurse Educator, 30*(4), 172-177.

Huang, H. C. (2004). A checklist to assist assessment of risk of fall in older people. *Journal of Nursing Research, 12*, 131-142.

Huang, H. C., Gau, M. L., Lin, W. C., & Kernohan, G. (2004). Assessing risk of falling among older adults. *Public Health Nursing, 20*, 399-411.

Huang, H. C., Lee, C. H., Wu, S. L. (2006). Hip protectors: a pilot study of the elderly in Taiwan. *Journal of Clinical of Nursing, 15*, 436-443.

Huang, H. C., Liu, C. Y., Huang, Y. T., Kenahan, G. (2010). Community-based Interventions to Reduce Falls among Older Adults in Taiwan- Long-time Follow-up Randomised Controlled Study. *Journal of Clinical Nursing, 19*(8), 959-968.

Hutt, E., Ecord, M., Eilertsen, T. B., Fredericksom, E., & Kramer, A. M. (2002). Precipitants of Emergency Room Visits and Acute Hospitalization in Short-Stay Medicare Nursing Home Residents. *Journal of American Geriatrics Society, 50*, 223-229.

Joint Commission on Accreditation of Healthcare Organizations (1991). *Standards and Accreditation for Durable Medical Equipment Providers*. IL: Joint Commission Resources.

Joint Commission on Accreditation of Healthcare Organizations (2006). Statement from JCAHO regarding health care worker immunization recommendations from teh Centers for Disease Control and Prevention. Joint Commission News. Available at: www.jcaho.org/news. Accessed 27 February 2010.

Joint Commission on Accreditation of Healthcare Organizations (2002). *Comprehensive Accreditation Manual for Long Term Care*. IL: Joint Commission Resources.

Kane, R. L., Williams, C. C., Williams, T. F. & Kane, R. A. (1993). Restraining Restraints: Changes in a Standard of Care. *Annual Review of Public Health, 14*, 545-584.

Kannus, P., Parkkri, J., Niemi, S., et al., (2000). Prevention of hip fracture in elderly people with use of a hip protector. *The New England Journal of Medicine, 21*(343), 1506-1513.

Katz, J. & Green, E. (1992). *A Guide to Monitoring & Evaluating Nursing Services*. Mosby-Year Book, p. 26.

Lajoie, Y. & Gallagher, S. P. (2004). Predicting falls within the elderly community: comparison of postural sway, reaction time, the Berg balance scale and the Activities-specific Balance Confidence (ABC) scale for comparing fallers and non-fallers. *Archives of Gerontology and Geriatrics, 38*(1), 11-26.

Leipzig, R. M., Cumming, R. G. & Tinetti, M. E. (1999). Drugs and falls in old people: A systematic review and meta-analysis: 1. Psychotropic drugs. *J Am Geriatr Soc., 47*, 30-39.

Mody, L., Langa, K. M., Saint, S., Bradley, S. F. (2005). Preventing infections in nursing homes: a survey of infection control practices in southeast Michigan. *American Journal of Infection, 33*(8), 489-92.

Naylor, M. D. (2003). Nursing intervention research and quality of care: Influencing the future of healthcare. *Nursing Research, 52*(6), 380-385.

Nicholas, G. C. (1999). Quality improvement and top management in nursing home. *Journal of Quality Management, 4*(1), 95-109.

Parker, M. J., Gillespie, L. D. & Gillespie, W. J. (2003). Hip protectors for preventing hip fracture in the elderly. *The Cochrane Library, 1*, 1-15. Oxford: Update Software.

Phillips, C, D., Hawes, C., Morris, J., Mor, V., Fries, B. (1996). Facility and area variation affecting the use of physical restraints in nursing homes. *Medical Care, 34*(11), 1149-1162.

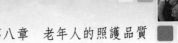

Segui-Gomez, M., Keuffel, E. & Frick, K. D. (2002). Cost and effectiveness of hip protectors among the elderly. *International Journal of Technology Assessment in Health Care, 18*(1), 55-66.

Smith, P. W., Bennett, G., Bradley, S. F., et al. (2008). Infection prevention and control in long-term care facilities. *Infection Control and Hospital Epidemiology, 29*(7), 785-814.

Tinetti, M. E., Williams, C. S. & Gill, T. M. (2000). Dizziness among older adults: A possible geriatric syndrome. *Annals of Internal Medicine, 132*(5), 337-344.

Tinetti, M. E., Liu, W. L., Marottoli, R. A. & Ginter, S. F. (1991). Mechanical restraint use among residents of skilled nursing facilities: Prevalence, patterns, and predictors. *The Journal of the American Medical Association, 265*(4), 468-471.

Watanabe, S. (1991). The Japanese quality control circle: Why it works. *International Labor Review, 130*, 1.

Wiener, S. L., Andersson, G. B. J., Nyhus, L. M. & Czech, J. (2002). Force reduction by an external hip protector on the human hip after falls. *Clinical Orthopaedics and Related Research, 398*, 157-168.

World Health Organization (2005). Abuse of the elderly: World report on violence and health. pp. 125-140. Retrieved October 13, 2005, from www.who.int/violence _injury_prevention/chap5.

Yeh, S., Hsiao, C., Ho, T., et al. (2004). The effects of continuing education in restraint reduction on novice nurses in intensive care units. *Journal of Nursing Research, 12*, 32-45.

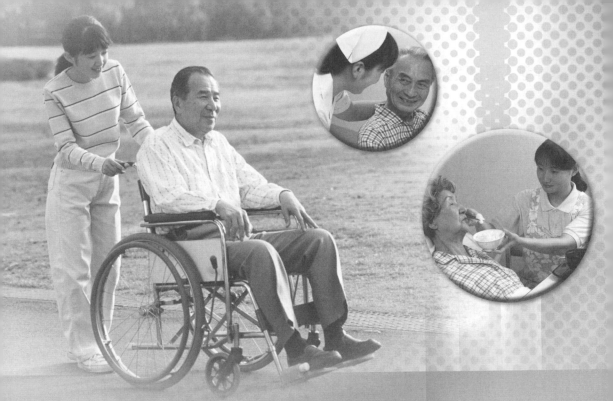

第九章

● ──詹鼎正

老人的用藥安全

學習重點

1. 學習藥品的定義與破除用藥文化迷思。

2. 熟悉老化對藥物動力學及藥物效力學的影響。

3. 瞭解如何評估用藥適當性，並熟知Beers潛在性不適當用藥準則。

4. 如何站在醫師、藥師、病人等不同的角色，一起為增進用藥安全把關。

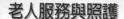
前言

兵者，凶器也；聖人不得已而用之。藥品是醫師們治療疾病的利器，但因藥品使用帶來的不良反應，也常有聽聞。任何醫療處置，都有其可預期的好處（benefit），以及可能產生的風險（risk）。藥品使用的終極目標，是得到最大的療效和最少的副作用及不良反應。「用藥安全」（medication safety）的觀念，即是著重在如何使用系統化及個人化的方式，減少因使用藥品帶來的風險。老年人常患有多種疾病，需要使用多種藥品來治療，又加上年齡相關的藥品動力學與藥品效力學變化，對許多藥品的反應，不管是療效或副作用，都與成年人不盡相同，比較容易產生用藥相關問題（drug-related problems），影響用藥安全。這一個章節的目的，是希望藉由探討正確的用藥觀念，來增進用藥安全，提升老年照護的品質。

什麼是藥品？

我國的《藥事法》中，將藥物分為藥品及醫療器材。而藥品又分為原料藥、製劑及成藥。用比較白話的文字來定義，凡能診斷、治療、減輕、預防人體疾病症狀，能影響人類身體結構及生理機能的物質或混合物都是藥品。合法的中、西藥會有藥品許可證，並要求在說明書中標示主要成分、含量、用法、用量、主治效能、性能或適應症、副作用、禁忌及其他注意事項。標示中很清楚地指出，藥品有其療效，也一定有某一程度的副作用。

比較有爭議的部分是健康食品。我國的《健康食品管理法》中所稱健康食品，指具有保健功效，並標示或廣告其具該功效之食品。該法所稱之「保健功效」，係指增進民眾健康、減少疾病危害風險，且具有實

質科學證據之功效，非屬治療、矯正人類疾病之醫療效能。仔細看看健康食品的定義，似乎可以「預防」疾病，也會「影響人類身體結構及生理機能」，要把這些健康食品歸類為廣義的藥品，應該是無可厚非的。但健康食品的標示中，只要求內容物名稱及其重量或容量、食品添加物之名稱、核准之功效、攝取量、食用時應注意事項及其他必要之警語及營養成分及含量，並不需標示產品的「副作用」。

　　難道健康食品一定安全沒有副作用嗎？魚油可降低血中三酸甘油酯，許可證上的警語是：(1)併用抗凝血劑時需注意，可能會有出血時間延長現象，需嚴密監測並適時調整抗凝血劑；(2)肝功能不良病人應定期監測肝功能指數。所以說健康食品的副作用或不良反應，可能只有在「警語」中才看得到。第一代的降膽固醇statin類的藥品，其實是從紅麴中提煉出來的，紅麴的許可證中保健功效相關成分，也強調是「HMG-CoA還原酵素抑制劑」，與statin類藥品機轉相同。理論上statin類藥品有的副作用，如肝功能異常，紅麴應該是難以倖免。知名的醫學期刊 *Annals of Internal Medicine* 在2008年就報導了因服用紅麴而產生肝炎的個案。臨床醫師與藥師都不建議紅麴與statin藥品併用，這樣等於是重複用藥，更容易產生不良反應。

　　個人以為，如果健康食品也如同藥品一樣，規定上市前、後都應該針對不良反應或副作用作統計報告，才能夠真實反應數據。如statin類藥品使用者小於3%會有肝功能的問題，但是紅麴使用者的肝功能異常的相關數據真的沒有人知道。

♀ 十大「用藥文化迷思」

　　正確的用藥觀念，是達到用藥安全的第一步。以下提出幾個常見的用藥迷思。這些迷思常常有部分是正確的，所以才會這麼多人相信，但其中總是有些似是而非的部分是需要修正的。

一、吃藥可以「有病治病，無病強身」

　　藥物是用來診斷、治療、減輕、預防人體疾病症狀，有病治病是對的，但是無病強身是有問題的。如果說把「無病強身」視為「預防疾病發生」，某些藥品可能有這樣的效果。如每天服用一顆低劑量的阿斯匹靈，可以減少心血管疾病的發生，但是大家也都知道阿斯匹靈可能有腸胃道出血的副作用，只有預期效益大於預期風險時，才建議使用。而許多中、草藥和健康食品的訴求就是「改善體質，增進健康」，個人的建議是服用前還是要確定有沒有足夠的臨床證據支持所聲稱的療效，同樣的也要注意副作用的大小。舉例來說，某一含免疫球蛋白的奶粉健康食品得到許可證時，提出的「保健功效」是動物實驗可降低腸道細菌感染，有助於增加腸內益生菌，但使用在人類身上並不一定有同樣效果。

二、看到藥品說明書上眾多的副作用就不敢服用

　　藥品說明書上，常會洋洋灑灑列出了數十種可能的不良反應，不少病人看了說明書後，就不願服用醫師開立的藥品。筆者再三強調，合理的用藥，目標是預期的好處遠大於預期的壞處。拿治療膽固醇的statin類藥品為例，每天服藥，幾乎100%體內膽固醇的指數都會降低，只是每個人降下來的程度不同，以及有些人可以達到預設的控制目標，有些人無法達成而已。這一類藥品最令人擔心的兩個副作用，肝功能惡化發生的比例是小於3%，而橫紋肌溶解症產生的機會可能數十萬人才有一個。另外，藥品說明書上可能會提到一些常見但是看起來不太嚴重的副作用，如肚子痛（4%左右）、便秘（2.5%）、脹氣（<3%）、消化不良（<3%）、頭痛（2.5-17%）等。這些數據看來，它產生好處的機會是遠大於產生副作用之機會的。因害怕副作用而不敢服藥，並不明智。個人建議至少給藥品一個機會，服用一段時間，如果真的發生了不良反應，

也可能因嚴重度的不同來調整，不一定是要停藥。例如有些人用了statin
後肝功能有變化，目前的指引是只要不超過標準值上限的5倍（指數約
150），是可以定期抽血觀察不需要停藥的。而上述的腸胃道副作用，
如果病人可以忍受，也不需要停藥。

三、中、草藥或健康食品比西藥溫和，副作用少，而且天然的比合成的好

　　這樣的說法也很少有足夠的證據支持。如果真的要分出優劣，最好
的方法可能是將同一療效的中、草藥、西藥、健康食品，經由隨機分配
雙盲研究的方法，分給三組病人使用，才能看出藥效與副作用是否有差
別。很多時候，中、草藥及健康食品的副作用，沒有系統性的統計，很
難知道到底有幾種，及發生的機會有多大。有時會聽到健康食品的業者
說，服用的初期會有「瞑眩或排毒反應」，可能會拉肚子及身體不適。
只要過了一段時間就會好。這樣的說法與醫師對病人說：「這一顆糖尿
病的藥品，開始吃的時候會有腸胃道不適，便秘或拉肚子、脹氣都有可
能，如果持續服用，適應後副作用會漸漸消失。」似乎沒什麼兩樣，
只是說法不同而已。天然的藥品一定比合成的好嗎？也不一定。洋地黃
（digitalis）這種植物有強心劑的作用，臨床上也純化提煉出digoxin這種
藥品，現在都是人工合成，似乎不再有人會拿洋地黃來治病。事實上，
除非含有雜質，藥品的藥效與不良反應只與藥品成分有關，與該成分來
源無關。

四、中西藥併用有互補作用，而且只要分開幾小時服用，就不會產生交互作用

　　有些服用西藥的病人，會同時服用中藥來「調理身體，改善體
質」，希望藉由中西合璧來增加療效。例如為了控制高血壓，常需要同

時使用幾種不同機轉的西藥，合併藥物來增加療效理論上是可行的，但是問題出在「中西合璧」。中西藥的醫理完全不同，目前也沒有大規模的人體研究來探討中西藥併用是否有效，有沒有明顯的交互作用，或是不可預期的副作用。所以通常不建議合併使用。很多長者會說，只要中西藥彼此間隔數小時服用，就不會有交互作用。這樣的觀念也是不完全正確。如果交互作用是因為兩類藥品會妨礙彼此吸收，那麼間隔服用是有效的。例如西藥中鈣片及胃乳片常會妨礙其他藥品吸收，所以常建議這些藥品與其他藥品分開一段時間服用。但如果交互作用是發生在藥品代謝或排除，分開服用是沒有幫助的。

五、打針一定比口服藥有效

針劑的好處是不需要經過腸胃道吸收及肝臟代謝，就直接進入血液中產生效果，所以通常藥效產生的時間比口服藥快。例如嗎啡類止痛藥針劑可能幾分鐘內可以感受到效果，用吃的可能要三十分鐘左右才會產生藥效。嚴重感染時，為了讓抗生素快速在血中達到有效濃度，通常也會使用針劑。如果腸胃道或肝臟有病變，有時口服藥品無法順利吸收，這時使用針劑也有其必要性。另外，口服藥品經肝臟代謝後，部分會失去活性，所以要達到同樣的效果，針劑的劑量通常會比口服藥小一些。如30單位的口服嗎啡，與10單位的針劑止痛程度類似。如果使用了足夠的劑量，在不緊急的情況下，針劑與口服藥品的功效是相當的。

六、生病要打點滴才會快好

許多病人都覺得生病（尤其是住院）的時候一定要打點滴，也有診所會說感冒打一瓶點滴，加些特效藥才會好得快，這些說法大部分沒有實證根據。住院的病人有急性中風、脫水、失血、休克，或是無法經腸胃道進食等等明確適應症時，靜脈輸液是必須的，但絕對不是每一個病

人都要打點滴。而且打點滴也不是沒有副作用的，病人水灌多了，常會有水腫的現象，如果是心臟功能不好的老人家，甚至可能灌到心衰竭喘起來。住院打過點滴的人一定會發現，要拿著點滴瓶、點滴架去上廁所都是一個大工程；三不五時也聽過住院的老人家被下床時點滴的管路絆倒而受傷。所以老年醫學特別強調儘早移除住院病人身上的管路，如靜脈導管、鼻胃管、尿管、氧氣管等，才能多鼓勵病人下床活動，恢復生活功能。感冒來自病毒，除了「克流感」（Tamiflu, Oseltamivir）等抗病毒藥，其他的藥品大多是症狀治療，如止痛、退燒、消腫、止咳、減少鼻塞、流鼻水等。而所謂治療感冒的點滴，除了生理食鹽水外，成分大多也是症狀治療藥品，可能會加一些綜合維他命，有些醫師會加一些類固醇。之前提到針劑的作用可能比口服藥快，所以從學理上來看，這些藥可能會快速緩解症狀，暫時比較舒服，但是感冒多久會好，決定於個人的免疫力，並不會因為使用症狀治療的藥品而好得快。尤其，某些診所施打類固醇，並不會告知病患，類固醇使用多了，相關的副作用可能會一一產生。

七、沒有吃完的藥要存起來，以備不時之需

這樣的說法，存在三個問題：第一，為什麼會有沒吃完的藥呢？如果是高血壓、糖尿病、高血脂等慢性病用藥，應該按醫囑每天服用。其實是不應該有剩藥的。剩藥代表的是「服藥遵從性不良」，會讓慢性病得不到適當的控制。如果是像感冒藥、止痛藥等症狀治療藥品，症狀改善後不再服用是可以接受的，而剩下的藥放在冰箱存起來，也不是不可以。而第二個延伸出來的問題是，到底這些剩藥放多久還有效呢？如果從醫療院所拿到的藥是整盒的，上面可能有保存期限，可是散裝的藥品就無從查起了。所以就算要存起來用，也盡量要在短時間內用完。曾經有病人不知道家裡的「硝化甘油」（NTG）舌下含片已經過期失效，心絞痛時怎麼含都沒有用，最後還是送醫急救。第三個問題是，這些剩藥是給自己吃還是給別人吃呢？雖然大家都知道藥品最好是服用醫師開

給自己的，有時為圖一時方便，還是會去吃親朋好友的剩藥。例如爺爺會去吃醫師開給奶奶的安眠藥，或是奶奶吃了醫師開給孫女的感冒藥等等。運氣好的時候可能沒事，運氣不好時也曾見過服用他人藥品嚴重過敏、休克的例子。老人家常常患有許多疾病，服用多種藥品，更要特別注意不要隨便服用他人的藥物。例如本身在吃抗凝血劑的老人家，吃了某些特定的抗生素，會大大增加體內抗凝血劑的濃度，因而上升出血的機率，所以醫師開立這些抗生素的同時，會減少抗凝血劑的劑量，並抽血確認藥量的調整是否適當。老人家沒有去看醫生，自己服用了別人的抗生素，是一件相當危險的事。

八、「吃好多相報」，覺得對自己有效的藥品要推薦給親友

藥品的選擇，要考慮的變項很多，某甲適合的藥品，對某乙不一定合用，所以不建議病人拿自己當「見證」，推薦別人也服用相同的藥品。這個問題在健康食品的使用上會比較明顯。由於產品的認定上是食品，不是藥品，不需要處方，通常是靠口耳相傳來銷售。而另外邀請明星試用、代言、現身說法，也是類似的情況，請名人作見證，為產品背書。

九、藥愈貴愈有效

由於藥品的研發不易，成本日益升高，新上市的藥品通常比老藥貴，另外原廠藥通常比過了專利期後其他藥廠製造的學名藥貴。但藥一定是愈貴愈好嗎？其實也不一定。例如thiazide類利尿劑降血壓的效果，也不會比血管收縮素轉化酶抑制劑（angiotensin converting enzyme inhibitor, ACEI）類或是鈣離子阻斷劑（calcium channel blocker, CCB）類效果差。但是利尿劑比其他兩類藥便宜得多。而美國相當有名的藥品回顧評估工具——「用藥適當性指標」（Medication Appropriateness

Index）中，就將醫師為病人開立有效又符合經濟效益的藥品，列為重點之一。媒體也不時報導，詐騙集團也會利用民眾迷信昂貴藥品的心態，將本來相當便宜的藥品另行包裝，或號稱祖傳祕方，高價賣出，賺取數十倍的不當利潤。另外，許多成分相差不多的健康食品，價格上的差異卻很大，還有賴消費者細心選擇，才不會作冤大頭。

十、慢性病用藥一定要終身服用，所以愈晚使用愈好

這樣的說法其實是倒果為因。許多慢性病，其實是長期生活型態不佳的產物。現代人肥胖及運動不足，常會導致高血壓、糖尿病、高血脂、高尿酸等慢性病。所有的臨床指引都會說，這一類慢性病治療的第一步是改變生活型態，少鹽、少糖（澱粉類）、少油、減重、多運動。然而冰凍三尺非一日之寒，大部分的病人經過一陣子努力之後，還是沒有辦法達到控制目標。這時候就會開始使用藥品。筆者常會對病人說，藥品使用後，如果生活型態調整繼續，而且病情改善，是有機會減藥，甚至完全不需用藥的。但是病人要付出的努力很多，很多人減重到達一個瓶頸之後，無法持之以恆，只好持續服藥控制。

❓ 老化對藥物動力學及藥物效力學的影響

藥物動力學（pharmacokinetics）研究的是藥物從服用到完全由人體中排除的歷程。老化對藥物動力學的四大指標：吸收（absorption）、分布（distribution）、代謝（metabolism）與清除（elimination）均有程度不一的影響。藥物效力學（pharmacodynamics）研究的是藥物的作用機轉，影響藥品作用的因素及藥品如何在人體內產生效果，而所謂的效果是指除了療效以外，也包含了藥物對人體帶來的不良反應（副作用）。同樣的，老化對藥物效力也有一定程度的影響。瞭解這些變化，才能趨吉避凶，增進用藥安全。

一、吸收

　　老化對吸收的影響不大。生體利用率（bioavailability）大部分不會隨著年齡而產生變化。但老年人胃酸分泌減少、胃排空延緩，使得藥品在胃內停留時間延長，可能會增加「非類固醇消炎止痛劑」（NSAID）造成胃潰瘍之危險性。老化使得胃腸道主動運輸功能降低，因而使得經由主動運輸吸收進入體內之鈣、鐵、維生素B1及B12，吸收減少。

二、分布

　　隨著人體的老化，瘦肉組織（lean body mass）與身體水分相對減少，而脂肪組織相對增加。親水性藥品（如毛地黃）分布體積下降，藥品血中濃度可能增加，而產生毒性。親脂性藥品（如鎮靜劑diazepam）分布體積相對增大，容易蓄積在體內，延長藥品作用時間，容易造成意識混亂，頭昏腦脹。

　　許多藥品在服用後大部分會與體內的蛋白質結合，只有小部分釋放在血液中的游離藥品（free drug）才有臨床效用。而體內白蛋白（albumin）濃度的變化會明顯地改變游離藥品濃度。舉例而言，99%以上的warfarin與albumin結合，而albumin的濃度隨老化而減少，所以在給予同樣的劑量下，老年人血液中的游離藥品濃度會比成年人高。這也就是為什麼老年人只需要較小劑量的warfarin就可以達到相同的抗凝血效果。另外要注意的，albumin的濃度在任何疾病的急性期或營養失調時常會顯著下降，任何與albumin高度結合的藥品可能都需要調整劑量。

三、代謝

　　肝臟是最重要的代謝器官。其代謝過程分為兩期：第一期代謝反應

包含氫氧基化（hydroxylation）、氧化（oxidation）、還原（reduction）與脫烷基化（dealkylation）。大部分的代謝產品活性比服用的藥品低，但有些藥品經由第一期代謝反應後的產物反而毒性增強。meperidine是很常用的止痛劑，其代謝物normeperidine的活性就比meperidine還強，長期的累積會有嚴重的神經毒性。第二期代謝反應包含醛醣酸化作用（glucuronidation）、接合作用（conjugation）與乙烯化（acetylation）。其代謝產物通常活性低、親水性高，容易排除在尿液或膽汁中。

　　老化會造成肝臟大小、質量與血流的減少，所以整體肝臟的代謝能力降低。除了年齡之外，抽菸、喝酒、飲食、藥品、疾病皆可影響肝臟代謝功能。老化對肝臟第一期代謝的影響甚鉅，而第二期代謝的能力卻不受影響。也就是說，以第二期代謝反應為主的藥品（像是lorazepam）比以第一期代謝反應為主的藥品（像是diazepam）用在老年人身上相對地較為安全。

　　藥品從腸胃道吸收後會先經過肝臟代謝才進入血液中，這個過程稱為「首度效用」（first pass effect）。舉例而言，5mg的hydromorphone經過首度效用後，只有1mg到達血液中，這也就是靜脈注射hydromorphone的劑量只要口服劑量的五分之一的原因。當老人的肝臟代謝變差，首度效用下降，同樣服用5mg的hydromorphone，可能有2mg的藥品在血液中產生作用的可能性。所以老年人對嗎啡類止痛藥的需求劑量通常比成年人小。

　　肝臟細胞色素P-450（Cytochrome P-450）系統和藥品與藥品間之交互作用（Drug-Drug Interaction, DDI）：肝臟氧化作用的酵素中，cytochrome P-450（CYP）族群有著很特殊的地位。在健康成年人之中，不同CYP酵素對藥品的代謝率可以差到6倍之多。常見代謝藥品的CYP酵素有六大種：CYP1A2、CYP2C9、CYP2C19、CYP2D6、CYP2E1與CYP3A4。

　　一個藥品可以是CYP酵素的受質（substrate）、抑制劑（inhibitor）或是誘導劑（inducer）。當某個受質藥品與某種抑制劑同時使用時，可能造成受質藥品的代謝變慢，而使血中藥品的濃度增加。一個有名的例

子是warfarin與levofloxacin同時使用時，會讓warfarin濃度增加而造成出血。而更複雜的是，一種藥品同時可以是受質、抑制劑或誘導劑，也可以被不只一種CYP酵素，所以當老人家同時使用多種藥品的時候，不發生藥物交互作用幾乎是不可能的。個人建議使用MicroMedex或類似資料庫來檢查病人服用的各種藥品之交互作用。這些軟體大多一次可以輸入病人的所有用藥，找出兩兩藥物之間的DDI與可能造成的後果。當然，有DDI不代表病人一定有不良反應，也不是有DDI的藥物就不能使用。如前述levofloxacin與warfarin的例子，只有病人在急性感染使用levofloxacin的期間，先行減少warfarin的劑量，並追蹤凝血酶原時間（prothrombin time），病人還是可以很平順地度過這段療程的。至於三個以上藥物間的複雜交互作用，市面上的軟體無法提供精確的資訊，還是要靠醫師的警覺心。前一陣子有一個印度的研究發現，使用一顆稱為polycap內含aspirin、atenolol、 hydrochlorothiazide、ramipril及simvastatin的藥品組別的病人，比單純使用simvastain組別的病人低密度脂蛋白（LDL）降低的效果差。其中的一種可能的推論就是同時服用多種藥品可能有一些無法測知的DDI，從而減少simvastatin的療效。所以老年醫學十分重視精簡用藥，減少不必要、沒有明確適應症的藥品，也減少DDI的發生機率。

四、清除

清除是指藥品服用後，最後排出人體的步驟。通常藥品是經過腎臟尿液排出，或是經由膽汁從糞便中排出。腎臟功能的變化對許多藥品的清除有著決定性的影響。中年以後，腎小球過濾率（Glomerular Filtration Rate, GFR）每年約減少1%左右，腎小球過濾率在臨床上常以肌酸酐清除率（Creatinine Clearance, CrCl） 來表示。而對老年人來說，血清中的肌酸酐（creatinine）濃度並不能反應腎臟的功能。在所有預測肌酸酐清除率的公式中，Cockoft-Gault 公式是最常被使用的：

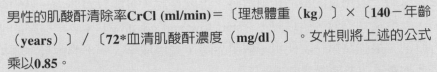

男性的肌酸酐清除率**CrCl (ml/min)＝〔理想體重（kg）〕×〔140－年齡（years）〕／〔72*血清肌酸酐濃度（mg/dl）〕**。女性則將上述的公式乘以**0.85**。

男性的理想體重＝**50**公斤＋**〔2.3**公斤×（身高公分－**152**）〕／**2.54**

女性的理想體重＝**45.5**公斤＋**〔2.3**公斤×（身高公分－**152**）〕／**2.54**

　　很多時候，用實際體重來代替理想體重算出來的值也不會相距甚遠。

　　舉例來說，一個80歲、50公斤、creatinine為1mg/dl的女性（正常值＜1.3mg/dl），GFR只剩下40ml/min左右，已經是第三期的慢性腎病。當肌酸酐清除率計算出來後，大部分的藥典都會提供腎臟功能缺損時的調整劑量。但是，預測畢竟有誤差，如果腎臟功能真的不好，臨床上還是建議盡量避免使用100%從腎臟排除的藥品，以減少有毒物質的累積。另外，很多藥品也會建議當腎功能不好到某種程度時，盡量避免使用，如治療糖尿病的metformain，使用禁忌症之一就是男性creatinine＞1.5 mg/dl，女性creatinine＞1.4mg/dl。

五、老化對藥物效力學的影響

　　大部分老化對藥物效力的影響（age-related changes in pharmacodynamics）可以經由老化對藥物動力學的改變來解釋。例如之前提到的，老化使血液內albumin濃度降低，所以老年人對warfarin的需求劑量較低。但是亦有研究顯示，藥物動力學的變化不能夠完全解釋老人家對warfarin敏感度的提升。老化也同時減低了凝血因子合成的速度，也因此老人家不需要那麼多的warfarin就可以達到抗凝血的效果。再舉例來說，除了肝臟的代謝因老化而減緩之外，大腦對這些藥物的敏感度也因老化而增加，所以老年人對嗎啡類藥品的需求劑量減少也是來自藥物動力學與藥物效力學變化的雙重影響。

　　綜合上述，大部分老化對藥物動力學與藥物效力學的影響，是會讓

老人家對一般劑量的藥品相對敏感，也就是說，可能只需要少一點的藥品，就能達到療效，所以說，「start low and go slow」，老年醫學的開方原則，很強調第一次使用一個藥品時，先用成年人一半的劑量，如果需要加量，也要放慢速度。

如何增進用藥安全？

要達到安全用藥，也就是將用藥的「利益／風險」的比例達到最大化。最理想的狀況當然是醫師正確地開方，藥師有效地把關，評估用藥的適當性及正確地發藥，再加上病人及家屬正確地瞭解為何服藥、服什麼藥及如何服藥，也好好地遵從醫囑服藥。在筆者提出對醫師、藥師、病人及家屬的建議之前，想要討論的是用藥適當性（appropriateness）的評估。

用藥適當性之評估

如何知道使用的每一個藥品是否適當呢？其實有一些評估工具可以來幫忙。使用適當的藥品，應有助於減少不良藥物反應，增進療效。用藥適當性的評估，大部分是臨床藥師的工作，但是醫師如果能多瞭解何謂適當用藥，也有助於正確地開方。

一、概括性準則（implicit criteria）

用藥適當性的評估，有兩種做法，第一種是病人正在使用的每一種藥品都看，利用醫師或藥師的專業，決定每一個藥品用得好不好，有沒有問題。這一類的評估模式，使用的工具稱為「概括性準則」。在此提出兩個評估工具做參考。

(一)Medication Appropriateness Index（MAI）

　　第一個工具稱為Medication Appropriateness Index（MAI）。針對每一個藥品，檢視十個評估面向。分別是：(1)適應症（indication）；(2)療效（effectiveness）；(3)劑量（dosage）；(4)服藥方法的正確性（correct direction）；(5)服藥方法的可行性（practical directions）；(6)藥品與藥品之間的交互作用（drug-drug interaction）；(7)藥品與疾病之間的交互作用（drug-disease interaction）；(8)重複用藥（duplication）；(9)藥品使用期間的長短（duration）；(10)藥品的價格（expense）。每一個面向都給分，最後看總分的高低，來決定這一個藥品用的適當不適當。

(二)Pharmaceutical Care Network Europe（PCNE） Classification for Drug-Related Problems

　　第二個工具是Pharmaceutical Care Network Europe (PCNE) Classification for Drug-Related Problems。目前已經發展到第6.2版本。與前一個工具不同，它不是來看藥用得好不好（以分數來表示），而是來找「用藥相關問題」（drug-related problems）的。也就是說，不必要每一個藥品都給分，只有發現「有問題」的藥品才要列出。

◆用藥相關問題
　　用藥相關問題分為四個面向，第一類的問題是治療效果（treatment effectiveness）不佳；第二類問題是產生藥物不良反應（adverse drug reaction）；第三類是治療價格（treatment cost）過高，或是沒有使用相對便宜的同類藥品；第四類是其他問題。這個工具統計的單位是「問題」，發現一個問題就要填一張表格，而一個藥物的使用，可能不只有一個問題，例如開了一顆鈣離子阻斷劑來治療高血壓，結果病人吃了之後腳發生水腫，結果病人就不吃了，所以複診時血壓還是很高。這一個藥物同時有兩個問題，治療效果不佳及不良藥物反應。

◆發生問題的原因

　　找到問題之後，還要看發生問題的原因（causes），每一個問題最多可以選出三個原因。原因分為八大類：(1)藥品的選擇（drug selection）；(2)藥品的形式（drug form）；(3)藥品的劑量選擇（dose selection）；(4)治療期間的長短（treatment duration）；(5)病人藥品服用的過程（drug use process）；(6)物流因素（logistics）；(7)病人因素（patients）；(8)其他（others）。以上述鈣離子阻斷劑為例，病人血壓控制不良，是因為副作用而自行停藥，所以原因是藥品服用過程中的「完全沒吃藥」（drug not administered at all）。

◆提出不同的介入方法

　　針對每一個問題，評估後可以提出最多三種不同的介入（interventions）方法。可行的介入也分為四個面向：(1)開方者層面的介入（prescriber level）；(2)病人層面的介入（patient level）；(3)藥品層面的介入（drug level）；(4)其他（others）。針對上述鈣離子阻斷劑的問題，評估者可能先打個電話給開方者，討論過後，決定請病人第二天回診，換成另一類的降血壓藥物，評估者建議換成thiazide類利尿劑，而開方者也同意。所以評估者寫了一張紙條，讓病人第二天拿給開方醫師。所以這個問題的評估者勾選的三種介入方式為：(1)提出介入方法，且開方者同意（intervention proposed, approved by the prescriber）；(2)病人轉介給開方者（patient referred to prescriber）；(3)藥品改為利尿劑（drug changed to thiazide diuretics）。

◆追蹤處理的結果

　　這一個工具的另一個特色是每一個找出的問題，都要追蹤處理的結果。結果可分為四種，分為是：(1)結果不明（not known）；(2)完全解決（solved）；(3)部分解決（partially solved）；(4)無法解決（not solved）。上述的問題，第二天病人回去開方醫師的門診，也改了藥品，完全照著事先同意的建議處理。當評估的專業人員打電話給病人詢問時，得到的答案就是「完全解決」。

　　筆者與老年專科醫師及藥師在2008年開了「老年用藥安全評估門診」利用第5.1版的PCNE工具來評估193位台大及北護分院多重用藥的老年病人，發現約四分之一的用藥可以找到問題，每個病人平均有兩個左右的問題，研究團隊提出的建議，90%左右可以被開方醫師接受，超過90%的病人對本門診感到滿意。

二、條列式準則（explicit criteria）

　　另一派的學者認為，每一個藥品都要評估，實在曠日費時，如果可以找出一些對老年人來說危險性大而且好處少的藥品，避免使用，應該也可以減少藥物不良反應發生。經過文獻回顧與老年用藥專家的共識會議，訂定出不建議第一線使用的藥品名單。稱為「潛在性不適當用藥準則」（criteria for potentially inappropriate medications）。其中，最廣泛被應用的是Beers準則（Beers Criteria）。

(一)Beers準則

　　1991年Beers MH等人透過整合專家共識訂定出Beers準則，應用在居住於護理之家的老年人來減少藥物不良反應的發生；於1997年更新版本，進而推廣至社區的老年人。最新一版為Fick DM等人更新後在2003年所發表，2003年版的Beers準則主要包括：(1)一般老年人應避免使用，及藥品劑量不應超過建議量之藥品或類別，共計四十八類（**表9-1**）；(2)二十種在有特定疾患的老年人不建議第一線使用的藥品（**表9-2**）。在一般老年人應避免使用的藥品方面，主要的不適當藥品為具有抗膽鹼作用、長效安眠鎮靜劑、某些止痛劑（如tindomethacin、meperidine、propoxyphene）、部分降血壓藥（如methyldopa）、特定長效降血糖藥（如chlorpropamide）、特定抗血小板凝集劑（如tilclopidine、短效dipyridamole）。藥品劑量不應超過建議劑量則有：(1)鐵劑應不超過325 mg／天；(2)除非是治療心房顫動，否則使用digoxin不建議超過0.125

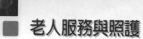
表9-1　潛在性不適當的藥物：不考慮診斷或疾病狀況

藥物	原因	嚴重度（高或低）
Propoxyphene	止痛效果類似acetaminophen，但副作用多	低
Indomethacin	最易造成中樞神經副作用	高
Pentazocine	相對其他止痛藥更易造成中樞神經副作用，如意識混亂與幻覺	高
Trimrthobezamide	止吐效果差，有錐體外副作用	高
Muscle relaxants/ antispasmodics (Methocarbomol, Carisoprodol, Chlorzoxazone, Metaxalone, Cyclobenzaprine, Oxybutynin)	治療效果不確定 用在老年人身上容易產生鎮靜、肌肉無力等抗膽鹼副作用	高
Flurazepam	對老年人有極長半衰期造成鎮靜延長增加跌倒與骨折風險	高
Amitriptyline	強烈抗膽鹼及鎮靜作用，較不建議使用於老年人	高
Doxepin	強烈抗膽鹼及鎮靜作用，較不建議使用於老年人	高
Meprobamate	具有較強的鎮靜作用與成癮性	高
Disopyramide	具有最強的抗心律不整藥物，抗膽鹼作用	高
短效Disopyridamole	姿勢性低血壓	低
Methyldopa	造成心搏過慢或加重老年人憂鬱	高
Chlorpropamide	半衰期長，可能造成嚴重低血糖	高
GI antispasmodics (Dicyclomine, Hyoscyamine, Propatheline, Clidinium-chlordiazepoxide)	具有強烈抗膽鹼效果且療效不確定，不建議長期使用	高
Anticholinergics/ antihistamines (Chlorpheniramine, Diphenhydramine, Hydroxyzine, Cyproheptadine, Promethazine, Tripelennamine, Dexchlorpheniramine)	具有抗膽鹼效果；建議使用無抗膽鹼效果的抗組織胺藥物來治療老年人的過敏反應	高
Diphenhydramine	造成意識混亂或鎮靜，不建議當安眠藥使用 治療過敏時盡量以最小劑量使用	高
Ergot mesyloids and cyclandelate	未證實有治療效果	低
All barbiturates（排除phenobarbital或用於治療癲癇）	成癮性強，比其他鎮靜藥物更易產生副作用	高

（續）表9-1　潛在性不適當的藥物：不考慮診斷或疾病狀況

藥物	原因	嚴重度（高或低）
Meperidine	口服劑型效果不佳，比其他止痛劑更易產生副作用	高
Ticlopidine	抗凝集效果並未比Aspirin好，但有許多副作用，有更好的替代藥物	高
Ketorolac	不建議中長期使用，容易造成腸胃道副作用	高
Amphetamines/ anorexic agents	易造成依賴性、高血壓、心絞痛、心肌梗塞	高
長期使用非選擇性長半衰期的NSAID（Naproxen, Oxaprozin, Piroxicam）	有機會造成腸胃道出血、腎臟衰竭、高血壓、心臟衰竭	高
Fluoxetine（每日使用）	半衰期長，易過度刺激中樞神經刺激，造成睡眠混亂、情緒激動	高
長期使用stimulant laxatives（Bisacodyl）	加重腸道功能異常	高
Amiodarone	有QT延長的問題，並增加torsades de point的風險	高
Orphenadrine	抗膽鹼及鎮靜作用	高
Guanethidine	姿勢性低血壓	高
Guanadrel	姿勢性低血壓	高
Cyclandelate	未證實有治療效果	低
Isoxsurpine	未證實有治療效果	低
Nitrofurantoin	造成腎臟功能異常	高
Doxazocin	低血壓、口乾、解尿問題	低
Methyltesterone	攝護腺增生、心臟副作用	高
Thioridazine	中樞神經與錐體外副作用	高
Mesoridazine	中樞神經與錐體外副作用	高
短效nifedipine	造成低血壓、便秘	高
Clonidine	姿勢性低血壓、中樞神經副作用	低
Cimetidine	中樞神經副作用如意識混亂	低
Ethacrynic acid	增加高血壓、體液不平衡	低
Desiccated thyroid	心臟副作用	高
Amphetamine	中樞神經刺激副作用	高
單方Estrogen（oral）	致癌性（乳癌與子宮內膜癌）；對於老年女性缺乏心血管保護功能	低

（續）表9-1　潛在性不適當的藥物：不考慮診斷或疾病狀況

藥物	原因	嚴重度（高或低）
Digoxin（除治療心律不整外，劑量每日不應大於0.125mg）	腎臟清除率減少，增加毒性作用風險	低
Reserpine＞0.25mg	可能造成憂鬱、陽萎、鎮靜、姿勢性低血壓	低
Ferrous sulfate＞325mg／d	超過325mg並未增加吸收效果，但增加便秘的機會	低
短效Benzodiazepine（Lorazepam＞3mg、Oxazepam＞60mg、Alprazolam＞2mg、Temazepam＞15mg、Triazolam＞0.25mg）	老年人對敏感度增加 較小劑量可能就有效也較安全 每日劑量不應超過建議劑量	高
長效Benzodiazepine（Chlordiazepoxide, Diazepam, Quazepam, Halazepam, Chlorazepate）	半衰期長，可能長達數日，造成鎮靜延長 增加跌倒與骨折的機會 較建議使用中短效Benzodiazepine	高

表9-2　潛在性不適當的藥物：考慮診斷或疾病狀況

臨床症狀或疾病	不適當藥物	相對嚴重度
心臟衰竭（Heart failure）	Disopyridamole，高鈉藥品	高
高血壓（Hypertension）	Pseudoephedrine, amphetamine, Sibutramine	高
消化性潰瘍（Peptic ulcers）	Non-Steroid Anti Inflammatory Drugs (NSAIDs), aspirin（＞325mg）（coxibs除外）	高
癲癇或抽搐（Seizure or epilepsy）	Clozapine, chlorpromazine, thioridazine, thiothixene, bupropion	高
血液凝集疾病（Blood clotting disorder）或同時使用warfarin	Aspirin, NSAID, dipyridamole, ticlopidine, clopidogrel	高
膀胱流出阻塞（Bladder outflow obstruction）	Anticholinergics and antihistamines, GI antispasmodics muscle relaxants, oxybutynin, flavoxate, anticholinergic antidepressants, decongestants, tolterodine	高
應力性尿失禁（Stress incontinence）	a-blocker, anticholinergics，長效benzodiazepine tricyclic antidepressants（imipramine, doxepine, amitriptyline）	高
心律不整（Arrhythmia）	Tricyclic antidepressants（imipramine, doxepine, amitriptyline）	高
失眠（Insomnia）	Decongestants, theophylline, methylphenidate, MAOIs, amphetamine	高

巴金森氏症 （Parkinson disease）	Metoclopramide, conventional antipsychotics tacrine	高
心智障礙 （Cognition impairment）	Barbiturates, anticholinergics, antispasmodics, muscle relaxants CNS stimulants: methylphenidate, methamphetamine, pemolin	高
憂鬱 （Depression）	長效benzodiazepine Sympatholytic agents: methyldopa, reserpine, guathenidine	高
食慾不振或營養不良 （Anorexia/ malnutrition）	CNS stimulants: dextroamphetamine, methylphenidate, nethamphetamine, pemolin, and fluoxetine	高
暈厥或跌倒 （Syncope or falls）	短、中效benzodiazepine Tricyclic antidepressants（imipramine, doxepine, amitriptyline）	高
低血鈉	SIADH/ hyponatremia SSRIs: fluoxetine, citalopram, fluvoxamine, paroxetine, sertraline	低
肥胖（Obesity）	Olanzapine	低
慢性阻塞性肺疾病 （COPD）	長效benzodiazepine: diazepam, quazepam; β-blocker: propanolol	高
慢性便秘 （Chronic constipation）	Calcium channel blockers, anticholinergics, Tricyclic antidepressants (imipramine, doxepine, amitriptyline)	低

mg／天；(3)reserpine不超過0.25mg／天；(4)benzodiazepine的每日劑量lorazepam < 3 mg、alprazolam < 2mg、oxazepam < 60mg、temazepam < 15mg、triazolam < 0.25mg。

在有多種疾病的老年人身上，藥品較易與多種疾病互相影響。容易與多種疾病互相影響產生不良反應的藥品為具有抗膽鹼作用的三環抗憂鬱劑，包括imipramine、doxepin、amitriptyline。此類藥品容易造成心律不整、尿液失禁、便秘、跌倒或暈厥，所以有此類病史的老年人不建議使用。另外，具有抗膽鹼效果的藥品，包括抗組織胺藥品、肌肉鬆弛劑與腸胃道解痙劑，容易造成意識混亂、尿液滯留與便秘，有意識不清或尿液滯留、便秘病史的老年人都不建議使用。

在此要特別強調的是，Beers準則列出的藥品，如果醫師經過評估後，覺得對病人可能帶來的好處仍遠大於壞處，還是可以使用。準則的目的只是在提醒醫師，選擇更安全而且效果相當的替代藥品。

(二)應用Beers準則的潛在性不適當用藥研究

此準則廣被應用於評估醫療院所、護理之家照護處方與社區老年人用藥適當性。在台灣應用Beers準則研究潛在性不適當的藥品所發表在英文期刊的四篇文章回顧中,盛行率為11.6-23.7%。其中病人數目較大的研究中其盛行率為19.1%。綜合以上研究,常被使用的潛在性不適當藥品種類有antihistamine/anticholinergics、muscle relaxants/antispasmodics、長效benzodiazepine、amiodarone。而老年人被開立潛在性不適當的藥品的危險因素為女性、年紀大、慢性病數目和使用藥品的種類。相對於其他老年人,這些使用潛在性不適當的藥品的族群到醫療院所的次數,包括門診、急診就診次數與住院次數都增加許多。

當然,將美國人發展的Beers準則用在不同的國家,很難完全合適。表中所列的藥品,很多在台灣找不到。同樣地,許多台灣從歐洲、日本進口的藥品,雖然從學理上可能符合「潛在性不適當用藥」準則,但是因為沒有在美國上市,也不會列入Beers準則中。再加上Beers準則中,雖然提出了不建議第一線使用的藥品,但是沒有提出相對安全的替代藥品,有時候醫師會抱怨不知道用什麼來取代才是。所以加拿大、法國、英國、挪威、泰國等都先後發展了適合本國的「老年人潛在性不適當用藥」準則,並試著讓工具「實用,快速」一些。台灣版的準則目前尚未制定,還有待專家一起努力。

增進用藥安全的建議

一、醫師的角色:合理地處方與追蹤療效及副作用

追本溯源,要增進用藥安全,如果在開立處方時就能注意,掌握老

年人藥物動力學與效力學的變化，同時考慮多重疾患、多重用藥可能產生的交互作用，後面的用藥評估可以變得比較簡單。個人建議如下：

1.每次服用新的藥品時，從最低的劑量啓用。視病人對藥品的耐受性來調整或增加藥量以達到療效。

2.確定病人使用的每一種藥品都有合理的適應症。也盡量尋找是否有一種藥品可以同時治療兩種以上的病況。

3.如有應治療而未治療的適應症，可考慮增加藥品，但每次只增加一種新藥品。

4.盡量減少使用一些療效不明顯的藥品，例如：制酸劑、保肝片等等。

5.盡量不要用一種藥品來治療另外一種藥品的副作用，而是尋找產生副作用藥品的替代品，或考慮停用產生副作用的藥品。

6.盡量減少病人使用藥品的種類、總數與每天服用的次數，可以增加服藥忠誠度。

7.停用病人已不需要的藥品。

8.隨時注意潛在性藥品的交互作用，盡量改變用藥來減少交互作用。建議常規性使用MicroMedex或類似的藥物資料庫來查詢交互作用。

9.熟悉「Beers準則」，或其他「潛在性不適當用藥準則」來減少使用這類老年人的「潛在性不適當用藥」。

10.定期監測病人使用的藥品是否達到應有的療效（如血壓控制良好與否）。同時當病人有任何新的主訴時，隨時想到是否可能是藥物的不良反應。

11.如果病人療效不如預期時，首先詢問病人服藥的忠誠度，而不是反射性地增加藥物。

12.在藥效及副作用相近的情況下，盡量使用低價的藥品來減少病人的部分負擔。

13.養成習慣，定期回顧病人所服用的藥品，尤其是出院後或病人有

重大變化時，一定要重整用藥。藥物回顧的重點是將「所有」的處方藥、非處方藥、健康食品及中藥全部帶到門診。檢查病人藥物使用的合理性，並詢問病人是否瞭解每項藥品的適應症與服用次數、是否有按時服藥及是否有不良反應等等。建議病人將過期的、標示不明的藥品丟棄。如果不同醫師有重複的處方用藥時，請擇一使用。最後將病人的藥物列一清單，一份留存，一份讓病人帶回以方便下次回顧。我們可能不知道病人自己使用的健康食品或中藥是否有療效、副作用或與西藥產生交互作用。但至少這些食品、中藥都在病人的清單上，如有懷疑它們造成不良反應，可以建議病人停用之。

14. 住院中，請查明病人居家服用的藥品，列在入院病摘（admission note）中。但居家用藥在住院中使用，還是要考慮適應症，住院急症導致的肝、腎功能變化與用藥合理性做出適當的調整。出院時，應交付病人一份含調整過後的居家用藥再加上急性病用藥的藥物清單，有助於提高服藥忠誠度及與門診醫師的溝通互動。

15. 對使用鼻胃管餵食的病人，不要開到不可以磨粉、嚼碎或剝半的藥品。

二、藥師的角色：有效地把關

近年來，藥師的專業角色日漸加重，希望能成為醫師與病人之間增進用藥安全的橋樑。也就是說，一方面評估醫師處方的合適性，有效把關與溝通，另一方面給予病人用藥的教育，並回答病人用藥相關的疑問。社區藥局的建立，更有助於社區藥師與病人建立長期的關係。近年來，政府也大力推動長期照護居民藥事服務，而各大醫院的藥事服務早就行之有年。總而言之，就是希望借重藥師的專業，加強用藥品質。醫院的藥師與醫師之間溝通的管道較為暢通，但是社區與長照機構的藥師，卻常常找不到開方醫師來討論用藥的合適性，這一部分應該是未來政策規劃的重點，才能提供無縫際的醫療。個人參考台大醫院朱蓁蓁藥

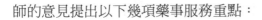

師的意見提出以下幾項藥事服務重點：

> 1.病患用藥史的建立，過敏史的紀錄。
> 2.根據病患體質以及藥品副作用，建議醫師藥品的選擇。
> 3.根據病人體重、肝腎功能以及疾病狀況，建議用藥劑量與用藥天數，必要時建議進行藥物濃度監測。
> 4.偵測藥品交互作用並提出對策。
> 5.確認醫師處方的正確性並正確發藥。
> 6.監測病患是否發生藥品不良反應。
> 7.進行病人用藥教育以增進服藥遵從性。
> 8.提供病人用藥相關的諮詢。
> 9.定期評估病患長期用藥之合理性，並提出建議給醫師。

三、病人的角色：自我藥品管理與正確地服藥

藥品畢竟是要進入人體才能產生作用的，住院及長照的病人，有護理師給藥，通常很少發生忘記服藥的問題，但是社區中的老人家，可能有50%左右沒有好好服藥。另外，病人及家屬，如果沒有帶著處方箋或是藥袋，幾乎完全不知道藥名及為何服藥，所以在此也要建議每個老人家及家屬要做些功課，保障自己的用藥安全。

> 1.如有可能，盡量集中一位醫師開立大部分的慢性用藥，方便整合。
> 2.每年至少一次主動與醫師整合個人慢性用藥。
> 3.服用中草藥、成藥、健康食品應告知醫師，以免對疾病造成不良影響。
> 4.同一段時間於不同醫師就診，應告知每一個醫師所有正在服用的藥物，避免重複用藥導致副作用發生。
> 5.慢性病用藥不可任意改變藥量或突然停藥，如果真的自行改變了藥量，一定要提早回診，與醫師協商改善的方法。

6.若服用的藥物引起不尋常反應時，要儘早告知醫師或藥師。

7.明確認知所服藥品及其功效，並確認服用藥量及每次服藥間隔、期限及副作用預防或減輕方法。除了診所的藥品，各大醫療院所大多是一種藥裝一袋，上面標明了中英文的藥名、適應症、劑量、用法、服用時間及常見的副作用，所以好好地認識這些藥品不是那麼困難。老年人可能因爲教育程度不高或是認知功能退化而看不懂藥品的相關訊息，這時就要靠家屬來幫忙。筆者也看過用心的家屬把病人的用藥列成清單，一目了然，這是很貼心的做法。 在這裡建議如果要製作病人用藥清單，中、英文的藥名可能要併列，另外，英文的藥名分爲「商品名」及「學名」，也建議兩種都要寫。這樣不管是去哪一家醫療院所，醫護人員都能夠辨清病人的用藥。

8.如果擔心忘記服藥，可以事先把一個星期分量的藥品按每天服用的時間排在藥盒中，這樣可以很容易追蹤是否有按時服藥。這一點對心智功能缺損的病人特別重要，如果光是放在藥盒中還是無法確認服藥的正確性，可能需要有一個家屬看著病人服用藥品。

9.事先詢問，如忘記服藥時之補救方法。通常症狀治療藥品，如果沒有不適，忘了也不用補服。慢性病用藥，如果發現的時間距下次服藥的時間還很久，可以補服，不然的話，只能少服一次藥了。比較擔心的是如果病人將兩次的劑量一併服用，容易因過量而產生不良反應。

10.確認服藥狀況，是應在飯前、飯後或與食物一起服用。如果一天病人需服用的藥品很多種，可能很難眞的記住每一種藥何時服用最好。針對服藥遵從性不佳的患者，有時候筆者會建議只要是一天一次的藥品，每天早上一起床不管三七二十一就是拿杯水把所有的藥一起吃掉，效果可能沒有分開服用好，但是兩害相權取其輕，與其會常常忘掉服用某些藥品，不如一次完成來得保險。

11.確認服用藥物要多久時間才會產生藥效，及一次能維持多久。

12.爲了避免犯錯，不要在黑暗處服藥。每次取藥之前，最好再讀一

次標示，尤其要注意失效日期。

13.藥品應放置於小孩取不到的地方，以免小孩誤食。

14.除非使用藥盒將同一時間服用的藥品集中在一起，不然的話，服藥後應隨手將藥品放回原藥袋，不要將不同的藥品放置在同一容器內，且須保存原藥品標籤。

15.盡量不要在沒有醫師的建議下，將藥品給家人或朋友服用。

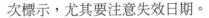 結語

　　水能載舟，亦能覆舟。占人口10%的老年人使用了三分之一左右的健保資源，也是藥品使用的最大消費群。老年人因老化對生理帶來的影響，以及多重疾病帶來的多重用藥，也比成年人容易感受到藥品的不良反應。為了增進用藥安全，需要醫師合理用藥、藥師確實查核，再加上病人及家屬正確的自我藥品管理。現今的健保制度下，不同醫師間很難彼此整合開立給同一病人的藥品，如果能盡量固定一位醫師看病，可以減少許多問題。除了西藥之外，也希望病人及家屬對中草藥及健康食品的使用有正確的觀念，才能保障老年人的用藥安全。

筆者感謝台大醫院朱蓁蓁藥師、彰化基督教醫院張勤斌醫師提供部分內容。本文中與Beers準則相關的部分內容由《台北市醫師公會會訊》轉載。

參考書目

《中華民國藥事法》。

《中華民國健康食品管理法》。

Bressler, R. & Bahl, J. J. (2003). Principles of drug therapy for the elderly patient. *Mayo Clin Proc., 78*(12), 1564-1577.

Fick DM, Cooper JW, Wade WE, et al. (2003). Updating the Beers criteria for potentially inappropriate medication use in older adults: results of a US consensus panel of experts. *Arch Intern Med., 163*(22), 2716-24.

Hanlon JT, Schmader KE, Samsa GP, Weinberger M, Uttech KM, Lewis IK, Cohen HJ, Feussner JR. (1992). A method for assessing drug therapy appropriateness. *J Clin Epidemiol, 45*, 1045-51.

Pharmaceutical Care Network Europe. *The PCNE DRP Classification V 6.02*. http://wwwpcneorg/Documents/DRP/PCNE%20classification%20V6-2pdf

Spinewine, A., et al. (2007). Appropriate prescribing in elderly people: how well can it be measured and optimised? *Lancet, 370*(9582), 173-84.

Thomson, M. *MICROMEDEX Healthcare Series*. http://www.micromedex.com/products/drugdex/

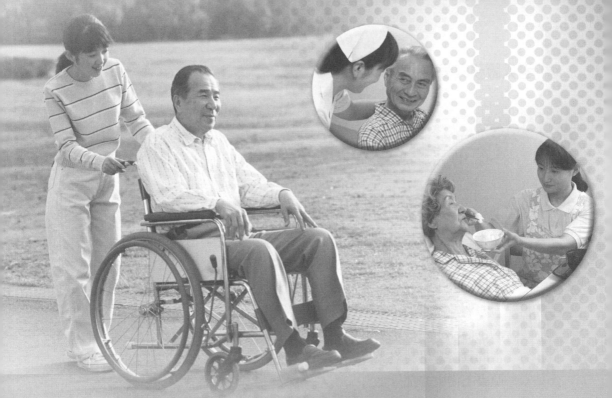

第十章

●──石慧玲

老人的膳食營養

學習重點

1.瞭解如何正確地進行老人的營養評估。

2.瞭解老人的熱量及營養素需求。

3.瞭解如何提供老人適當的進食質地或腸道配方。

4.瞭解導致老人營養過剩或不足的原因。

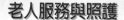
前言

　　人生於世，「營養」為維持生命之基本與必需，對老人而言，良好的營養狀態更是維持健康的基礎，老人一旦營養不良，健康將如同被掏空的房屋地基，很可能在短時間內傾斜、倒塌，根據營養調查，大約每六個老人就有一個營養不良，後續所引發的問題，像是體重減輕、活動力減弱、抵抗力下降、生病的癒後與傷口的癒合能力較差，都會對老人的生活品質造成重大影響，甚至增加家庭與社會的醫療負擔，因此，適當的營養是維持老人良好生活品質的首要條件，妥善的營養照護是老人照護工作中非常重要的一環。

　　完整的營養照護流程，首先是進行快速的營養篩檢，找出有營養不良危險性的老人，然後進行整體的營養評估、確立營養診斷（也就是找出問題），然後採取適當的營養支持行動，最後要檢視是否達成目標，若否，則需要再重新進行營養評估，本章節將以此為架構，介紹營養照護的方法與細節。

營養評估

　　評估老人的營養狀態通常包含兩個步驟：「營養篩檢」與「營養評估」。兩者定義不同，篩檢的目的在於瞭解老人目前的營養狀態，希望能早期發現營養不良的危險，及早進行營養介入；而營養評估則是針對營養篩檢後，對判斷可能處於營養不良的老人進行深入的全面性評估，或是在老人的體重明顯下降、健康狀況有變化時，經由評估來瞭解目前的進食與營養狀況，然後訂定出營養介入的計畫，積極的給予營養支持，讓老人恢復正常的營養狀態，預防營養不良可能產生的合併症。

一、營養篩檢

營養篩檢（nutrition screen）是營養支持的第一步，其特性是用簡單且快速的方法，找出營養不良的高危險群老人，因為營養不良的發生通常不是一朝一夕，也不會很快就出現立即性的反應，通常是潛在性的危機，若是沒有定期進行篩檢，很容易忽略不甚明顯的變化，而錯過了預防老人營養不良的黃金時間，也就是說，我們可以藉著營養篩檢這樣一種簡單的過程，來判斷是否需要進行營養介入，達到維持老人良好營養狀態的目的。

目前臨床上發展出多種營養篩檢的表單，包括：主觀性整體評估表（Subjective Global Assessment, SGA）、主動營養篩檢量表（Nutrition Screening Initiative, NSI）、迷你營養評估表（Mini Nutrition Assessment, MNA）、營養不良篩檢方法（Malnutrition Universal Screening Tool, MUST）、營養危險因子篩檢方法（Nutritional Risk Screening, NRS-2002）等，而其中以迷你營養評估表最常用（如**表10-1**），特別是針對評估長期照護機構或是居家照護的老人，其特性為：簡單、方便、非侵入性且具整合性，若由曾受過訓練的人員來執行，大約可在十至十五分鐘左右完成評估，而且具有很高的準確度。

迷你營養評估表分成兩個部分，分別為營養篩檢與一般評估，總共有18個項目，總分是30分，評估時先進行營養篩檢的部分，這個部分有6個項目，滿分為14分，若評估分數大於或等於12分，則代表營養狀態正常，無營養不良的危險，所以篩檢便到此結束，沒有繼續進行下去的必要，可以節省評估的時間；但若是這個部分的分數小於或等於11分，則要接下去完成後續的一般評估，全部完成後的總分若在17-23.5分之間，代表「具營養不良危險性」，也就是說有潛在性的營養不良；而總分若小於17分，則判定為營養不良；對於長期住在護理之家的老人而言，定期使用迷你營養評估表進行重複的篩檢與評估，可以明確區分出營養不良與具有營養不良危險性的族群，給予適當的營養支持，有效避

表10-1　迷你營養評估表

營養篩檢	分數	一般評估	分數
1.過去三個月之中，是否因食慾不佳、消化問題、咀嚼或吞嚥困難以致進食量越來越少？ 0分＝嚴重食慾不佳 1分＝中度食慾不佳 2分＝食慾無變化		10.一天中可以吃幾餐完整的餐食 0分＝1餐 1分＝2餐 2分＝3餐	
2.近三個月體重變化 0分＝體重減輕＞3公斤 1分＝不知道 2分＝體重減輕1-3公斤 3分＝體重無改變		11.蛋白質攝取量 0分＝0或1個是，0.5分＝2個是，1.0分＝3個是 ・每天是否至少攝取一份乳製品（牛奶、乳酪、優酪乳） ・每週是否攝取兩份以上的豆類或蛋類 ・每天是否均吃些肉、魚、雞鴨類	
3.行動力 0分＝臥床或輪椅 1分＝可以下床活動或離開輪椅但無法自由走動 2分＝可以自由走動		12.每天至少攝取二份或二份以上的蔬菜或水果 0分＝否 1分＝是	
4.過去三個月內曾有精神性壓力或急性疾病發作 0分＝是 2分＝否		13.每天攝取多少液體（包括開水、果汁、咖啡、茶、牛奶）（一杯＝240 cc.） 0分＝少於3杯 0.5分＝3-5杯 1.0分＝大於5杯	
5.神經精神問題 0分＝嚴重痴呆或抑鬱 1分＝輕度痴呆 2分＝無精神問題		14.進食的形式 0分＝無人協助則無法進食 1分＝可以自己進食但較吃力 2分＝可以自己進食	
6.身體質量指數（BMI）體重（公斤）／身高^2（公尺） 0分＝BMI＜19 1分＝19≦BMI＜21 2分＝21≦BMI＜23 3分＝BMI≧23		15.他們覺得自己營養方面有沒有問題？ 0分＝覺得自己營養非常不好 1分＝不太清楚或營養不太好 2分＝覺得自己沒有營養問題	

（續）表10-1　迷你營養評估表

營養篩檢	分數	一般評估	分數
篩檢分數（小計滿分14） 大於或等於12分：表示正常（無營養不良危險性），不需完成完整評估。 小於或等於11分：表示可能營養不良，請繼續完成下列評估表。		16.與其他同年齡的人比較，他們認為自己的健康狀況如何？ 　0分＝不如同年齡的人 　0.5分＝不知道 　1.0分＝和同齡的人差不多 　2.0分＝比同年齡的人好	
7.可以獨立生活（非住在護理之家或醫院） 　0分＝否 　1分＝是		17.臂中圍MAC（公分） 　0分＝MAC＜21 　0.5分＝MAC 21- 21.9 　1.0分＝MAC≧22	
8.每天需服用三種以上的處方藥物 　0分＝是 　1分＝否		18.小腿圍CC（公分） 　0分＝CC＜31 　1分＝CC≧31	
9.褥瘡或皮膚潰瘍 　0分＝是 　1分＝否		一般評估（小計滿分16分）	
MNA合計分數（滿分30分）－營養不良指標分數 MNA17-23.5具營養不良危險性 MNA＜17營養不良			總分

免營養狀況的惡化。

　　然而，使用迷你營養評估表時，有以下幾點需要特別注意，以免影響篩檢的正確性：

1.近三個月的體重變化，若無實際測量體重就應勾選「不知道」，而不能以大概的目測來評估。

2.神經精神問題意指有問題行為者，若是因中風而導致昏迷不能算是精神問題，因此此項目應以2分計算。

3.一天可吃完幾餐餐食的部分，若是管灌的老人，應以一天可灌完幾餐完整的均衡配方來評估，一餐量要超過四分之三才能算是完整的一餐。

4.自覺營養有無問題及與同齡的人相比之健康狀況兩項，若個案昏迷無法回答，則以主要照顧者代替個案評估來回答。

二、營養評估

營養評估（nutrition assessment）常用的方法包括：體位測量（anthropometric measurement）、生化測量（biochemical measurement）、臨床評估（clinical evaluation）、飲食評估（dietary assessment）、心理或情緒評估（emotional evaluation）等。

(一)體位測量

即測量老人的身高與體重，確認老人的體位，目的是瞭解老人的體重與體脂肪是否維持在合適的範圍以內。取得一般人的身高與體重是很容易的，但對於無法站立或是臥床的老人來說，則需要一些特殊的方法來得知。

◆身高

1. 對於無脊椎彎曲、可以站立的老人：直接以測量身高的儀器量測即可，但注意老人應脫鞋、抬頭挺胸、視線水平，指示桿務必成垂直角度。
2. 對於無脊椎彎曲但無法站立的老人：可採平躺方式測量，但注意老人的肩膀與臀部應成一直線，在頭部垂直線處做一記號，然後確認膝蓋是否伸直，再將腳背垂直於床面，於垂直線處再做一記號，最後測量兩記號點間的距離。
3. 對於手部無攣縮的老人，可以手臂來估測身高：讓老人單手水平伸直，測量手中指到胸骨中線的距離，然後乘以2，即為身高，但以此法測量會有2～5公分的誤差。
4. 對於無法站立又不能以手臂長度來測量身高的老人，可以膝長度套用公式來計算出身高，首先將老人的膝關節與踝關節調整為九十度直角，然後量測膝關節到腳跟的距離，推薦以下列公式計

算（鄭惠信等，1999）：

男性：**85.1**＋（**1.73**×膝長）－（**0.11**×年齡）
女性：**91.45**＋（**1.53**×膝長）－（**0.16**×年齡）

量測時要特別注意，老人的大腿骨與小腿脛骨之間及小腿脛骨與腳掌之間要成九十度角，量測的數據才會準確。

◆體重

1.測量體重的方法

體重是評估老人營養狀況最簡單而重要的指標，現在有多種秤量體重的儀器可以很方便、準確的量測出老人的體重，除了最常見的體重計，也有特殊的秤重床，或是吊掛式的體重機，以及整台輪椅都可以推上去的地磅式體重機，在一般醫院或是長照機構都很普遍，但是對於居家的臥床老人，雖然沒有機器可以量測體重，還是有估算的方法，即量測臀圍與上臂圍，推薦套用下列公式計算（彭巧珍等，1999）：

男性：**－73.52**＋（**1.14**×臀圍）＋（**1.12**×上臂圍）
女性：**－51.44**＋（**0.82**×臀圍）＋（**1.09**×上臂圍）

量測臀圍時，應讓老人除去衣物並側臥，測量者由上方俯視，找到臀部最突出的部位，然後以皮尺繞過臀部最突出點並與身體成垂直，要注意皮尺不要壓迫皮膚，如此量測兩次，差異應小於0.5公分。而上臂圍的量測方式是讓老人手肘垂直，先找出肩胛關節與肘關節距離的中點，然後以皮尺水平繞過中點，即可取得上臂的周長；若是臥床的老人，則應先使其平躺，讓手臂與身體平行並將手肘彎曲成九十度角，此時可以用一個小枕頭墊著手臂，以免壓迫皮膚，然後找出上臂中點，以皮尺平行繞過，即可取得上臂圍，同樣應量測兩次，差異應小於0.5公分。若有截肢者，應以截肢部位所占身體百分比來計算調整體重（**圖10-1**）。

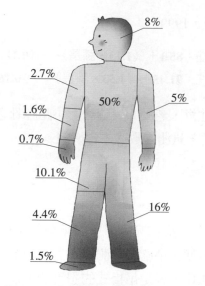

8%

2.7%

1.6%

50%

5%

0.7%

10.1%

4.4%

16%

1.5%

圖10-1　身體各部分占體重百分比

2.理想體重百分比

　　理想體重（Ideal Body Weight, IBW）就是希望老人能維持的最佳體重，計算公式為：

$$IBW = 22 \times 身高^2（公尺）$$

　　若我們測得的實際體重介於IBW的90-110％之間，均屬理想體重的範圍，若大於110％但小於120％則屬過重，大於120％以上屬於肥胖；若小於90％但大於80％為過輕，小於80％以下則屬於消瘦。

3.體重減輕百分比

　　以目前體重與過去各時間點的體重做比較，可作為預測營養不良高危險群的單一因子，如果體重減輕為非計畫性且百分比過高，應視為警訊及時介入處理，計算公式如下：

　　體重減輕百分比＝〔（過去體重－目前體重）／過去體重〕×100％

　　判斷的標準為：(1)一週內減輕1-2％；(2)一個月內減輕5％；(3)三個月內減輕7.5％；(4)六個月內減輕10％。

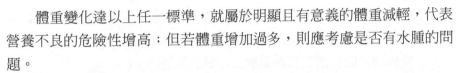

　　體重變化達以上任一標準，就屬於明顯且有意義的體重減輕，代表營養不良的危險性增高；但若體重增加過多，則應考慮是否有水腫的問題。

　　對於體重的追蹤建議至少每月一次，但對於有營養不良危險的老人，則應增加測量的頻率，例如每一到兩週測量一次。

◆身體質量指數

　　取得老人的身高與體重後，即可計算出身體質量指數（Body Mass Index, BMI），公式如下：

$$BMI＝體重（公斤）／身高^2（公尺）$$

BMI所代表的體位意義如**表10-2**。

(二)生化測量

　　在評估老人營養狀態時，以下臨床檢驗數據是重要的參考指標：

1.白蛋白（albumin）：是用來評估蛋白質狀況的指標，與老人的營養狀況及健康有相關性，甚至可以預測死亡率，不同的檢驗單位或許會有不同的標準範圍，但一般來說，正常值應於3.5-5g/dl之間，通常低於3g/dl以下就應該做積極的營養介入。

表10-2　BMI所代表的體位意義

體位	BMI
過輕	＜18.5
正常	18.5-24
過重	24-27
輕度肥胖	27-30
中度肥胖	30-35
重度肥胖	＞35

值得注意的是，雖然BMI在18.5-24之間都算正常，但建議老人的BMI不要低於20會比較安全。

2.肌酸酐（creatinine）：是腎臟功能的指標，高於正常值代表腎臟功能可能不佳，必須依嚴重程度適量限制蛋白質的攝取；低於正常值則可能有蛋白質熱量營養不良的問題。

3.膽固醇（cholesterol）：膽固醇的標準值為200mg/dl以下，太高容易引起動脈硬化，但若對長照機構的老人來說，低於160mg/dl以下，可能代表老人有營養不良的情況，死亡率也相對增加。

(三)臨床評估

是以觀察老人的外觀變化，來判斷老人是否有營養素缺乏的問題，應詳加記錄老人的疾病史與外觀表徵，才能提供適當的營養。

1.嘴脣：口角炎代表可能缺乏維生素B2。

2.骨頭疼痛：可能缺乏鈣質或維生素D。

3.水腫或腹水：可能有蛋白質與熱量的缺乏。

4.下眼瞼結膜紅色較淡：可能有貧血的情況。

5.湯匙狀指甲：可能缺乏鐵質。

(四)飲食評估

可用來瞭解老人的進食情況與熱量和蛋白質的攝取情形，主要方法如下：

1.二十四小時飲食回憶法：記錄老人在過去二十四小時所攝取的所有食物，藉以瞭解不足之處，並加以改善，但缺點是較不典型而且個案可能會忘記吃了些甚麼。

2.食物攝取頻率問卷：是指將已列出食物品項及攝取頻率的表格，由老人或其照護者依序填寫。此法可彌補二十四小時飲食回憶法的不足，對於老人攝取特殊食物的頻率加以瞭解，例如：膽固醇、油脂、醃漬物等。

3.飲食日記：用以記錄老人三到七天的全部飲食內容與攝取量，其

中需包括假日，因為假日的飲食與平日多有所不同。

4.食物攝取觀察法：是指由專人觀察與記錄老人的攝食情況，是最
確實的評估法，可於用餐時在不打擾老人的情況下，從旁觀察其
進食情況及進食量，或是在用餐前後秤量食物重量，得知實際攝
取量，但因較為費時，通常是用來針對營養問題較嚴重者進行評
估。

(五)心理或情緒評估

居住在長照機構中老人雖然不是獨居，但仍有可能感到寂寞或是缺
乏安全感，另外，失去原有的身體功能或是失去親人等重大打擊，也很
可能造成憂鬱而影響食慾，臨床上可以使用老人憂鬱量表來評估。

老人的熱量與三大營養素需求

一、熱量

老人的熱量需求大約是每公斤體重30-35大卡，臥床老人因活動量
少，每公斤體重大約25大卡即可符合需求，但以上的熱量建議，仍應依
每位老人的年齡、活動量及體重變化做調整，由於基礎代謝率會隨著年
齡逐年下降，熱量也應隨之調降，以免造成長期體重的增加，八十歲以
上的老人每日所需要的熱量大約1,200-1,500大卡之間即可。

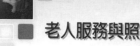

二、三大營養素

(一)碳水化合物

　　碳水化合物（carbohydrate）又稱醣類，是人體主要的熱量來源，可分為單醣、雙醣、寡醣及多醣，每1公克醣類可提供4大卡熱量，醣類是人體最優先使用的熱量來源，在醣類不足的情況下，蛋白質就會成為替代熱量來源，而被消耗掉，因此，足夠的醣類攝取可以保護組織與攝取的蛋白質，不會被當作熱量使用，如此一來，蛋白質才能保留作為組織建構與修補之用，所以，醣類應占總熱量的50-60%。老人的碳水化合物來源建議以複合式的多醣類為佳，尤其是全穀根莖類，可以提供豐富的維生素B群與膳食纖維，對老人的身體健康很有幫助，但因為硬度較高，在製備時應注意盡量讓老人可以輕鬆的攝取；而單醣容易影響老人的血糖與體重，除非是作為低血糖時的緊急處理，否則不建議老人過度食用精緻糖類或是糕餅西點等富含單醣的食物。

(二)蛋白質

　　老人因為消化與吸收率的問題，蛋白質（protein）需要量為每公斤體重0.8-1公克，但仍須考慮腎功能來做調整，若遇有生理壓力的情況，可以酌量增加每公斤體重至1-1.5公克。蛋白質是最重要的營養素，主要來源有奶類、蛋類、黃豆類、魚類及肉類，但全脂奶與紅肉應適量，另外，多以黃豆類等植物性蛋白質取代肉類等動物性蛋白質，對於患有高血脂症或是心血管疾病的老人，是比較健康的，尤其許多老人吃肉是專挑肥肉吃的，長期下來，就很容易累積出過多的血脂肪，而引發心血管方面的疾病。

(三)脂肪

　　脂肪（fat）的熱量密度較高，每1公克脂肪可提供9大卡熱量，並且可以增加食物的風味與香氣、提供柔軟滑嫩的口感，對於老人來說接受度較高且可提供較多熱量，建議脂肪攝取至多占總熱量的30％，且來源應盡量避免動物性油脂，而以植物性油脂為主。另外，堅果在食物分類上也屬於油脂類，而且富含不飽和脂肪酸、維生素E，以及鎂、鉀等礦物質，具有保護心血管的效果，近年來被普遍提倡的得舒飲食（Dietary Approaches to Stop Hypertension, DASH diet），也特別強調每週4-5份的堅果攝取有改善高血壓的效果，為了方便老人攝取，可以將堅果與水果一同以機器攪打，或是購買粉狀的產品使用，但要注意，不要選購過度加工或是調味過的，以免老人攝取到過多的調味料。

三、水分

　　照顧老人除了要讓他攝取足夠的熱量與營養素以外，也千萬不能忽略了水分，臨床上常見老人因為口渴的感覺能力變差，加上行動不便，覺得上廁所很麻煩，所以刻意減少水分的攝取，這樣很容易造成脫水的現象，症狀包括：嗜睡、意識狀態改變、頭昏、黏膜乾燥、心搏過速、便秘等。水分對於人體具有調節體溫、稀釋體內廢物的功能，另外，水也是構成細胞的成分，人體的分泌液、排出液及消化液的形成也需要水分，除非因為心衰竭或腎功能異常而需要限水，否則老人的水分需求大約是每公斤體重30-40毫升，若有吞嚥困難的情況，可以使用增稠劑來增加老人水分的攝取。大多數機構都會利用表格記錄每位住民的飲水量，以確保足夠的水分攝取。

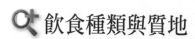 飲食種類與質地

一、由口進食

(一)普通飲食（normal diet）

即一般人均可食用的食物質地，沒有特別的食材禁忌，以均衡的六大類食物為基礎，可以符合一般成年人營養需求的飲食。

(二)調整質地飲食

◆**軟質飲食（soft diet）**

適用於使用假牙、咀嚼稍有困難的老人，食物供應仍以六大類食物為基礎，與普通飲食大致相同，但烹調避免油炸或烤製等方式，食材選擇與製作趨向質軟且易於咀嚼消化，避免過於堅硬或是纖維太粗的食材以及過老或多筋的肉類。

◆**細碎飲食（ground diet）**

以軟質飲食為基礎，將肉類、蔬菜等加以剁碎切細，適用於無牙、咀嚼困難的老人，食物內容為均衡飲食，如有需要可以長期使用。

◆**半流質飲食（semi-liquid diet）**

適用於無牙且咀嚼、吞嚥稍有困難的老人，將食物經攪打細碎後加入稀飯一起，調整成鹹粥的形式，讓老人稍加咀嚼即可吞嚥，而且因為稍有稠度，也便於吞嚥稍有困難的老人吞嚥，食材的選擇原則同樣是質地軟、易消化且應符合均衡原則，建議採少量多餐，如有需要可以長期

使用。

◆全流質飲食（full-liquid diet）

適用於咀嚼及吞嚥困難但還未到需使用腸道營養的老人，即是將半流質飲食再經過機器攪打，成為流質的成品，老人完全不需咀嚼即可攝取，缺點是食物風味混雜，接受度不佳，使用上亦建議採少量多餐的形式。

雖然不見得是必然，但許多老人因為咀嚼與吞嚥功能的退化，飲食質地也可能以上述階段依序發展，而依據臨床上的觀察，當照顧者愈能注意到老人的飲食需求而及早調整食物的質地，或是在老人無法自己進食時能耐心餵食，就愈能延長老人由口進食的時間，因為由口進食是一個重要的身體功能，味覺與嗅覺對老人而言也是一種刺激，除非由口進食已經可能造成危險（例如吸入性肺炎），或是體重已經有明顯的減輕，否則應該盡量讓老人保有這個能力，由管灌飲食來維持營養是最後也最不樂見的選擇，因為這代表著老人生活品質的大幅降低。

二、腸道營養

隨著老人的病情變化或是意識退化，有可能進展到無法由口進食的地步，或者上述的質地調整都已無法讓老人順利進食，甚至造成明顯的體重減輕時，為了維持生命與營養狀態，就可能需要使用管餵飲食，例如放置鼻胃管或是胃造口。

在台灣，由於「不希望身體被打個洞」的觀念普遍存在，因此大多數老人即使需要長期使用管灌餵食，仍會選擇鼻胃管的方式。目前用以灌食的配方產品種類很多，使用亦相當普遍，另外也可以自製天然食物攪打配方來灌食，說明如下：

(一)商業配方

◆聚合配方（polymeric formula）

含未消化分解的完整營養素與人體所需的維生素、礦物質，可供應人體的一般性營養需求，蛋白質來源為酪蛋白鈣或鈉、大豆蛋白、乳清蛋白等，碳水化合物來源為水解玉米澱粉、蔗糖、葡萄糖聚合物，而脂肪來源則為大豆油、玉米油等植物油或中鏈脂肪酸（MCT oil），含纖配方的纖維來源則為大豆纖維。市售產品如：安素（Ensure）、管灌安素（Osmolite）、愛速康（Isocal）、健力體（Jevity）、益力康、立攝適均衡配方等皆是，其中有些是以液態形式販售，打開拉環即可灌食（ready to use），有些則是粉狀，要自行加溫開水沖泡。

◆特殊配方（special formula）

即為適應特殊之生理代謝需要或是為了達到疾病控制，而調整營養素比例或成分的配方，目前市面上有糖尿病專用配方、腎臟病專用配方、洗腎者專用配方、肺部疾病專用配方、濃縮配方等，各廠牌都有自己的產品，也都有不同的特色與訴求，可以評估老人的個別需求來選擇。

◆元素配方（elemental formula）

即營養素經過水解處理的配方，適用於吸收不良的老人，營養素分子是最簡單的胺基酸、葡萄糖、脂肪酸，進入腸道後不需經過再分解即可消化吸收，但因滲透壓較高，使用時應調整配方濃度與灌食的速率，否則容易導致腹瀉。市售商品例如：佳易得、非凡寧適、偉他、新普派等，都屬於此項。

◆單一配方

即單一的碳水化合物、蛋白質或脂肪的產品，可用在另有添加需求的老人，而不宜單獨使用，否則容易發生營養不均的情況，市售商品包

括糖飴、高蛋白粉、益補、多卡等，都屬於此項。

(二)自製管灌配方

由管灌食的老人除了以市售的配方營養品來灌食以外，也可以選擇用天然食物來自製配方，例如白飯、馬鈴薯、瘦肉、雞蛋、豆腐、奶粉、紅蘿蔔、綠色蔬菜、植物油、鹽等，為了降低配方濃稠度，達到每cc.成品提供1大卡熱量的目標，也可以搭配粉狀單品使用，像是黃豆粉、糖飴、糙米粉等。但要注意的是，自製配方需要由營養師針對老人的個別需求加以設計，才不會造成營養問題，另外要特別注意衛生，避免成品被汙染。使用自製配方的好處是除了較天然以外，還可以讓老人攝取到食物中的植化素（phytochemicals），對老人的身體健康更有益處。

老人的營養過剩與不足

營養不足發生的原因通常並不單純，而是由許多因素長久時間累積而成，常見的原因有：住院時長時間的禁食、缺牙或假牙裝置不良造成咀嚼困難、口乾症與中風或神經問題導致的吞嚥困難、因味覺和嗅覺的改變或異常而對食物沒有興趣、獨居或經濟困難、照顧者對於食物的認知不足、藥物導致的食慾不振或噁心感、疾病造成的熱量損耗，甚至為了控制疾病（如糖尿病、腎臟病）而過度限制食物，以上原因都可能造成攝取不足，而導致老人的營養不良，以下針對攝食方面的常見因素加以探討。

一、咀嚼困難

大多數老年人都有牙齒的問題，像是缺牙甚至無牙，就算有裝置假

牙，也常見因牙齦萎縮而無法妥善使用的情形，咀嚼的困難與疼痛會對老人造成心理壓力，而逐漸減少攝食的分量，長期下來體重便會明顯減輕，這樣的問題可以調整食物質地來改善，通常先嘗試選擇烹調後容易軟爛的食物，或是進一步將食物剁碎，就可以達到很好的效果。

二、吞嚥困難

吞嚥困難是臨床上常見會影響老人營養狀況的原因，而中風、失智症則是造成吞嚥困難的主因，飲食方面必須視吞嚥能力的退化程度，來調整食物的質地與濃度，質地的部分必須軟而細，塊狀的食物通常更難吞嚥，所以半流質或全流質飲食會比較符合患者的需求，濃度方面則需有一定程度的濃稠，才容易形成食團以利吞嚥，若是過於清流容易引起嗆咳，增加肺炎的風險。

三、治療飲食

糖尿病、腎臟病等慢性疾病在老年族群相當常見，眾所皆知慢性病除了定期就醫治療，也需要飲食的配合才能妥善控制，有一些老人因為強烈的病識感或是醫師、家人的耳提面命，而過度的節制自己的飲食，也或許感覺低油、低鹽的治療餐難以下嚥，而影響進食的興趣，其實對老人而言，維持良好的營養狀態更為重要，治療飲食必須適度鬆綁，控制的標準也應該適度放寬，才不至於顧此失彼。

四、照顧者對飲食的認知不足

大多數社區老人的飲食是由照顧者製備的，因此照顧者對食物的認知扮演影響老人營養狀況的要角，居家個案常見蛋白質熱量營養不良的情況，因為照護者怕老人無法咀嚼，於是減少了肉類的供應，卻沒

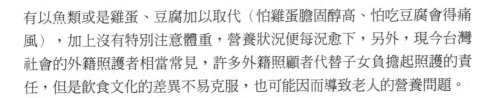

有以魚類或是雞蛋、豆腐加以取代（怕雞蛋膽固醇高、怕吃豆腐會得痛風），加上沒有特別注意體重，營養狀況便每況愈下，另外，現今台灣社會的外籍照護者相當常見，許多外籍照顧者代替子女負擔起照護的責任，但是飲食文化的差異不易克服，也可能因而導致老人的營養問題。

結語

適當而均衡的營養可以預防疾病的發生，也可以在疾病發生後給予人體支持，對老人而言，細心而完整的營養照護是十分重要的，對於照護者而言更是很大的挑戰。在高齡化社會來齡之際，如何藉著營養照護讓更多老人得以成功老化，是值得我們投資與不斷努力的目標。

參考書目

鄭惠信、史麗珠、謝瀛華、曹雅姿（1999）。〈國人膝高與身高相關性及臨
　　床評估之應用〉。中華民國營養學會第二十五屆年會暨學術研討會。
彭巧珍、張晴閔、楊孔碩（1999）。〈利用簡便體位測量值發展出推估國人
　　成人身高、體重公式〉。中華民國靜脈暨腸道營養醫學會第十八次學術
　　研究會。

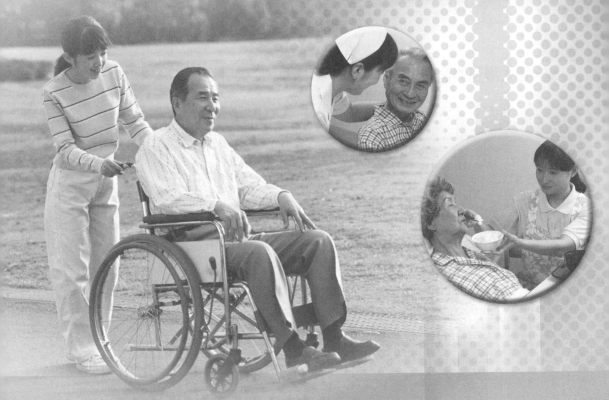

第十一章

◉— 毛慧芬

老人日常生活
功能促進與活動治療

學習重點

1.瞭解老人活動的範疇及其功能狀況。

2.瞭解活動對老人的重要性,及如何提供有意義的活動安排。

3.能說明促進老人日常生活功能的各種策略。

4.瞭解老人輔具的設計、選用及使用原則,並能舉出老人常用以促進生活功能的輔具。

5.瞭解環境對老人的重要性,及不同需求老人之居家環境設計原則與應用。

6.能說明老人團體活動規劃的步驟及帶領的原則。

7.能說明適合老人的運動與體能活動類型,其對於老人的效益,及其執行方式。

8.瞭解現實導向治療的理論基礎與介入方式。

9.瞭解音樂治療、懷舊治療、感官治療的應用原理及介入方式。

α 前言

俗話說：「要活就是要動」，此處的「動」，不是狹義的指「運動」，而指的是「活動」。做人最大的意義，在於能參與各種活動，如可以吃美食、能隨心所欲的裝扮自己、與家人親密互動、能與好友交談、能創作美的作品、可以出遊探索世界等。參與活動使人能維持獨立自主，與人互動，獲得成就感、安適感及健康。

然而老年人參與活動的情況可能發生改變，甚至無法隨心所欲，影響的原因可能包含：(1)正常的發展或人生過程，如身體機能的老化，或孩子成年、孫子的到來等；(2)個人喜好的改變，如興趣改變，有了新的體驗；(3)無法控制的外在因素，如喪偶、失去老友，或被迫失去工作等，這些因素有時甚至比生理的老化，影響其活動功能的表現更甚；(4)慢性疾病的發生，如退化性關節炎、心肺疾病等，造成長期的失能，其影響執行日常活動的程度，可能比快速發生的急症或嚴重疾病（如可控制的癌症）更多（Christiansen, Haertl, & Bobinson, 2009）。

健康照護專業團隊，以提升老人的健康與生活品質為共同目標，因此，如何維持或促進老人的活動功能將是照護工作的核心。本章將說明幾個部分：(1)活動的定義、老人日常生活活動功能的狀況，及維持老人日常活動功能的重要性；(2)照護實務上促進老人日常生活活動功能的各種策略與方法：除了增進老人的基本功能外，很必要的是藉由環境的支持與各種代償方式的運用，包含改變做事的方法（Method）、改變使用的物品（Object）或使用輔具器具（Device），及改善環境（Environment），簡稱為MODE；(3)列舉介紹在老人照護單位中常運用的輔助性活動治療。

老人的日常活動與生活功能

一、何謂「活動」

根據《韋氏大字典》線上版之定義：「活動為任務或行動，計畫與組織要做的事情」（《韋氏大字典》線上版，http://www.merriam-webster.com/）。過去曾有以休閒與娛樂為架構來定義活動，認為機構中老人從事的活動主要屬於休閒娛樂（Leitner & Leitner, 1985），但此種定義過於狹隘。針對長期照護機構情境定義活動為：住民一天中所有會經驗到的行動與互動。此定義亦符合國際健康功能與身心障礙分類系統（International Classification of Functioning, Disability, and Health, ICF）所定義活動與參與的範疇，**表11-1**列出主要範疇，可完整瞭解活動內涵的廣泛性。

表11-1　國際健康功能與身心障礙分類系統所定義活動與參與的範疇

1.學習與應用知識	學習、應用所學習的知識、思考、解決問題和做決定。包含：有目的之感官經驗、背誦、閱讀及運算等基本學習。
2.一般任務與需求	執行單項任務或多項任務、組織例行事務和處理壓力之一般面向。
3.溝通	藉由語言、信號和符號溝通之一般和特定特徵，包括接受和產生訊息、進行交談以及使用溝通裝置和技術等。
4.行動	藉由改變身體姿勢或位置或從一處移至另一處，藉由攜帶、移動或操作物品，藉由行走、跑步或攀登，以及使用各種運輸工具來移動。
5.自我照護	照護自己、清洗和擦乾自己、照護個人身體和身體部位、穿著、進食和飲用飲料與照料個人的健康。
6.居家生活	執行居家和每天的行動和任務。居家生活的領域包括取得住所、食物、衣服和其他必需品，家庭的清潔和維修，照護個人和其他家用物品以及協助他人。

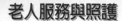

（續）表11-1　國際健康功能與身心障礙分類系統所定義活動與參與的範疇

7.人際互動與關係	以社會背景適宜的方式執行與人（陌生人、朋友、親戚、家庭成員和愛人）基本或複雜的人際互動所需的行動和任務。
8.主要生活領域	教育、工作和就業及經濟交易時所需執行的任務和行動。
9.社區、社交與公民生活	從事家庭以外之有組織的社交生活，在社區、社會和公民生活領域所需的行動和任務，包含社區活動、休閒娛樂、社交、宗教與信仰。

資料來源：李淑貞（2009）。

二、老人的日常生活活動與功能狀況

　　由以上定義可知，一個老人的日常生活活動，通常包含三類：(1)基本日常生活活動（Basic Activities of Daily Living, BADL）；(2)工具性日常生活活動（Instrumental Activities of Daily Living, IADL）；(3)進階日常生活活動（Advanced Activities of Daily Living, AADL）（James, 2009）。BADL指個人照護（self-care）或日常起居活動，如巴氏量表中所評估的進食、移位、如廁、洗澡、平地走動、穿脫衣褲鞋襪、個人衛生、上下樓梯、及大小便控制等項目（Mahoney & Barthel, 1965）；IADL指個人管理（personal business）活動，如Lawton評量表中所評估的上街購物、外出活動、食物烹調、家務維持、洗衣服、使用電話、服用藥物、處理財務等項目（Lawton, 1971），此外照顧寵物或其他家人，安全維護及緊急事件處理等亦屬之，可使個人掌控周遭環境、與社區互動。換言之，要能生存而獨立生活在社區中，必須兼具BADL及IADL功能（AOTA, 2002）。通常老人BADL及IADL的衰退，會引發他人協助照護的需求，而需要長期照護系統的支持。而AADL則屬個人發展，為追求生活品質而從事的活動，包含與朋友互動交流、出遊、休閒娛樂活動、宗教、學習，或生產性活動（如從事義工）等（James, 2009）。

　　上述三類日常生活活動構成老人有意義的生活，而老化及疾病等因素究竟如何影響到老人的日常生活功能？其需要協助的情況如何？哪些老人會較需求協助？美國2003年的全國健康調查結果顯示，65~74歲的

老人約有4%有失能（個人照護的困難），75~84歲則有約6%，然85歲以上的老人則快速增加到超過20%需要協助（Stephen & Julian, 2011）。失能也是導致需要入住長期照護機構的主要原因，護理之家中65歲以上的住民平均需要三項以上BADL活動的協助，其中96%需要洗澡的協助（Sundin, Norberg, & Jansson, 2001）。

　　而國內老人的日常生活功能情況，根據內政部於民國98年針對年55歲以上臺灣民眾進行全面調查作說明（內政部老人調查報告，2010）。此調查是以巴氏量表之評估方式檢視老人日常生活起居（個人照護）活動的自理情況。結果顯示65歲以上老人，近17%自覺有生活自理的困難（**圖11-1**），女性自覺有困難的比例為21.22%，較男性（12.1%）來得高。就年齡層而言，隨著年齡增加，有困難的比例遞增，70~74歲的老人約有10%有困難獨立執行生活起居活動，但到80歲時有困難的比例遽增，近32%自覺有困難。其最有困難的前三項目依序為：「上下樓梯」、「洗澡」、「平地行走」（分別有74.22%、53.38%、48.15%的老人有困難）（**圖11-2**）。

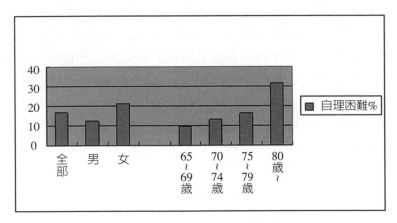

圖11-1　65歲以上老人日常生活起居活動自理困難情形

資料來源：內政部老人調查報告（2010）。

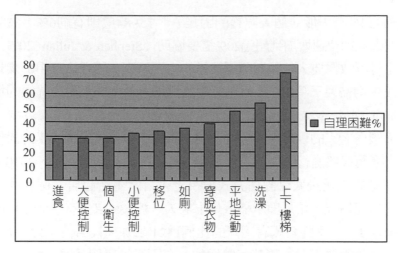

圖11-2　65歲以上老人各項日常生活起居活動自理困難情形

資料來源：內政部老人調查報告（2010）。

　　進一步依據巴氏量表中之進食、移位、如廁、洗澡、平地走動、穿脫衣物六項為計算失能的依據，上述六項中，若皆沒有困難而不需要協助，則為「無失能」；若有1~2項需協助，則屬「輕度失能」；3~4項需協助，則屬「中度失能」；5項以上需協助，則為「重度失能」。結果顯示六項均無自理困難者占87.88%，輕度失能者占4.82%，中度失能者占4.6%，重度失能者占4.6%，整體65歲以上老人失能的比例占11.7%。

　　工具性日常生活功能之項目則以Lawton評量表的八項活動為依據，以其各項列為失能的標準，扣除不需要從事該活動（許多老人不需要從事家務、烹飪、處理財務）及拒答者，則顯示無法獨立達成各項活動的比例（**圖11-3**），以「外出活動」、「服用藥物」、「上街購物」等項為主。

　　65歲以上老人最主要的進階日常活動項目，以「從事養生保健」（19.85%）、「與朋友聚會聊天」（17.7%）、「從事休閒娛樂活動」（16.07%）為主，值得注意的是，也有28.75%的老人沒有從事相關活動，因此，如何增進老人活動參與，充實退休或老年生活，成為現今之一大課題。

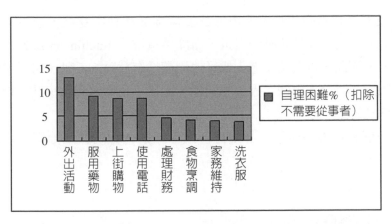

圖11-3　65歲以上老人之工具性日常生活活動困難情形

資料來源：內政部老人調查報告（2010）。

　　就社會活動參與層面而言，調查顯示，65歲以上老人在「養生保健團體活動」及「宗教活動」兩類，定期參加者比例為13.19%及11.33%，較其他社會活動項目（志願服務、進修活動、休閒娛樂團體活動、政治性團體活動）之參與比例相對為高。隨著教育程度的升高，參與「養生保健活動」與「進修活動」的比例也增加，可推測教育程度高的長輩，較願意接受新知。

三、有意義的活動

　　活動需對老人具有「意義」（meaning），才能促使老人有動機而持續參與。例如：每日陪同老人行走的活動，若能添加上「去寄信給朋友」、「去買好吃的東西」，則老人的動機與表現可能有所不同。每位長者對於活動的喜好與意義的賦予是截然不同的，故傾聽老人的想法，協助個別老人找出日常生活中各項活動的意義，建立其作息是很重要的介入方向。有些研究指出，活動規劃要以個案為中心導向，如此所安排出來的活動（手工藝活動、音樂、舞蹈、寵物治療等），對於個案的成就感、滿足感、與他人的互動會有正向的影響；然而若提供了對個案

而言較不具意義的活動，非但無法使個案從活動中受益，甚至可能造成反效果，使得照護者感到挫折，而成為負擔（Hutchinson & Marshall, 2000）。因此，需要協助老人找尋他們認為有意義的活動，可透過與家屬或照護者討論，由個案過去的興趣、經驗，及價值觀、復健目標、自我勝任感等著手。

一個有意義的活動，必須符合以下原則（香港職業治療師協會，2004）：

1.有目的。
2.自願參與。
3.使參與者有美好和滿足的感覺。
4.配合參與者的社會文化背景。
5.使參與者獲得成功感。

四、活動對老人的重要性

活動範疇包含基本日常活動、工具性日常活動、社區活動、人際與社會互動、學習、興趣嗜好與精神層面活動等，事實上，人類每天都會參與不同的活動，老人常是藉由完成有意義的活動來評斷其人生的價值，他們期望延長的歲月仍要能參與對其有意義的活動，否則人生便無意義（Ditto et al., 1996），因此，活動功能的維持對於老人主觀安適感（well being）及生活品質具有極重要的關連。

老人可能因為功能退化或疾病因素，逐漸喪失原有方式執行活動的獨立性或效率，但若老人因此不再執行活動，依賴他人協助，將會導致身心功能快速退化，減少與外界或他人互動，且逐漸喪失自主性與自尊。故應鼓勵其盡可能參與活動，透過專業協助做活動調整，或藉由代償方式，或鼓勵其盡可能參與部分活動或不同程度的活動，後文將詳述活動調整或代償方式等。

許多研究證實，持續參與身體活動（physical activity）對於一般老

人或患有疾病或失能的老人，均能達到生理與心理功能上的助益，如促進心肺功能，增加肌肉延展性與耐力，改善動作協調性；使情緒穩定、放鬆，降低壓力與焦慮，改善認知功能等。身體活動不限定於僅是運動，事實上各項日常活動均涵蓋身體活動，甚至可不用購置任何道具，是最直接而自然的身體活動，如清潔房間、外出購物、煮飯、自行穿脫衣褲等（Christiansen, Haertl, & Bobinson, 2009）。

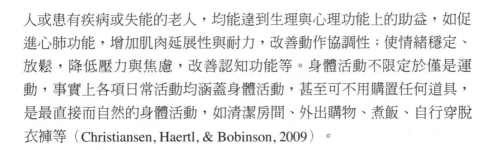 如何評量老人的日常生活活動功能

依據ICF的概念，「活動」指個案的功能或能力，而「參與」則指在其環境中實際參與社會的表現情況。因此，評估老人活動的「能力」與實際的「表現」所代表的意義不同，評估的結果可能也會有差異（Christiansen, Haertl, & Bobinson, 2009）。例如：個案在治療室的標準環境中執行起床活動是獨立的，但回到家中，需要別人中度的協助才能起床，其過軟的床墊是導致表現差異的原因。故若是以治療介入為目的而進行的評估，可能無法就單一標準化評量工具（如巴氏量表），即可獲得充分的資訊以供治療介入，必須考量較多元的面向，運用多種方式或管道蒐集個案相關資訊，才能釐清無法執行日常活動的確切原因，瞭解個案的潛能，找到可能的解決方案，及有效的介入策略。如上述情況中，職能治療師需蒐集到環境因素，才能提出更換床墊或加裝床邊扶手的策略，以協助達成獨立起床的目的。

評估老人的日常生活活動功能，需要包含以下面向（Christiansen, Haertl, & Bobinson, 2009）：

首先，要瞭解老人的日常生活型態，如健康時及失能後一天中會從事哪些活動，對於特定活動的需求性，及對活動的想法或價值觀（如多天不需要每天洗澡，或洗澡是很私密性的，盡量不要讓別人幫忙），如此可瞭解老人的生活作息安排是否均衡而適切，且可得知是否有進行特定活動訓練的必要性或急迫性。因為是針對個案的需求作訓練，也較能

促進其動機。

其次，瞭解老人的各項基本能力，並分析其對於執行日常活動的可能影響，常考量的能力包含：動作、感覺、平衡、視知覺、認知功能、操作技巧等，例如一位無法獨立烹飪的個案，可能是因為其視覺功能的障礙，導致操作時無法看清食材狀況，另一位中風個案可能是因單手操作的技巧欠佳。

最後，評估環境因子，環境中可能存在影響個案執行該項日常活動的正向（可運用的支持）及負向的因子（障礙），如何消弭負向因子，協助找出或提供正向因子，是促進日常生活活動功能的重要策略。

日常生活功能的評估與介入通常是由職能治療師進行，但其也會整合各專業團隊所蒐集到的評估內容，並共同合作達成設定之目標，**表11-2**是針對想獲得較完整資訊時，需要評量的面向、方式，及訪談問題或觀察內容的範例。實務上可藉由比對不同評量面向的結果，協助判定其關鍵問題所在（Holm & Rogers, 1999; Holm, Rogers, & James, 1997），可採取哪些問題解決方案或促進活動策略。例如：一位獨居老人其「表現」面向的評估結果是可自己「獨立」完成洗澡，但個案的

表11-2　評估老人的日常生活活動功能之評量面向、方式及內容

評量面向	方式	訪談問題或觀察內容
表現： 習慣 作息	面談或問卷	你有（無）自己做這項活動？ 執行頻率？ 需要協助嗎？為何需要協助？ 需要多少、何種形式的協助？ 誰提供協助？
主觀感受： 自信程度 重視程度	面談或問卷	你能（否）自己做這項活動？ 你有多少自信可獨立完成這項活動？ 你覺得能自己獨立完成這項活動有多重要？
能力： 技巧 獨立程度 安全性 正確性／有效性	實際觀察	觀察其是如何完成活動？過程中之獨立程度？ 是否可安全執行？是否執行的正確而有效？

資料來源：作者自行整理（參考Holm & Rogers, 1999）。

「主觀感受」覺得自己做的並不好，評估者實際觀察其執行過程的「技巧」時，發現雖然他可勉強獨立完成，但過程中因為平衡功能欠佳、浴室中又欠缺安全設置，故個案有極高的跌倒風險，有介入的必要。

促進老人日常生活功能的各種策略

　　老年生活常伴隨著逐漸衰弱或失能的問題，然而，老化與失能並不完全畫上等號，若能經過適當的介入與教育，在評估檢視老人日常生活功能後，進一步改善，將有助於促進其健康，提升自主性與自尊，減輕家人及社會之負擔。以下提出促進老人日常生活功能的各種策略，除「強化基本能力」為各種策略中，較具有治療性（remediation）意涵者，即認為有機會能改變或提升老人的基本能力；而「改變做事的方法」、「使用適合物品或科技輔助產品」及「改善環境」等，均屬於代償性策略，即不改變老人的基本能力為前提，仍可促使其調適而成功達成活動任務的方式（Holm, Rogers, & James, 1997），以下分別說明：

一、強化基本能力

　　此假設是：基本能力的提升，可促進其日常活動功能的表現。常見針對老人強化的基本能力包含：肌力、耐力、平衡、上肢協調、手功能、認知、視知覺等。例如實務上會透過動態平衡訓練，期可增進室內外之移行功能；利用記憶力訓練，以促使能記得日常生活中該準備攜帶的物件，或與人的約會；利用左側視覺刺激活化訓練，改善中風老人左側忽略的知覺障礙，期能減少吃飯或穿衣時只完成右側的情況等（Radomski & Latham, 2007）。

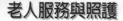

二、改變做事的方法

當老人因為老化而造成能力降低，或是因疾病等因素造成執行活動困難時，常可透過調整活動執行的方式，讓活動執行較為容易，以增加老人的獨立性。若透過調整活動方式仍無法達成，再考慮輔具的使用，若仍然無法達成活動，可能才考慮環境改造（於後講述與討論），以下介紹老人從事活動時應掌握的節省體能及保護關節的基本原則，其次針對各種失能情況，提出代償性做事方法的原則。

(一)節省體能的執行活動方式

老人的體耐力會下降，許多疾病也會使得容易疲勞（如心臟病、肺氣腫、癌症、多發性硬化症等），因此最常見的調整做事方法就是工作簡化與節省體能，使較容易完成任務，也可預防過度疲累的情況。工作簡化／節省體能的原則如下（Radomski, & Latham, 2007; Pedretti, & Early, 2001）：

1. 限制工作量，將粗重工作（如吸地板、打掃浴室）分次進行，一次做一部分，或分配給其他家庭成員，避免過度疲勞。
2. 尋找減少活動需求的方式，例如使用調理包以減少烹煮食物的能量消耗。
3. 事先規劃（如將一週要採買的物品先計畫列出，以便一次外出採購完成），或均勻分配整天或整週的活動，排列事情的優先順序。
4. 去除多餘的工作，整合工作以避免過多的負荷。
5. 規劃工作環境，將物品放在容易拿到的地方，並在工作前備齊所需的物品。
6. 能坐不站（如燙衣服或整理菜時採用坐姿）。
7. 使用推車運送物品，在檯面上滑動物品，避免抬舉。
8. 使用適當輔具（如長柄鞋拔、穿衣棒、長柄取物夾可以避免彎腰）

（圖11-4）。

9.使用電子器材節省人力（如使用電動開罐器）。

10.使用較輕的器具（如較輕的菜刀）。

11.順著重力的方向工作不要逆向。

12.調整工作器具與環境在適當高度，避免彎腰。

圖11-4　使用長柄鞋拔避免彎腰動作

13.較費力的活動可在一早最有力氣時執行。

14.調整活動步調（放慢腳步不要匆忙），避免疲勞。

15.在疲勞前就休息，頻繁且短暫的休息（5~10分鐘）可以增加執行家務的耐力。

(二)關節保護的原則

隨著老化與關節炎疾病等因素，許多老人會有關節疼痛的問題，為了舒緩疼痛、預防惡化，或是預防關節疾病的產生，遵循關節保護（joint protection）原則來從事日常活動也是很常見並重要的調整做事方法，關節保護原則如下（Radomski & Latham, 2007）：

1.尊重疼痛，認知疼痛是需要停止活動的警訊。

2.藉由執行日常活動達成維持基本的肌力及關節活動度（建議不輕易放棄從事日常活動、家務等之機會）。

3.在關節之解剖與功能性最穩定狀況下從事活動（如避免以手腕關節過度屈曲的姿勢拿重物）（圖11-5）。

4.避免導致變形的姿勢、內力與外力（如避免使用菜刀出力剁切食材，導致掌指關節偏向尺側變形加重）（圖11-6）。

5.減少需要用力握拳或操作等手部出力的情況，建議善用輔具或電動產品（如開罐頭時，使用電動開罐器）。

281

A：手腕關節過度屈曲的姿勢拿重物，易造成關節疼痛或傷害。

B：手腕關節些微伸展，此是在解剖與功能性最穩定狀況下拿重物，對關節負荷較小。

C：使用雙手或較強的關節執行活動，可避免對小關節或單一關節的傷害。

圖11-5　關節保護原則在日常生活活動的應用

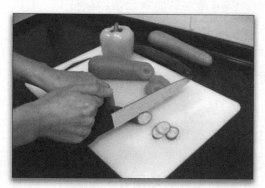

圖11-6　改良刀把可使切菜時的姿勢避免
關節過度受力而導致變形

6.使用較強的關節代替較弱或較小的關節（如使用肩背包，取代手提包）或雙手執行。

7.確保動作模式的正確（如拿地上重物時採蹲姿，而不彎腰）。

8.避免同一姿勢維持過久的時間。

9.避免無法立即停止的活動或輕易嘗試可能有危害的新活動（如端熱湯鍋）。

10.休息與活動間取得平衡。

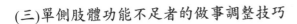

(三)單側肢體功能不足者的做事調整技巧

　　每位老人問題各有不同，因應老人族群不同的問題，也有各種調整做事方法的技巧。以下先以常見單側肢體功能不足者（如中風偏癱患者）為例，說明如何調整各種活動的執行方式，以獨立完成活動（Pedretti & Early, 2001）。

　　單側肢體功能不足者需要將雙手操作的工作改為單手操作，以及使用身體其他部位或輔具以固定物體，在各項日常生活活動可能的改變的方式如**表11-3**所示。

表11-3　單側肢體功能不足者單手操作各項日常活動的原則或技巧

日常活動	單手操作之原則或技巧
進食	・訓練換手使用餐具技巧
穿脫衣物	・先穿患側，先脫健側 ・注意安全平衡之姿勢（坐姿時身體靠著牆，使用扶手或身旁放置穩的椅子） ・穿較寬鬆與有彈性的衣物 ・使用黏扣帶取代扣子、拉鍊 ・練習單手拉拉鍊、繫皮帶、綁鞋帶法
盥洗	・用口或雙膝協助開容器 ・用不滑的平面，如止滑墊或濕的毛巾來固定物品 ・使用電動刮鬍刀，按壓式肥皂及乳液 ・將吹風機固定於牆上 ・單手操作技巧：單手扭毛巾
如廁	・穿脫衣物原則如上項 ・衛生紙放在易拿到處
沐浴	・選擇以坐的方式進出浴缸（加浴椅）／坐式淋浴之方式 ・規劃浴室內之空間利用與物品擺放 ・將盥洗毛巾或刷子固定牆面，以便清洗健側手及背部
功能性移動	・健側靠近欲移位座椅面，方便轉位 ・避免坐太矮的椅子，不易站起 ・上下樓梯時先上健側腳，先下患側腳

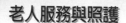

(四)各種狀況的做事方法調整技巧

因應老人各種功能狀況的做事調整方式繁多，以**表11-4**簡要列舉各種狀況可能的調整方式。

表11-4　老人各種功能狀況的做事方法調整方式

關節活動度受限	・將常用物品儲藏在容易拿到的地方 ・手部關節活動度限制者使用按壓式或容易開啟的罐子
動作協調度不佳	・活動前先固定好要使用的物品 ・穩定身體近端部分，以專心控制遠端部位（如手肘靠在桌面上雙手操作活動） ・使用較重的器具（如加重碗盤）
下肢移動功能缺失	・使用工作簡化／節省體力方法，減少移行的頻率 ・使用正確身體機制搬運物品（拿東西時靠近物品、蹲下身體時不要彎腰）有必要時，使用合適的移行輔具
雙上肢或四肢肌力不足	・將單手工作改為雙手執行（如雙手拿杯子） ・用輕的器具或電動工具 ・使用槓桿、摩擦力來協助動作 ・用重力協助動作
耐力不足	・使用工作簡化／節省體能方法 ・使用正確的身體機制、避免不良姿勢 ・量力而為
下背痛	・使用正確身體機制搬運物品 ・用坐姿取代彎腰 ・經常改變姿勢 ・站立時，交替地把一腳放在矮凳上，以舒緩脊柱壓力 ・避免扭轉身體軀幹，採面對操作物品之方向 ・調整執行活動速度，避免疼痛
認知功能不佳	・盡量固定每日的作息時間與做事步驟 ・做事前先告知以免不配合 ・將屬於患者的物品，或櫥櫃外貼上標籤 ・簡化環境 ・避免危險的設置，如防滑條、安全藥瓶、扶手、隱藏式瓦斯開關、電梯設置密碼 ・防走失裝置 ・使用清單提醒要做事情的項目及步驟

(續) 表11-4 老人各種功能狀況的做事方法調整方式

全盲或弱視	・減少環境雜亂，固定物品擺放位置 ・給予較多時間完成工作 ・高對比顏色的環境 ・在靜態或固定的環境中使用有組織的視覺掃描方法，例如採用左到右或是上到下掃視法
重聽或全聾	使用視覺或觸覺溝通方式
感覺缺失	・保護有感覺缺失的身體部位避免切傷、擦傷、割傷、撞傷或是燙傷 ・培養注意與檢查感覺缺失部位的習慣

三、使用適合物品或科技輔助器具

你是否曾有經驗過使用很重的鍋子，而煮得上肢痠痛，換了一個材質輕的鍋子後，覺得煮飯變得輕鬆許多？或是家中的長輩抱怨手機按鍵太小看不清楚，幫長輩換成老人使用的大字手機後，長輩變得不排斥手機，喜歡與家人聯絡的經驗呢？所謂「工欲善其事，必先利其器」，在生活中使用適當的物品，有利於老人活動的執行。

(一)輔具的定義與功用

如上述例子，任何現成的、改造過的或是客製化的物品、儀器設備或是產品系統，用以提升、維持或改善失能者的功能性表現，協助進行日常生活活動的物品，稱作「輔助科技器具」（assistive technology device），或簡稱為「輔具」（American Occupational Therapy Association, 2002; Mann & Hicks, 2009）。廣義的輔具定義是指能夠輔助人們執行活動之器具或工具，以彌補「環境的要求」與「個人能力」之間的落差。如碰到不易開啟的瓶罐（環境的要求），對年輕人可能不構成問題，但針對力量不足的長者（個人能力），便需要開瓶輔助器（輔具）才能完成任務。對一般人而言，舉凡眼鏡、筷子等也可視為廣義的

輔具，身心障礙者與銀髮族都常是能夠受惠於輔具的族群。

(二)老人輔具的設計概念

老人由於各項功能均可能同時衰退（如動作、觸覺、視覺、聽覺、認知等），不像一般身心障礙者爲特定部分功能缺損（如下肢無力），其他部分功能可能良好，因此，老人使用輔具的需求與特性可能會與一般身心障礙者略有不同。且考慮到老人使用輔具時的心理因素（如是否會被視爲殘疾等），一般老人輔具都設計得美觀輕巧，且符合下列「通用設計」（universal design）的概念（The Center of Universal Design, 1997）：

1. 公平合理的使用：適用於各種不同能力的人，且容易於市場上取得。
2. 使用有彈性：可隨著個人的喜好及能力而調整。
3. 簡單且直覺：無論使用者的經驗、知識、語言技巧或當下的專注層級爲何，皆能輕易瞭解如何操作該項產品。
4. 省力：可以有效率且舒適的使用，疲勞程度最小。
5. 可被知覺的訊息：無論環境狀況或使用者的感覺能力爲何，該設計皆能和使用者有效率的溝通必要的訊息。
6. 容許錯誤：可以將意外或無意的行爲所造成的危險或負面影響降到最低。
7. 容易使用的尺寸與空間：最適化的尺寸與空間，可讓使用者的任何身體尺寸、姿勢或活動能力皆能接近、觸及、操作與使用。

根據上述原則，進一步強調應用於老人輔具設計上的重點：

1. 因應老人漸漸衰退的視聽覺功能、動作控制、手部靈巧度與肌耐力等，觸摸按鍵或操作面的大小或輔具本身大小尺寸等要適宜、輕便、穩固，顏色宜對比清晰、操作不費力等。
2. 因應老人認知功能、解決問題、類化與學習能力的衰退等，輔具的操作介面宜單純化，盡量可自動化而減少老人與操作介面之互

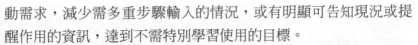

動需求，減少需多重步驟輸入的情況，或有明顯可告知現況或提醒作用的資訊，達到不需特別學習使用的目標。

3.因應老人主動偵測環境或快速反應的困難，產品設計要能容許出錯而其後果也無關緊要，並有清楚的錯誤提示與操作指引尤佳。

4.造型外觀爲老人所熟悉，可依據老人世代的喜好做外觀設計，增進使用的認同、安適與喜好感。

5.應以維持老人的能力與自主性爲前提，強調輔具輔助性而非完全取代老人的自主性，過度協助反而使其喪失參與機會而導致功能退化（Bharucha, Anand, Forlizzi, Dew, Reynolds, Stevens, 2009; Orpwood, Bjorneby, Hagen, Maki, Faulkner, & Topo, 2004；徐業良，2006）。

(三)老人常用的各類輔具

輔具的類型包羅萬象，市面上的輔具琳琅滿目，不是過去大家觀念中的輪椅或枴杖而已，舉凡食、衣、住、行、娛樂等，均有各式輔具產品可供應用。以下簡單介紹各類常見用以促進老人生活功能的輔具，分爲日常生活輔具、行走輔具、輪椅類輔具、環境安全輔具、省力輔具、溝通輔具、休閒輔具等（毛慧芬等，2010；Mann & Hicks, 2009）。

◆日常生活輔具

指的是幫助老人執行進食、衣著、盥洗、如廁、沐浴等活動的輔具。如：加粗把柄湯匙、夾式筷子、止滑墊（圖11-7）等，可供手部精細動作控制不佳的長者使用；隔熱杯、保溫杯盤等可防止老人被燙傷或進食時間較長而食物冷掉；加大拉鍊可減少穿衣時手部精細動作控制的要求，穿衣棒可協助上肢關節活動受限的情況使用；長柄鞋拔（圖11-4）、長柄洗澡刷、穿襪輔助器、長柄取物夾等可針對彎腰有困難情況（如中風後平衡功能不佳，彎腰動作易導致危險，或髖關節置換手術術後、骨折、退化性關節炎、下背痛等）；而馬桶增高器（圖11-8）可使如廁時起身較輕鬆而安全；便盆椅可避免行動不便者趕不及至廁所的困擾；洗澡浴椅可替代傳統浴缸，採坐姿沐浴以增進安全性等。

圖11-7　進食輔具：加粗把柄湯匙、夾式筷子（可降低長者手部精細動作控制的要求）、止滑墊

圖11-8　馬桶增高器

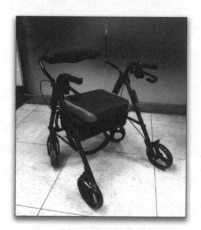

圖11-9　手推車或附座椅

◆行走輔具

　　老人長時間行走，可能會因平衡功能不佳或肌力、肌耐力不足而有困難或危險，行走輔具可提供行走時良好的支撐，是僅次於眼鏡最普遍使用的輔具。行走輔具包含：單拐、四腳拐、助行器、手推車或附座椅（圖11-9）等，主要依據老人的行走能力作選擇，仍需考量環境及個人生活的需要，必要時需要諮詢復健專業人員。如中風偏癱的患者適合使用四腳拐，而下肢無力但雙上肢功能尚佳時，建議可使用助行器，有外出需求但擔心中途耐力不足者，則可選用附有座椅的助行器，而平衡穩定性較

差時，可考慮有輪的助行器，減少提起助行器時造成不穩定的情況。

◆輪椅類輔具

　　當老人不良於行時，則需要藉助輪椅類輔具，以維持其行動功能與社會參與。常見輪椅類輔具包含手推輪椅、電動輪椅及電動代步車。主要依據老人的上肢功能是否有足夠的肌耐力推行、在室內或室外使用、是否具有良好視知覺及認知判斷能力，轉位功能等作選擇。而輪椅的尺寸、材質（如輕量化骨架、輪圈材質等）、功能（如可躺、具擺位功能、扶手或腳踏板可拆卸等），及配件（桌板）選項眾多，建議選購前最好經由專業評估。

◆環境安全輔具

　　防止發生危險的輔具，常裝置於浴室、樓梯等處。如安全扶手、防滑貼條、自動照明系統等。離床偵測系統（**圖11-10**）、無線射頻辨識（**圖11-11**）等，可警示照護者認知有障礙的長者是否有起床或進入危險區域。另可配戴緊急求救或定位系統，發生意外時可快速求援。

圖11-11　無線射頻辨識

圖11-10　離床偵測系統

◆**省力輔具**

可幫助節省體力，減少體力的耗損。如省力把手、超輕鍋具（**圖11-12**）、碗盤、電動開罐器等。

◆**溝通輔具**

由於老年人視覺、聽覺退化，該類輔具可幫助其與他人或環境互動及從事各類活動（如閱讀書報雜誌、手工藝、看電視、烹飪等）。眼鏡是最普遍使用的輔具，針對視覺功能的問題，可使用放大鏡、擴視機（**圖11-13**），或使用放大及顏色對比強烈的物品，如放大的時鐘、按鍵放大的電話（**圖11-14**）或手機，或利用語音報出的物品（語音磅秤、語音溫度計等），並加強照明，將有助於減少視力不佳造成的活動限制。而針對聽覺功能障礙的長者，可使用助聽器，或各種擴音設備（如電視揚聲器，可協助其聽到電視影音但不造成他人干擾），或使用閃光設計物品（如閃光電話、電鈴等）。

◆**休閒輔具**

可幫助老年人從事休閒活動。如大型撲克牌、撲克牌放置架（**圖11-15**）、洗撲克牌機、大型麻將等。

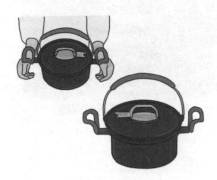

圖11-12　超輕鍋具及省力把手設計

圖11-13　擴視機

圖11-14　按鍵放大的電話,並可按照片按鍵直接撥打

圖11-15　撲克牌放置架

(四)輔具選用原則

輔具是促進老人生活功能的好幫手,但輔具種類、樣式繁多,同種用途但不同規格的產品比比皆是,常使人眼花撩亂不知從何選起,若不注意如何選擇適合長輩使用的輔具,則可能花了大錢卻不合用,甚至造成副作用。因此,以下針對選擇輔具的原則做說明(Cornman, Freedman, & Agree, 2005):

1. 瞭解為何需要使用輔具:避免盲從購買,以免買到不合宜的產品。
2. 考量使用者的特性與需求:瞭解長者的個人特性,如生理、認知、喜好與價值觀,及其實際使用的情境與需求目的,才可能從許多功能相似的輔具中,找到合適的輔具。
3. 考量輔具的特性:由於市面上的輔具製造商很多,即使產品的功能是相同的,也可能擁有不同的特性與設計,例如:尺寸、大小、材質、價位、美觀、是否容易操作、使用或穿戴上的舒適性、安全性、是否容易收藏、方便攜帶、售後服務等,選擇時務必要考量上述特性,才得以選到合用的輔具。

若在選用或使用輔具有疑慮時,建議向對於老人及輔具狀況有瞭解的復健或健康照護相關專業人員(如職能、物理、聽力語言治療師)諮

詢，透過專業評估，將有助於挑選到適合的輔具。

(五)輔具使用之注意事項

購買到適合的輔具之後，仍需留意下列原則，才能在使用輔具時安全操作，達到滿意的效果，並延長輔具使用的壽命：

1. 遵守正確的使用方式：避免人爲操作不當，否則不僅達不到使用輔具的效果，也可能損壞產品，更可能因此造成使用者的二度傷害。
2. 適當的練習使用輔具：輔具不是拿到就會使用，需透過適當練習、熟悉技巧後才會覺得輔具好用，若欠缺訓練可能會誤以爲輔具不好用而棄用。
3. 注意輔具的保養及維修：使用輔具一段時間後，若有零件脫壞或當機等情況，一定要維修或換新，千萬不要爲省錢省麻煩，而繼續使用已經不堪用的輔具，否則可能造成危險。而在使用期間，若能輔以適當的保養，則更可增加輔具的壽命。
4. 定期追蹤，確認輔具的適合性及需求：輔具使用會有耗損，且老人的功能狀況也會隨時間而有變化，因此需定期檢視其適合性（Mann & Hicks, 2009）。

(六)輔具資源

近年來各地社政、醫療、長期照護體系等成立了不少輔具資源與服務中心，有關各區輔具服務單位、輔助科技的發展、應用與購置等資訊，均可透過網路查詢獲得相當豐富的訊息。其中內政部輔具資源入口網（http://repat.moi.gov.tw/）爲全國性輔具資訊的平台，可藉以連結到相關資訊，如各地輔具中心聯絡方式、輔具產品介紹、廠商資訊、相關活動及研發成果等。

四、改善環境

(一)環境的定義與範疇

　　根據國際健康功能與身心障礙分類系統的定義，環境一般可分為「物理性環境」，包含產品與科技（前節已介紹）；自然環境與環境中的人為改造。另一為「人文性環境」，包含支持與關係；態度；服務、制度與政策二大類（如**表11-5**）。

表11-5　國際健康功能與身心障礙分類系統所定義環境的範疇

物理性環境	1.產品與科技	個人所處周圍環境中被組裝、創造、生產或製造之天然或人造產品或產品系統、設備與科技。包含：食品、藥品、日常生活、休閒娛樂與工作會使用的產品、科技或輔助器具，乃至建築物設施設備（如電扶梯、恆溫器）。
	2.自然環境與環境中之人為改造	自然或物理環境中之有生命和無生命的元素，以及環境經人為變更的部分及其環境中的人口特性。例如：地形、氣候溫度、濕度、光線、聲音、空氣品質、人口密度等。
人文性環境	1.支持與關係	提供實際的身體或情緒上支持、養育、保護、協助和關係。提供的對象包含：家人、朋友、社區、飼養的動物、健康專業人員、社會等。
	2.態度	上述各種「支持與關係者」的態度，是由習俗、作法、意識形態、價值、常模、事實的信念和宗教信仰等導致可觀察到的結果。這些態度在各層次影響個人的行為和社交生活。
	3.服務、制度與政策	・服務：為滿足個人需要而設計提供福利、結構化計畫和運作（包括服務提供者），包含公有或私有，或由個人、社團、組織、機構或政府提供或國際性的服務。 ・制度：為行政管理和組織機制，由政府部門來組織、控制和監督在社會的不同層面所提供的服務。 ・政策：為由政府或其他公認的權威部門所制定的規則、法令、公約和標準。 如：送餐服務（服務）提供獨居老人的餐飲需求；老人年金制度（制度）提供老人經濟保障；而長期照護十年計畫，制訂了各縣市政府所要提供的長期照護服務（政策）。

資料來源：李淑貞（2009）。

(二)環境對老人功能的重要性：支持或障礙

人是否能成功執行功能、達成任務，除了與個人的能力有關，也與環境的要求或支持度息息相關，例如：空間概念不佳的人開車時，若道路環境有充分的提示，或有裝置導航系統（物理性環境），或有人在旁提供提示（人文性環境）即可成功到達目的地；但能力好的人，即便沒有環境提示或輔助產品，也能成功達成（Gitlin & Corcoran, 2005）。

換言之，行為是由「個人能力」與「環境的要求」間互動所塑造成的，針對因老化或疾病導致動作、感覺、認知等功能漸漸缺損的老人而言，可能逐漸無法用以往的方式，成功執行任務。如下肢肌耐力不足而無法外出，或失智患者因為其判斷能力不佳，容易出現各種意外事件（如走失、跌倒、誤食）。當無法有效改變老人的基本能力或控制疾病的進展時，為能維持或促進功能表現，環境的處置與控制是非常關鍵的一環，可克服或代償個案能力的缺損。良好的環境支持，可達成以下目的，包含：

◆促進執行活動的獨立功能

藉由強化環境的支持（如提供扶手以利室內行走、大門口階梯裝置升降機、以利外出）或提示（將其盥洗會用到的用具，依步驟順序擺好），降低忽略（藥盒放於常坐座椅旁，以免遺忘吃藥），減少錯認（如廁所門口貼指引標示）（如圖11-16）或避免迷惑（在遙控器的常用鍵上貼紅色標籤），針對身體功能及認知功能障礙的長者，可嘗試透過環境的調整與安排，使其成功在所處環境中達成任務。

◆維護安全、避免意外事件的發生

除依循無障礙環境設計原則（如裝置扶手、去除高低落差），另可透過自行通報（緊急求救鈴）、監控通報系統、安全防護（如離床警示器、門口掃瞄警示器）、協尋手鍊等，降低意外事件發生的風險。

◆具安適感並可緩和情緒

提供舒適宜人的環境（如溫度、光線適宜），避免物品過多雜亂，

**圖11-16　門上貼廁所的標示，標示及時鐘均
採用放大及顏色對比鮮明的原則**

並布置溫馨，可提升老人的安適感，維持良好的情緒狀態。

◆使具有自主控制感，誘發活動的動機

　　安排一個屬於老人自己的空間，例如擁有專屬的書桌或工作區，以利從事活動，而抽屜中擺放老人看重的物品，桌上或櫃子放置具意義的擺設（如家人照片、過去獎章），可增進其安全感、主控感及安適感。

(三)如何營造支持性的物理環境：居家環境設計的原則與範例

　　不論新規劃或針對現有居住空間作改善時，均會考量現有的空間限制或經費預算，實務上可充分應用輔具作搭配，盡量減少硬體環境的重大改變。以下針對老人或失能者常見主要問題，包含行走及移動功能障礙、浴廁活動危險或不易、各種感覺退化及認知或行為功能退化等方面問題，提出環境設計原則及可應用的策略（包含環境改造與輔具應用）（毛慧芬、林佳琪，2007）。

◆針對行走與移動功能障礙之環境規劃與設計原則

　　老人或失能者因肌耐力衰退、關節疼痛、平衡感變差等問題，應避免上下樓梯、行走過遠，及高低落差的設計，其重要設計原則如**表11-6**所示。

表11-6　針對老人行走與移動功能的設計原則與解決策略

1.生活空間最好在同一層樓面。
2.無法上下樓梯時，可選用以下方法之一： 　(1)住房或活動空間移至一樓（環境規劃）。 　(2)安裝電梯或垂直升降機。 　(3)安裝座椅式／軌道式升降機。 　(4)使用爬梯機（如**圖11-17**）。
3.出入口或通道有高低落差時之可採用下列解決方案： 　(1)固定式或活動式斜坡（斜率以1：12為原則，低於20公分則可放寬）。 　(2)安裝升降機。 　(3)改造為階高較小的樓梯。
4.行進之動線規劃順暢，且距離不宜太遠，如臥房旁有浴室及靠近餐廳。
5.在出入口及室內行進動線上宜避免高低階差或堆置障礙物，門檻高度宜小於或等於2~2.5公分，且照明充足。
6.高低差處可貼設顏色條以做提示；過於平滑的地面可加鋪防滑條。
7.通道寬、門寬至少大於80公分，以便需乘坐輪椅時可通行。通道也應淨空，避免堆放物品，電線遠離動線。
8.最好不要鋪設地毯，也避免鋪設過於光滑的地磚或打蠟，如需使用地毯或地氈，背面宜有止滑性，並將其邊緣固定。
9.大門出入口、廁所、客廳及寢室等行進動線牆面裝設扶手，或預埋底材，使其行走時有支持。扶手裝置的原則如下： 　(1)通道扶手必須為連續性。 　(2)扶手裝置高度需考量使用者的人體尺寸及使用習慣，一般適宜高度約75~85公分高，扶手直徑約3.5公分，且離壁約5公分。 　(3)材質若能避免冰冷的不鏽鋼，而選用木質或塑膠更佳。
10.樓梯的設計原則： 　(1)樓梯兩旁需裝設扶手。 　(2)扶手高約75公分，終端再向水平延伸30公分。 　(3)樓梯面採用不易滑倒的材質。 　(4)樓梯每階最好不大於16公分高，深度應大於26公分以利腳安全踩踏。 　(5)照明充足，且有感應式開燈設置，或上下二處均有開關控制設計。
11.意外事件（跌倒或走失等）通報 　(1)配戴緊急通報鈕裝置或設定手機。 　(2)申請防走失手鍊 　(3)申請手機或晶片定位裝置。

資料來源：內政部（2008）；毛慧芬、林佳琪（2007）。

◆浴室的環境規劃與設計原則

　　浴室是老人較易發生意外的地點，設計與規劃尤其需花心思處理，以達到安全、獨立及容易使用的目的。

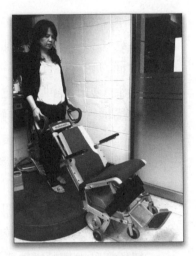

1.地面保持乾燥及防滑，可降低跌倒發生機率：盡可能保持通風乾燥或採乾濕分離設計。地磚也應選擇容易維護，不易滑倒的材料，如小片沒有上釉的地磚，或鋪設整塊塑膠墊。

圖11-17　爬梯機

2.空間應確保他人可以協助照護的面積，可供輪椅迴旋的空間至少約1.5公尺直徑之圓（**圖11-18**）。浴室空間不足或困難出入浴缸時，可考慮去除浴缸，規劃淋浴空間。

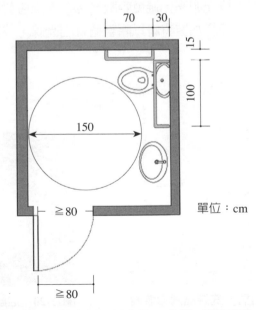

圖11-18　浴室規劃的範例，其淨寬度不得小於1.5公尺，門寬應大於80公分

資料來源：內政部（2008）。

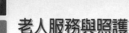

3.門應採拉門或外開式,才不會造成緊急救援時的困難。

4.浴缸底部或淋浴盆底部設橡膠墊或貼上安全止滑條。

5.馬桶的高度不宜過低,以免不易站起,可考慮裝置馬桶增高器或扶手。如廁後沖水裝置及衛生紙放置於方便使用處。

6.在馬桶、洗臉盆及浴缸周遭依使用者的功能及使用狀況裝置扶手,如在馬桶旁牆面裝設L型扶手(**圖11-19**)。

7.空間容許時洗手台可選用平台式,或確保下方有足夠淨空,以方便輪椅使用者接近使用。

8.使用長柄型水龍頭開關,且要有冷熱水自動混合活門控制。

9.對於無法久站或力氣較弱者,在淋浴處可設置浴椅,若保留浴缸者可於浴缸上加裝坐板或浴椅,也利於安全進出浴缸(**圖11-20**)。

10.考慮裝置緊急呼叫系統以供意外發生時通知救援。

◆**針對各種感覺退化的環境規劃與設計原則**

1.視覺:

(1)室內燈光明亮,避免刺眼光線、光線直射眼睛或使用易反光材質,建議加裝窗簾以調整適合之光線,或於光亮牆面(如玻璃

按壓式
緊急呼叫鈴

圖11-19 馬桶、洗臉盆周遭裝置
扶手範例

圖11-20 浴缸上加裝坐板,以利採
坐姿沐浴

窗）貼削光紙。

(2)走道與房間的照明需一致，以免老人眼睛無法快速調適明暗度，而產生看不清的意外。

(3)臥室、走道、廁所宜裝夜燈，對老人夜間上廁所幫助大，並可使用發亮的開關板，便利黑暗中尋找開關位置。工作檯面，如書桌、流理台則需提供充足照明。

(4)可利用對比色搭配及放大尺寸的原則選購家用品，如選用馬桶坐墊與地磚顏色對比，電話按鍵，或時鐘數字大且顏色與底色對比，以增進使用之方便性。

2.聽覺：

(1)老人聽覺逐漸喪失時，會影響到其社交生活，宜至耳鼻喉專科檢查並請合格的聽力師為其選配適宜的助聽器。

(2)可利用附加閃光的門鈴、電話，讓老人知道家中有人到訪或來電。

◆針對認知或行為功能退化的環境規劃與設計原則

環境應以安靜、簡單、一致不常改變為原則，盡量能協助老人充分參與生活，以現實導向、適度的提示或標記及安全為原則，布置與其過去的生活連接，顧及其生理、社會心理（人際互動）和靈性的需求。

1.針對記憶力退化者，可利用掛提醒告示板，提醒重要日常作息活動；常用的物品放置於明顯可見之處。

2.對於嚴重記憶力障礙，如失智症患者，可為其申請手鍊，或加裝門的外控鎖，以及在門口置放熟悉物品或提示圖片（如廁所門口貼馬桶圖片）（如圖11-16）以減少走錯或走失的發生。對於有混（紊）亂，或異常情緒與行為發生時，應留意避免其任意使用開關而造成意外危險，例如電梯設置使用密碼裝置使其不易操作。

3.若出現汙染環境或破壞物品等不能控制之行為，牆面及家具設備應使用易清洗材質，如牆面塗可清洗之油漆，插座面也可強化或安裝防拔取裝置以免遭破壞。

4.規劃可供行走無阻礙的行走動線,舒緩其躁動不安的情緒。

(四)如何營造支持性的人文環境

常見以下的例子:中度失智症的李奶奶,因為家人的用心與關懷,支持著她盡可能從事日常活動,雖然她常會忘記步驟,但家人總有耐心等待及提示她,仍在家中含飴弄孫,享受天倫之樂;輕微失能而獨居的王爺爺,藉由送餐服務與居家服務提供清潔及協助就醫服務等,使其仍維持居住於熟悉的社區中。人文環境是支持老人生活功能很重要的策略,包含家人、照顧者及相關人員與個案的關係建立、支持度與態度等,另也包含運用的各種服務資源、制度(如長期照護服務)與政策(如公共建築物無障礙設計規範)的配套,使老人獲得足夠的支持、維持最佳功能狀態。以下提出幾點原則:

1.與老人互動或從事活動時,耐心等待其完成活動,給予支持、鼓勵與包容,提供無挫敗、無壓力的感受。
2.給予適切的支持,不過度協助而剝奪其執行機會,也不因協助不足,而出現負面結果。
3.教導照護者要調整對個案的期待,瞭解老人的功能狀況,對應其能力,不宜要求過高。且強調做的過程而非結果,強調其可以做到的,不要過度在意其錯誤或無法做到的部分。
4.提供老人及照護者連結相關照護服務資源的資訊與管道,保障其權益。

五、小結

維持老人日常生活活動的參與,本身即是促進老人健康與安適的重要途徑。老化不是只能消極面對,等待依賴他人,藉由改變老人的基本能力,做事時採取省力、簡單而有效的方式,提供物理及人文環境的支持,包含使用適切的物品、應用輔助器具,或規劃或改善生活環境、

獲得適當的服務介入等。上述的改善與支持等促進策略雖分別介紹，但是針對每項日常活動需要的促進策略常不會是單一的，需要多管齊下，且彼此間會互相動態影響。舉例而言，當個案考量其能力與安全因素而決定採用坐姿進行沐浴活動（做事方式），其可能會決定去除家中浴缸（環境改造）、並購置浴椅（輔具）。每位個案都會因為其個別能力、環境、活動進行的方式、主觀價值與感受、家人的期許及考量等因素的不同，所採用的介入策略也會因而非常個別化（Christiansen, Haertl, & Bobinson, 2009; Holm & Rogers, 1999；Holm, Rogers, & James, 1997），通常需要職能治療師進行評估與介入，使其功能有最大發揮。一般而言，介入的順序，原則上會優先選用較容易達成而可及的方式：如改變做事方法；其次才去考量需要花費金錢與心力的策略，如購置輔具、甚至改造環境。

活動治療

　　除日常生活活動，機構或社區中也可藉由各種形式團體活動，達到促進老人的活動功能、增進人際互動等目的。在機構中的活動安排包羅萬象，可依據長輩的興趣及機構中資源等規劃，包含各類手工藝、園藝、烹飪、讀報時事討論、電影欣賞、節慶活動、外出參觀旅遊等。另有些具有治療性的活動，然雖稱之為「治療」，但較貼切名稱是「輔助性療法」或另類療法（alternative therapy），由於活動帶領者不一定經由專業訓練，且其大多療效仍有待驗證，以下先說明機構中規劃及帶領團體活動的原則，再介紹機構中常應用、且較多實證提出的活動類型，包含體能訓練、認知治療、音樂治療、感官治療、懷舊治療等。將分別簡述各類療法之定義、原理、應用及目前成效驗證情形。

一、團體活動的目的

1. 藉由活動的參與，可增進、整合，或維持各項身心功能（體能、感知、認知及社交情感等）。
2. 提供機會練習所需技能及瞭解自己的能力範疇。
3. 提供與他人或環境互動的機會。
4. 刺激恢復參與日常活動的動機，找出有興趣、有意義的活動和生活型態。
5. 提供成就感、建立自信心、找到生命的價值與意義，使生活有期待，提升生活品質。
6. 調節沉悶的生活及紓減煩惱。

活動的最終目標是希望透過各種目的性活動，培養老人的自信及對生活的主動性，提高其主動安排個人生活的動機與能力，維持與他人及環境互動，重建生活目標。

二、老人團體活動規劃的步驟

◆Step 1：評估個案的身心功能及潛能

首先瞭解老人需求、過去與現在的生活型態、興趣、身心功能或潛能，包含口語理解與表達能力、肢體動作功能、手功能、認知功能、視覺、聽覺功能、心理功能（動機、挫折忍受度等）、社會功能（與人互動、社交技巧等），才能協助老人安排對其有意義或有助益的活動。

◆Step 2：評定個案的程度及分組

嘗試將評估結果，依據個案特性作分組，各組有其共通特性或需求（如都使用共同語言，或都有需要強化體能）。

Step 3：設定小組目標

　　依據分組成員設定團體目標（如組成體能團體，增進成員下肢肌耐力及行動能力）。

Step 4：評估個案所需的活動

　　在目標前提下，依據每位個案的能力或特性設想其所適合的活動。例如有些成員可以獨立行走但耐力不足，有些則站立平衡仍不佳，規劃需要有訓練行走耐力及下肢肌力、增進平衡反應的各類活動。

Step 5：評核所屬單位資源

　　上述規劃的活動是否能獲得單位的支持？是否需要尋找更多資源以達成活動目標？例如上述例子中，要評估單位是否有足夠的行走空間？有否肌力訓練、平衡訓練的設備或器材，是否有可以帶領的專業人力資源？是否能安排活動過程中確保安全及協助進行的人員？有其他獲得人力資源的管道？

Step 6：擬定活動目標及計畫

　　擬定具體目標及活動帶領計畫。

Step 7：列出適合的活動及作選擇

　　在目標前提下，將可能執行的活動盡可能列出。如：增進下肢肌力、平衡反應的各種活動。

Step 8：進行活動分析

　　針對個別活動，分析活動程序、需求能力，並媒合個案的能力，並作適當活動調整及分級。

Step 9：完成計畫書（包含成效評量方法）

　　計畫書內容可包含活動目標、活動內容、進行程序、環境安排、所需材料設備、參與成員、帶領人員及分工，預計活動分級及調整方案、評量方式等 （Lanza, 1997）。

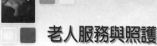

三、團體活動帶領的原則

帶領老人團體活動的基本原則如下：

1. 團體人數為6~12人最適切，較容易掌控及顧及每位成員。
2. 團體進行的環境宜固定，且安靜、舒適、空間大小適中，能有適當的獨立性與隱私性，將有助於活動進行及成員凝聚力的發展。
3. 全程約40~60分鐘，不宜過冗長。完整程序需包含開場、暖身、活動進行、討論或與回饋、與結束。
4. 活動簡單不複雜，使在參與過程中容易領略而投入。
5. 難易適中，不過於困難，能獲得成功感，但又略具挑戰性，稍具難度可使參與者產生興趣與鬥志。
6. 具有趣味，使參與者在過程中有歡愉與快樂感。
7. 可增進參與者現有能力。
8. 沒有威脅性與挫敗感，提供正向及成功的經驗。
9. 可靈活調節活動的難度與參與模式，以順應老人功能程度（香港職業治療師協會，2004; Zgola, 1987）

有些失能或失智的長輩可能無法完全參與一整項的活動，但不代表其就無法參與活動。從計畫、參與執行乃至分享成果的活動過程，必有老人可以達到的能力與專長，參與不同形式或程度的活動，**圖11-21**為老人活動參與程度之調節模式，可依個別老人的情況決定參與的程度。

實際應用時的例子，如：功能較佳的長者團體，活動帶領者可由其自行討論烹飪的主題，並由其自行準備材料、分配工作等；但功能稍差的長輩團體，則由活動帶領者事先準備好材料及工具等。另例如進行包壽司活動時，認知或手部功能較佳者負責煎蛋皮或最後捲起壽司的部分，功能較差者僅負責鋪撒肉鬆或放黃瓜，或由他人提供口語提示或動作協助，每位參與者可依據其能力參與活動。

圖11-21　活動參與程度之調節模式

資料來源：香港職業治療師協會，《老年痴呆症活動策劃手冊》。

四、運動與體能活動

維持老人體適能（physical fitness）是預防失能最重要的策略之一。體適能的廣泛定義，為身體適應生活、運動與環境（如溫度、氣候變化或病毒等因素）的綜合能力。其中健康體適能（health-related physical fitness）包含幾項指標：身體組成、肌力及肌耐力、柔軟度與心肺耐力，所要求的體能水準較競技體適能低（Caspersen, Powell, & Christenson, 1985）。健康體適能的降低是造成老人日常生活活動表現降低與失能很重要的危險因子（Bouchard, Shephard, & Stephens, 1994），而運動是改善體適能很重要的方法（Keysor & Jette, 2001）。運動可分

為四種類型：有氧運動、肌力運動、柔軟度運動、平衡運動。執行足量（何謂足量會於之後說明）的各類運動有益健康且能夠增進體適能。因此，運動對於老人非常重要，能夠幫助健康的老化，是老人必要規律參與的活動。

(一)運動與體能活動的成效

有關運動與體能活動的成效已有不少研究探討並獲得證實，以下針對不同對象分別說明其成效。

◆一般老人

老人規律運動的效果很廣泛。規律運動除了能增加體適能外，還能降低多種疾病的風險（如心血管疾病、栓塞型腦中風、高血壓、第二型糖尿病、骨質疏鬆、肥胖、大腸癌、乳癌、焦慮及憂鬱症）、能減少跌倒的風險及跌倒造成的傷害、預防功能活動的限制，以及為治療許多慢性病的有效療法。也有證據顯示體能活動能預防或延緩認知受損、失能及改善睡眠，並能增進自我效能。

體能活動在以下疾病的臨床指南中都扮演重要的治療角色，如冠狀動脈疾病、高血壓、第二型糖尿病、肥胖、高膽固醇、骨質疏鬆、骨關節炎、慢性阻塞性肺病。此外，體能活動也用於處理憂鬱及焦慮疾病、失智症、疼痛、鬱血性心臟病、中風、預防靜脈栓塞、背痛以及便秘。

大部分對老人運動的研究都顯示一種「劑量與反應關係」，運動量與不健康的體重增加或是死亡率都呈現反比的關係，即運動量越多，不健康的體重增加或是死亡率就越低，但目前還沒有對於年齡修正的共識，有待之後的研究（Nelson et al., 2007）。

◆機構中的虛弱老人

對於機構中的虛弱老人，運動的成效指標除了體適能的項目外，主要還會看其自我照顧能力、生活品質、活力及自覺健康狀況。近期的文獻回顧顯示，運動介入對於改善機構中虛弱老人的健康體適能（如

肌力、柔軟度、體耐力、平衡、協調）、功能性表現、日常生活活動表現以及生活品質，都顯示穩定的正面成效通常建議包含有氧、肌力、柔軟度及平衡等不同運動形態，以下分別說明其執行方式（Weening-Dijksterhuis et al., 2011）。

(二)執行方式

◆一般老人（Nelson et al., 2007）：

1.有氧運動（心肺耐力運動）：
　(1)一週五天執行至少30分鐘的中強度有氧運動或是一週三天執行至少20分鐘的高強度運動。
　(2)若老人自評坐著休息時0分，用盡全力是10分，中強度運動大概是5~6分，會明顯增加心跳與呼吸速率；高強度運動約為7~8分（老人不應超過9分）並會劇烈增加心跳與呼吸速率。
　(3)不同老人對於運動強度的定義也不同，例如：有些老人覺得慢走是中強度的運動，有些老人覺得快走才是中強度的運動。
2.肌力運動：
　(1)一週至少執行兩次肌力運動以增強或維持肌力與肌耐力。一週中挑不連續的兩天做主要肌群8~10下的運動。為了增加肌力，必須加阻力讓每次運動大約能做10~15下，老人肌力訓練的費力程度應為中到高。
　(2)一般建議老人做中強度的肌力訓練即可。
3.柔軟度運動：
　為了維持日常所需的柔軟度，一週至少兩天需執行柔軟度運動，每次至少10分鐘，每個主要肌群靜止的拉10~30秒，重複3~4次。
4.平衡運動：
　(1)為了減少跌倒風險，尤其社區中有跌倒風險的老人必須執行能夠維持或改善平衡的運動。

(2)適合的動作種類、頻率及長度目前還沒有定論，有研究提出一週三次，可作為參考。

◆機構中的虛弱老人（Weening-Dijksterhuis et al., 2011）

1.肌力運動：
  (1)類型：漸進式阻力訓練。
  (2)強度：最大力氣的40%~80%。
  (3)頻率：一週三次。
  (4)長度：一次60分鐘。
  (5)總長度：至少10週。

2.平衡運動：
  (1)種類：隨每人能力不同，漸進式調整難度。
  (2)頻率：一週三次。
  (3)長度：60分鐘。
  (4)總長度：3個月。

◆促進老人體能活動的原則（Nelson et al., 2007）

1.減少靜態行為（如長時間看電視不運動）：即使沒有達到最小要求，也是可能有效果的，但還是要動，例如一週走路45~75分鐘的老人，心血管疾病發生機率會降低。

2.增加中強度活動，較少強調高強度活動：老人較難達成高強度活動的要求，且較可能造成傷害，一般仍建議一天中執行30~60分鐘的中強度運動。

3.循序漸進：緩慢的增加運動量對於老人特別重要，可以減少運動過量的傷害、使活動更愉快，增加正向經驗。體力很差的老人一開始可能需要執行自評出力程度5以下的運動，且須分段進行活動（一次10分鐘左右），而非一次連續做完。運動計畫也需視健康情況改變調整。

4.執行肌力訓練活動以及所有建議的活動類型：肌力訓練活動對老

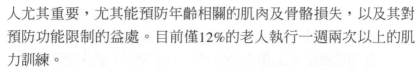

人尤其重要，尤其能預防年齡相關的肌肉及骨骼損失，以及其對
預防功能限制的益處。目前僅12%的老人執行一週兩次以上的肌
力訓練。

5.持續個人層級與社區層級的介入方法：有時運用群體的力量更可
以鼓勵老人運動。

6.使用風險管理策略以避免傷害：有些慢性病會增加運動時的風險
（例如心臟病會增加猝死風險，骨質疏鬆會增加骨折風險），此
外肌肉骨骼傷害為規律運動最大的阻礙，也需特別注意。

五、現實導向治療

現實導向治療（Reality Orientation Therapy, RO），或稱認知刺激治
療（Cognitive Stimulation Therapy）是認知復健中最具代表性者。針對
老人或失智長者，較適用認知復健（cognitive rehabilitation），而較不
適合採認知訓練（cognitive training），此為透過練習和刺激去回復認知
能力的，而認知復健乃是確認個人的需求和目標、所需之策略和資訊，
以及如何使用記憶輔助來代償，即使用多樣的介入方法以促進認知功能
（Clare & Woods, 2003; Radomski & Davis, 2008）。

1950年代起源於美國的現實導向療法，其主要目標是要協助老人或
失智患者重新學習掌握切身或周遭環境有關的資訊，以改善其對於周遭
環境及事物的認知與處理方法，使其進行日常生活活動時，能保持功能
於最高狀態，盡可能獨立而具信心。

(一)現實導向治療的原理

1.RO的倡議者認為人要能獨立處理日常各項事務，前提是必須熟悉
周遭環境，掌握相關的日期、時間、地點、人物等資訊。

2.因疾病或因長久住在機構中，使得老人對於環境資訊的認知及
記憶力喪失，甚至導致各種行為的偏差，無法正確回應環境的要

求，當老人無力完成活動或任務，便逐漸喪失信心。

3.RO主要是藉由運用特別的技巧與方法，或提供各種形式的刺激，使患者重新掌握環境相關資訊，減少與外界的脫節現象。

4.透過輕鬆及支持性氣氛，增進患者的自信，協助就其存有的記憶及認知功能適應生活環境，處理日常生活事務。

RO的原理機制仍尚未明瞭，有學者推測RO可能是因爲促進患者使用其認知功能，減低不去用的機會，因而對認知功能產生正向的影響（Cotelli, Calabria, & Zanetti, 2006）。

(二)現實導向治療的介入形式

可分爲二種介入形式（Woods, 2002）：

◆現實導向療程（RO sessions）

以三至六人之小團體形式進行，進行共約十至十二次，較需要密集式的安排，每週可安排二至三次、使在四到六星期內完成，每次約半小時至一小時。每次療程（課程）通常會針對老人的問題提出一個認知焦點，由定向訊息的演練開始，接著針對目前環境及其延伸討論當下事件。有認知重點的遊戲及多樣的活動爲其特色（如拼圖遊戲，介紹常吃的食物等主題），若較嚴重的個案則會使用感覺刺激。一般會使用音樂來促進成員的專注力及團體參與，或提供茶點以創造社交氣氛。

◆二十四小時現實導向

特別適用於機構照護環境，所有會和患者接觸的人員，全天性的提供定向介入，並設計安排其居住環境，使用環境中的定向訊息（如現實導向板、路標、名牌及其他記憶輔具）增強。此種形式提供整天不間斷的現實導向資訊，協助熟悉其生活環境。

本介入手法最初始是照護人員的主動（proactive）介入，只要一有機會就會給予患者定向訊息，1980年代演變爲反應性（reactive）介入，即照護人員在病患提問時回應正確的訊息，或協助病患自己發現訊息

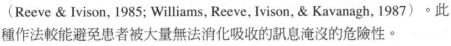

（Reeve & Ivison, 1985; Williams, Reeve, Ivison, & Kavanagh, 1987）。此種作法較能避免患者被大量無法消化吸收的訊息淹沒的危險性。

此外，介入態度是RO極強調的一環，可搭配上述兩種治療形式應用。在評估需求後，照護人員採用「處方態度」面對特定病患（如「和善但堅定」、「不動感情」或是「不要求」），以期能使不同照護人員在面對特定病患時能有更好的一致性態度。

(三)現實導向治療的成效實證

Spector等人（1999）回顧了六篇隨機控制試驗之RO相關文獻，研究對象包含一般老人及失智症患者，整體而言，接受RO組的認知功能顯著優於控制組。例如有研究發現和未接受治療的控制組比較，接受RO治療組之口語定向感有增進（Bleathman & Morton, 1988）。此外，行為問題層面：雖然單獨各篇文獻並無顯示顯著效果，但經後設分析將所有資料合併為一後檢視，則有顯著的成效。

以上系統性文獻回顧認為現實導向治療具有不錯的效果，另有學者提出：現實導向療法可能可以有效的減緩認知功能退化（Gatz et al., 1998）。但截至目前為止，現實導向療法的效能仍有些許爭議（Douglas, James, & Ballard, 2004），雖然其效果是有實證支持的，但相較於小幅的治療效益，仍需考量可能造成的副作用，若在執行治療時對病患沒有足夠的敏感度，則有可能造成病患的挫折與苦惱（Gatz et al., 1998; Holden & Woods, 1995）。因此，在使用現實導向治療時專業人員仍應注意治療態度，並隨時監測患者的反應與適時的做調整。

六、音樂治療

近年來，音樂治療（music therapy）在老人照護中愈來愈受到重視。其定義為「使用音樂介入，藉以在治療性關係中達成個別化之目標，以提升安適感、處理壓力、舒緩疼痛、表達內心感受、促進記

憶力、改善溝通,並促進生理與心理之復健效果」(American Music Therapy Association)。

音樂可讓人產生共鳴,抒發情感與訊息。治療性的使用音樂(therapeutic use of music)在一般健康照護中有許多應用,如協助個案處理手術前之壓力或是作為休閒娛樂等等,而音樂治療則會有更明確的目標,音樂治療師得同時具備音樂專家與治療師之技巧,能適切的選擇及應用音樂參數,為個案量身打造符合其需求及目標的音樂治療方案(Vink et al., 2004)。

(一)音樂治療的原理

早在古希臘與羅馬時代,人們就相信音樂具有修復身體及心靈的效果;而在中國古代,也有五音(角、徵、宮、商、羽)通五臟(肝、心、脾、肺、腎)的醫療原理;但直到1980年代開始,音樂真正開始應用於醫療照護(黃玉珠,2005)。

音樂治療之原理可分為三類:(1)同質原理(iso principle):音樂的選用能配合病人的當下狀況、個人背景與對音樂的喜好;(2)共乘原理(entrain principle):音樂之使用能使病人更加投入眼前之任務;(3)移轉原理(diversion principle):音樂可以將病人的注意力從自身的病痛或焦慮等移轉開來(施以諾,2010)。

(二)音樂治療的應用形式與目的

音樂治療是少數有生理實證支持其療效的另類療法(alternative therapy)。1948年,Altshuler首先發現音樂會刺激視丘,使大腦皮質產生有意識的情緒改變(Cook, 1986);而Brody則在1984年指出,音樂會對掌控情緒的邊緣系統(limbic system)產生影響,經由網狀系統的傳遞,使腦垂體釋出β-腦內啡(β-endorphin),進而緩解疼痛、促發欣快感(Cook, 1986; McKinney, Tims, Kumar, & Kumar, 1997)。音樂也會增進α腦波,使緊繃的情緒得以平靜、放鬆;並能影響神經內分泌物質

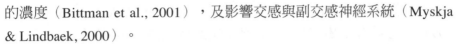

的濃度（Bittman et al., 2001），及影響交感與副交感神經系統（Myskja & Lindbaek, 2000）。

　　由上述可知，音樂證實能讓人的身心產生變化，音樂常應用於老人照護的理由如下：

1.以音樂為刺激，容易引發個案做出反應。
2.音樂可抒發情感，即便是失智症晚期患者或失能患者，仍保留了欣賞熟悉樂曲的能力。
3.提供熟悉的音樂旋律，以引發注意，協助患者投入活動中，與他人分享互動。
4.協助放鬆情緒，尤其針對易焦躁不安的個案如失智症初期患者。
5.提供緩和適量的音樂，可改善患者的行為問題，如叫囂行為。
6.可結合肢體運動、懷舊治療、現實導向治療，使有效協助達到治療的目的。

　　音樂治療類型可分為兩種：接受型音樂治療（receptive music therapy）與主動型音樂治療（active music therapy）。接受型音樂治療是由他人演奏或演唱音樂，或是為參與者挑選音樂錄音等；而在主動型音樂治療中，是由參與者主動參與音樂創作（如演奏小型樂器），治療師鼓勵個案參與即興創作音樂、跳舞、動作活動或是歌唱（Vink et al., 2004）。

(三)音樂治療於老人照護之實證

　　目前針對老人之音樂治療仍欠缺足夠的嚴謹研究。在一篇針對音樂治療應用於失智症的系統性文獻回顧中（Vink et al., 2004），作者將針對失智症患者之功效分為三大類：(1)行為問題層面；(2)認知技巧層面；(3)社會／情緒功能層面。以下分別簡述過去的研究發現：

◆行為問題層面
　　Clark等人發現，若在洗澡時播放個案喜愛的音樂，相對於無音樂

播放的對照組，個案出現的攻擊性行為顯著減少（Clark, Lipe, & Bilbrey, 1998）。另一篇文獻則顯示，在選用個案喜愛的樂曲之音樂治療組，在治療期間與治療結束後，失智症患者的躁動情形皆顯著較使用標準古典音樂的控制組少。另有學者指出，在音樂活動期間，有遊走問題的失智症患者可保持坐著或是待在活動區域附近的時間皆比閱讀活動來得長（Groene, 1993）。

◆認知技巧層面

Brotons等人比較了音樂治療與口語談話介入在認知技巧層面的成效，發現音樂治療組之語言技巧（包含說話內容及語暢）較口語介入組佳，但在簡易智能狀態測驗（Mini-Mental Status Examination, MMSE）及聽覺口語理解能力上，兩組並無顯著差異（Brotons & Koger, 2000）。

◆社會／情緒功能層面

Lord等人以非標準化之評估比較音樂治療、拼圖活動與一般活動之控制組的成效，結果顯示音樂治療組之個案在治療後較快樂、警醒度較佳，且對個人歷史之回憶較佳（Lord & Garner, 1993）。

七、懷舊治療

懷舊最早由Butler（1936）定義為：「回想過去的行動或過程」。英國著名失智症懷舊治療法專家Errollyn Bruce（1999）的說法為：「懷舊是回想並分享個人人生經驗的過程」。一般老年人常自然而然的進行生命過程的回顧，尤其將近終老的長者。1960年代末期，開始應用懷舊治療，鼓勵個案有組織的回顧、討論與分享過去發生的事情與經歷，以協助其由鮮活的往事中找到自我，提升自尊及自我價值感，促進生活的滿意度與社會化，以減少孤寂、憂傷與憂鬱（Copenhaver, 1995; Nugent, 1995; Rentz, 1995; Seller & Stork, 1997）。

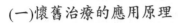

(一)懷舊治療的應用原理

懷舊的現象可以發生在每個人身上，不分年齡、性別，涉及多層面、多文化，可發生在不同世代或不同國家之間。然而，當生命出現轉折時較容易引發懷舊的現象，在面臨另一個人生階段與重大決定時便會出現，而其中又屬老年人出現較多。

從心理觀點而言，生命回顧是人生重要的調適過程，以促進對生命的整合與適應。Erikson的心理社會發展理論指出，老年人的發展趨向於回想過去並把過去的經驗整合，以便對自己、配偶或子女有所交代，然而若過去生活空虛、無所作爲，在此階段可能會產生對自己失望。

從認知理論觀點而言，老人及失智症患者長程記憶相對保存較佳，故較能憶起兒時或早期歲月的情景，而較無法記起新近發生的事（Morris, 1994）。此外，由懷舊活動或過程，老人因較感興趣而可促進參與活動的動機、語言表達等，另有專家指出，懷舊治療可改善照顧者與老人的溝通，令照顧者運用老人仍存留的能力，特別是長程記憶、社交互動能力以及正向反應的能力，可藉懷舊重拾自我認同。

(二)懷舊治療的類型

廣義的懷舊治療可採下列各種不同的形式進行：

1.個別或團體。
2.他人引導或自發的。
3.時間地點固定或即興。
4.同一年代或多代同堂。
5.可和家屬一起進行。
6.談話性或活動性。
7.懷舊內容可以老人家的人生故事爲主體，有順序的回想，另可以與老人家討論某一獨立主題，每次不同主題。

但有必要進一步區分「一般性懷舊」（general reminiscence）與「生命回顧」（life review）二種治療型態的差別。生命回顧通常會以一對一方式進行，內容會包含治療性傾聽老人歷年的經歷，甚至令其痛苦悲傷的部分，製作一本生命故事，並評價其過去（Holm et al., 2005）。而一般性懷舊大多以團體模式進行，常藉由討論特定話題（如兒時遊戲、最得意的一件事），或輔以具體過去物件（過去使用的工具）的回憶刺激，使團體成員分享經驗與想法，達到趣味、與人互動、參與活動之目的（Haight & Burnside, 1993）。

(三)一般性懷舊團體的執行

由一至二位固定的團體帶領者，參與成員約六名左右，建議每星期至少一次聚會，一次約四十五分鐘。每次聚會有特定的目的或主題，主題的選擇可以與長輩討論後決定，當長輩有困難時，由工作人員依長輩背景來決定。不需事先安排好所有的主題，可於每一次團體決定下次主題，或依成員興趣彈性的安排；較敏感性的話題（如戰爭）可放在團體中期以後，同一主題也可談兩次到三次，不需要一次把主題內的所有子題皆談完。另可加入感官刺激的道具或過去的物件、照片、圖片等，以利於引發成員的迴響，進而提出感想。

(四)懷舊治療之效益

懷舊治療可算是老人照護中最普遍的活動之一，但嚴謹設計的研究實證仍屬有限，根據2005 年的文獻回顧（Woods et al., 2005）指出，當時僅有四篇符合條件的研究（Baines et al., 1987; Lai et al., 2004; Morgan, 2000; Thorgrimsen et al., 2002），整合分析的結果顯示：懷舊治療對於個案的認知功能及情緒（憂鬱程度）有顯著治療效益，並會延續到四到六星期的追蹤期，另一般行為功能也會在治療結束後有顯著進步。針對有共同參與的家屬而言，其照護負擔也會明顯下降，而有共同參與的工作人員在參與懷舊治療後，會顯著增進對參與者的認識，然而，個案的行

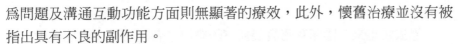

為問題及溝通互動功能方面則無顯著的療效，此外，懷舊治療並沒有被指出具有不良的副作用。

　　總之，儘管懷舊治療應用於老人或失智症患者的相關文獻仍屬有限，但其對於個案認知功能及情緒改善的成效已獲得支持，另對於家屬與照護者而言也具有不錯的成效，值得在臨床上充分發展應用。未來仍可針對不同懷舊治療類型（一般團體或生命回顧）或活動安排（不同頻率）的療效做更深入的探討，也可再針對其他療效指標做探討，如可進一步探討其對於生活滿意度或個案參與活動程度的療效等。

八、感官治療

　　感官功能是一個人可以有意義的生活、與外界保持互動的最基本功能。每個人會透過不同感官系統（視覺、聽覺、嗅覺、觸覺、味覺，以及動作上的刺激如前庭覺、本體感覺等），去接收及感受周遭環境中的訊息，並依據過去的經驗解釋訊息，決定如何反應或行動。

　　人都有接受感官刺激的基本需求與渴望，但年長者因老化而感官反應不如前，研究發現感官刺激若被剝奪，長者容易出現精神不集中、迷惘、思考力下降的現象，導致其活動力降低、動作笨拙、反應慢、不協調，久而久之造成整個人陷入迷惘、陌生、毫無意義的世界（Oster, 1976; Woods, 2002）。失能或失智老人較一般老人少機會活動，主動接收刺激的能力更為受限，此時若環境中缺少刺激，更加速上述問題的惡性循環。

(一)何謂感官治療？

　　感官治療是指在患者周遭環境或活動過程中提供經控制的感覺刺激，藉由活化五感（視覺、聽覺、觸覺、嗅覺、味覺）中任一項或合併多項感覺系統，使其處於充滿刺激卻平和的環境中，以引發正向反應的方法。此種療法可嘗試運用於認知功能嚴重缺損，或無法參加其他型態

治療活動者。

過去數年來，臨床實務發展並實際應用了各種感覺刺激的活動，其中多重感官刺激（multisensory stimulation，又稱作snoezelen）療法乃是藉由使用熔岩燈（lava lamps）與光纖燈（fiber optic lamps，又稱「星星燈」）提供不斷變化的視覺刺激、令人愉悅的香氣、柔和的音樂、可撫摸與感觸的各種由有趣的材質製成之物品（如枕頭與震動墊）等等，以增加感覺刺激之量（Douglas, James, & Ballard, 2004; Woods, 2002）。多重感官刺激通常是在經過特殊設計的房間中進行，依照個案的情況設計而成，故在一次療程中並不一定會使用到所有形式的刺激（Baillon, van Diepen, & Prettyman, 2002）。且名稱裡有著「刺激」的字眼，讓個案參與於感官刺激中是非常重要的，但本療法也包含了使用這些刺激而達到使個案鎮靜的效果（Woods, 2002）。

(二)感官治療的原理

研究顯示感覺剝奪會對人的心理造成負面影響（Zuckerman, 1964），而其中的關鍵不僅只是感覺刺激的量，刺激的多元性也非常重要。在感覺剝奪的環境中，針對初級感覺（primary senses）提供的特定刺激會使這些感覺的知覺與詮釋更為容易，也能緩解感覺剝奪所造成的負面效果（Baillon et al., 2002）。

對感覺及認知障礙者而言，複雜環境的詮釋會有相當的負擔。因此Baker等人提出接受多重感官刺激治療者不需要同時進行太多的記憶或認知推理能力（Baker, Dowling, Wareing, Dawson, & Assey, 1997），因而能減少患者的困惑及退縮。此外，多重感官刺激療法中所提供的刺激是無固定形式的，因此對認知能力與注意力的要求較低，可減輕個案的壓力並鼓勵正向且適切的行為（Baillon et al., 2002）。多重感官刺激療法的治療環境是安全且零失敗的，個案因而能有機會掌控其所處環境，進而改善習得的無助感（learned helplessness）的情形。

(三)感官治療於老人照護之應用

常見應用於老人照護之感官刺激提供如下：(1)嗅覺：強烈的味道最容易誘發過去的鮮明記憶，如芳香的草味、食物的香味（Erickson & Leide, 1992）；(2)視覺：照片、影片、海報、書籍或鮮明色彩的燈光等，均是引發回憶、提供刺激的好媒介；(3)味覺：是老人較易保有的功能，故品嚐不同味道或令人回憶的食物是常用的方法；(4)聽覺：可藉由聽音樂、新聞報導、廣播提供。注意背景噪音的干擾要降低；(5)觸覺：肢體的碰觸或操作物品、提供特殊鮮明觸覺刺激，如摸有刺的、粗糙的或光滑的水果。以上各種刺激提供均可整合於各式活動當中，例如運動團體提供音樂與觸覺刺激，烹飪團體提供視（顏色）、嗅（聞味道）、觸覺（摸食材）、本體覺（搓揉、切）、味覺（吃）等，也提供許多經驗連結與表達的機會。

一般生活環境與活動中，即可融合感官刺激的概念，提供適切的刺激，失能或失智老人的感官刺激通常是不足的，平日工作人員或照顧者若對感官刺激的重要性有所體認，即可在平日日常活動中融入感官刺激，例如：吃飯時詢問味道好香，是何菜？當然也可藉由感官團體活動，強化其需求。但要特別注意刺激的適量性，過多刺激（可能來自過多人員重複、環境中擾人的噪音、其他患者呻吟、電視聲等），反而會造成過多刺激不能處理，出現煩躁不安、無法集中精神等現象，故不一定提供愈多刺激愈好，要視參與者注意持續力等情況做調整，寧可著重某一、二個感官即可。有系統的強化重點感官，藉多次連續活動，提供全方位感官刺激。

綜合上述提出設計或帶領老人的感官刺激活動的原則：

1.活動設計可先集中，針對獨特感官刺激，視情況連結其他感官。

2.活動設計最好是有意義，能與生活經驗連結（活動使用物品，或由帶領者引導出），如嗅覺活動（使用綠油精，會比現在流行的香精要有意義）。

3.感官刺激活動，並不特別強調認知功能或動作功能，較強調提供

一個感覺體驗的環境，能有「體會、參與感官刺激、探索或做反應的過程」。

4.其適合各種嚴重程度長者，因為可以做不同程度的目標設定：

被動接受刺激➡連結知覺或認知➡對環境做反應或行動

(四)感官治療之成效

目前之研究顯示，多重感官刺激療法對老人的主要成效在於「情緒」與「行為問題」的控制。其對情緒可產生正向的影響，如快樂度、享受度與放鬆度提升，而悲傷、恐懼及無聊感降低（Baker et al., 1998; Moffat et al., 1993; Pinkney, 1997）。行為方面的療效顯示可減低社交擾亂及問題行為的發生（Spaull, Leach, & Frampton, 1998）。

此外多重感官刺激療法可滿足人對於感官刺激的需求與渴望，促進本能及功能性行為，提高患者對所處環境的注意與警醒度，促進情緒表達與適切的溝通（Baker et al., 1998; Moffat et al., 1993; Spaull, Leach, & Frampton, 1998）。

臨床實務上需留意的是，多重感官刺激療法未必對所有個案皆有效，仍會有個別差異存在，甚至可能會使某些個案原本即有的躁動行為加劇，或是由於其中的特殊視覺效果而感到困惑與憂慮。治療師應使用正確的技巧引導個案進入多重感官刺激之環境中，且隨時留意個案對環境的反應（Baillon et al., 2002）。

♀ 結語

維持與促進老人的日常生活與活動功能是確保老人生活品質的基礎，也是照護團隊的共同使命。本章介紹了各種促進老人功能表現的策略及實務上可應用的活動，工作人員與照護者可多管齊下，以期發展出每位老人的個別化介入方案。未來也需要更多實證研究，提出具體的臨床指引及成效。

參考書目

《韋氏大字典》線上版http://www.merriam-webster.com/

內政部輔具資源入口網http://repat.moi.gov.tw/

內政部。《建築物無障礙設施設計規範解說手冊》（2008）。台北：內政部。

內政部統計處（2010）。《98年老人狀況調查報告》，頁94-116。台北：內政部。

毛慧芬、林佳琪（2007）。〈銀髮族居家無障礙環境設計〉。《彩亮人生》。台北：國立台灣大學出版中心。

毛慧芬、張嘉純、林佳琪、王素琴、李宗伊、張綺芬、陳莞音（2010）。《高齡生活輔具應用》。台北：華都出版社。

李淑貞（2009）。《國際健康功能與身心障礙分類系統》。台北：行政院衛生署。

施以諾（2010）。〈音樂治療與健康照護〉。2010年7月1日擷取自http://www.cathodoc.org.tw，台灣天主教醫師協會2010年3月月會活動講義。

香港職業治療師協會（2004）。《老年癡呆症活動策劃手冊》。香港：作者。

徐業良（2006）。〈銀髮族輔具的應用與考量〉。《輔具之友》，第19期，頁15-19。台北：內政部多功能輔具資源整合推廣中心。

黃玉珠（2005）。〈鑼聲若響——談音樂與照護的共鳴〉。《護理雜誌》，52(4)，頁16-22。

American Music Therapy Association. Retrieved July 1, 2010, from http://www.musictherapy.org/

American Occupational Therapy Association (2002). Occupational therapy practice framework: Doman and process. *American Journal of Occupational Therapy, 56*, 609-639.

Baillon, S., van Diepen, E., & Prettyman, R. (2002). Multi-sensory therapy in psychiatric care. *Advances in Psychiatric Treatment, 8*(6), 444.

Baines S., Saxby P., Ehlert K. (1987). Reality orientation and reminiscence therapy: A controlled cross-over study of elderly confused people. *British Journal of Psychology, 151*, 222-31.

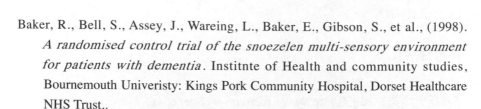
Baker, R., Bell, S., Assey, J., Wareing, L., Baker, E., Gibson, S., et al., (1998). *A randomised control trial of the snoezelen multi-sensory environment for patients with dementia*. Institnte of Health and community studies, Bournemouth Univeristy: Kings Pork Community Hospital, Dorset Healthcare NHS Trust..

Baker, R., Dowling, Z., Wareing, L., Dawson, J., & Assey, J. (1997). Snoezelen: its long-term and short-term effects on older people with dementia. *British Journal of Occupational Therapy, 60*(5), 213-218.

Bharucha, A. J., Anand, V., Forlizzi, J., Dew, M. A., Reynolds, C. F., Stevens, S., (2009). Intelligent assistive technology applications to dementia care: current capabilities, limitations, and future challenges. *American Journal of Geriatric Psychiatry, 17*(2), 88-104.

Bittman, B., Berk, L., Felten, D., Westengard, J., Simonton, O., Pappas, J., et al., (2001). Composite effects of group drumming music therapy on modulation of neuroendocrine-immune parameters in normal subjects. *Alternative Therapies in Health and Medicine, 7*(1), 38-47.

Bleathman, C., & Morton, I. (1988). Validation therapy with the demented elderly. *Journal of Advanced Nursing, 13*(4), 511-514.

Bouchard, C. E., Shephard, R. J., & Stephens, T. E. (1994). *Physical Activity, Fitness, and Health: International Proceedings and Consensus Statement*.

Brotons, M., & Koger, S. (2000). The impact of music therapy on language functioning in dementia. *Journal of Music Therapy, 37*(3), 183-195.

Caspersen, C. J., Powell, K. E., & Christenson, G. M. (1985). Physical activity, exercise, and physical fitness: definitions and distinctions for health-related research. *Public Health Reports, 100*(2), 126.

Center for Universal Design (1997). The principles of universal design (Version 2.0). Raleigh, NC: North Carolina State University. Retrieved April 10, 2008 from http://www.design.ncsu.edu/cud/about_ud/udprinciplestext.htm

Christiansen, C. H., Haertl, K., Bobinson, L. (2009). Self-Care. In Bonder B. R., Bello-Haas V. D. (Eds.). *Functional Performance in Older Adults* (3rd ed.), pp. 267-289. Philadelphia: FA Davis Company.

Clare, L., & Woods, B. (2003). Cognitive rehabilitation and cognitive training for early-stage Alzheimer's disease and vascular dementia. *Cochrare Database Syst Rev 4*: 10.1002.

Clark, M., Lipe, A., & Bilbrey, M. (1998). Use of music to decrease aggressive behaviors in people with dementia. *Journal of Gerontological Nursing, 24*(7), 10-17.

Cook, J. (1986). Music as an intervention in the oncology setting. *Cancer Nursing, 9*(1), 23.

Copenhaver, M. M. (1995). Better late than never: of reminiscence and resolution. *Journal of Psychosocial Nursing and Mental Health Service, 33*(7), 17-22

Cornman, J., Freedman, V., & Agree, E. (2005). Measurement of assistive device use: Implications for estimates of device use and disability in late life. *The Gerontologist, 45*(3), 347.

Cotelli, M., Calabria, M., & Zanetti, O. (2006). Cognitive rehabilitation in Alzheimer's Disease. *Aging Clinical and Experimental Research, 18*(2), 141-143.

Ditto, P., Druley, J., Moore, K., Danks, J., & Smucker, W. (1996). Fates worse than death: the role of valued life activities in health-state evaluations. *Health psychology: official journal of the Division of Health Psychology, American Psychological Association, 15*(5), 332.

Douglas, S., James, I., & Ballard, C. (2004). Non-pharmacological interventions in dementia. *Advances in Psychiatric Treatment, 10*(3), 171.

Erickson, L. M., & Leide, K. (1992). Touch, taste and smell the memories. *Activities, Adaptation & Aging, 16*(3), 25-39.

Gatz, M., Fiske, A., Fox, L., Kaskie, B., Kasl-Godley, J., McCallum, T., et al., (1998). Empirically validated psychological treatments for older adults. *Journal of Mental Health and Aging, 4(1), 9-46.*

Gitlin, L. N. & Corcoran, M. A. (2005). *Occupational Therapy and Dementia Care*. The American Occupational Therapy Association, Inc. Bethesda, MD.

Groene, R. (1993). Effectiveness of music therapy: 1:1 Intervention with individuals having senile dementia of the Alzheimer's type. *Journal of Music Therapy, 30*, 138-138.

Haight B. K. Burnside I. (1993). Reminiscence and life review: explaining the differences. *Archives of Psychiatric Nursing, 7*, 91-98.

Holden, R., & Woods, R. (1995). *Positive Approaches to Dementia Care* (3rd ed.). Edinburgh: Churchill Livingstone.

Holm, A. K., Lepp, M., & Ringsberg, K. C. (2005). Dementia: Involving patients in storytelling-A caring intervention. A Pilot study. *Journal of Clinical Nursing*, *14*, 256-263.

Holm, M. B., & Rogers, J. C. (1999). Performance assessment of self care skills. In B. J. Hemphill-Pearson (Ed.), *Assessments in Occupational Therapy Mental Health: An Integrative Approach*, pp. 117-128. Thorofare, NJ: Slack.

Holm, M. B., Rogers, J., & James, A. (1997). Treatment of occupational performance areas. In M. Neistadt & E. Crepeau (Eds.), *Willard and Spackman's Occupational Therapy*, pp. 322-369. Philadelphia: Lippincott-Raven.

Hutchison, S. A., & Marshall, M. (2000). Responses of family caregivers and family members with Alzheimer's disease to an activity kit: An ethnographic study. *Journal of Advanced Nursing, 31*, 44-50.

James, A. B. (2009). Activicities of Daily Living and Instrumental Activities of Daily Living. In E. B. Crepeau, E. S. Cohn, & B. A. B. Schell (Eds.). *Willard and Spackman's Occupational Therapy* (11th ed.), pp. 539-578. Philadelphia: Lippincott Williams & Wilkins.

Keysor, J. J., & Jette, A. M. (2001). Have we oversold the benefit of late-life exercise? *The Journals of Gerontology Series A: Biological Sciences and Medical Sciences, 56*(7), M412.

Lai, C. K. Y., Chi, I, Kayser-Jones, J. (2004). A randomised controlled trial of a specific reminiscence approach to promote the well-being of nursing home residents with dementia. *International Psychogeriatrics, 16*, 33-49.

Lanza, S. E. (1997). *Essentials for the Activity Professional in Long-term Care*. New York: Delmar Publishers Inc.

Lawton, MP: The functional assessment of elderly people. J Am Geriatr Soc 19: 465-481, 1971.

Leitner, M. J., & Leitner, S. I. (1985). *Leisure in Later Life: A Sourcebook for the Provision of Recreational Services for Elders*. Binghamton, NY: Haworth Press.

Lord T. R., & Garner J. E. (1993). Effects of music on Alzheimer patients. *Perceptual and Motor Skills, 76*(2), 451-455.

Mahoney, F. I., & Barthel, D. W. (1965). Functional Evaluation: The Barthel Index. *Maryland State Medical Journal, 14*, 61-65.

Mann W. C., Hicks E. E. (2009). Products and Aging. In Bonder B. R., Bello-Haas

V. D. (Eds.). *Functional Performance in Older Adults* (3rd ed.), pp. 591-608. Philadelphia: FA Davis Company.

McKinney, C., Tims, F., Kumar, A., & Kumar, M. (1997). The effect of selected classical music and spontaneous imagery on plasma B-endorphin. *Journal of Behavioral Medicine, 20*(1), 85-99.

Moffat, N., Barker, P., Pinkney, L., Garside, M., & Freeman, C. (1993). *Snoezelen: An Experience for Older People with Dementia*: Rompa, Chesterfield.

Morgan, S. (2000). The impact of a structured life review process on people with memory problems living in care homes. DClinPsy thesis, University of Wales Bangor.

Myskja, A., & Lindbaek, M. (2000). How does music affect the human body? *Tidsskrift for den Norske lageforening: tidsskrift for praktisk medicin, ny rakke, 120*(10), 1182.

Nelson, M. E., Rejeski, W. J., Blair, S. N., Duncan, P. W., Judge, J. O., King, A. C., Castaneda-Sceppa, C. (2007). Physical activity and public health in older adults. Recommendation from the American College of Sports Medicine and the American Heart Association. *Circulation*, CIRCULATIONAHA. 107.185650.

Nugent, E. (1995). Reminiscence as a nursing intervention. *Journal of Psychosocial Nursing and Mental Health Service, 33*(1), 7-11.

Orpwood, R., Bjorneby, S., Hagen, I., Maki, O., Faulkner, R., & Topo, P. (2004). User Involvement in Dementia Product Development. *Dementia, 3*(3), 263.

Oster, C. (1976). Sensory deprivation in geriatric patients. *Journal of the American Geriatrics Society, 24*(10), 461-464.

Pedretti, L. W., & Early, M. B. (2001). *Occupational therapy: Practice skills for physical dysfunction* (5ed.), pp. 152-160, 826. St. Louis: Mosby.

Pinkney, L. (1997). A comparison of the Snoezelen environment and a music relaxation group on the mood and behaviour of patients with senile dementia. *British Journal of Occupational Therapy, 60*(5), 209-212.

Radomski, M. V., & Davis, E. S. (2008). Optimizing cognitive abilities. In M. V. Radomski & C. A. T. Latham (eds.), *Occupational therapy for physical dysfunction* (6th ed.), pp. 749-773. Baltimore: Lippincott Williams & Wilkins.

Radomski, M. V., & Latham, C. A. T. (2007). *Occupational therapy for physical dysfunction* (6ed.), pp. 15, 961, 1222. Lippincott Williams & Wilkins.

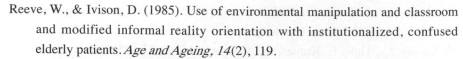
Reeve, W., & Ivison, D. (1985). Use of environmental manipulation and classroom and modified informal reality orientation with institutionalized, confused elderly patients. *Age and Ageing, 14*(2), 119.

Rentz, C. A. (1995). Reminiscence: A supportive intervention for the person with Azheimer's disease. *Journal of Psychosocial Nursing and Mental Health Service, 33*(1), 15-20.

Sellers, S. C. & Stork, P. B. (1997). Reminiscence as an intervention: Rediscovering the essence of nursing. *Nursing Forum, 32*(1), 17-23.

Spaull, D., Leach, C., & Frampton, I. (1998). An evaluation of the effects of sensory stimulation with people who have dementia. *Behavioural and Cognitive Psychotherapy, 26*(01), 77-86.

Spector, A., Orrell, M., Davies, S., & Woods, R. T. (1999). Reality Orientation for dementia (Cochrane Review). *Cochrane Database of Systematic Reviews* (Online)(2).

Stephen & B. J. & Julian L. V. (2011). Early release of selected estimates based on data from the 2010 National Health Interview Survey. National Center for Health Statistics http://www.cdc.gov/nchs/data/nhis/earlyrelease/earlyrelease201103.pdf Accessed March,2011

Sundin, K., Norberg, A., & Jansson, L. (2001). The meaning of skilled care providers¡¦ relationships with stroke and aphasia patients. *Qualitative Health Research, 11*(3), 308-321.

Thorgrimsen L., Schweitzer P., & Orrell M. (2002). Evaluating reminiscence for people with dementia: a pilot study. *The Arts in Psychotherapy, 29*, 93-97.

Vink, A., Birks, J., Bruinsma, M., & Scholten, R. (2004). Music therapy for people with dementia. *Cochrane Database of Systematic Reviews* (Online)(3).

Weening-Dijksterhuis, E., de Greef, M. H. G., Scherder, E. J. A., Slaets, J. P. J., & van der Schans, C. P. (2011). Frail institutionalized older persons: a comprehensive review on physical exercise, physical fitness, activities of daily living, and quality-of-life. *American Journal of Physical Medicine & Rehabilitation, 90*(2), 156.

Williams, R., Reeve, W., Ivison, D., & Kavanagh, D. (1987). Use of environmental manipulation and modified informal reality orientation with institutionalized, confused elderly subjects: a replication. *Age and Ageing, 16*(5), 315.

Woods B., Spector A. E. Jones C. A. Orrell M., Davies S. P. (2005). Reminiscence

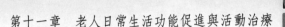
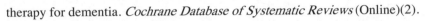

therapy for dementia. *Cochrane Database of Systematic Reviews* (Online)(2).

Woods, R. T. (2002). Non-pharmacological techniques. In N. Qizilbash, L. S. Schneider, H. Chui, P. Tariot, H. Brodaty, J. Kaye & T. Erkinjuntti (eds.), *Evidence-based Dementia Practice*, pp. 428-446. Oxford: Blackwell.

Zgola, J. M. (1987). *Doing things: a guide to programming activities for persons with Alzheimer's disease and related disorders*. Baltimore: John Hopkins University Press.

Zuckerman, M. (1964). Perceptual isolation as a stress situation: A review. *Archives of General Psychiatry, 11*(3), 255.

第二篇

服務篇

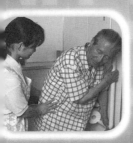

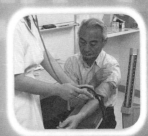

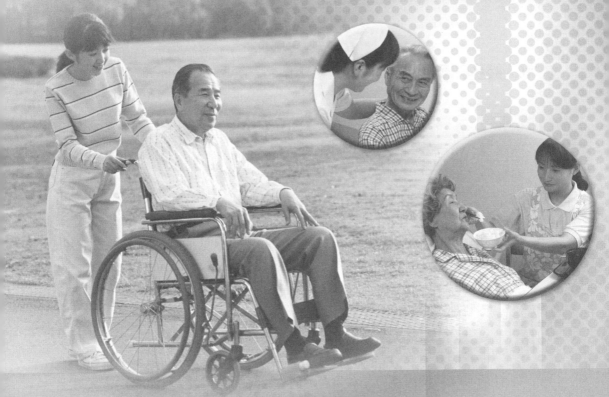

第十二章

—— 張淑卿

居家式服務

學習重點

1.瞭解居家式服務定義、理念、目標與特性。

2.瞭解台灣老人居家式照護沿革與現況。

3.瞭解台灣目前各類居家式服務照護類型及服務內容介紹。

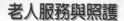

Q 前言

　　老人照顧模式中大致可區分為三類：居家照顧（home care）、社區照顧（community care）及機構照顧（institutional care）。這三種照顧模式並非絕對區隔，為一具有彈性的連續型照顧（continuum of care），照顧方式隨個人的年齡、健康、依賴狀況而不同，在不同服務體系間流動（內政部，2006）。

　　「在宅老化」是目前全世界老人照顧最重要的照顧原則。縱然面對逐漸身體衰退或心智混亂的老化過程，多數的老人都可能被迫遷移原來住所：轉往機構或與兒女共居，但對老人而言，個人住宅還是老人最熟悉的地方，對多數的人而言，「家」都對其個人有特別的意義（Larsson, K., Silverstein, M., Thorslund, M., 2005）。

　　依2005年老人狀況調查統計結果顯示，台灣65歲以上老人有59.95%目前居住方式為與子女同住（含與配偶及與未婚子女同住、固定與某些子女同住、至子女家輪住等）；老人認為理想養老居住方式有85.90%選擇與子女同住（含隔鄰而居）（內政部，2009）。若依老年人的意願選擇他們期望的居住地，多數的老年人都希望住在家中（Wiener, 2003; Larsson, K., Silverstein, M., Thorslund, M., 2005）。

　　老人養兒防老觀念仍深深影響其傾向與子女同住之居住安排現況及偏好。因此未能適時提供失能老人適切的居家式服務（home service）將會影響其生活品質並加重照顧者負荷（彭美琪，2008），顯示居家式服務在國人是重要的照護方式之一。

　　居家式服務既是老人照顧模式中重要的一環，然而，居家式服務究竟為何？居家式服務是指將正式或非正式照顧資源輸送到老人的家中，可以讓隨著年齡老化或因疾病造成失能的老人在熟悉的環境中得到必要且適切的服務，藉以維持最好的功能和提升生活品質。目前台灣因應各種老人及長期照護發展，政府與民間不斷開發居家式服務，考量老人

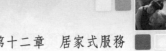

照顧議題上的需求，本章將台灣目前居家式服務內容分為一般生活照顧及醫護照護兩大類，其中一般生活照顧有：居家式服務、居家喘息、居家送餐服務、緊急救援、居家無障礙環境修繕服務、關懷訪視問安服務（社區關懷據點）。醫護照護有：居家護理、居家物理治療服務、居家職能治療服務、居家營養、居家藥師及居家安寧療護等。以下將上述各種居家式服務分別說明。

台灣老人居家式照顧沿革與現況

台灣居家式照顧模式發展如國外主要由民間開始創辦，開辦初期多首重於救濟貧病者。台灣最早提供居家式服務的單位是彰化基督教醫院社區健康部，1971年彰基當時主要針對貧病者提供到宅的醫護服務。1986年衛生署委託陽明醫院辦理醫院基礎之「居家護理」實驗計畫，開啟一般民眾收費式居家護理服務。1982年內政部在嘉義縣進行老人在宅服務研究，1983年7月高雄市及台北市針對孤苦無依的老人開始辦理居家老人服務（廖瑞華，2003；中華民國老人福利推動聯盟，2008）；此時居家式服務內涵由醫護服務擴展至一般生活照顧。

1987年頒定「台灣省推行居家老人服務實施要點」，並於隔年將補助對象擴及一般家庭之失能老人（十六小時）；1994年內政部頒定的「社會福利政策綱領」，明訂「居家式服務和社區式服務作為照顧老人及身心障礙者的主要方式，再輔以機構式服務；當老人及身心障礙者居住於家內時，政府應結合民間部門支持其家庭照顧者，以維護其生活品質」，將台灣老人照顧從過去偏重機構轉為發展居家照顧為優先策略；1997年修訂《老人福利法》擴大居家式服務方案，具體於法規中要求各地方政府應提供居家式服務。

2007年行政院提出我國「長期照護十年計畫」，透過各種經費補助方案讓各地民間團體紛紛設立相關的居家式服務，截至2008年止，依據統計目前台灣地區老人居家式服務資源分布如**表12-1**。

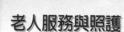

表12-1 台灣地區老人居家式服務資源分布現況

	服務型態	2008年底機構數	2008年底服務量（人次）
生活照顧	居家式服務	123	2,488,373
	居家喘息	－	
	居家送餐服務	－	5,356
	緊急救援	22	4,615
	居家無障礙環境修繕服務	14	328
	關懷訪視問安服務（社區關懷據點）	1,598	－
醫護照護	居家護理	487家	562,279
	居家復健（職治／物治）	24	4,438
	居家營養	1	147
	居家藥師	1	147
	居家安寧療護	55	－

資料來源：葉莉莉（2009）、內政部（2010a）、行政院衛生署統計室（2010）。

生活照顧類居家式服務介紹

一、居家式服務

居家式服務又稱「居家照顧」或「在宅服務」，是老人照顧模式中最重要也最普遍被使用的服務。透過專業人員（社工師及護理師）及至少受過九十小時訓練的半專業人員（照顧服務員），協助住在家中的獨居老人、罹患有慢性病或失能者，獲得支持性生活照顧，維持基本生活穩定，促使其具備獨立居家自我生活能力及社會適應力。居家式服務之服務目標：(1)改善失能個案居家環境；(2)協助增進案主醫療服務；(3)處理與改善案主飲食問題；(4)提供案主家庭助理服務；(5)協助擴展案主人際關係增進正常情緒生活；(6)加強案主休閒生活及學習活動；(7)增進案主培養日常生活能力；(8)推廣民眾照顧老人及身心障礙者的技能；(9)確保案主安全與舒適；(10)維持家庭的穩定性（中華民國紅心字會，1999）。

照顧服務員幫長者剪指甲

陪同長者下棋

居家式服務

照片來源：台北市立心慈善基金會提供。

(一)機構設立與類型

　　居家式服務提供者目前分為兩大類，一類是接受政府補助委託辦理的機構，其經營機構設限於社會福利、衛生醫療相關非營利等人民團體或民間組織，收案條件及收費標準皆由政府訂定，亦由當地政府定期專人督導其服務業務，此經營類型為目前台灣大宗居家式服務的提供者；另一類則是一般營利或非營利單位自行開辦，採自由市場機制，目前無任何介入管理。

(二)服務對象

　　實際照護對象應為失能或處理基本生活照顧能力缺損需他人協助者；目前配合政府相關政策，全國九成多的個案皆以「長期照護十年計畫」收案條件為其服務對象：

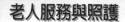
1.65歲以上的老人、50-64歲之身心障礙者或55-64歲之山地原住民。

2.未聘顧外籍看護工或幫傭者。

3.未領有政府提供之其他照顧費用。

4.身心功能受損致日常生活功能需他人協助（輕度失能、中度失能及重度失能，失能程度分類如**表12-2**）。

(三)服務項目

居家式服務主要的服務提供者為照顧服務員，服務內容列表如**表12-3**所示。

(四)收費標準

居家式服務2008年起，已納入長期照護十年計畫「照顧服務」範疇

表12-2　失能老人接受長期照護服務之失能程度認定基準表

失能程度	認定基準
輕度失能	經日常生活活動功能評估，於進食、移位、如廁、洗澡、平地走動、穿（脫）衣褲鞋襪等六項目中，有一項或兩項需他人協助者；或經工具性日常生活活動功能評估，於上街購物、外出活動、食物烹調、家務維持、洗衣服等五項目中有三項需要他人協助且獨居者。
中度失能	經日常生活活動功能評估，於進食、移位、如廁、洗澡、平地走動、穿（脫）衣褲鞋襪等六項目中，有三項或四項需要他人協助者。
重度失能	經日常生活活動功能評估，於進食、移位、如廁、洗澡、平地走動、穿（脫）衣褲鞋襪等六項目中，有五項或六項需要他人協助者。

資料來源：內政部（2010a）。

表12-3　台灣居家式服務內容

家務及日常生活照顧服務	身體照顧服務
換洗衣物之洗濯及修補、案主生活起居之空間之居家環境清潔、家務及文書服務、餐飲服務、陪同或代購生活必需用品、陪同就醫或聯絡醫療機關（構）、其他相關之居家式服務。	包含協助沐浴、穿換衣服、口腔清潔、進食、服藥、翻身、拍背、肢體關節活動、上下床、陪同散步、運動、協助使用日常生活輔助器具、其他服務。

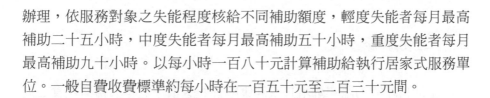

辦理，依服務對象之失能程度核給不同補助額度，輕度失能者每月最高補助二十五小時，中度失能者每月最高補助五十小時，重度失能者每月最高補助九十小時。以每小時一百八十元計算補助給執行居家式服務單位。一般自費收費標準約每小時在一百五十元至二百三十元間。

二、居家喘息

　　喘息服務（respite care）是為讓照顧者離開照顧情境暫時卸下照顧負擔適度獲得短暫的休息，對長期失能者家庭提供的暫時性照顧服務，其照顧期間是短暫的，且依照顧者需求不定時提供服務。依服務提供方式分為「機構喘息」與「居家喘息」：「機構喘息」是將個案送至長期照護機構進行短期照顧；「居家喘息」則透過受過專業訓練的照顧服務員提供到宅居家式服務。服務內容與居家式服務大致相同，惟服務時數並非是常規性安排，多是突發或短暫性需求（如主要照顧者臨時有喜宴）。目的在於紓解失能者家庭長期照護的壓力，增加照顧者（家人）與其他家庭成員互動或參與社會活動之機會，提升被照顧者之生活品質（台北縣長期照護管理中心，2008）。

送餐服務

照片來源：宜蘭縣竹林養護院提供。

三、送餐服務

生活自理能力隨年齡增長或健康影響而退損，老年人常有炊食之危險及購物之不便。送餐服務目前皆由各縣市政府委託民間福利組織或團體，以每人每餐五十元，由服務提供單位送餐到家，大部分的單位通常透過當地熱心志願服務者送餐，一方面解決老人炊食問題，一方面透過志工送餐過程間的探訪聊天，增加老人與社會接觸，獲得情緒支持。目前服務的對象多以獨居或有中低或低收老人為主，從2008年納入「長期照護十年計畫」全面辦理。

四、緊急救援

獨居長者一般雖能行動自如，但面臨老年人疾病及用藥的影響，可能有突發狀況（如跌倒）無法自理，需要旁人即時協助。緊急救援服務是一種老人照顧安全網，在老人身上及家中加裝相關行動的電子偵測儀器，透過遠端專業人員（護理人員）的二十四小時隨時監控各種訊息反應、每日定時電訪問安及每月家訪，瞭解老人可能的問題發生並即時與相關單位聯繫到府協助處理（如送醫）。目前此項服務提供單位多由政府補助，少部分自費市場（保全公司合作經營）；提供單位有醫療院所系統（生命救援連線）、消防局或警察局（警民連線或安全警鈴），或由民間團體承辦等三種方式。中低或低收入者全額補助每月月租費一千四百元，其他有需求者需完全自費。

五、居家無障礙環境修繕服務

老年人隨著年齡增加及慢性病影響，各種感官功能多有退化情形，視覺及肢體靈活度降低，面對家中許多設施設備故障（如燈泡或熱水

器），常常缺乏警覺性亦多無能力自行處理，因此常因不良環境障礙造成跌倒等意外產生。在過去台灣傳統建築現況，每個居家浴室設計考量防水，多設有門檻；廊道並非主要的居家重點，架設燈光往往不足，多為昏暗的。

　　居家無障礙環境修繕服務為一聘請專人（職能治療師）到家中評估重建生活活動必要的安全環境設施設備後，連結相關工程人員到宅幫老年人進行環境修繕工作。目的利於老人降低意外發生，協助良好無障礙環境建構，使享有尊嚴、安全、獨立自主的生活。服務內容包括：

1. 職能治療師到宅評估因個人獨立生活活動下的安全環境需求情形。
2. 提供無障礙環境改造工程（如門寬加大、自動門、加裝扶手、防滑措施、燈光、單閥式或撥桿式水龍頭、特殊簡易洗手槽及浴缸等廚房及浴室改造、斜坡道設施設備等）。
3. 協助購買或租借相關生活活動需求的輔具。

　　目前並無專責服務單位提供服務，多為職能治療師協助老人或家屬連結相關工程人員進行服務；治療師的評估費用只要符合「長期照護十

居家無障礙環境修繕服務（環境中的障礙）

照片來源：台北市長期照護管理中心提供。

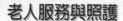

年計畫」中失能定義且具中低收入或低收入者，即由各縣市政府全額補助，一般人則自付10%。失能老人購買、租借輔具，及改善居家無障礙環境等，十年內由政府每人最高補助十萬元為原則，但經評估有特殊需要者，得專案酌增補助額度。

六、關懷訪視問安服務

研究指出老人居家照顧過程中最需要他人提供的服務之一為關懷問安，尤其是獨居老人，其需求更是迫切。目前在台灣關懷訪視多以社區自發性志工團體提供的免費性社會服務。行政院2005年通過「建立社區照顧關懷據點實施計畫」，結合有意願的村里辦公處、社會團體參與設置「社區照顧關懷據點」，由當地民眾擔任志工，提供關懷訪視、電話問安諮詢及轉介服務、餐飲服務、辦理健康促進活動等，以延緩長者老化速度，發揮社區自助互助照顧功能，並建立連續性之照顧體系（內政部，2010b）。

社區關懷據點所提供的關懷訪視服務包括每月一次電話問安及到宅關懷訪視，訪視過程由志工陪同聊天及簡易血壓量測，瞭解老人現況健康問題並提供情緒支持。由於訪視提供者多為當地社區鄰里志願服務者，與老人熟悉度高，信任關係建立容易，這樣的服務又免費，廣受老人喜愛。

關懷訪視
照片來源：竹林提供。

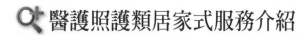

醫護照護類居家式服務介紹

一、居家護理

　　老人因應老化，身體各項功能逐漸衰退，衍生許多疾病照顧問題與需求，居家護理是老人照顧工作中最早發展之居家式服務模式。主要是以護理人員為主的醫療團隊提供到宅的醫護服務，通常由居家護理師提供服務，視個案照護需求則連結其他醫療團隊（如醫師、物理治療師、職能治療師、營養師、社工師、呼吸治療師、藥師及居家安寧護理師提供諮詢或診視服務）。居家護理主要基本精神在於使病人享有連續性、專業性之醫療保健照顧，並繼續居家的生活。增進、維持或恢復個人的健康，或將個人的疾病和殘障程度減少至最小程度，使其盡可能地達到生活上獨立自主之境界。居家護理目的有以下四點：(1)讓個案能在家中接受繼續醫護服務；(2)協助個案及家屬維持家庭完整及保持家庭功能；(3)提早給予個別性切合個案及家屬需要之醫護照護與相關諮詢，增加照顧者之照護能力；(4)整合成組醫護專業人力，共同提供照護服務。

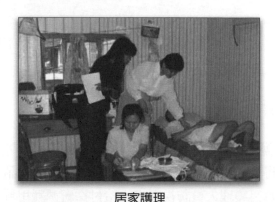

居家護理

照片來源：台東馬偕醫院提供。

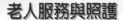

(一)機構設立與類型

　　我國居家護理機構自1992年《護理人員法施行細則》通過後，全民健保開辦初期54家，截至2008年有505家（葉莉莉，2009）。居家護理機構設立主要依據行政院衛生署護理人員法下之「護理機構設置標準」，設立條件負責護理人員應具護理師資格且執業四年或護士資格執業七年。機構類型分為兩種：「醫院附設居家護理機構」及「獨立型態」。前者運行方式以醫院為主，聘任居家護理師搭配院內其他專業人員共同執行業務；後者則以資深護理人員獨立開業，依業務需求特約其他專業人員共同提供服務，台灣目前以醫院型態居家護理機構為多。

(二)照顧對象

　　居家護理實際照護對象應為住在家中且有護理照護需求之個案；然台灣因健保給付居家護理，目前約九成多的個案都是健保給付，其收案條件有三：(1)病人只能維持有限之自我照顧能力，清醒時間有50%以上活動受限於床上或椅上（為柯氏量表三級以上及巴氏量表60分以下）；(2)有明確的醫療與護理服務項目；(3)病情穩定能在家中進行醫護措施者（台灣長期照護專業協會，2008）。

(三)服務項目

　　居家護理服務含括各醫療專業可能提供的服務，以下僅就主要的服務提供者（居家護理師）服務內容列表如**表12-4**。

(四)照護期間與收費標準

　　台灣居家護理照護收費標準多採健保規定，照護期限為四個月申請一次，每次得延長四個月，需由醫師開立居家照護申請書向健保局申請；健保給付每月護理人員訪視兩次，給付採資源耗用群分為四類（費

表12-4　台灣居家護理服務項目

技術性護理	一般照護項目	1.小量注射（皮下、肌肉及靜脈注射）、置入器皮下注射（Port-A護理） 2.大量靜脈輸液加藥 3.抽血檢驗及代採檢體送檢 4.更換尿袋、單次導尿、膀胱訓練 5.一般傷口護理 6.抽痰、姿位引流、蒸氣吸入 7.藥物過敏反應試驗、換藥及拆線 8.甘油灌腸、糞嵌塞清除、會陰沖洗
	特殊照護項目	1.管路更換（鼻胃管、氣切內外管、留置導尿管） 2.傷口護理（三、四期傷口） 3.膀胱灌洗 4.各種造口護理（人口肛門、胃、腸及膀胱造廔口） 5.大量靜脈輸液注射
護理評估 與衛教指導		1.身體檢查與評估、健康問題確立與護理計畫擬定 2.相關健康照護需求的護理指導（如一般護理照顧、疾病衛教、藥物、醫療器材、復健、營養）
其他相 關服務		1.醫療器材與耗材購買或租借 2.協助轉介相關老人或長期社區資源服務 3.協助轉介相關醫護照護團隊服務 4.主要照顧者情緒支持與相關服務轉介

用有700元、970元、1,170元、1,370元等）；醫師每兩個月訪視一次為限，訪視費用為1,350元；上述費用一般病患需自付10%；特殊身分者（如榮民及低收入者）則免部分負擔。惟實際家訪過程中所花費之交通費及特殊耗材費用，所有的病患皆需自行付費。

二、居家物理治療服務

老年人因疾病或身體功能退化，且不方便出入家門或無人可陪同就醫接受物理治療，由居家物理治療師親自到家中，提供治療服務稱為居家物理治療。居家物理治療服務目的主要著重於增進或維持體能與獨立自主的能力。最早於1999年由台北市物理治療師公會受台北市衛生局委

託組成居家物理治療團隊，提供免費居家物理治療服務。

提供單位多為地區教學以上醫院、社區物理治療所或物理治療師公會之物理治療師外展提供服務。服務內容包括關節活動度、肌力訓練、耐力訓練、轉位技巧、平衡訓練、行走訓練、輪椅及輔具使用訓練、照顧者衛教、居家環境評估、疼痛治療、呼吸功能訓練等等項目。

建議收案條件：

1. 個案失能且確實符合居家照護的情形，否則建議以門診或日間照護模式較符合經濟效益。
2. 個案不屬於昏迷意識狀態，且個案及家屬有意願與動機。
3. 巴氏量表中除大、小便控制兩項外，未達滿分；或巴氏量表滿分，但複雜性日常生活功能有獨立生活需求者。
4. 放棄門診物理治療，或限居家環境評估兩次。
5. 偏遠鄉鎮，缺可近性之物理治療機構者（胡名霞，2010）。

目前居家物理治療多是全額自費或透過長期照護管理中心申請由地方政府付費（1,000元／次），一般人自行部分負擔40%，中低自付額10%及低收入戶則免自付額。

三、居家職能治療服務

居家職能治療服務亦指由居家職能治療師到老人家中，透過參與日常活動的建構，幫助個案找到對其有意義的活動，引導個案在有限的能力或居家環境障礙中從事活動，建立自理能力提高個人自尊，進而延長居住在家中的時間。居家職能治療服務模式開始於1998年台北市政府委託職能治療學會辦理（毛慧芬，2000）。

提供單位多為地區教學以上醫院，或職能治療師學（公）會之職能治療師外展至案家提供服務，目前尚未有專人專機構提供居家式服務。服務內容包括：(1)職能治療評估（個案日常活動能力、社區活動能力及認知功能與障礙）；(2)提供自我照顧訓練（基本及工具性日常活動

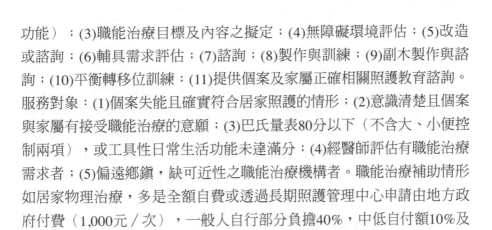

功能）；(3)職能治療目標及內容之擬定；(4)無障礙環境評估；(5)改造
或諮詢；(6)輔具需求評估；(7)諮詢；(8)製作與訓練；(9)副木製作與諮
詢；(10)平衡轉移位訓練；(11)提供個案及家屬正確相關照護教育諮詢。
服務對象：(1)個案失能且確實符合居家照護的情形；(2)意識清楚且個案
與家屬有接受職能治療的意願；(3)巴氏量表80分以下（不含大、小便控
制兩項），或工具性日常生活功能未達滿分；(4)經醫師評估有職能治療
需求者；(5)偏遠鄉鎮，缺可近性之職能治療機構者。職能治療補助情形
如居家物理治療，多是全額自費或透過長期照護管理中心申請由地方政
府付費（1,000元／次），一般人自行部分負擔40%，中低自付額10%及
低收入戶則免自付額。

四、居家營養

　　基於咀嚼及消化吸收功能的退化，及體力衰退導致備餐能力較差、
較一般人易有營養不良情形發生。居家營養服務是藉由營養師到府提供
營養相關需求評估、菜單設計及餐飲製備指導等營養服務，改善社區中
需長期照護的個案之營養與健康問題，提高其生活品質。

　　過去營養師配合居家式服務多採電話諮詢或專業人員諮詢方式，自
1996年起台北市政府推展居家式服務特別將其納入，特約醫院營養師外
展至個案家提供服務，現行長期照護十年計畫中延續相關居家式服務模
式。提供單位目前多為地區教學以上醫院，或營養師學（公）會。服務對
象：(1)個案失能且確實符合居家照護的情形；(2)個案或家屬有接受營養
治療的意願；(3)迷你營養評估量表分數小於或等於11分且居家營養需求
者。服務內容：(1)評估並確認個案營養不良的相關原因；(2)擬定個人化
營養服務；(3)提供日常生活飲食及營養相關知識教導；(4)各類疾病指導
（如糖尿病、腎臟病等）；(5)特殊飲食設計與製備指導（如管灌、流質及
素食等）；(6)相關營養衛教與諮詢。營養師出診費用以次計算，多是全
額自費或透過長期照護管理中心申請由地方政府付費（1,000元／次），
一般人自行部分負擔40%，中低收入戶者10%及低收入則免自付額。

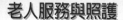

五、居家藥師

老人因生理功能退化造成藥物動力學和藥效學的改變，加上老人較常使用多種藥物，多重原因影響服藥遵從醫囑性等，在缺乏適當且完整的評估老人同時服用的所有藥物之情況下，使得老年人成為不良藥物反應或不適當藥物事件之高危險群。居家藥師服務主要是由專業藥師親自至老人家中，提供具體的藥事服務，內容如：提供慢性病處方箋送藥到家、協助指導家屬或居家護理師進行藥物治療評估、諮詢，以及藥物相關教育訓練、協助指導家屬返家後藥物用藥安全衛教。

服務目的不僅協助評估老年病患藥物治療的合適性及建議適當的藥物治療，也降低藥品所引起的傷害，使老年病患獲得最佳之照護，不僅可降低照護工作者之負擔，加強照護者與病患之用藥觀念，降低不需要之藥品的使用與濫用，降低其藥品與後續醫療成本，提升老年照護之品質。

居家藥師服務在居家式服務醫護照護類中推展較慢，於2007年長期照護十年計畫推展後才於部分縣市開始執行。服務對象：(1)實際居住家中，評估有藥物指導需求之民眾；(2)個案或家屬有接受藥師指導的動機與意願；(3)有使用高危險藥物或多種（五種以上）藥物之個案；(4)可出示兩間醫療院所慢性連續處方箋者；(5)特殊族群，如BMI：女性＜19；男性＜20、年齡＞85歲、罹患腎臟及肝臟疾病者。目前提供方式有醫院藥師或社區藥局藥師外展提供服務；然並非所有縣市皆提供藥師服務，提供縣市相關費用皆由當地政府全額補助。

六、居家安寧療護

安寧療護乃是針對治癒性治療已無反應及意義的末期病患與家屬所進行整體而積極的特別照顧，是一種提升疾病末期患者與家屬生活

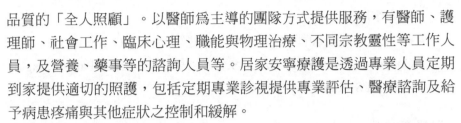

品質的「全人照顧」。以醫師為主導的團隊方式提供服務，有醫師、護理師、社會工作、臨床心理、職能與物理治療、不同宗教靈性等工作人員，及營養、藥事等的諮詢人員等。居家安寧療護是透過專業人員定期到家提供適切的照護，包括定期專業診視提供專業評估、醫療諮詢及給予病患疼痛與其他症狀之控制和緩解。

　　居家安寧療護的目的有以下五點：(1)提供老人安寧病患及照顧者相關專業評估、醫療諮詢、症狀治療及疼痛控制等所需之技能；(2)提供適時的轉介，使老人安寧病患能返家療養或赴院治療；(3)提供老人安寧病患與家屬滿意的環境和社會家庭人際關係；(4)協助老人病患順利度過臨終期，尊嚴與平安的過世；(5)協調聯繫社區中可運用之資源與人員，協助家屬順利度過照顧臨終病患與喪親的過程。

　　台灣從1996年開始試辦安寧居家療護，健保局提供合約服務單位共有55家（財團法人中華民國（台灣）安寧照顧基金會，2010）。依據全民健保設立標準，居家安寧服務機構及服務內容分述如下（全民健康保險局，2009）：

(一)機構設立

　　應設有安寧居家療護小組（小組內須包括安寧療護專責醫師、社工師及專任護理師等至少乙名），小組成員皆需受過安寧療護教育訓練八十小時（含）以上，繼續教育時數醫師、護理人員及社工人員為每年二十小時，成員更改時亦須通知健保局轄區各分局。

(二)收案條件

1.病患或家屬同意接受安寧療護，並簽署選擇安寧緩和醫療意願書或同意書（必要條件）。
2.確定病患對各種治癒性治療效果不佳，如癌症、末期運動神經元病患之末期病患，以及老年期和初老期器質性精神病態等疾病。
3.經醫師診斷或轉介之末期狀態病患，其病情不需住院治療，但仍

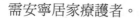

需安寧居家療護者。

4.病人之自我照顧能力及活動狀況需符合ECOG Scale（Eastern Cooperative Oncology Group Scale）2級以上（對照 Patient Staging Scales, PS, Karnofsky: 50-60）。

(三)服務項目

1.訪視、一般診療與處置（包括：皮下注射、肌肉注射、血管注射及抽血檢驗）、採取檢體攜回檢查、更換留置導尿管及尿袋、膀胱灌洗及尿袋護理、拔除留置導尿管和膀胱訓練、更換或拔除鼻胃管、更換氣管內管和外管及內管之消毒護理指導、往診及身體檢查（含診斷死亡）、大小量灌腸、一般性傷口及更換敷料（如褥瘡）、協助復健運動及營養指導、供給有關之衛生知識及資料、實施護理計畫（鼓勵及協助家屬參與護理）、屍體護理、疼痛控制評估及PCA操作、消毒敷料及簡便醫療器材之租借（如氧氣、氣管內外管、抽痰機、氧氣濃縮機、氣墊床、輪椅、自控式止痛裝置PCA等）。

2.末期狀態病患及其家屬心理、社會及靈性等方面問題之照護。

(四)收案期限與收費標準

收案以四個月為一期，結案標準為病人死亡及喪葬完成後與遺族悲傷輔導完成時；收費方式目前由全民健康保險給付，部分醫材及醫材租用則須自費，經濟困難者通常由服務機構轉由社工師代為申請其他補助。

結語

為符合「在宅老化」、「就地安養」及「去機構化」的照顧原則，近年我國政府不僅提供老人生活照顧層面的支持也考量醫護照護專業的

導入，發展更多元化居家式服務及多項家庭支持方案以滿足老人照顧的需求；並將「三代同堂」及「親屬照顧責任」於1997年老人福利法修法中納入法制化。

　　然目前許多的居家式服務模式仍有使用偏低的窘況。歸納可能原因有六點：

1. 傳統儒家家庭孝道觀點，許多照顧不應假他人之手的舊有觀念。
2. 我國因地方自治及選舉效應，造成政策的短線操作及相關地方行政人員專業性不足，造成各地推展許多居家式服務可近性及品質差異大，部分地區居家式服務甚至還有三月推展，九月無錢補助暫關店的情形。
3. 部分服務需年年透過行政招標程序，限制多且經營應付政府文書過於繁瑣。
4. 服務提供單位條件限制多，多數機構規模小，不具永續經營成本效益等。
5. 收費標準怪象多，既期待使用者付費，又有許多推展配套作法，如有的採推展初期免費、有的因單價或部分負擔過高不符民眾期待，採招募捐款或請服務單位自行吸收；造成免費的會用，收費的服務暫時觀望。
6. 提供服務單位太多，民眾很難自行決定如何一次購足。

　　因應長期照護保險開辦，依據經建會研究長期照護保險服務設計應考量「全國適用」、「以人為中心」、「便民且可近性高」、「公平公開且符合成效的機制」、「中央與地方分工」、「與現有長期照護體制無縫接軌」及「與全民健康保險無縫接軌」等七大原則（吳肖琪、林麗嬋、蔡誾誾、張淑卿，2009）。

　　考量居家式服務永續經營，政府應積極面對上述問題，將居家式服務整體發展朝向三買特性：「買得到」、「買得起」及「買到好品質」，就像7-11一樣充斥在每個角落，滿足老人或失能者居家獨立生活，提高老人活的尊嚴與品質。

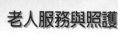

參考書目

內政部（2006）。〈2005年老人狀況調查報告〉。台北：內政部。

內政部（2009）。〈老人居住安排與長期照護選擇之探討〉。2010年3月10日取自內政部統計處專題分析，網址http://www.moi.gov.tw/stat/topic.aspx.

內政部社會司（2010a）。〈失能老人接受長期照護服務補助辦法〉。2010年3月10日取自http://sowf.moi.gov.tw/04/02/970125.htm.

內政部社會司（2010b）。〈老人福利與政策〉。2010年3月10日取自http://sowf.moi.gov.tw/04/01.htm.

毛慧芬（2000）。〈居家職能治療之模式建立與成效評估〉。台北：中華民國職能治療協會。

全民健康保險局（2009）。「全民健康保險醫療費用支付標準」。台北：全民健康保險局。

台北縣長期照護管理中心（2008）。《台北縣長期照護管理中心標準作業手冊》。台北：台北縣政府衛生局。

行政院衛生署統計室（2010）。〈歷年護理機構及精神復健機構家數〉。2010年3月10日取自內政部統計處專題分析，網址http://www.doh.gov.tw/CHT2006/DM/DM2_2.aspx?now_fod_list_no=10715&class_no=440&level_no=4.

中華民國老人福利推動聯盟（2008）。《居家式服務操作手冊》。台北：中華民國老人福利推動聯盟。

吳肖琪、林麗嬋、蔡誾誾、張淑卿（2009）。〈長期照護保險法制服務輸送及照顧管理之評估〉。台北：行政院經濟建設委員會。

吳靜美（2010）。〈健保擴大安寧療護給付範圍，讓更多重症末期病患及家屬能獲得身、心、靈的「全人照顧」〉。《全民健康保險雙月刊》，83期，1月號。

胡名霞（2010）。〈居家協助技巧〉。2010年3月15日取自http://www.taiwanpt.net/ptdc2.asp?mrn=391.

財團法人中華民國（台灣）安寧照顧基金會（2010）。〈安寧照顧合約醫院〉。2010年3月15日取自http://www.hospice.org.tw/2009/chinese/hospital.php.

葉莉莉（2009）。〈我國長期照護資源供給調查〉。行政院經濟建設委員會

委託研究。台北：行政院經濟建設委員會。

彭美琪（2008）。〈失能者居家式服務需求未滿足對醫療資源利用、生活品質、入住機構及照顧者負荷之影響〉。國立陽明大學臨床暨社區護理碩士論文（未發表）。台北：陽明大學。

廖瑞華（2003）。〈台北市居家式服務政策發展論述分析：知識／權力之觀點〉。國立陽明大學衛生福利研究所碩士論文（未發表）。台北：陽明大學。

台灣長期照護專業協會（2008）。《居家護理作業指引》。台北：台灣長期照護專業協會。

蘇麗瓊、黃雅玲（2005）。〈老人福利政策再出發——推動在地老化政策〉。《社區發展季刊》，110，頁5-13。

Gibson, M. J. & Redfoot, D. L. (2007). *Comparing Long-term Care in Germany and the United States*. Washington: AARP.

Kim, E. Y., Cho, E. & June, K. J. (2006). Factors influencing use if home care and nursing homes. *Journal of advanced nursing, 54*(4), 511-517.

Mara, C. M., Olson, L. K. (2008). *Handbook of Long-term Care Administration and Policy*. NEW YORK: CRC Press.

Malcolm, L., J. (2005). *The Cambridge Handbook of Age and Ageing*. UK: Cambridge University Press.

Larsson, K., Silverstein, M., Thorslund, M., (2005). *Delivering Care to Older at Home*. UK: Cambridge University Press.

Wiener, J. (2003). The role of informal support in long-term care. *WHO. Key Policy Issue in Long-term Care, 19*, 20-35.

第十三章

●—黃源協

社區式服務

學習重點

1.瞭解社區照顧的意涵、目的與特性。

2.瞭解社區照顧的理念基礎。

3.瞭解社區照顧的實務基礎。

4.瞭解社區照顧的工作方法。

5.瞭解台灣社區照顧的實務。

 老人照顧情境

　　就照顧情境而言，老人照顧約略可區分為居家照顧、社區照顧與機構照顧等三種類型，這些照顧常依其介入程度的強弱度而被視為是一種連續體（continuum）或光譜（spectrum）。然而，連續體或光譜可能意味著一系列不互動或重複的照顧情境，但在現實的層次上，許多需要被照顧者並不一定僅接受某一種照顧，抑或是從介入較淺的（如居家式服務）移往介入較深的（護理之家或醫院），例如一位老人可能會定時地接受居家照顧，但也不定期地使用機構照顧，若採用連續體或光譜的概念，也許會意味著當依賴程度加深時，將會由某類型的照顧（如居家式服務或日間照顧）移至另一類型的照顧（機構照顧），這種假設可能導致先入為主的回應，強化持續衰退和必然依賴的觀念之單一路線，甚至降低了照顧者和被照顧者的士氣，因而，連續體或光譜的說法可能誤導，甚至造成資源的錯置。

　　為解決過度簡化照顧的類型，且假設類別間的彈性以及個人在類別間的流動性，Higgins（1989: 5）提出照顧情境的類型，認為在發展一個說明照顧措施特性的解釋模型，要以探討提供照顧的場所以及由何人提供為考量的出發點。Higgins將照顧區分為在機構內的照顧（care in a home），包括機構（如醫院、收容所）及「在社區」中的機構照顧（institutional care in the community）（如護理之家、庇護所、旅舍等）；來自機構的照顧（care from home），即在機構中的「社區照顧」（community care in the institution）（如日間照顧或喘息照顧）；以及在家照顧（care at home），包括由法定或志願組織所提供的居家照顧（如健康訪視、餐飲服務等），及由朋友、鄰居或親屬提供的居家照顧（如煮飯、購物、餵食等）。

　　由**表13-1**的分類可知，許多機構照顧現在已出現在人口密集的社區中，而非孤立存在於偏僻的地方，它們可能是有目的興建的住所，也可能

是為迎合需求而興建之家庭式的收容所，這種「在社區的機構照顧」之興起，主要是受到轉機構化（trans-institutionalization）政策的影響，即精神疾病患者或心智障礙者出院的政策，並未導致移出機構的去機構化，而是由一種照顧機構的類型轉至另一種類型，通常是由較大且地處偏僻的機構，轉移至較小且地理上較不孤立的機構（Higgins, 1989: 6-7）。

　　正如有些機構的照顧是在社區中，有很多社區照顧事實上是發生於機構的。居住在自己家裡或與家人同住的依賴者，有可能短暫地被送至醫院、安養機構或護理之家；有些人則可能至醫院接受日間照護或治

表13-1　照顧情境的範圍

照顧情境類型	機構	「在社區」中的機構照顧	在機構中的「社區照顧」	法定或志願組織所提供的居家照顧	朋友、鄰居或親屬提供的居家照顧
	機構內的照顧		來自機構的照顧	在家照顧	
例子	醫院 診所 收容所	醫院病房 旅舍（hostels） 安養所（rest home） 護理之家 兒童之家 臨時收容所 庇護所	喘息照顧 日間照顧 日間醫院 午餐俱樂部 旅遊日間醫院 職能治療 職業治療 心理治療 門診治療	健康訪視員 社區心理護士 開業醫師 家事協助 社會工作員 隨行照顧者 送餐到家 起居服務 飲食服務	多種照護服務： 洗澡 上廁所 餵食 煮飯 休閒娛樂 購物 穿衣
解決方式	住宿和附服務的照顧	住宿且通常附服務的照顧	附服務的照顧，但通常沒有住宿	附服務的照顧，但沒有住宿	照顧但沒有住宿
停留期間	通常是短期和臨時的	通常是長期且永久的，有些是短期停留的	通常是長期且規律的，但是部分時間的	通常是長期且規律的，但是部分時間的	長期規律和全時的照顧
占需要照顧之依賴人口群的比例	約3-5%		約15%	約80%	

資料來源：Higgins (1989: 5).

療、職業治療或心理治療，而有些人可能會至不同情境的機構，如午餐俱樂部或休閒活動的機構，這即是來自機構照顧的社區照顧（Higgins, 1989: 7）。沒有單一類型的服務可提供邊界團體（boundary groups）的需求，為維持人們在社區中接受照顧，專業和社會的協助是必要的，且其整合、協調和照護的品質與可信度也是重要的（DHSS, 1981: 32）。

從Higgins（1989）的照顧情境類型可知，機構照顧、社區照顧與居家照顧三者並非是截然區分的，機構照顧有社區照顧的成分，社區照顧也含有機構照顧的成分；社區照顧也介入在家照顧，在家照顧也需要有社區照顧及機構照顧的支持；特別是有的個案隨著其個人需要照顧程度的深淺，及其家庭或社區能夠提供服務的能量或選擇而遊走於三者之間。

社區照顧的意涵與特性

儘管有機構照顧、社區照顧與居家照顧的類型之分，但在實質的運作上，三者之間亦有其交集，若要嚴格的劃出三者之間的疆界，將會有實務上的困難。若我們能夠從社區照顧的意涵與特性進行瞭解，將更加有助於我們對三種類型之關係的掌握。社區照顧的概念源自於對英國19世紀濟貧法（the Poor Law）之機構收容的批評，1950年代後期，社區照顧開始逐漸發展成為一項重要的照顧模式，發展初期主要運用於心理衛生領域，包括讓留置醫院之精神疾病患者及心智障礙者，從醫院轉移至設在社區的正式機構接受照顧，以減少對醫院的依賴。

因此，社區照顧的出現是一種照顧政策的轉移，主要係指將精神疾病患者和心智障礙者的照顧，從醫院轉移至社區接受照顧（Means, Richard & Smith, 2008: 5）。1960年代初期，政策上也將其適用範圍擴展至生病或失能的老人（MoH, 1963: 2），直到1989年英國政府公布「照顧人民」（Caring for People）的社區照顧白皮書，始為社區照顧提出較為明確的定義：

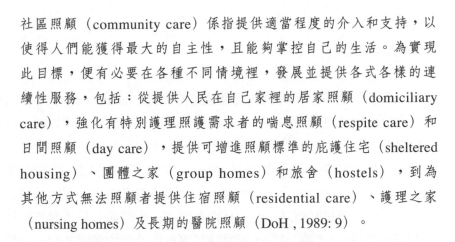

社區照顧（community care）係指提供適當程度的介入和支持，以使得人們能獲得最大的自主性，且能夠掌控自己的生活。為實現此目標，便有必要在各種不同情境裡，發展並提供各式各樣的連續性服務，包括：從提供人民在自己家裡的居家照顧（domiciliary care），強化有特別護理照護需求者的喘息照顧（respite care）和日間照顧（day care），提供可增進照顧標準的庇護住宅（sheltered housing）、團體之家（group homes）和旅舍（hostels），到為其他方式無法照顧者提供住宿照顧（residential care）、護理之家（nursing homes）及長期的醫院照顧（DoH , 1989: 9）。

　　前述的定義透露出社區照顧主要是欲建構一套多元的照顧模式，以提供處於不同情境之有照顧需求者更多的照顧選擇，然而，其政策偏好無非是要讓有照顧需求者能盡量避免醫院或機構的照顧，而以居家照顧、喘息照顧或日間照顧替代之。多元的照顧類型欲讓照顧需求者有較多的選擇，以避免單一的照顧模式，因此，對大多數人而言，相較於傳統的醫院或機構照顧，社區照顧被視為是一種多元且較佳的照顧模式，這種改變的主要目的在於（DoH, 1989: 4）：

1. 盡可能讓人民在自己的家或地方社區中之家庭似（homely）的環境下過著正常的生活。
2. 提供適當的照顧和支持，以協助人民得到高度的獨立自主性，並藉由獲得或再獲得基本的生活技能，以協助他們發揮最大的潛能。
3. 給予人民對自己的生活方式及所需之服務，有較大的決定權。

　　從政策發展、意涵與目的觀之，相較於傳統的醫院或機構照顧模式，社區照顧的主要特性可由其所構成之要素說明之（DoH, 1990; Payne, 1995: 11-26; Nocon & Qureshi, 1996: 55; Victor, 1997: 10）。

一、長期照護

相對於醫療院所所提供的短期及急症照護（acute care），社區照顧的服務對象主要係指那些需要長期照護者，例如精神疾病患者、身心障礙者及失能老人，他們所需要的照顧相對上是較長期的。然而，短期（急症）照顧與長期照護並不是截然區分的，有些長期照護的個案偶爾也會因身體疾病而需要急症照護，急症照護患者也可能因病情趨於穩定，而轉移接受長期照護。至於長期在醫院接受照顧者是否應被納為社區照顧，並沒有一定的答案，若醫院是屬於社區型的醫院，有的會把它列為「在社區照顧」（care in the community care）的社區照顧，至於有些僅偶爾需要家務協助的個案，是否應被納入社區照顧行列是有爭議的。不過，社區照顧的對象一般係指那些需要長期接受照顧者。

二、去機構化

去機構化（de-institutionalization）是社區照顧的主要目標之一，它欲將需要被照顧者遷移出機構，且盡量避免需要被照顧者在機構內接受照顧；亦即，社區照顧偏好機構外的照顧替代機構內的照顧，若必須要在機構內接受照顧，也應盡量以開放、彈性及非結構的方式為之，以避免封閉、僵化與冷漠的全控機構（total institution）照顧方式。因此，去機構化關注的不僅是其所處的環境，還關心到整個照顧服務的供給模式，這主要是因為若人們被機構化（institutionalized）後，便可能會因習慣於機構生活，而逐漸失去獨立生活所需的技能和動機，進而造成持續且長期的依賴機構。

三、減少對公共照顧的依賴

　　傳統上，絕大多數的機構照顧是由公部門所提供的，其所需的經費也往往是由公部門來支付，這種服務可能會引誘人們視照顧有困難者是政府的責任，而不是誘導有困難者自身致力於脫離困境，或鼓勵人們協助他們的親戚和朋友。另一方面，大規模的公共服務也可能造成賴以維生的職業團體，欲藉由擴大其所提供之服務，來維繫或增進其權力和影響力。這些發展可能使得政府必須持續擴增其服務，終至造成超出稅收所能負荷的範疇。社區照顧欲促進非正式、志願和民間部門投入照顧行列，並透過市場化（marketization）或準市場化（Quasi-marketization）的經營方式，以減少對公共部門的依賴，進而達到：(1)提供符合需求的服務；(2)促進服務的選擇、彈性和創新；(3)提升服務的效率、效能、責任和品質。

四、非正式照顧

　　當人們面臨照顧需求時，其潛在的照顧提供者包括政府部門、商業部門、志願部門及非正式部門，這種被稱之為「照顧混合經濟」（the mixed economy of care）的多元照顧模式存在於絕大多數的社會，只是各部門所扮演角色常隨其所處的時空而異。在福利國家高度發展時，來自於政府部門的照顧扮演著極重要的角色，在福利多元主義興盛階段，市場與志願部門的角色漸趨重要（Means, et al., 2002）。自古迄今，由家人、親友或鄰里所組成的非正式部門，雖從未在照顧的行列中缺席過，但卻很少獲得政策上的重視。社區照顧政策的推動開始重視這些沉默的照顧者，並欲鼓勵、支持與強化這股非正式的照顧力量。這種政策的轉變主要考量的原因如下（Payne, 1995; Orme, 2001; Means et al., 2008）：

　　1.絕大多數的照顧為非正式照顧，但照顧者的壓力卻一直為公共服

務所忽略,特別是絕大多數的照顧者為女性。

2.在一些非正式照顧崩解或不足的地方,專業照顧是非常昂貴的,因此,政策的轉變有部分是基於經濟上的考量。

3.非正式照顧者往往與照顧者同住或比鄰而居,當有照顧需求時可隨時提供服務,專業照顧僅在有預先安排或緊急時始可提供服務,顯然地,非正式照顧是較富彈性的。

4.被照顧者偏好非正式的照顧,此乃由於照顧者與被照顧者彼此之間是基於有情感性的相互責任和長期的關係;然而,若非正式照顧者長期承受過重的照顧負荷或壓力,將可能影響其照顧的意願,甚至衝擊到雙方的生活與照顧品質,或終將被照顧者送往機構。

五、參與和選擇的增加

傳統的照顧服務供給模式,往往是以「專業主導」或「由上而下」的科層方式為之,服務使用者僅有被動接受已安排就緒的服務,需要被照顧者也往往僅能在「在家照顧」與「機構照顧」兩者之間做選擇。社區照顧的目標之一,即是要讓人們能夠參與服務的設計,並且透過多元的社區照顧供給項目,以增進人們對其所偏好之照顧有更多的「自主權」與「選擇權」。例如,精神疾病患者有權選擇住院以外的其他照顧方式(如日間照顧),失能老人有權選擇住宿機構以外的照顧方式(如居家式服務、喘息服務或日間照顧)。這種增進人們參與、選擇和自主的機會,主要是基於下列的理由:

1.提倡「案主自決」(self-determination of clients)之社會工作價值的專業理念,以及案主參與決策過程之「案主充權」(client empowerment)。

2.強調保護案主之服務的消費者運動(consumer movement),以避免因公共服務供給者過度利用其權力,而對福利資源造成分配不公的問題。

3.避免專業者忽略照顧者與被照顧者的眞正需求，而造成資源上的浪費。

4.發揮案主之「自我倡導」（self-advocacy）理念，以確保弱勢者的聲音和權益能獲得基本的重視與保障。

六、需求導向的服務

需求導向服務（needs-led service）是當代公共服務的重要潮流，也是社區照顧的目標之一。個案的照顧需求往往因人、因時或因地而異，制式與單一的服務已難以滿足人們的需求，他們需要的是各種可供選擇的支持或照顧形式，以便能過著完整且獨立的生活，包括在自己家裡過著獨立自主的生活，以及完全參與社區生活和廣泛的社會網絡。因而，服務的設計要能重視「個別差異」的原則，服務的提供也要能充分地感受和彈性的反映其需求。這種以個案需求爲導向的服務，其主要是基於下列的理由：

1.除基於對個人的尊重外，也欲避免機構以可用的資源作爲評估案主的需求（供給導向），而非以案主的眞正需求爲考量（需求導向），致使所提供的服務並非是人們所需要的。

2.以需求（needs）而非欲求／想要（wants）作爲依據，對於資源的要求與配置較具合理性，且經過需求評估也較能夠給予提供服務及資源配給上的政治壓力。

七、成本抑制

社區照顧之所以被倡導的原因，除基於人道的考量外，經濟亦爲重要因素之一（Knapp et al., 1997: 37; Symonds, 1998: 39; Easterbrook, 2003）。一般認爲，機構照顧（institutional care）可把需要特別照顧者聚集在一起，便可節省往返提供服務的時間和成本；且一旦建築物完成

後，在機構內提供持續性的服務是相當便宜的，並可避免受到通貨膨脹所造成的成本壓力。然而，這些優勢並不見得是絕對的或可持續的，其主要原因如下：

1. 建物可能隨著時間的老舊而不適合當代的照顧和生活方式，若建物要提升品質或維修是相當昂貴的，且可能因吸走照顧體系的經費而減少可供次要需求（lesser need）的資源。

2. 若機構為服務供給的中心，可能會引誘更多不需要昂貴和特殊照顧的個案進住，事實上，這些個案若採取非正式照顧及少量的專業協助，即可能以較經濟的方式獲得照顧。

3. 隨著人口的老化和治療方式的改善，機構照顧的需求和成本急遽增加，迫使有股盡量將個案從機構轉移至社區，以及避免新個案入住的壓力，而使得重心由機構照顧轉移至較廉價的社區照顧。

♀ 社區照顧的理念基礎

讓需要被照顧者盡量過著正常的生活與獲得獨立自主性，並對自己的生活方式有更大的決定權，這些社區照顧的目的，基本上是建立在幾個重要的理念基礎之上：正常化、社會角色的活化及充權。

生活正常化是社區照顧之去機構化所追求的目標。正常化（normalization）一詞首先出現於北歐，它被用於支持學習障礙者之機構式服務的改革，其基本理念在於認為，儘管失能者有其問題，但他們卻如其他人般，應有其尊嚴和權利（Ramon, 1991a: 13）。這種概念的出現，主要是基於對Goffman所謂全控機構之單調與刻板生活的反省，而認為應讓人們有權作選擇。其後，此觀念在北美受到Wolf Wolfensberger的支持與發展，Wolfensberger（1972）的基本假設即「失能者的主要障礙乃是他們在社會上受到貶抑，正常化欲盡可能藉由失能者在社會上受到一般的尊重，以彌補這種貶抑」（Braye & Preston-Shoot, 1995: 39）。

因而，正常化強調「人為先、失能其次」（people first and disabled second）的原則，對失能者之服務目標，乃在於提升生活模式和每日生活條件，以盡可能地接近社會正常的生活環境和方式（Ryan & Thomas, 1993: 242-243; Ramon, 1991b: xii）。這種「人為先」的觀念，基本上是建立在公民權（citizenship）的現代概念，以及法律賦予的平等原則（Ramon, 1991a: 13）。

　　除享有權利外，失能者也有義務依據其能力貢獻於其所生活的社會。這種強調有權參與社會所尊重的生活方式，將會強化其自我實現和自主的機會（Wistow et al., 1996: 23）。因而，正常化之最明確和最高的目標，乃在於對可能或已遭社會貶抑者，創造、支持和保護其應受尊重的社會角色，其過程主要包括三種要素（Braye & Preston-Shoot, 1995: 39）：

1.使得人們能夠過著正常和受尊重的生活。
2.以受尊重的方式，運用社區皆在使用的服務。
3.改變態度，以使得失能者受到尊重和尊敬。

　　社會角色的活化（Social Role Valorization, SRV）是生活正常化的終極目標，它的實現有賴於去機構化和一般生活機會的提供（Ramon, 1991c: 174）。SRV的觀點認為，對失能者之正面社會印象，一方面可藉由失能者展現出社會所期待的角色，另一方面社會也要將失能者視為是有價值的人。SRV的目標在於引導失能者和社會雙方的改變，亦即，個人對自己需有積極且正面的自我認同；而社會也要能以尊重的態度，提供機會給失能者，並將他們視為一般人，進而激發個人的社會角色。

　　基本上，SRV的達成是一種失能者與社會雙向互動的結果，儘管表面上SRV呼籲要讓失能者拋棄依賴以追求自主生活，但這並不是可讓一位失能者在完全無援的環境下生活，要強調的是，在某種環境或時間裡，失能者仍有互助權或取得專業者協助的權利。亦即，這種對失能者自主權的維護，仍強調必要時可請求他人的協助，相對的也隱含著接受互賴是一種可被接受的正面現象。因而，SRV即是一種改變服務的工

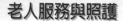

具，其目的在於讓服務使用者和社區發生關聯（Cowen, 1999: 67），進而讓自己為社會所接納，但同時也讓自己接納並適應社會的生活。

公民權可能會為個人帶來更多的參與，並活化失能者的社會角色，但並不必然會提升這些團體的權益（Cowen, 1999: 197）。為了讓公民權、正常化及社會角色的活化等理念能夠發揮實質的作用，在實務的運作上必須將服務使用者的能力、才能等因素納入考慮範圍，這便涉及到社區照顧另一項重要的理念基礎：充權。就社區照顧而言，充權的焦點乃在於說明大多數的服務使用者相對上是缺乏權力的，特別是那些被認定為失能者（Ramon, 1991a: 17），他們可能遭遇到忽略、歧視以及烙印等。這些陷於無力情境者往往是缺乏如何與體系交涉的知識，對任何可能的改變覺得無望，且缺乏從事改變必要的自尊。為解決這些被壓迫案主的處境，增強他們的權力或許是可選擇的策略（Tossell & Webb, 1998: 267）。

充權可以兩種方式加予理解：個人充權（individual empowerment）與集體充權（collective empowerment）。個人充權係指有權力的專家放棄其權力，並將之分給或轉移給服務使用者，其核心要素包括協商、溝通、支持、尊嚴、自我意識及維護自身權利的能力（Rowlands, 1998: 24）。集體充權並非是由有權力者給予的，而是一種贏得權力的過程，它使得案主群能運用其作為公民的權力而融入社會，並改變社會對待他們的方式（Parrott, 1999: 118）。藉由個人及集體的充權，將可提供個人或團體向體系交涉時的協助，包括激發、教導和提升自尊，以便讓案主相信他們是具有向社區體系交涉之技能的有才能者，且他們值得接受健全社會功能之必要的資源。

社區照顧的社會基礎

社區照顧的目的之一在於「盡可能讓人民在自己的家或地方社區中之家庭似的環境下過著正常的生活」（DoH, 1989: 4）。顯然，在照顧

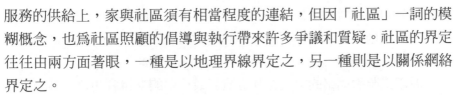

服務的供給上，家與社區須有相當程度的連結，但因「社區」一詞的模糊概念，也為社區照顧的倡導與執行帶來許多爭議和質疑。社區的界定往往由兩方面著眼，一種是以地理界線界定之，另一種則是以關係網絡界定之。

在社區照顧的脈絡裡，普遍皆傾向於「網絡關係」重於「地理界線」的社區（Bulmer, 1997; Cowen, 1999）。事實上，「照顧網絡」（caring networks）一詞是經常出現在社區照顧重要的文件（Barclay Report, 1982; Griffiths, 1988）。它主要包括正式及非正式部門，儘管當代社區照顧所欲強調的是以非正式網絡為照顧的核心，但這並不意味著正式網絡欲跳脫出照顧的行列。因而，在社區社會工作的倡導上，Barclay（1982: 205）非常強調網絡的觀念及其活化社區照顧的潛力。社區照顧必須要能夠將各種不同的照顧網絡納入考量，再經網絡建構所集結而成的能量和規模，將可為其實務的推動奠定穩固的社會基礎。

傳統的家庭、親屬和鄰里為有需要照顧者創造了一個義務的照顧網絡，然而，隨著家庭結構與功能的變遷及傳統社區結構的轉型，正式部門也開始分擔照顧的責任。因而，現代社會對弱勢者或依賴者的照顧逐漸結合正式與非正式的部門，而形成經過制度化設計之混合式的照顧網絡。例如：Wacker等人（1998: 38）即指出，儘管家庭提供其老年成員相當多的照顧，然而，老人及其家屬有時候也會轉向正式網絡尋求協助。一般而言，從非正式到正式部門之照顧網絡的連結上，可約略被區分為六種不同的型態（黃源協，2000：54）：

一、非正式照顧者

非正式照顧網絡是一種自然網絡（natural network），主要是由家人、朋友和鄰里所組成，有時也會包括一些因工作、休閒活動、宗教成員或聚會所接觸者（DHSS, 1981: 52）。這種自然網絡普遍存在於社會的各階層，它除了著重家人之間相互依賴，也強調鄰里之間的互助。這種網絡存在於個人周遭，它是個人和環境之間最重要的橋樑，承擔著

絕大部分的照顧負荷（Bulmer, 1997: 47-48）。研究顯示，非正式照顧的支持要比來自於正式部門所提供的協助更為重要（Smale et al., 1994: 43）。

非正式照顧網絡的家人尤其扮演著最重要的支持者角色，其介入的程度可能從最淺的僅提供偶爾的協助，到較深的投入相當多的時間、精力和長期的承諾。Cecil、Offer和Leger（1987）曾將這種家庭支持的涉入由淺到深區分為四種型態：(1)簡單接觸；(2)意見和資訊的給予；(3)實際的協助；(4)照護。然而，儘管非正式照顧者（informal carers）是社會支持的主要方式之一，且吸收了許多正式服務所無法處理的負荷。但研究者卻呼籲，對一些長期照護之重擔不應預先將之假定為「家庭生活之自然的一部分」，而僅給予微小的支持，甚或沒有給予任何的協助（Evandrou, 1995: 26）。

二、互助團體

互助團體（mutual aid group）類似自助團體（self-help group），但自助與互助的發展卻各有其不同的意識型態，前者是建立在個人主義之上，而後者則立基於集體主義。自助透過與他人結合以引導自我發展，互助則認為必須要發展自己的技能和能力，並能夠保護別人（Wann, 1992: 160-61）。貝弗里奇（Beveridge）指出，互助是源自於一些有相同需求者，自覺為對抗不幸或獲得安全，而藉由彼此互相協助而產生的共同意識（Johnson, 1998: 168）。換言之，它是由情境相類似的一群人所組成的團體，這些團體也許會提供其成員精神上或實務上的支持，以使得他們能夠處理自己的問題（DHSS, 1981: 52）。因而，互助是任何社區過程的核心，任何社區夥伴的成員皆需要能夠彼此相互協助與支持（Trevillion, 1999: 43）。在照顧網絡裡，互助團體常可提供情緒上的支持與訊息上的分享。

三、鄰里照顧團體

「鄰里」的概念在1970年代和1980年代，爲英美兩國逐漸採用，特別是在論及社會照顧方面，被視爲較「社區」或「地方」更爲明確、務實和可行（Baldwin, 1993: 34-35）。所謂的「鄰里照顧團體」（neighbourhood care group）係一種有目的的設置，它用於補充或替代家人、朋友和自然鄰里的支持（DHSS, 1981: 53）。這種鄰里照顧的倡導，在英國衍生出所謂的「鄰里支持小組」（Neighbourhood Support Unit），其主要的理念在於認爲人們有權在一般家庭過著有隱私的和選擇的生活，但卻拒絕將照顧的責任完全交由家庭獨自處理，或僅是予以微小的協助即可；而是認爲各部門應整合並投入充分的資源，以提供具可近性與彈性的服務，且應該讓個人和社區在確認與提供需求上，以夥伴的方式一起工作（Walker & Warren, 1996: 23; Warren & Walker, 1996: 77）。

四、志工

志工（volunteers）通常是在志願或政府機構的贊助下工作，但並非是支薪的員工，僅偶爾可能領取少數的交通或伙食津貼（DHSS, 1981: 53）。晚近，志工的輪廓已有重大的改變，志工的類型可區分爲舊志工與新志工（old and new volunteers），相對於舊志工，新志工較具功利取向，且往往帶有某種需求，例如：工作需符合其興趣、配合其時間或對其個人的經驗有好處等（Pijl, 1994: 13）。這種志工服務心態的轉變，對從事照顧之志工的招募有其重要的意義。

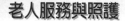

五、正式志願組織

正式建構的志願組織具備以下幾項基本的特徵：(1)正式且有組織的，即它必須是要有某種組織和制度結構的形式；(2)民間的，即志願組織與政府組織是分開的，但這並不意味著志願組織不與政府合作或不接受政府的贊助；(3)非利益分配的，即組織本身的存在並非是以生產利益為存在的前提；(4)自己治理，即組織決定自己的體制、行政架構與實務、政策和活動；(5)志願的，即有某種程度的志願參與，不管是機構活動的實際經營，或者是事物的管理（Salamon & Anheier, 1997: 33-34; Johnson, 1998: 147）。隨著契約及購買式服務的擴展，志願組織在照顧服務網絡的重要性已頗受重視。一般而言，許多這類的組織會聘僱專業員工（如社工員或護理人員），來從事照顧服務的輸送。

六、公部門機構

公部門係指政府部門，在照顧服務脈絡裡，政府部門不僅提供經費，同時也可能扮演著直接服務的角色。早期的研究者曾建議，儘管家庭是需要照顧者的第一個也是最主要的依靠，但仍強調公部門社會福利機構在協助許多家庭上仍扮演著關鍵性的角色（Wicks, 1982: 114）。然而，隨著社區照顧服務供給朝準市場（quasi-market）模式的發展，在政策上已逐漸期待公部門在直接提供服務的角色能轉移給志願部門或商業部門，但它在服務規劃、經費提供、規範與監督上，並不應因而遞減。

這些正式和非正式部門所連結而成的「照顧網絡」，即是社區照顧提供服務的基礎之所在。然而，在這照顧網絡中，正式或非正式網絡所應擔負照顧責任的多寡，也早已引起廣泛的討論。非正式的支持網絡是建立在其成員彼此之間的信賴和尊重的基礎上，若彼此之間的凝聚程度愈大，便可能會減少對公部門或市場提供之正式網絡的依賴；反之，若

正式支持網絡提供服務的層面愈多或愈深，便可能不利於非正式網絡之個人之間互惠或寬大的特性，甚至瓦解非正式的支持網絡（Wearning, 1998: 150）。國際的比較研究顯示，在老人社區照顧方面，非正式部門至少提供四分之三的照顧（Tester, 1996: 178）；此外，仍有相當多的家庭照顧者是在沒有任何正式或非正式部門的支持下，獨自負起照顧的責任（Victor, 1997: 139）。因此，當政策邁向「由社區照顧」之時，如何在社區內建立起實質有效的照顧網絡，便成爲社區照顧的重要議題。

社區照顧工作方法

　　社區照顧的服務使用者（特別是需要長期照護者），其所面對的問題和需求往往是多元且複雜的，無論就照顧連續體或照顧光譜的觀點，使用者對照顧資源的運用，可能經常遊走於各種不同服務項目間，一個既存的事實即是社區照顧服務提供往往涉及到不同部門間或專業間的互動與合作，特別是「衛政」與「社政」之間。然而，在實務的運作上，負起社區照顧供給之主要職責的「衛政」與「社政」部門，卻往往彼此各自爲政，甚至兩個本應息息相關的體系，卻築起一道難以跨越的高牆，進而妨礙有效服務輸送體系的建構。如何推倒這道「衛政」與「社政」的高牆，也就成爲問題解決的核心議題（黃源協，2001）。爲解決部門間互動不足的問題，除必須強化前述社會網絡的建構外，照顧管理（care management）是社區照顧不可或缺的工作方法。

　　照顧管理是一套統合和聯繫照顧服務的一種人群服務的機制與方法，它主要係以同時遭遇多重問題的個人或家庭，或須長期照護的個人爲對象，針對其問題與需求評估後提出一套全面性的介入計畫；其目標在於改善案主對支持和服務的使用，並發展其社會網絡和服務的能力，以增進案主的福祉，並提升服務的效率和效能。因此，照顧管理一方面著重於開發和促進資源網絡，另一方面也強調加強案主獲得資源和使用資源的才能，以及促進案主的知識、技術和態度，以期藉此程序或過

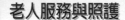

程解決案主的問題或滿足案主的需求。這套為具有多重需求的個案創造無縫隙（seamlessness）照顧服務，曾被英國政府視為「高品質照顧的基石」（DoH, 1989: para.1.11），並譽為「新方法的核心」（DoH/SSI, 1991: para.9.2）。

照顧管理是一種協助個案解決複雜且長久問題的過程，一位接受照顧管理服務者，從開始與機構接觸到結案或追蹤，往往需要一套流程予以協助處理。有關照顧管理的流程，茲將分為「個案篩選、接案與關係建立」、「評量與目標設定」、「介入計畫的擬訂與資源確認」、「介入計畫的執行」、「監管與再評量」、「結案評估、結案與追蹤」等六個步驟（如**圖13-1**）（詳細內容請參閱黃源協、陳伶珠、童伊迪，2004）。茲簡略說明如下：

步驟一：個案篩選、接案與關係建立

個案可能經由主動申請、轉介或外展而與照顧管理系統接觸，但並非每位與機構有接觸的需求者或潛在個案皆可能為照顧管理的案主，在正式接案前，潛在個案需要經過篩選的過程，主要目的在於決定申請者是否符合機構式服務的標的群，抑或符合接受照顧管理服務的資格要件，若確定符合資格指標，且個人願意接受服務，始正式被成為照顧管理的案主。之後，會再經個案分派程序指派一位照顧經理（care manager）從事服務的統整。

關係建立（engagement）係指建立一種有效工作關係的過程，這種關係是建立在案主對工作員之協助的意願與能力之信心上，且雙方也皆能夠明確地瞭解彼此的期待（Ballew & Mink, 1996: 16）。關係建立的過程始於初次的會面，照顧經理要讓案主感受到他的關懷和能力，並與案主友好的互動關係，這不僅能夠促進與個案的豐富溝通和關係外，也有助於建立或提升案主對照顧經理的坦誠和信心，進而能夠為弱勢案主的服務營造良好的氣氛。

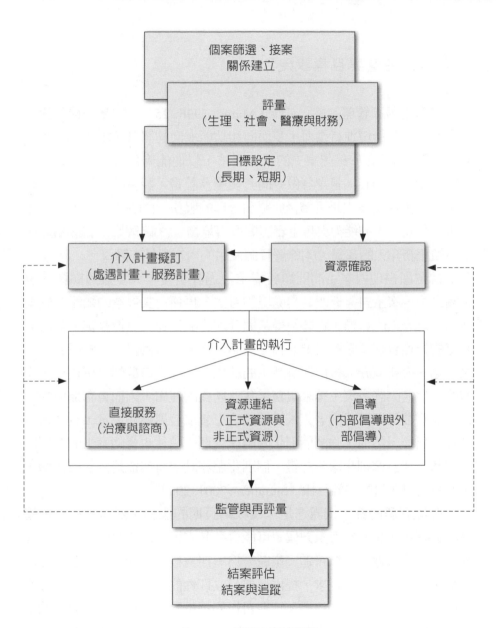

圖13-1　照顧管理流程圖

步驟二：評量與目標設定

評量是照顧管理的核心工作（Mares, 1996: 25），它是一種針對申請者的需求和情境進行全面、多面向和功能取向的測量（Hudson, 1996: 3），其目的乃在於確認案主的真正需求，以便能夠善用可用的資源，為案主設計出一套「量身訂做」的套裝服務計畫。評量階段有四項主要的工作：(1)決定案主是否適合於照顧管理的服務；(2)在案主需求與外在需求，以及案主的能力與可用資源間取得均衡；(3)瞭解案主的優點以作為後續服務介入的基礎；(4)瞭解資源使用的內在與外在障礙。

當照顧經理對案主的問題與需求經過評量後，大多數照顧經理會試圖去取得案主對需要改善其處境的看法，再運用其專業的知能與個案共同擬訂介入的目標，這將使得照顧管理的流程進入目標設定，其所欲設定的目標包括「整體目標」和「具體目標」。整體目標是對所欲選擇之處遇、服務或介入後所期待產生的結果，同樣人口群的目標往往是相似的，此乃因許多案主尋求服務是基於同樣的理由，因而會有類似的目標；如需要長期照護的老人、精神疾病患者或發展遲緩兒童，皆各自有其類似目標。然而，強調個別化的照顧管理，往往也會隨案主的個別處境或狀況擬訂個別化服務計畫，個別化服務計畫有其欲達到的較具體、可觀察且可測量的客觀目標（Summers, 2001: 299）。

照顧管理的介入或處遇是一種較為長期的服務，然而，在目標建構的過程中，也必須考量到個案可能會有其立即性或階段性的需求。因而，介入或處遇的目標可進一步區分為短期目標和長期目標，前者如針對案主的焦慮或住宅需求，提供必要且立即性的服務；後者則欲提升案主的自尊或職業目標的達成。短期目標的提供除了可作為長期目標的階段性目標外，也可在長期處遇的過程強化照顧經理與案主的關係。

步驟三：介入計畫擬訂與資源確認

目標設定後，接著即是介入計畫的擬訂，但可行的介入計畫不可忽略資源可用性的現實問題。Rothman和Sager（1998: 68）即認為，介入計畫必須要與資源確認同時進行，其主要原因有二：(1)很少有社區能提供樣樣俱全的服務，若先設計介入計畫，可能導致資源無法配合，而必須經常修改計畫；(2)若先檢視資源後再提出一個建立在可用資源之可行的計畫，則可能導致資源主導專業判斷。

資源存在與否和資源網絡的建立是照顧管理的實務基礎，照顧經理職責即是要能夠協助案主取得資源、統整服務輸送及倡導新政策或方案（Dubois & Miley, 1996: 260）。在擬訂介入計畫時，照顧經理必須要知道有哪些可協助案主解決問題或滿足需求的資源，這些資源可能是案主內在的資源，如案主的內在技巧、知識、能力和正面積極的態度；機構內部資源，即機構式服務的內容種類，如醫療照顧、食物和居家式服務等直接的協助，以及安排訓練、安排就醫的間接協助；抑或是機構的外部資源，如政府或其他民間單位的服務。

介入計畫是照顧管理的核心功能／任務（Schneider, 1988），它係指照顧經理依評量的訊息及所設定之短期和長期目標，再以其專業判斷和實務經驗為基礎，所設計出用以協助案主解決問題或滿足需求的一套有系統的行動設計。介入計畫包括處遇計畫（treatment planning）與服務計畫（service planning）；前者係指如治療或諮商之直接服務，後者則是欲讓案主和外部機構與正式網絡產生連結，以獲得更多樣和全面性的服務。介入計畫產生出一個具體的處遇、服務計畫，它往往會以一種書寫的方式呈現一些基本的特性，且可能作為一項案主和照顧經理之間的契約。

步驟四：介入計畫的執行

　　介入計畫的執行，包括直接服務、資源連結與倡導。直接服務即為處遇計畫的執行，係指透過照顧經理或機構專業者為個案直接提供服務。諮商與治療是兩種常用的方法，主要可運用於案主內在障礙的修正或排除，不知如何使用資源的外在障礙，以及某些恆久性失能症狀的減輕。資源連結即為服務計畫的執行，係指為遭遇外在障礙及恆久性失能者，從事各種資源的連結與整合，資源的取得可能來自於正式部門（如政府部門、商業部門和志願部門）或非正式部門（如家庭、親友和草根性組織），這些服務經常是需要跨專業或跨部門的合作。至於為排除外在障礙所需的資源不存在或不足時，照顧經理有時也必須從事內部倡導或外部倡導，以開創有助於案主問題解決的相關資源。

　　無論照顧經理扮演的是直接服務、間接服務或倡導者的角色，在介入計畫執行階段必須注意的事項包括：(1)照顧經理的介入須對昂貴及稀少的資源負責；(2)照顧經理必須確保能有適當的資源，以提供案主的需求；(3)介入計畫執行期間，照顧經理也必須注意到個案可能隨環境變異而衍生出新問題或需求上的改變。

步驟五：監管與再評量

　　監管（monitoring）是一種觀察和督導介入計畫執行的動態過程，過程中照顧經理維持對案主與服務資源連結狀況做持續性的觀察與評量，以檢測服務是否能順利地如承諾般的有效提供（Ballew & Mink, 1996: 163）；監管也欲檢測並迅速回應案主生活所發生的困擾事件，並適時提供或修正計畫，以便協助案主能獲得更適意或更佳生活的服務目標。另一方面，監管也是一種對機構或連結之資源的功效評量，以確保資源能有效地被運用，並提升照顧管理的服務品質。因此，為達成照顧

管理服務的目標，全面性的監管須從三個面向進行檢視：(1)案主接受服務的狀況；(2)案主可能改變的狀況；(3)達成介入目標的進展狀況。

　　再評量（reassessment）係一種依照所定的時間架構檢視案主狀況、功能和成果的過程，這種評量必須要視案主狀況和需求而定期進行。再評量可能包括重複初步評量的所有作法，或是一種對案主或服務提供狀況做正式的檢視。再評量的執行往往具有兩項主要的目的：探查案主延續性服務的資格要件，以及服務提供的效益。重新評量服務的最佳方式即是評量目標達成的程度，若每項目標皆已達成，適當的作法即是終止服務或設定更高目標，若未能達成目標，則有必要對是否要修正目標或服務做出決定（Holt, 2000: 71）。

步驟六：結案評估、結案與追蹤

　　結案是一種關係的結束，它係指一種依情境而逐步或迅速退出服務的過程，任何一位進入照顧管理系統的案主，將會在某時點上結案的。結案必須視服務成果的評估而定，為顧及評估的全面性效果，結案評估必須將下列三項指標納入：(1)服務是否符合使用者的需求；(2)服務使用者對整個結果是否滿意；(3)服務提供的目標是否達成。然而，這三項指標的評估結果並不必然是一致的，例如：或許服務使用者的需求已獲得滿足，但照顧管理追求效率的目標卻不理想；抑或一些對服務提供之期待原本較低的使用者，可能會對其所獲得的服務感到滿意，但原先所預定的需求並沒有達到。當服務目標未能達成，抑或案主的問題或需求未獲得解決，抑或有新的需求出現，則必須要考慮重新回到照顧（護）計畫的設計階段。

　　結案與否通常並不是照顧經理單方面的決定，而是案主、照顧者、照顧經理、醫師等利害關係人共同的決定與共識，結案也並非皆在問題獲得解決時才結束關係，情境與他人的選擇也可能讓照顧管理無法在個案充分獲得支持，或已達到所設定之目標的狀況下結案。較理想的結案時機應該是當達成共同設定的目標時，特別是案主自我能力的提升，以

及案主能夠在無照顧經理協助下，也能適當地運用其支持或資源網絡，這是照顧管理過程目標，也是任務目標。因此，若案主出現滿足需求能力增強、獨立自主能力增強，以及能夠有效運用人際網絡等徵兆時，便可考慮並做各項結案的準備工作。

追蹤（follow-up）係指結案後的查訪案主或機構的專業服務者，以讓照顧經理知道以前的案主在結案後的生活狀況與進展，以瞭解服務的成效是否仍延續著，案主是否需要更多的支持，以及他們使用社區資源的狀況如何。追蹤不僅有益於掌握案主的情境，並在需要時做必要的支持或介入；此外，追蹤對照顧管理的服務體系也有其重要的價值，例如：追蹤可讓照顧經理判斷之前對案主所做的結案是否適當？曾經為案主做的轉介是否得宜？接受轉介的機構之服務效能如何？這些訊息不僅有助於照顧經理檢視自己的工作方法與成效，也有助於檢視資源網絡中合作的機構之支持度與責信度，以作為未來服務連結上的參考。

台灣社區照顧的實務

社區照顧已成為政府在老人和身心障礙者的重點工作，在政府直接或委託民間團體或社團提供的服務項目，主要包括：

一、電話問安

即政府或民間團體工作站之員工或志工，透過電話與老人交談，以提供下列的服務項目：

1. 問安服務：問候老人的生活近況，及其有無須其他協助的事項。
2. 諮詢服務：提供相關福利措施的諮詢，以及社區內外之相關活動的訊息。
3. 精神支持服務：透過電話與老人懇切的交談，提供老人關懷與情

緒支持等。

二、餐飲服務

為協助社區老人或老人之家庭解決老人用餐上的不便，其主要方式有二：

1. 送餐到家：對於老人自己或其家屬無法為老人準備餐飲時，由送餐服務單位，透過專職人員或志工送餐至老人家中，一方面可解決老人用餐的問題，另一方面也可藉由送餐時間，對居家老人提供關懷或其他方面的服務。
2. 集中用餐：以午餐或甚至晚餐俱樂部的方式，提供社區鄰近的老人一起用餐的機會，一方面可解決老人用餐的問題；另一方面，也提供給老人參與團體或與其他老人交誼機會，以增進老人身心之健康。

三、居家式服務

提供獨居在家或乏人照料之老人的在宅服務，服務內容包括：

1. 文書服務：協助申請或辦理有關福利與救助請領之相關手續、代寫書信及聯絡親友等。
2. 醫務服務：協助經醫師指導之簡易復健，陪同就醫並輔導按時服用藥物、聯絡護理人員做居家護理以及辦理入出院手續等。
3. 休閒服務：陪同案主從事散步、閱讀、聽音樂及戶外休閒活動或參加團體活動等。
4. 精神支持：關懷與情緒支持等。

四、喘息服務

短暫替代長期照護老人的主要照顧者，使其有自己的時間辦理自己的事或從事休閒活動，以舒緩或減輕長久照顧老人所加諸的壓力。喘息服務可區分為兩種不同的模式：

1. 居家喘息服務：係指由居家照顧工作員至老人家中從事短期照顧，這種照顧將可使老人在自己熟悉的環境獲得照顧，亦可減少因行動不便或缺乏交通工具的老人或家屬，奔波於家庭和機構間。
2. 機構喘息服務：係指將需要照顧的老人送至鄰近的機構做短期的照顧，以讓主要照顧者有休息的機會，並減少長期照護所產生的壓力。

五、日間照顧

針對需要照顧的老人，提供日間照顧服務，並讓老人在晚上可回到家裡享受天倫之樂，老人日托可區分為兩種不同的模式：

1. 長期日托：對需要長期照護的老人，或因家人日間工作關係或其他原因，而無法自己提供照顧，在白天將老人送至機構接受日間照顧，到晚上再將老人接回照顧。
2. 臨時日托：對某些需要他人照顧之老人，因家屬有偶發事件無法白天照顧時，日間能臨時性地將老人帶至機構接受照顧，待事情完成後，再將老人接回家照顧。

除前述的主要服務外，社政部門所提供的家庭托顧、交通接送、緊急救援服務（如生命救援連線）、社區照顧關懷據點與試辦中的「失智症老人團體家屋」，以及衛生部門所提供的居家護理、居家（社區）復

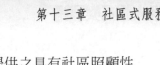

健、日間照護（日間醫院）等，皆為目前政府所提供之具有社區照顧性質的服務項目。至於社區照顧的服務輸送，台灣各縣市政府已普遍設置「長期照護管理中心」，透過建立、連結、分享與提供長期照護服務相關資源，並建立連續性的照顧體系，期待以照顧管理的工作方法提供民眾「單一窗口」服務，以確保民眾可獲得妥善及完整的長期照護服務。

參考書目

黃源協（2000）。《社區照顧——台灣與英國經驗的檢視》。台北：揚智。

黃源協（2001）。〈從推倒「衛政」與「社政」間的高牆做起——談老人長期照護模式〉，《醫望》，第34期，頁18-20。

黃源協、陳伶珠、童伊迪（2004）。《個案管理與照顧管理》，台北：雙葉書廊。

Baldwin, S. (1993). *The Myth of Community Care: An Alternative Neighbourhood Model of Care*. London: Chapman & Hall.

Ballew, J. R., & Mink, G. (1996). *Case Management in Social Work*. Springfield, IL: Charles C. Thomas.

Barclay Report (1982). *Social Workers-Their Role and Tasks*. London: NISW.

Braye, S. & Preston-Shoot, M. (1995). *Empowering Practice in Social Care*. Buckingham: Open University Press.

Bulmer, M. (1997). The social basis of community care. In J. Bornat et al., (eds.). *Community Care-A Reader*. pp. 45-52. London: OUP.

Cecil, R., Offer, J. & Leger, F. (1987). *Informal Welfare*. Aldershot: Gower.

Cowen, H. (1999). *Community Care, Ideology and Social Policy*. London: Prentice Hall Europe.

DHSS (1981). *Report of A Study on Community Care*. Middlesex: DHSS.

DoH (1989). *Caring for People-Community Care in the Next Decade and Beyond*. London: HMSO.

DoH (1990). *Community Care in the Next Decade and Beyond: Policy and Guidance*. London: HMSO.

DoH/SSI (Social Service Inspectorate) (1991). *Care Management and Assessment: Managers' Guide*. London: HMSO.

Dubois, B. & Miley, K. (1996). *Social Work-an Empowering Profession*. Boston: Allyn & Bacon.

Easterbrook, L. (2003). *Moving On From Community Care: The Treatment, Care and Support of Old People in England*. London: Age Concern.

Evandrou, M. (1995). Challenging invisibility of carers: Mapping informal care nationally. In F. Laczko & C. R. Victor (eds). *Social Policy and Elderly People*.

pp. 1-29. Aldershot: Avebury.

Griffiths, R. (1988). *Community Care-Agenda for Action*. London: HMSO.

Higgins, J. (1989). Defining community care: realities and myths. *Social Policy & Administration*. Vol(23), 1, 3-16.

Holt, B. J. (2000). *The Practice of Generalist Case Management*. Boston: Allyn & Bacon.

Hudson, B. (1996). *The Busy Person's Guide to Care Management.* London: Social Service Monographs.

Johnson, L. C. (1998). *Social Work Practice- A Generalist Approach*. London: Allyn & Bacon.

Knapp, M., Beecham, J. & Hallam, A. (1997). The mixed economy of psychiatric reprovision. In J. Leff (ed.). *Care in the Community- Illusion or Reality*? pp. 37-47. Chichester: John Wiley & Sons.

Mares, P. (1996). *Business Skills for Care Management- A Guide to Costing, Contracting and Negotiating*. London: Age Concern.

Means, R. & Smith, R. (1998). *Community Care-Policy and Practice* (2nd ed.). London: Macmillan.

Means, R., Morbey, H. & Smith, R. (2002). *From Community Care to Market Care: The Development of Welfare Services for Older People*. Bristol: Policy Press.

Means, R., Richard, S. & Smith, R. (2008). *Community Care* (4th ed.). Basingstoke: Micmillan.

MoH (1963). *Health & Welfare- The Development of Community Care*. London: HMSO.

Nocon, A. & Qureshi, H. (1996). *Outcomes of Community Care for Users and Carers*. Buckingham: Open University Press.

Orme, J. (2001). *Gender and Community Care*. Basingstoke: Palgrave.

Parrott, L. (1999). *Social Work and Social Care*. Ease Sussex: Gildredge.

Payne, M. (1995). *Social Work and Community Care*. London: Macmillan.

Pijl, M. (1994). When Private Care Goes to Public, In. A. Evers, Pijl, M. & C. Ungerson (eds.). *Payments for Care- A Comparative Overview*. Aldershot: Avebury.

Ramon, S. (1991a). Principle and conceptual knowledge. In S. Ramon (ed.). *Beyond Community Care- Normalisation and Integration Work*. pp. 6-33. London: Macmillan.

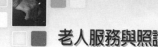

Ramon, S. (1991b). Preface. In S. Ramon (ed.). *Beyond Community Care-Normalisation and Integration Work*. pp. x-xvii. London: Macmillan.

Ramon, S. (1991c). Policy Issues. In S. Ramon (ed.). *Beyond Community Care-Normalisation and Integration Work*. pp. 167-194. London: Macmillan.

Rothman, A. & Sager, L. E. (1998). *Case Management-integrating Individual and Community Practice*. Boston: Allyn & Bacon.

Rowlands, J. (1998). A World of the Time, but What Does it Mean? Empowerment in the Discourse and Practice of Development. In H. Afshar (ed.). *Women and Empowerment*. pp. 11-24. London: Macmillan.

Ryan, J. & Thomas, F. (1993). Concepts of normalization. In J. Bornat, C. Pereira, D. Pilgrim & F. Willians (eds.). *Community Care- A Reader*. Basingstoke: Macmillan.

Salamom, L. M. & Anheier, H. K. (1997). *Defining the Nonprofit Sector- A Cross-National Analysis*. Manchester: Manchester University Press.

Schneider, B. (1988). Care planning: the core of case management. *Generations*, Fall: 16-18.

Smale, G., Tuson, G., Ahmad, B., Darvill, G., Domoney, L. & Sainsbury, E. (1994). *Negotiating Care in the Community*. London: HMSO.

Summers, N. (2001). *Fundamentals of Case Management Practice*. Australia: Brooks/ Cole.

Symonds, A. (1998). The social reconstruction of care: from the state to the "community". In A. Symonds & A. Kelly (eds.). *The Social Construction of Community Care*. pp. 33-50. London: Macmillan.

Tester, S. (1996). *Community Care for the Older People- A Comparative Perspective*. London: Macmillan.

Tossell, D. & Webb, R. (1998). *Inside the Caring Services*. London: Arnold.

Trevillion, S. (1999). *Networking and Community Partnership*. Aldershot: Ashgate & Arena.

Victor, C. R. (1997). *Community Care and Older People*. London: Stanley Thornes.

Wacker, R. R., Roberto, K. A. & Piper, L. E. (1998). *Community Resources for Older Adults- Programs and Services in an Era of Change*. California: Pine Forge Press.

Walker, A. & Warren, L. (1996). *Changing Services for Older People*. Buckingham: Open University Press.

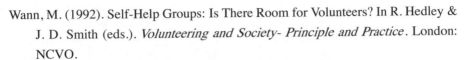

Wann, M. (1992). Self-Help Groups: Is There Room for Volunteers? In R. Hedley & J. D. Smith (eds.). *Volunteering and Society- Principle and Practice*. London: NCVO.

Warren, L. & Walker, A. (1996). Neighbourhood support units: A new approach to the care of older people. In F. Laczko & C. R. Victor (eds.). *Social Policy and Elderly People*. pp. 74-95. Aldershot: Avebury.

Wearing, M. (1998). *Working in Community Services- Management and Practice*. Australia: Allen & Unwin.

Wicks, M. (1982). Community Care and Elderly People. In A. Walker (eds.). *Community Care- The Family, the State and Social Policy*. pp. 97-140. London: Basil Blackwell & Martin Robertson.

Wistow, C., Knapp, M., Hardy, B., Forder, J., Kendall, J. & Manning, R. (1996). *Social Care Markets- Progress and Prospects*. Buckingham: Open University Press.

Wolfensberger, W. (1972). *The Principle of Normalisation in Human Services*. Toronto: National Institute on Mental Retardation.

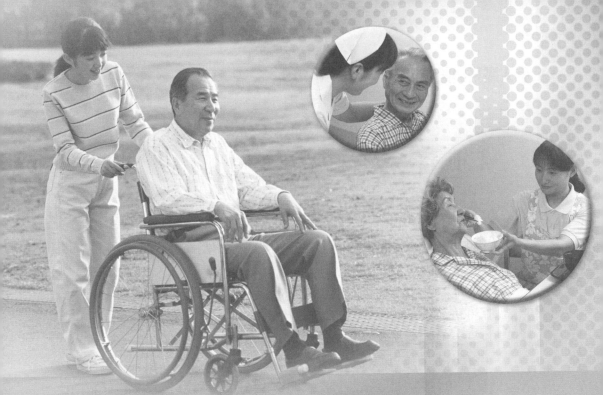

第十四章

◉——張淑卿

機構式服務

學習重點

1.瞭解機構式服務目標與特性。

2.瞭解台灣老人機構式照護沿革與現況。

3.瞭解各類機構式照護類型、相關設立標準及入住條件（老人公寓、安養機構、養護機構、長期照護型機構、護理之家及身障養護住宿型機構）。

4.瞭解選擇適當機構之策略。

5.瞭解機構式服務品質與評鑑。

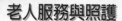

前言

　　老年人居住安排是21世紀全球面對人口老化挑戰的重要議題之一（Brodsky, J., Habib, J., & Mizrahi, I., 2000；內政部，2006）；從美國與德國資料比較，在老人長期照護費用支出分別占GDP（Gross Domestic Product，國民生產毛額）中1.37%及1.44%，其中住在機構之花費分別為0.98%及0.80%，遠大於居家照護（Gibson, M. J. & Redfoot, D. L., 2007），顯示機構式照護在老人照護體系中為一重要服務模式。

　　在台灣因過去傳統文化養兒防老的觀念下，讓許多老人認為住進機構是兒女不孝，是一種「棄養」，是「另類等死」，等於宣告「有期徒刑」。一般老人多排斥入住機構；2005年調查發現老人對老人安養機構或養護機構、護理之家服務狀況之瞭解情形，有78.6%表示不瞭解（內政部，2006）；1992年台灣老人入住機構意願為2.73%（張淑卿等，2003），2005年入住機構意願亦僅有2%，顯示老人對機構式服務缺乏正確的認知，入住意願接受度低。

　　然從內政部歷年的「老人居住狀況調查」中發現，住進老人機構者從1986年約0.78%，至2005年約3.84%（內政部，2006）；成長快速的資料顯示機構式服務已隨著社會發展中家庭結構縮小化及婦女勞動參與率增加而有增加的趨勢，一份社區調查中也呈現在女性勞動參與率及工商產業密度較高的社區中，老人使用機構式服務達12%，比一般鄉村區高（曾淑芬，2005）。如何讓關心老人照顧的每一個人正確認識「機構式照顧」，瞭解目前台灣地區老人機構式服務現況，並能依個別化需求找到適當的照顧機構，即是本文的首要目的。

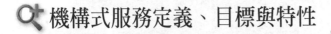機構式服務定義、目標與特性

一、機構式服務的定義

　　機構式服務為一整合性服務，透過家庭、民間機構、團體及政府的力量，為老人提供完善的安養、長期照護等福利服務措施，以補充家庭照顧功能之不足，增進老人福祉（內政部社會司，2010b）。機構式服務，一般係指老人的長期照護服務（李宗派，2006）；主要針對日常生活照顧依賴性程度較高的老人提供全時間的住宿服務，服務由社會福利及衛生保健兩大專業體系的團隊提供，內容包括老人個人生活照顧、醫療、復健、護理、心理及社會服務等；例如老人的每日洗臉更衣、上下床、飲食作息、休閒娛樂及宗教信仰等，都透過專業人員二十四小時監管下的照顧服務。

二、機構式服務的目標與功能

(一)機構式服務的目標

　　機構式服務的照顧目標旨在提供老人一個安全的照顧住宿環境，透過有系統的專業照顧，促進老人身、心、社會及靈性上功能等方面的健全，維持並發揮最大的功能。其具體目標可分別從個人生活照顧、醫療照護及社會支持等三方面加以說明：

◆個人生活照顧
　　1.滿足老人飲食、休息與活動型態個別化需求。

結合節慶活動（老人自我照顧能力訓練）
照片來源：宜蘭竹林養護院提供。

　　2.維護與增進老人自我照顧能力。

　　3.增進其生活品質，提升對照顧及生活滿意度。

◆**醫療照護**

　　1.預防疾病、合併症及意外的發生。

　　2.恢復及維持老人最佳的功能性獨立能力。

　　3.穩定或延緩現況慢性疾病的進展。

◆**社會支持**

　　1.維護個人的權益。

　　2.保持個人最大自主性。

　　3.促進老人與家庭社會關係互動。

　　4.維護住民自尊及正向的自我概念。

　　機構式服務除上述目標外，機構應建立一個機制讓老人能有效的表達他們的需要及想要，類似成立老人聯誼會，建立老人的溝通平台

讓老人每一天就如小樹苗般有期待成長的快樂

照片來源：宜蘭竹林養護院提供。

（Mara, C. M., & Olson, L. K., 2008）。

(二)機構式服務的功能

由於目前機構式入住老人大多數爲非志願性入住，其在生活、環境、社會及個人心理適應都比一般老人需更費心思（徐玉雪、吳小琴，2004）。面臨這樣的老人族群，老人照顧機構式服務之專業團隊人員應有以下的功能角色：

1.協助住民日常生活常規的適應。
2.協助住民調適住所差異下新的社會關係。
3.協助住民融入新的人際互動。
4.改善住民環境以增強其生活及心理適應力。
5.強化住民殘存自我照顧功能的運用。
6.透過專業人員有系統照顧防止疾病的發生與惡化。

三、機構式服務內容與特性

(一)機構式服務內容

　　機構是住在機構內老人的全世界（Foner, 1994），老人在機構內進行食、衣、住、行等活動；服務內容分爲生活照顧、醫療照護及社會支持等三個方向：

1. 生活照顧服務：包含日常生活功能協助與強化（協助洗澡、進食、行走活動等）、工具性生活功能協助、娛樂社交活動等。
2. 醫療照護服務：包括基本的護理照顧服務（給藥、監測基本生命徵象及疾病護理等）、特殊護理照護（特定治療技術如呼吸器、鼻胃管、氣切管、傷口及尿管等照護）、復健服務（如物理、職能及語言治療等）、營養服務（營養狀況評估、個人營養需求餐

逛菜市場（增強與社區互動，貼近老人的過去生活經驗）

照片來源：宜蘭竹林養護院提供。

食設計）；在此部分多人依機構屬性不同有所差異，失能程度高者或醫護照護需求高者其醫療照護服務相對的項目較多。

3. 社會支持服務：個人相關福利資源引進、家庭經濟及人力支持和社區互動服務等。

(二)機構式服務特性

由於老人入住機構考量人力與照顧環境限制，其照顧特性從正向與負面有以下幾點共同點：

◆老人意願低

多數老人因個人失能狀況嚴重或家庭照顧人力不足下被送到機構，過程中多數的家庭面對疾病後的安置，很少事前與老人進行討論，造成老人接受度低（萬育維譯，2004；莊秀美，2008）。

◆環境空間較符合失能者無障礙需求及安全維護

機構式服務由於政府立案設立標準對無障礙環境的要求下，多數機構整體環境設計多依老人需求而建構，可有效促進老人自我照顧能力的維持與降低老人跌倒發生。

◆群體生活缺乏隱私、個別化及自主性

在機構中生活已不再考量「一個老人的需要」，而是「一群老人的需要」。加上考量工作效率上，造成機構在生活空間多採「多人共室」設計缺乏個人隱私性。飲食、洗澡更衣等一般生活為配合群體的一致性也缺乏個別化，老人自主選擇權相對的較易被忽略（萬育維譯，2004；莊秀美，2008）。

◆有系統的活動設計

機構內服務為提升老人生活品質，多會透過社工、護理及治療師等專業人員設計相關活動，如老人懷舊團體、老人樂團、老人花（菜）園、老人手工藝教室等多元照護活動，透過活動協助老人促進人際與社會互動能力。

老奶奶的私房菜（老人自主決策的展現）

照片來源：宜蘭竹林養護院提供。

◆專業人力完整照護

　　機構式服務考量失能者需求多會配置相當的醫療照護專業人力，隨時照顧老人的疾病用藥問題。合作特約醫師定期至機構巡診，較易掌握機構內老人健康狀況。

四、機構式服務使用者的特性

　　哪些人會使用機構式服務？其特性為何？依據高雄地區老人機構調查中發現主要對象為社會資源不足之群體，以中、重度失能者與喪偶者為主要對象（蔡淑鳳，2006）；台灣地區全國長期照護需要評估第二階段資料分析呈現使用老人機構式照護的個人特性有：85歲以上、男性、教育程度在高中以上、無子女、無偶、低收入、外省老人、依賴度高、認知功能重度障礙、有護理照護需求、有問題行為及罹有慢性病較多的老人（曾淑芬，2005）。

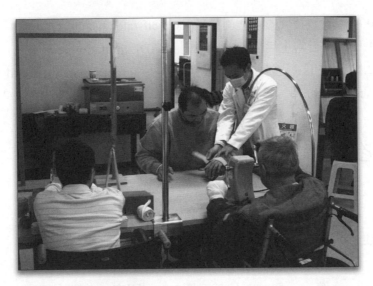

專業團隊的介入維持老人身體功能

照片來源：宜蘭竹林養護院提供。

美國學者提出評估會入住機構的十二項因子：（Kane & Kane, 1987）

1.行走輔具的使用（use of walking aids）。

2.認知缺損（cognitive deflcits）。

3.獨居或與沒親屬關係者同住（living alone or with unrelated person's）。

4.缺乏社會支持（lack of social supports）。

5.日常生活功能問題，需依賴性個人照顧（ADL problems, personal care dependency）。

6.貧窮（poverty）。

7.男性呼吸道或神經系統疾病（respiratory or nervous system in men）。

8.女性肌肉骨骼系統方面的疾病（musculoskeletal disease in woman）。

9.女性（female gender）。

10.不佳的自我健康狀態衡量（poor self-rated health status）。

11.工具性日常生活活動功能限制（IADL limitations）。

12.缺乏非正式健康照顧網絡資訊（deficiencies in informal health network）。

老人機構式服務發展沿革與現況

一、世界各國機構式服務

　　Karlsson等人（2004）比較五個OECD國家（美國、日本、瑞典、德國）的老人長期照護體制，在機構式服務方面大多數國家可如英國機構分類歸納為兩種主要的類型：護理之家（nursing home）和養護機構（residential home）兩大類。多半以ADLs失能程度分類，前者為失能程度較高，後者為失能較輕。德國分為：庇護之家（altenwohnheime）、老人之家（altenheime）及療養院（pflegeheime）等三類，亦依不同失能程度決定入院資格，但如台灣一樣個案分際並沒有很清楚。加拿大分為慢性病院、護理之家及老人院（homes for the aged）等三類（徐慧娟，1996）。

　　日本機構種類是目前這些國家中最為多樣化，依據莊秀美（2008）整理的資料顯示，日本《老人福利法》規定下日本老人機構高達十二種。目前收容居住型機構依失能程度與獨立功能依序有以下九種：「介護保險療養型醫療機構」、「特別養護老人院」、「養護老人院」、「團體家屋」、「低費老人之家」、「B型照顧之家」、「A型照顧之家」、「銀髮族住宅」、「自費老人院」等。

　　各國初期發展考量孤獨無依的失能老人需求，大都透過國家具體政策與基金協助設立相關公立機構進行老人收容工作；近二十年來由於各種保險給付的影響〔如美國的老人醫療保險（Medicare）、貧民

醫療救助保險（Medicaid）；日本的介護保險及德國的長期照護保險等〕，各國機構發展快速。以美國為例，其機構式服務分為以下三大類（Tumlinson, A., & Woods, S., 2007）：

第一類，護理之家。又分為兩類：技術性護理機構（skilled nursing facility）及中度照護機構（intermediate care facility），專業性護理照護需求程度較高，34%住民有三項以上ADLs需要他人協助的，由於保險給付政策改變，入住此類機構住民由原來老人為主，年齡下降，85歲以上住民從1985年21.1%至2004年變成13.9%。部分的護理之家演變成亞急性照護機構。

第二類，老人協助性照顧機構（assisted living）或稱為住民照顧機構（residential care facility）。針對失能者提供部分日常生活照顧，其失能程度與專業性護理照護較護理之家低，發展快速，目前在美國有36,451家機構（937,631床）。

第三類，老人住宅（senior housing）。提供生活功能具獨立性老人或退休者的住宿環境，提供團體餐飲、交通及洗衣服務，但未提供個人日常生活照顧服務。目前在美國有2,240家具此執照機構，將近入住725,000位老人。

二、台灣機構式服務沿革與現況

台灣地區老人機構發展與其他各國類似，初期亦以考量孤獨無依老人照顧需求而設立。仁濟安老所是台灣第一所老人福利機構，創辦於1879年的台北艋舺，為當時台北知府陳星為了收容貧苦無依老人所創（張千黛，2005）。近年來，因應社會變遷，政府設立相關政策法規協助各項機構設立。如內政部自1980年頒布《老人福利法》明訂老人福利機構類型及相關管理辦法後，歷經「加強老人安養服務方案」透過補助開辦；1998年公布《老人福利機構設立標準》將小型機構設置標準降低為49床以下等策略，機構設立快速成長，目前全國社政體系老人福利機構1,053家。1991年行政院退除役官兵輔導委員會（以下簡稱退輔會，

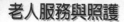

2010）為解決日益老化的榮民就養問題，實施「榮民就養安置發展五年
計畫」設立「榮譽國民之家」，目前全國共14家。行政院衛生署（以下
簡稱衛生署）於1991年通過《護理人員法》，同年據法，開辦了我國第
一家「護理之家」（耕莘護理之家），隨後透過「建立全國醫療網第三
期計畫」及「老人長期照護三年計畫」透過補助廣泛鼓勵民間設立護理
之家，由1995年8家成長至今共347家。台灣機構目前入住率約七成，詳
如表14-1。

表14-1　台灣地區老人照顧相關機構現況表

種類	家數	分布	床數	入住率（%）
安養機構	44	部分縣市	9,370	68.4
養護型機構	969	各縣市	39,946	73.2
老人公寓	5	部分縣市	846	43.7
社區安養堂	9	部分縣市	344	18.6
長期照護型機構	53	部分縣市	2,370	61.6
護理之家	347	各縣市	21,539	77.1
榮譽國民之家	14	部分縣市	6,878	81.0
身心障礙福利機構住宿型機構	194	部分縣市	15,282	78.7

資料來源：內政部（2010a）、內政部（2010d）、葉莉莉（2009），資料統計至2009
　　　　　年12月31日。

台灣地區各類機構介紹與比較

一、台灣地區機構類型

　　台灣老人機構式服務依主管機構及相關法源不同，主要機構由社政
及衛政機關管理，亦有民間投資設立的飯店管理式老人住宅，細分如**表
14-2**。

表14-2　台灣地區老人機構式服務類型分析表

法源依據	主管單位中央（地方）	機構名稱	類型	服務對象
《護理人員法》、《護理機構設置標準》	衛生署（縣市衛生局）	護理之家	一般護理之家（醫院附設、獨立型態）	罹患慢性病需長期護理之病人。
			精神護理之家（醫院附設、獨立型態）	精神病症狀穩定且呈慢性化，需生活照顧者。
《老人福利法》、《老人福利機構設立標準》	內政部社會司〔縣市社會局（處）〕	長期照護機構	長期照護型機構〔公立、私立（財團法人、小型）〕	以罹患長期慢性病，且需要醫護服務之老人為照顧。
			養護型機構〔公立、私立（財團法人、小型）〕	以生活自理能力缺損需他人照顧之老人或需鼻胃管、導尿管護理服務需求之老人為照顧對象。
			失智照顧型機構〔公立、私立（財團法人、小型）〕	以神經科、精神科等專科醫師診斷為失智症中度以上、具行動能力，且需受照顧之老人為照顧對象。
		安養機構	安養機構〔公立、私立（財團法人）〕	以需他人照顧或無扶養義務親屬或扶養義務親屬無扶養能力，且日常生活能自理之老人為照顧對象。
《身心障礙者權益保障法》	內政部社會司〔縣市社會局（處）〕	身心障礙住宿型福利機構	創世基金會的「植物人安養院」	提供經需求評估需二十四小時生活照顧、訓練或夜間照顧服務之身心障礙者。
《國軍退除役官兵就養安置辦法》	行政院退除役官兵輔導委員會	榮譽國民之家	榮譽國民之家——公費安養型	安置因戰（公）受傷成殘或因體能傷殘，無工作能力或年老無固定收入、生活無著、合乎就養安置條件之退除役官兵。
			自費榮家安養中心	支領軍方退休俸、生活補助費、瞻養金、大陸半俸及公教人員月退休金之退除役軍官、士官且年滿65歲以上者。
《老人福利法》、《老人住宅綜合管理要點》	內政部社會司〔縣市社會局（處）〕	老人住宅	如老人公寓、養生村、銀髮族飯店、老人會館等	年滿60歲以上且生活可自理者，同住配偶之年齡不得低於50歲。

資料來源：衛生署（2010）、內政部（2010c）、退輔會（2010）。

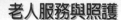
二、各類常見機構設立標準比較

　　目前在台灣多數機構入住都沒老人身分限制，需特定身分別或特殊疾病狀態，非一般老人可入住，如榮譽國民之家（退輔軍人），及失智症的團體家屋。其中團體家屋於法規上隸屬於長期照護機構（失智照顧型機構），與其他類機構不同在於考量失智症照顧上的特性，建立6-12人小單元式的照顧模式。以下針對台灣一般老人可自由入住的幾類機構進行比較說明。其中以「護理之家」與長期照護機構之「長期照護型機構」相關要求最高，且「護理之家」與長期照護機構之「長期照護型機構」相關環境及人員要求皆為一致，唯在收容總床數及收容對象上不同，其他比較詳如**表14-3**。

表14-3　常見老人照顧機構設立標準比較

標準類別	護理之家	長期照護型機構	養護型機構	失智照顧型機構	安養機構
總床數	未有特定規定	小型：5床（含）以上，49床（含）以下；大型：50床（含）以上，200床（含）以下			
樓地板面積	平均每床應有16平方公尺以上（不包括車庫及宿舍面積）	每人16.5平方公尺	大型：每人16.5平方公尺 小型：每人10平方公尺	每人16.5平方公尺應採單元照顧模式，每一單元服務人數以六人至十二人為原則	大型：每人20平方公尺 小型：每人10平方公尺
每間寢室床數	每間寢室≦8人	每間寢室≦8人；96年7月30以後許可設立≦6人	每間寢室≦8人；96年7月30以後許可設立≦6人	每一寢室以服務一人為原則	每間寢室≦3人
日常活動場所	平均每床應有4平方公尺以上（精神護理之家為4.5平方公尺）	平均每床應有4平方公尺以上	未規定面積，僅規定應有餐廳及交誼休閒活動空間	每一單元日常生活基本設施除寢室外，並應設客廳、餐廳、簡易廚房、衛浴設備（盥洗間、浴室及廁所等）及其他必要之設施。日常活動應設交誼休閒活動空間及設備	未規定面積，僅規定需有餐廳、廚房、會客室、閱覽室、休閒及康樂活動等空間

（續）表14-3　常見老人照顧機構設立標準比較

標準類別	護理之家	長期照護型機構	養護型機構	失智照顧型機構	安養機構
護理人員	十五床少應有一人。二十四小時均應有護理人員值班；負責資深護理人員需具備護理師四年或護士七年等資格	隨時保持至少有一人值班；每照顧十五人應置一人；未滿十五人者，以十五人計	隨時保持至少有一人值班；每照顧二十人應置一人；未滿二十人者，以二十人計	隨時保持至少有一人值班；每照顧二十人應置一人；未滿二十人者，以二十人計	隨時保持至少有一人值班
照顧服務員	每五床應有一人以上。（精神護理之家為每十床應有一人以上）	日間每照顧五人應置一人；未滿五人者，以五人計；夜間每照顧十五人應置一人；未滿十五人者，以十五人計。夜間應置人力應有本國籍員工執勤，並得與護理人員合併計算	日間每照顧八人應置一人；未滿八人者，以八人計；夜間每照顧二十五人應置一人；未滿二十五人者，以二十五人計。夜間應置人力應有本國籍員工執勤，並得與護理人員合併計算	日間每照顧三人應置一人；未滿三人者，以三人計；夜間每照顧十五人應置一人；未滿十五人者，以十五人計。夜間應置人力得與護理人員合併計算。照顧服務員得以僱用兼職人員為之。但兼職人員不得超過三分之一，且兼職之照顧服務員每週至少應提供十六小時以上服務時間。專任或兼任人員應固定，且不得聘僱外籍看護工	日間每照顧十五人應置一人；未滿十五人者，以十五人計；夜間每照顧三十五人應置一人；未滿三十五人者，以三十五人計。夜間應置人力應有本國籍員工執勤，並得與護理人員合併計算
社會工作人員	未滿一百床者，應指定專人負責社會服務工作。一百床至二百床以下者，應有一人。二百床以上者，至少應有兩人	照顧未滿一百人者，至少置一人；一百人以上者，每一百人應增置一人。但四十九人以下者，以專任或特約方式辦理，採特約方式辦理者，每週至少應提供二天以上之服務			照顧未滿八十人者，至少置一人；八十人以上者，每八十人應增置一人。但四十九人以下者，以專任或特約方式辦理，採特約方式辦理者，每週至少應提供二天以上之服務

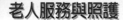

（續）表14-3　常見老人照顧機構設立標準比較

標準類別	護理之家	長期照護型機構	養護型機構	失智照顧型機構	安養機構
醫師	特約	每月需定期診療一次	特約	特約	特約
其他人員	得視業務需要置行政人員（輔導員）、專任或特約醫師、物理治療師、物理治療生及營養師。				

資料來源：衛生署（2010）、內政部（2010c）。

選擇適當機構之策略

通常將家人送到機構接受照顧時，家庭可能面臨以下問題（邱啓潤，2001）：

1. 第一個問題：費用。考量交通探視方便與品質兼顧，機構式照護費用每個月平均約30,000元，以目前大學生畢業薪資僅25,000-33,000元；恐是一筆高壓力的負擔。
2. 第二個問題：品質。機構是否有足夠的專業人員照顧老人？環境設施及照顧策略符合人性？都是家人可能擔憂的照顧品質。
3. 第三個問題：可近性。機構是否存在於社區內，方便家人下班前後就近探望，機構與醫院間距離遠近，也是家人考量的重點。
4. 第四個問題：心理的調適。在台灣傳統社會文化的價值下，將老人送到機構去可能面臨親朋間的輿論壓力，或自己的良心譴責，因此老人及家人都需要面對一些心理因應與調適。

基於上述問題，家人如何幫老人選擇適當的機構即為一重要議題。選擇前有兩個重要工作必須先進行：

第一，與老人討論。在做出任何選擇決定前，與老人共同討論是首要前提。讓老人瞭解各種充分資訊下，與家人共同選擇入住機構，不僅會提高老人的入住意願及未來生活適應，同時也是一種考量老人尊嚴的

作法。

　　第二，到當地政府取得轄區內機構名冊。爲確保爲立案機構，取得方式可上各縣市網站，也可直接電話詢問或親自到各縣市「長期照護管理中心」索取相關機構基本資料介紹及過去評鑑成績情形。

　　如何選擇機構？可分爲以下四大方向進行觀察與詢問：

一、整體行政及環境管理

1. 機構是否爲立案機構：由於入住機構是否合法立案，攸關老人的所有權益保障與否，因此要清楚瞭解其是否有立案。坊間許多老闆可能同時經營多家機構，有的有立案有的沒立案，爲確認即將入住機構是否爲立案者，可從以下兩個方向瞭解立案的眞實性：(1)有否將立案證明標示於接待明顯處？(2)入住契約機構全銜是否與立案名稱同一？

2. 環境空間足夠且符合失能者無障礙需求：觀察機構內除個人寢室外，其他活動空間有無（如客廳、餐廳、復健室或花園等），且地板隨時保持乾燥。有無「無障礙廁所」、扶手及叫人鈴等。

3. 整體空間採光明亮、空氣清新，而無任何異味（尿騷味、消毒水或室內芳香劑等）。

4. 設施設備整齊安全：環視機構內相關老人使用的設施設備（如輪椅、餐桌、助行器、復健器材及廚房廚具等）是否保持清潔且具功能性。

5. 逃生設備具足：有火災警報器、時效內滅火器材等，及每年定期的防災輸送演練活動紀錄。

6. 人員專業穩定性高：皆具專業證照，平均該機構內工作年資是否高於兩年以上。是否全部由外籍照顧服務員照顧？各級主要工作人力（如主任、護理人員及照顧服務員）對老人的熟悉度是否很高，瞭解每一位老人的狀況。

可移動的公共電話（機構設施設備考量老人的自主性）

英國倫敦照顧之家St. Margaret

照片來源：作者拍攝。

二、服務內容與品質管理

1. 機構內每天的生活服務是否多元且兼顧動靜態活動？是否有考量較少下床或重度失能老人需求設計？活動設計是否有家屬參與的機會？

2. 老人洗澡過程的隱密措施是否足夠？

3. 供應餐食的時間、質與量是否符合老人需求？可配合宗教及疾病需求供應餐食。

4. 老人每日盥洗用具是否一人一套，還是統一使用？

5. 專業醫護服務是否充足：是否二十四小時都有護士？是否每月至少都有一位醫師到機構內診察每一位老人？緊急事件（疾病或意外）發生時有明確的處理流程且有合作醫院可在二十分鐘內就近轉診。

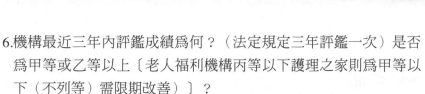

6.機構最近三年內評鑑成績為何？（法定規定三年評鑑一次）是否為甲等或乙等以上〔老人福利機構丙等以下護理之家則為甲等以下（不列等）需限期改善）〕？

三、人員互動情形

1.工作人員對待老人是否親切，笑容可掬？是否能低下身傾聽老人說話？
2.老人對外來訪客是否多數表達歡迎之意？還是冷漠的多？老人間有否互動情形（如一起聊天、下棋、玩牌、幫機構揀菜等）？
3.是否定期有其他社區團體到機構辦活動，與老人共樂？

四、個別化及個人權益保障

1.是否接受老人使用自己常用的物品（寢具、家具、個人衣物、餐具及個人宗教擺設等）？
2.有否促進老人自我照顧機制？例如有否讓仍有飲食、上廁所、部分洗澡和穿衣功能的老人，在照顧服務員監督協助下自行處理相關事宜，而非全部都由照顧服務員統一包餵食、包尿布及洗澡等。
3.設有個別化宗教設施，允許老人有宗教信仰的個人化儀式。
4.床與床間有老人可自行拉上的隔簾，讓老人保有個人隱私？
5.是否有社工專業人員協助老人相關福利資源及權益維護？
6.機構是否清楚告知家人、老人與機構共同的權利與責任歸屬？

　　考量以上機構特性選擇後，亦要注意老人個人文化背景需求，應以同等社經地位、教育文化及語言背景相似的機構為主要選擇，避免造成老人產生社會隔離症狀（李宗派，2006）。

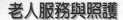
結語

　　近年來老人機構式服務在台灣發展，愈來愈多樣化，從早期濟貧收容服務模式，到目前失能程度需求分級或特殊疾病需求（精神、失智症等）照護服務模式如精神護理之家及失智症團體家屋等。在因應「在地老化」的國際老人照顧的總目標，也朝著「社區化」及「小型化」的方向發展。期待透過「可近性」、「公平性」及「強調人性化的服務取向」及「精緻品質」等機構式服務具體經營目標，使得受照顧的老人能留在熟悉社區的環境中創造第二個家，獲得有品質、有尊嚴的生活；同時穩定維持家庭運作的完整。

參考書目

內政部（2006）。「2005年老人狀況調查報告」。台北：內政部。

內政部社會司（2010b）。「老人福利與政策」。2010 年3月10日取自http:// sowf.moi.gov.tw/04/01.htm.

內政部社會司（2010c）。《老人福利機構設立標準》。2010 年3月10日取自 http://sowf.moi.gov.tw/04/02/02_3.htm.

內政部社會司（2010d）。《身心障礙者權益保障法》。2010 年3月10日取自 http://sowf.moi.gov.tw/05/b/身心障礙者權益保障法.doc.

內政部統計處（2010a）。「九十九年第十週內政統計通報」（98年底老人長 期照護及安養機構概況。2010 年3月10日取自http://www.moi.gov.tw/stat/ news_content.aspx?sn=3904.

行政院國軍退除役官兵輔導委員會（2010）。《國軍退除役官兵就養安置 辦法》。2010 年3月10日取自http://law.moj.gov.tw/LawClass/LawContent. aspx?PCODE=F0150015.

行政院衛生署（2010）。《護理機構分類設置標準》。2010 年3月10日取自 http://dohlaw.doh.gov.tw/Chi/FLAW/FLAWDAT0202.asp.

李宗派（2006）。〈老人的觀點探討使用機構式服務之特性〉。《台灣老人 保健學刊》，2(2)，頁1-16。

邱啓潤（2001）。〈主要照顧者對長期照護系統之需求與期望〉。《社團法 人高雄市家庭照顧者關懷協會會訊》，7，頁4-7。

徐玉雪、吳小琴（2004）。〈老人安養護個案工作〉。《老人安養護、長期 照護機構社工人員操作手冊》。台北：中華民國老人福利推動聯盟。

徐慧娟（1996）。〈長期照護之國際趨勢〉。《社區發展季刊》，75，頁 180-185。

張千黛（2005）。〈台灣最早的老人福利機構——台北仁濟院附設仁濟安老 所〉。《台灣老人保健學刊》，1(2)，頁95。

張淑卿、吳肖琪、陳惠姿、沈秀卿、陳坤皇、李世代、黃源協、蔡闓闓、廖 本堡（2003）。〈臺閩地區失能老人機構照護供需資源分布現況——先 趨性研究〉。《長期照護雜誌》，6(2)，頁12-25。

莊秀美（2008）。《長期照護機構式服務變遷發展之研究》。台北：松慧。

曾淑芬（2005）。〈機構式長期照護服務使用之相關因素探討：社區環境與

個人背景因素的分析〉。台灣大學衛生政策與管理研究所碩士論文（未發表）。

萬育維譯（2004）。《老人照護工作——護理與社工的專業合作》。台北：洪葉文化。

葉莉莉（2009）。〈我國長期照護資源供給調查〉。行政院經濟建設委員會委託研究。台北：行政院經濟建設委員會。

蔡淑鳳（2006）。〈老人照護機構多元環境品質管理之政策研究〉。國立中山大學公共事務管理研究所博士論文（未發表）。

Brodsky, J., Habib, J., & Mizrahi, I. (2000). *Long-term Care Laws in Five Developed Countries: A review*. Jerusalem, Brookdale Institute of Gerontology and Human Development.

Foner, N. (1994). *The Caregiving Dilemma-work in an American Nursing Home*. University of California Press.

Gibson, M. J. & Redfoot, D. L. (2007). *Comparing long-term care in Germany and the United States*. Washington: AARP.

Guo, Zhigang (2000). Family patterns. pp. 101-114. In *The Changing Population of China*. Xizhe peng & Zhigang Guo, eds., Oxford: Blackwell publishers.

Kane, R. A., & Kane, R. L. (1987). *Long-term Care: Principles, Programs, and Policies*. New York: Springer.

Kim, E. Y., Cho, E. & June, K. J. (2006). Factors influencing use if home care and nursing homes. *Journal of Advanced Nursing, 54*(4), 511-517.

Mara, C. M., & Olson, L. K. (2008). *Handbook of Long-term Care Administration and Policy*. NEW YORK: CRC Press.

National Center for Health Statistics (2004). The National Nursing Home Survey: 2004 overview. Retrieved March 1,2010, from http://www.cdc.gov/nchs/data/series/sr_13/sr13_167.pdf.

Karlsson, M., Mayhew, L., Plumb, R., & Rickayzen, B.(2004). *An International Comparison of Long-term Care Arrangements*. UK: Cass Business School.

Tumlinson, A., & Woods, S. (2007). *Long-term Care in American- An Introduction*. Avalere Health LLC .

UN Department of Economic and Social Affairs Population Division (2005). Living arrangements of older persons around the world.

第三篇

新興議題

第十五章

●── 蔡秋敏

老人的照顧倫理

學習重點

1.認識老人照顧與服務領域之倫理內容和議題。

2.認識老人照顧與服務之倫理兩難情境、決策原則與步驟。

3.藉由案例討論，強化並提升實務工作中倫理議題的處理知能。

> 　　小美今年剛從大學畢業即至養護機構擔任社工員，到職之後，發現每間住房都裝有攝影閉路錄影系統，而且老人們好像皆不知情，但主管說，這是為了如果未來機構內發生意外事故時，可以釐清責任的最好方式，並要求小美不得跟老人提起。另外，小美也發現，主管為了預防失能老人跌倒，常會把老人約束在輪椅上……
>
> 　　如果你是小美，你如何看待？又該怎麼辦？

前言

　　近年來，老人照顧與服務隨著高齡化的來臨而蓬勃發展，相關服務方案的開發、照顧產業的研發、專業人才的教育接踵而來。為了協助專業人員在照顧及服務過程中，能維護老人的基本權益，甚至兼顧所屬組織、同僚、不同專業人員間、社會大眾的權益，各專業均訂有專業倫理法規或原則，除了規範其成員之行為外，也讓專業人員在面對各式情境或倫理衝突時可以作出最好的理性抉擇。

　　倫理議題是所有專業人員不得不重視的課題，也就是判斷行為的對錯以及應有的道德職責，如同前述案例中的小美一樣，當組織或主管的管理策略與老人應擁有的隱私權或自主權相衝突時，專業人員應該如何處理？或許有些工作者會認為這些只是實務工作上的專業技巧、選擇或經驗的問題，而非倫理議題，是不是如此？在服務過程中，工作者往往受限於法令或組織管理規範，造成不易自我察覺涉入的倫理議題，因為倫理議題涉及價值觀，覺察不易且判處兩難；如果倫理議題不加以釐清，工作者將無所遵循，甚至損及老人的權益而不自覺；反之，如果工作者能夠覺察實務上可能的倫理議題，則彰顯出工作者是具思考、思辨能力，甚至可以反省自我的價值與實際行為之間的差距、衝突，進而確

保老人在服務過程是獲致適切的對待。

 倫理與專業倫理

一、倫理的涵義

「倫理」（ethics）一詞，源於希臘語ethos或ethichos ，因單複數意義不同，前者指的是「風俗習慣」或「慣例」，後者指的是做事的一種自然或類似自然傾向，也就是一種人生觀，一種對人生的概念或看法（牛格正、王智弘，2008：10-11）。此外，倫理的拉丁語語源則為mos或mores，其意為道德（曾華源等，2011：153）。因此，倫理與道德、價值之間有極大的關聯。

(一)倫理與道德之關係

從字面上解釋，「倫」是指人與人之間的恰當關係，亦即人群關係；「理」是指道理、規範或準則。雖然倫理與道德常被相提並論，但這兩者間也有很多不同的觀點，有人認為「倫理」所涵蓋的意義廣於「道德」，有人則認為「道德」可以包含「倫理」的意涵；也有人認為兩者的異同是在於定義的差別，道德是個體內在的價值態度，倫理則是社會認為「應該」和「必須」做的事（吳英黛，2009：1），也就是說，道德較著眼於個人對自我的要求，較偏重於一般性判斷個人與他人互動行為的對錯，較為抽象與主觀；而倫理較著眼於客觀性和普遍性的原則，強調人際關係中互動行為的規範，較為具觀與客觀（牛格正、王智弘，2008：11）。

簡言之，「倫理」是將道德觀念內化，表現在行為的規範，具有充分的社會性，包括人與人、人與群體之間，甚或群體之間相應而生的行

為方式。群體所訂的行為規範是「倫理」，對組成個體的行為規範則是「道德」的約束（吳英黛，2009：1）。

(二)倫理與價值之關係

「價值」（value）一詞源自於拉丁文valere，其意是有力的、超越的、有價值的（Meinert, 1980: 5；引自包承恩、王永慈，2000：20），是供我們日常生活中行為抉擇的指標，當我們決定是否要採取某種行動時，會思考採取行動的重要性、好不好、對不對、該不該，這些問題的呈現就是價值導向的思維及判斷模式（牛格正、王智弘，2008：188）。

Levy（1976）認為倫理是價值的行動，價值也同時是倫理決策過程中一個關鍵的因素（Dolgoff, Loewenberg & Harrington, 2009: 53），工作者所擁有的價值觀及價值觀的介入會影響實務處遇的過程和結果，服務對象可能會因應工作者價值觀而被鼓勵做出和自己內在價值觀相反的行為，進而影響服務對象自決的權利或抗拒加諸在他們身上的價值觀，甚至不再接受工作者的協助；同時，當工作者無法覺察自己所持有的價值觀和服務對象所持有的價值觀有所衝突時，將可能無法適時地提供必要協助與支持。

倫理議題所涉及之價值觀含括的層面有個人價值觀、專業價值觀、社會價值觀、團體及文化價值觀等面向（Dolgoff, Loewenberg & Harrington, 2009: 53；盧美秀，2006：194-195）：

1. 個人價值觀：個人價值觀來自個人的生活經驗，有時也會受宗教信仰影響。一位強調家庭關係且痛恨家庭暴力加害者的工作者，對於早年拋家棄子的老人就容易帶著自我的價值於工作情境中。
2. 專業價值觀：專業價值各來自於各專業所共同認為應該具有的特質，也來自於各專業人員執業規定和倫理規範的要求。
3. 社會價值觀：社會變遷會造成價值觀的改變，也會影響價值觀的認定，例如安寧緩和的決定、子女應不應該與父母同住等。

4.團體及文化價值觀：不同的文化、社會中的次團體對老人照顧、老人健康生活型態、疾病與生老病死的信念也會有所不同，例如在華人社會中，孝順父母是重要的，不孝就是違反家庭倫理。

專業人員在面對老人照顧與服務複雜的倫理情境中，應秉持價值中立立場，同時也要擴充自我的文化視野與價值寬容度，避免歧視與偏見，以確保服務對象獲得公平且合理的對待。

二、專業倫理

倫理是指個人或團體成員的行為規範，那麼「專業倫理」即是指一個專業團體對其服務對象或其他成員的專業關係與服務關係（徐震，2002：1-2），專業倫理的用意是在強調專業團體成員間或與社會其他成員互動時遵守專業的行為規範，藉以發展彼此的關係（牛格正、王智弘，2008：12）。因此，專業倫理是一種集體「自律」，是團體共同意志與集體良心的表現，而對專業團體成員而言，則是一種「他律」，即所有成員均需共同遵守（徐震，2002：9）。

在老人照顧與服務的專業團隊中，包括醫師、護理人員、社會工作人員、職能治療師、物理治療師、藥師等專業人員，在不同專業體系中亦有不同的價值原則、專業倫理守則、法律規範，這些專業規範也左右著專業人員的處遇方向。

(一)專業倫理的核心價值與原則

◆價值原則

核心價值會引導專業人員行為的準則，也是倫理規範的基本前提。老人照顧的專業團隊中，醫師、護理人員、職能治療師、物理治療師、藥師等專業人員多屬醫事專業人員，其皆應依循醫學倫理的價值原則，包括：

1. 行善原則（beneficence）：醫療的本質在於行善，即施加利益予他人，專業人員應以延長生命、治療疾病、減輕痛苦等方式幫助老人。

2. 不傷害原則（nonmalefience）：應避免讓老人的身體、心理與靈性各方面受到直接、間接的傷害，包括不能侵害老人的權利或幸福、權衡利害得失使痛苦減至最低。

3. 自主原則（autonomy）：強調具穩定理性的自我思考、自由行動、依個人意願做自我管理與決策，專業人員應就老人思想（thought）、意願（will）、行動（action）等三方面予以尊重。

4. 誠信原則（veracity）：有責任去遵守其承諾，包含了信任、守密以及誠實等意義。對於老人照顧或醫療上有誠信的義務，如必須不隱瞞病情及診斷、知情同意。

5. 保密原則（confidentiality）：對於老人處遇過程或病情、家庭隱私等負有保密的責任。

6. 公義原則（justice）：強調以公平合理的態度來對待老人，尤其在面對有限的醫療或照顧資源時，應以公平正義的原則來對待老人及相關的第三者，包括公平分配以及不歧視的意義，公平分配指工作者有責將資源作公平性非獨斷式的分配；不歧視指工作者有責對每一個體給予公平的治療待遇。

◆核心價值

除了共同信守的價值原則，不同專業領域亦會訂有屬於該專業屬性的核心價值。在物理治療專業方面，美國物理治療學會於2002年邀集專家學者提出物理治療專業的核心價值，包括（吳英黛，2009：25）：

1. 可靠（accountability）：對自己的行為以及服務對象的目標和需求負責。

2. 利他（altruism）：將服務對象的需求置於己身需求之上。

3. 同情（compassion/caring）：瞭解服務對象的觀點、感受，予以尊重。

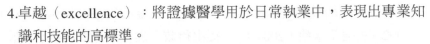

4.卓越（excellence）：將證據醫學用於日常執業中，表現出專業知識和技能的高標準。

5.誠信正直（integrity）：遵守法規、專業標準，公正值得信賴。

6.專業義務（professional duty）：促進服務對象的功能、健康和福祉與專業成長，參與專業活動。

7.社會責任（social responsibility）：促進良善之專業文化、民眾的健康福祉，以及執業之社會公義。

　　另外，再以社會工作為例，美國社會工作人員協會在1996年界定的核心價值，包括（Reamer, 2006: 14-15）：

1.服務（service）：社會工作者應超越個人利益提供他人服務，協助有需要的人們，關注社會問題並採取行動。

2.社會正義（social justice）：社會工作者要追求社會變遷，尤其要協助弱勢及受壓迫的個人和團體。

3.社會尊嚴與價值（dignity and worth of the person）：社會工作者應以關懷與尊敬的態度對待每個人，並留意個別差異和文化、種族多元性。

4.人際關係的重要性（importance of human relationship）：社會工作者應瞭解人與人之間的關係是改變的重要原動力，在助人過程中應視為夥伴關係。

5.真誠廉正（integrity）：強調社會工作者在助人關係中值得信賴的角色。

6.能力（competence）：社會工作者應致力於提升自己的專業知能。

　　而台灣「社會工作倫理守則」（2008）也明訂以人性尊嚴為核心價值，努力促使案主免於貧窮、恐懼、不安，維護案主基本生存保障，享有尊嚴的生活。

◆行政管理者應有的核心價值
　　除了專業人員外，老人照顧與服務涉及產業經營，行政管理者面對

經營管理、組織整合及服務推動等過程，也應有其核心價值，Solomon（1992；引自王永慈，2004：8）提出行政管理者應有六項核心價值：

1. 社群（community）：組織成員是一體的，共同分享與合作。
2. 卓越（excellence）：不僅要追求好，還要追求更好，不斷超越現況。
3. 團體認同（membership）：個人自我認同感是經由組織中發展出來。
4. 真誠廉正（integrity）：誠實不欺瞞且有意願、意志力做該做的事。
5. 判斷力（judgment）：有能力做最佳的決定。
6. 全人觀（holism）：重視人們生活的各層面，而非只將人們視為有效率的機器。

(二)專業倫理規範

透過核心價值的確認，專業倫理規範提供了特定專業領域的從業人員一列系自我約束的倫理原則，明訂專業人員行為對錯的原則，並進而協助專業人員遇有倫理困境問題時，有抱持立場的準則。而倫理規範的具體條文，即是專業倫理守則。

◆專業倫理規範範疇

檢視老人照顧與服務各專業人員之專業倫理規範的要求（如第439～443頁的Box1.1），不難發現規範專業人員行為準則的範疇非僅狹義地範定在與服務對象間之關係，基於專業人員應對自我及專業提升有所要求，並因受聘於專業組織，如何具備對同僚、組織有一定之態度與行為，進而善盡社會責任，亦是倫理規範重要考量的層面，茲將各專業人員專業倫理規範範疇分為下述六個層面：

1. 對服務對象的責任：保障服務對象利益、尊重服務對象的個別性、自主性、人性尊嚴、平等與非歧視、保密隱私、告知同意、

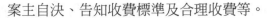

案主自決、告知收費標準及合理收費等。

2.對自己的責任：維持專業能力與執業標準、婉拒餽贈、繼續教育、遵守執業法律規定、瞭解專業目的、責任與執業範圍。

3.對同僚的責任：尊重態度、團隊及溝通合作、信任認同、舉發報告。

4.對機構的責任：信守機構政策、促進機構效能、保障平等、善用資源、公私分明。

5.對專業的責任：充實專業知能、發展專業知識、維持專業標準、提升專業地位、提升專業品質、加入專業團體、教學責任、忠實評估與記錄、遵守法律規範。

6.對社會的責任：促進大眾健康、教育社會、政策建言、致力社會公益倡導與實踐、不被商品利用維護社會正義。

◆專業倫理規範的重要性

專業倫理規範的訂定有其重要性，包括（牛格正、王智弘，2008：17-18；葉匡時，2000：498；Mappes, Robb & Engels, 1985）：

1.提供規範：規範專業人員的能力、資格及行為。

2.提供指導：專業涉及抽象知識應用，並需專業人員高度自主性，契約或法律之規範難以概括全局，專業倫理即提供專業人員從事實務工作的參考、指引。

3.提供保護：有助於預防專業人員不道德行為的發生，首在保護服務對象的權益，其次在保護社會大眾的權益，再其次是整體專業的權益，最後是保護專業人員的權益。

4.提供信任：讓社會大眾對專業人員的專業服務的自主性取得尊重，專業性得到認可。

5.提供裁決：可作為解決專業人員間，或專業與求助者，或服務對象之間爭端裁判的依據。

6.提供對等關係：專業人員在從事專業工作時，有所謂的資訊不對稱（asymmetric information）現象，致使服務對象並不容易清楚

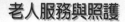

地監控專業人員的素質、工作態度等問題，因此，嚴格的養成教育、認證程序以及專業倫理的要求，格外重要。

雖然專業倫理規範的重要性不容忽視，但也有其限制，包括有些問題尚無法在守則的條文中處理，或者有些規範在執行上有困難、無法在制定規範或守則的過程中，有系統地顧及所有服務對象的權益，甚至涉及與服務對象之爭訟，在法庭上有可能產生與專業規範或守則相衝突的判決結果。此外，專業倫理規範亦有可能與一般倫理之間、專業規範與機構政策之間產生衝突，以致於專業倫理規範或守則無法有效解決這些衝突的機制（Dolgoff, Loewenberg & Harrington, 2009: 28-29; Mappes, Robb & Engels, 1985）。最後，由於專業倫理規範或守則是針對已發生過的事情做共識性的處理，對新興的問題則較缺乏處理的能力（胡中宜，2005c：466），所以專業人員在處理各項倫理議題時，除了遵守倫理規範外，仍應多元審視與釐清可能引發的後果，才能確保服務對象的權益。

老人照顧與服務倫理議題

一、倫理議題的意涵與面向

倫理議題可區分為「倫理問題」（ethical problems）及「倫理兩難」（ethical dilemmas）兩種類型。

(一)倫理問題

主要探討專業人員應盡的義務範圍，一是未遵守法律，用不合法的手段達到目的或不法行為，此為「瀆職」（malfeasance），包括工作者可能會犯的錯誤與疏忽，例如：保密資料未盡保管責任或言談之間不小心

洩露個案的資料，及不當的行為處置，包括處置不符合照顧要求或是不符合專業訓練的標準，造成實務上「不適當的處置」或「錯誤的處置」，其結果對服務對象是有害的，例如對人權的侵犯、錯誤的安置或約束；另一則為依據專業規範，專業人員沒有盡到應盡的義務，就是應該為而沒有作為，此為「失職」（nonfeasance）（胡中宜，2005b：90；胡中宜，2005c：468；張宏哲，2002：112；張宏哲、張信熙，2002：280）。

　　相關的不當行為的倫理問題事例，以社會工作專業人員為例，含括工作者個人因素及工作者與老人的專業關係兩個層面上（如**表15-1**）。

表15-1　老人照顧與服務不當行為的倫理問題分類與事例

倫理問題	性質	層面	說明與事例描述
放棄服務對象或追求業績短視	瀆職	工作者	認為服務對象不改變後便放棄努力、不盡力工作，或者為了績效，避開比較難以處理的個案，而挑戰問題較小、較好服務個案進行照顧，造成「逆選擇」，是該為不作為的不當實務。
過度聲稱能力及輕易介入	瀆職	工作者	專業人員若過度聲稱自己的能力，導致輕易介入，致服務對象陷入不當處遇的風險之中，是一種欺騙的行為。
鼓勵依賴	瀆職	工作者	因為服務對象失能，需求及依賴度高，專業人員限於服務人力或資源不足，或將之視為病人，而未給予復健並鼓勵依賴，使服務對象漸失去獨立自主之能力。
評估不足	瀆職	工作者	評估不完整，僅就案主的片段訊息便逕行處遇，導致誤判或喪失救援時機。
未盡告知義務	瀆職	工作者	社會資源未能滿足處遇的需求，老人不知道或得不到相關資訊和資源，但工作者也沒有充分告知，就要求老人做決定。
缺乏效果評估	瀆職	工作者	介入是否有效，欠缺探討與證實，導致服務對象陷入不當處遇的風險之中，是一種欺騙的行為。
紀錄撰寫不實與遲交	瀆職	工作者	定期的撰寫與繳交紀錄是工作者的法定義務，撰寫不實與遲交將影響服務對象處遇的權益。
工作者利己導向及自我意識掌控	瀆職	工作者	工作者個人價值或需求、利益勝過案主福祉，例如與老人約定會談時間皆以工作者的需求為主；又例如社工員評估老人安置的去處或轉介時，可能會因工作者對安置機構的偏好或以交通便利性來決定，忽略老人的需求或利益。

老人服務與照護

（續）表15-1　老人照顧與服務不當行為的倫理問題分類與事例

倫理問題	性質	層面	說明與事例描述
偏見與個人價值涉入	瀆職	工作者	偏見價值涉入專業關係中，將無法有效的清楚發現老人的問題原因與內在需求，並將無法提供適當的服務。例如視老人為嬰兒化，待之如無能的小孩，輕忽其需要和經驗。
情緒介入	瀆職	工作者	工作者高度的情緒介入，將會模糊原先的處遇目標與角色，造成兩敗俱傷的困境。
謊稱服務績效與責信問題	瀆職	工作者	過度謊稱服務績效，潛藏在虛假的服務績效下的實際現象，往往是案主的利益缺乏保障，及嚴重影響專業責信。
追求處遇捷徑	失職	工作者	工作者為了減少處遇上的繁瑣或者家庭協調上的困難，否定案主需求和福祉、要求案主調整需求、急促接受安置，加速結案。
能力不足與熱忱消退	失職	工作者	違反專業倫理規範中「能力」的標準，即沒有竭盡所能地運用專業知識與技能，協助服務對象改善其問題。
跨界限謀己利	瀆職	專業關係	工作者跨越專業界限，建立專業外關係，或者透過專業關係獲取私利。
借貸	瀆職	專業關係	工作者與服務對象發生借貸情況，影響專業關係。
專業界限模糊與情感移轉	瀆職	專業關係	為了與服務對象增進互動關係，很容易模糊專業界限，使老人將工作者視為朋友、手足、夥伴等，行為和期待超出專業界限。
違背保密與隱私原則	瀆職	專業關係	個案資料管理和保存不周，缺乏管理與借閱辦法，且不分場合討論或喧嚷老人的資料，或個案研討時忽略老人隱私。
信仰凌駕專業	瀆職	專業關係	工作者與信仰相同的老人互動較佳，因此處遇過程常有傳教的目的，失去尊重個人信仰的原則。
忽視案主自決權利	失職	專業關係	過度的父權主義，是工作者持續地在讓老人面臨削權的過程，更是另一種的剝削對待。
狹隘的專業關係	失職	專業關係	只處理符合機構「開案標準」的服務對象，沒有開案的服務對象，工作者卻不積極照顧。影響正處於需要協助但未外顯的服務對象的權益。

資料來源：胡中宜（2005b：91-96）、陳燕禎（2004：263-265）、萬育維、王文娟（2002：326-330）、張宏哲（2002：113-119）。

(二)「倫理兩難」

　　兩難（dilemmas）係指混淆不清難以選擇或決定行動的情境，涉及兩種或兩種以上倫理原則的衝突（Reamer, 1999），而工作者必須在相互衝突的責任與義務之間決定何種價值要優先考量。Clark（2000）也提及任何助人的專業都會面臨到倫理上的困難，主要的原因在於：(1)面對資源有限性所產生分配上的不公平；(2)專業人員的職責在機構要求下所產生的扭曲；(3)任何一種專業的介入對於個案而言，都是生活方式的打斷和自主權的干擾，而這種打斷與干擾卻是為了保障個案另一種基本權益（萬育維、王文娟，2002：345）。

◆倫理兩難的情境

　　面對實務上可能的倫理兩難，專業人員更應反省察覺或思考專業本身的合理性、合法性和程序上的道德性。倫理兩難的情境，可以分為以下四大類（胡中宜，2005b：96-104；胡中宜，2005a：317）：

1. 價值的兩難（value dilemmas）：來自專業人員本身的個人價值、專業價值與不同社會價值彼此間的衝擊，導致的倫理抉擇兩難；例如看待獨居老人的安置照顧，獨居老人自我的決定，可能會與社會價值認為老人獨居易發生危險，宜至機構與他人居住的價值衝突。

2. 義務的兩難（duty dilemmas）：指專業義務與法定職責間發生目標衝突現象；例如老人對工作者提及想要自殺輕生且已有具體的行動策略，工作者對老人有「保密」義務，但相對於法律規定，工作者亦應有通報的「警告」義務。

3. 德行的兩難（virtue dilemmas）：指專業人員的「義務」常與服務對象「最佳利益」原則有所衝突；例如老人養護中心社工員評估社區某主動求助的老人，認為應有入住機構需求，但這名老人的經濟條件不佳，又無法取得足夠的政府補助款，造成社工員被所

屬機構規定「無法收住」的義務與老人「應入住」的最佳利益之間的衝突。

4.結構的兩難（structure dilemmas）：指專業人員所處的環境脈絡是多元的，除了要對服務對象負責，也同時必須對機構與社會大眾負責；但對不同對象之忠誠，背後所形構出來的利益目標亦不同，如何取捨常發生衝突；如機構目標以裝置監視器以減少危險發生，與專業人員認為應以隱私權為要之間的衝突。

◆常見的倫理兩難事件與類型

在老人照顧與服務過程中，涉及老人生理、心理及社會層面所處狀態及個人所持的價值觀，諸如老人疾病纏身的厭世感、生活依賴他人而導致的人格尊嚴失落感、失親之痛所引發的情緒、體會死亡將至的恐懼感，以及對生活適應、獨立與依賴、人生意義、自殺、安樂死及宗教信仰等問題的看法，工作者在服務過程中如果處遇方向與老人價值觀產生衝突，雖然可以依循專業倫理規範進行倫理決策，但面對失能且無法自我決定者，是否要給予更多的決定責任？同時老人身體功能快速變化或家庭成員的價值觀，都常常會影響到授權或代理人決定權限的問題，這都突顯出實務上處理的難題，再以社會工作專業為例，將老人照顧與服務常見的倫理兩難事件與類型整理如下（Reamer, 1999；陳燕禎，2004：268-270；張宏哲，2002：126-133）：

1.不同對象的忠誠（群眾和期望衝突）：專業決定遭受不同對象之職責要求和期待，包括案主、同僚、督導、管理者和社會他人間的期望衝突。例如家屬因老人自理能力不佳且老人與家屬間關係不佳，欲將老人安置至養護中心，但老人堅持不入住養護中心，因為兩者都是社工員的服務對象，應如何處理？同時，工作者在面臨協助家屬安置老人的過程中，工作者考量的是老人的需求，但家屬的考量可能是價格，所以欲將老人安置於評鑑不佳但價格便宜的機構，如何處理？

2.自我決定與父權主義：專業倫理規範應遵從由服務對象自我決

定為依據，但工作者在服務過程中認為服務對象自我決定能力不足及決定內容不佳，易朝以專業主導傾向。例如社區中某位獨居老人自我照顧能力差，同時疾病纏身，社工員及護理人員皆評估應入住養護機構接受高密度的服務，但老人仍堅持要獨居在社區中，如何兼顧老人自我決定及專業照顧需求，來決定是否應機構安置？

3.意義含糊和不確定下，須做出決定：專業判斷與決定，受限於時間、經費資源的限制，在處於未完全評估或不完全瞭解其中狀況，也須做出最適決定。例如長期照護管理人員受限於老人居家照顧需求的急迫性，及個案太多無法多元評估的時間限制下，必須依一次且短暫的評估決定居家服務補助時數及補助項目。

4.保密、隱私權與通報義務間：尊重與服務對象間保密的專業關係，但基於保護第三者免於受傷害及法律要求，有提供資訊之必要。例如老人向心理師或社工師透露因久病厭世，企圖自殺，專業人員應為老人保密或應逕行向機構主管或有關單位通報？

5.案主權益和工作人員、他人的權益：專業判斷與決定應以服務對象最佳利益為優先，但如涉及與對他人的權益時，應如何權衡？例如為了避免失能者發生意外或攻擊他人，在照顧上會採取保護性照顧措施（如約束）或隔離措施，工作者的目的是在維護老人安全、防止老人受傷或傷及他人，但約束同時也會造成對老人生理、心理或社會層面不良的影響。

6.老人移情，或專業界限與利益衝突（專業關係的有限性）：服務對象期待發展或有必要超越專業的關係，但專業關係仍具有界限，應避免雙重或多重關係。例如某養護機構一位經評估是自殺高危險群的老人，其面對機構所有工作人員只願意讓某一社工員跟他會談，其他一概不願配合，老人也不時在下班時間要求與該社工員聯繫，不想與值班社工員溝通。

7.有限資源的分配：分配資源以公平、公正與有效為原則，但如何界定？例如受限於全民健康保險給付的規定，面對需要居家護理

個案數已超過機構所能服務的量時，應如何決定提供服務給哪些對象？又例如某一居家服務提供單位，因所聘之居家照顧服務人員人力不足，面對候排服務的個案中，應先以重度失能需長時數服務者為優先，還是為了增加服務人數，而以中輕度失能短時數服務者為優先。

8.揭發機構或專業團體內部不當的行為：遇到機構或同僚違反法規或不合倫理行為，是否應揭發？例如某一養護機構社工員發現負責人未聘足額護士，而以借牌方式逃避主管機關的稽查，又發現服務人員好像有虐待老人情事發生，經向主管人員反應，並被主管人員斥責，社工員應否揭發？

上述社工實務上具有處理兩難的議題，隨著2008年台灣「社會工作倫理守則」的頒修，亦漸次提供了一定立場的準則，引導實務工作者有一工作方法的參據。

二、行政管理的倫理議題

近年來，面對來自政府政策、經濟市場與社會環境的轉變，老人照顧與服務工作的行政管理者亦會面臨倫理議題的挑戰，包括：

(一)民營化、市場競爭及重視績效

隨著資本主義及自由市場的發展，政府部門對於老人照顧服務方案，多朝向以公設民營或委託、結合民間資源等方式辦理，在接受補助、資源競爭的影響下，績效與責信的要求是無可避免，相關倫理議題包括（王永慈，2004：21-26）：

1.營利服務出現，影響無付費能力服務對象之使用機會與權益。
2.講求服務效率或效果，對於短期內無效果的服務對象將影響使用機會與權益。

3.非典型（如部分工時或定期契約等）僱用型態，影響工作者之福利權益。

4.民間機構與政府合作機會增加，影響倡導代言的角色。

5.強調服務的包裝行銷，忽略服務對象的利益。

6.面臨新興服務或社會變遷新興人口群需求，如老人與外籍配偶間之家庭關係與輔導，因機構資源或經費有限，而無法即時回應社會需求。

(二)資訊科技進步、網際連結技術與日俱增

隨資訊科技進步，老人照顧服務也引進資訊通信技術（ICTs），這些技術包含了所有的電腦基礎資訊系統（資訊學）、網際連結技術及虛擬技術（Fitzpatrick, 2001: 189）。為提升服務效能，在以個案為服務的組織中，亦需建立資訊管理系統（Management Information System, MIS），從行政管理的角度來檢視資訊通信技術，應該留意是否產生出的新的資訊不平等形式和數位不公正現象，管理者會面臨的倫理議題包括：

1.什麼範圍的資訊技術可以或不可以授權給個人權限？什麼情況下何人有權監控？或決定何種資訊是可以公布在網路上。

2.資訊通信技術的運用，尤其老人電子監控系統取代家庭訪視的問安關懷服務，是提升人與人之間的緊密性、危機處理的及時性？或是促使社會的片斷、持續擴大疏離？

3.資訊科技發展，透過資訊系統提出照顧服務申請及詢問將越來越廣泛，尤其是政府部門的福利也將透過晶片支付，這樣的改革將以減少行政支出、官僚風氣、人為錯誤的次數、提高行政效能為目標，但應確保減少數位落差而阻礙弱勢對象的服務使用。

4.個案資訊系統廣泛，對於資料的搜尋、傳送或修改等都相對便利，應確保個案資料的保密政策與實施程序。

聯合國教科文組織（United Nations Educational, Scientific and Cultural Organization, UNESCO）重視網際倫理和法律規範的責任，提出通訊（communication）和參與（participation）兩大原則，即每個人有權接觸或進入（access）網際空間、有表達意見自由，但也應同時確保他人隱私權、智慧財產權、他人之言論自由和資料安全等。

三、倫理與法律

雖然倫理的制裁力相對法律而言較爲有限，但倫理與法律目的相似，均在於保障民衆權益、維持社會秩序、促進社會和諧。

倫理也常促成法律條文的形成，例如醫師法、護理人員法、社會工作師法、物理治療師法等專業人員法，或醫療法、老人福利法、身心障礙者權益保障法等作用法中，皆有明訂專業人員應盡之職責與規範，在法令規範中，除了含括倫理守則部分所要求之內容，對於專業人員亦有積極面的期許，包括要求專業人員應提高並確保服務品質、應以受照護者最佳利益考量、應尊重生命尊嚴與自我決定等等；同時，對於專業人員也有消極面課予其違反專業義務的責任（周世珍，2007：180-187）。

隨著老人照顧逐漸朝向商品化或醫療化，照顧爭議或法律案件也有日漸增多趨勢，除了消費者意識抬頭，老人及家屬越來越重視自身的權益外。另外一方面則是因爲實務照顧與服務的工作負荷過重，容易因疏失或疏忽（或瀆職、失職）而導致成爭訟案件。當因照顧或服務過失或疏失，嚴重違反專業倫理或法規，造成老人生命、財產、身體上的危害，老人或其家屬可能會對工作者或機構、經營者提起刑事訴訟附帶民事之損害賠償，或單獨民事訴訟之損害賠償。同時，若專業人員因過失或疏失而違反行政法規，亦會遭行政機關處分，但同一行爲同時觸犯刑事法律及違反行政法上義務規定者，依刑事法律處罰之，除非該行爲如經不起訴處分或爲無罪、免訴、不受理、不付審理之裁判確定者，始得依違反行政法上義務規定裁處之。例如，某養護中心的照顧服務人員不具有護理人員資格，但卻擅自爲中心內老人抽痰、氣切管、導尿管或其

他插管等應為護理人員職責的行為，造成某老人在一次抽痰過程中發生意外，送醫不幸死亡，家屬可以向照顧服務人員或機構經營者提起刑事訴訟及民事之損害賠償；此外，依據護理人員法之規定，未取得護理人員資格，執行護理人員業務者，本人及其雇主各可處新臺幣15,000元以上15萬元以下罰鍰。

老人照顧產業也有《消費者保護法》之適用，例如老人安養機構已於87年依《消費者保護法》之規定由內政部頒訂自費安養定型化契約範本，接續老人長期照護、養護定型化契約範本亦陸續頒布。《消費者保護法》的立法目的，在於保護消費者權益，促進國民消費生活安全，提升國民消費生活品質。在法令的保護下，任何服務提供者或經營者，亦對消費者負有負擔無過失賠償之責任，此為《消費者保護法》第7條明訂：「從事設計、生產、製造商品或提供服務之企業經營者，於提供商品流通進入市場，或提供服務時，應確保該商品或服務，符合當時科技或專業水準可合理期待之安全性。商品或服務具有危害消費者生命、身體、健康、財產之可能者，應於明顯處為警告標示及緊急處理危險之方法。企業經營者違反前二項規定，致生損害於消費者或第三人時，應負連帶賠償責任。但企業經營者能證明其無過失者，法院得減輕其賠償責任。」，顯然對於老人照顧的權益保障，並非僅狹隘地以過失責任為前提，這也促請行政管理、企業經營者更應恪遵各項倫理規範，並要求所屬成員應善盡倫理規範，以確保消費者權益。

倫理係個人所堅持的某種行為規範，不論在任何情況下都應堅守的原則，著重於責任、義務，不似法律有法條形式且具有強制力（Dolgoff, Loewenberg & Harrington, 2009: 27-28）。基於倫理的規範無法全數地納入法律規範，除非與法律間有抵觸，否則是不受法律約束，所以工作者更應具有高度的自律性及道德標準，來檢驗所提供的專業行為，以確保服務對象權益保障。

倫理辨識與倫理兩難的決策過程

面臨倫理情境時，工作者首先面臨到的是在這個情境中，到底涉及了哪種倫理議題？當辨識出情境中的倫理議題後，工作者始能接續進行倫理判斷與決策。

一、倫理辨識

倫理辨識是倫理判斷與決策的過程前奏，茲以醫療倫理價值爲主題來源，參照助人專業實務工作中倫理主題，編制「倫理辨識主題架構模式」（如**表15-2**），工作者可以在面臨倫理議題相關情境時，參照辨識其中可能涉及的倫理主題，以作爲進一步進行倫理判斷的基礎。

表15-2　倫理辨識主題架構模式

主題來源		倫理主題
倫理原則	行善原則（beneficence）	最佳利益原則
	不傷害原則（nonmaleficence）	保護責任（安全措施、技術使用的適切性） 雙重關係的避免 瀆職的處理（怠忽職守、不當行為處理）
	自主原則（autonomy）	知情同意 自由選擇 自主決定 自主權的限制（不得傷害他人）
	誠信原則（veracity）	信守契約原則 信任與誠實義務
	保密原則（confidentiality）	保密原則（隱私權） 保密原則的例外（警告責任與舉發）
	公義原則（justice）	公平分配原則（公平性地分配資源） 不歧視原則（平等對待每一個體）

資料來源：修正自牛格正、王智弘（2008：93）。

二、倫理兩難的決策

決策（decision-making）是對某一種意見或行動路線、方案的抉擇，亦即在解決問題和採取行動時，對一連串事物有所認識、理解、分析及選擇的審慎處理過程。而倫理決策（ethical decision-making）則指針對有爭議的議題作出倫理判斷及決定，它不只是一種行為對錯的判斷，更是一種道德推理的探索。

在倫理決策過程中，「要或不要」的決定涉及價值判斷在其中，但「該或不該」的判斷則是具有倫理與道德層面的思維。工作者所具有道德思考概念、倫理相關知識、對倫理守則的瞭解程度，以及倫理決策模式的應用能力等，都會影響其倫理決策的品質以及所採取行動的適切性。

(一)倫理兩難抉擇的原則

倫理兩難處理是否有適用性的順序？學者們發展出倫理處理原則的順序，有助於在遭遇倫理衝突時，可以作為行為考量的標準。

◆Dolgoff等學者之倫理處理原則的順序

Dolgoff、Loewenberg和Harrington（2005: 64-67）發展出處理倫理兩難的抉擇原則，當遇有倫理衝突時，這些倫理原則順序將有助於專業工作者進行時適當的考量標準，這些原則清楚地列出優先順位，即原則一優於原則二至七，原則二優於原則三至七，以此類推：

原則一：保護生命原則
　　保護個案的生命是最首要也是最重要、優先的原則。
原則二：差別和平等原則
　　有同等權利的人應該獲有相同對待的權利，至於處於權利不均等的人（如兒童、原住民等），應該有不同的對待，也就是說應視每個人之

特質、身分、年齡等條件及其所處生活環境給予合理的差別待遇。但不論處遇差別有多大，皆必須保持平等對待。

原則三：自主和自由原則

尊重個案自主決定，但自主決定有其限制，即不可傷害自己生命或傷害他人。

原則四：最小傷害原則

有選擇過程中，專業人員應做成一個會造成最小限制、狀態最容易回復到原本生活型態的抉擇。如處理受虐老人安置時，須先將老人與施虐者隔離，而非直接剝奪親子關係。

原則五：生活品質原則

應以維持個案基本的生活品質為主，不可因衝突發生而犧牲個案生活的安定及水準。例如不因提供服務時經費有限，而給予個案一半的服務，影響其原先生活。

原則六：隱私和守密原則

確保案主的隱私受到保護，非有必要不得洩露。

原則七：真誠和充分揭露原則

無論個案的個性及特質為何，遭遇的問題及陷入的困境如何，都必須真誠面對，給予協助，摒除個人價值觀及理念，尊重及誠實面對個案，確實為個案提供服務。

◆Reamer之倫理處理原則的順序

Reamer（1999）也提出面對倫理兩難處理的優先順序：

1. 傷害到人類行為的必要前提（如生命、健康、食物、住所、心理健康）優先於其他的一些傷害，例如欺騙或揭發隱私或威脅到累加的善，如休閒、教育與財富等。

2. 個人基本福祉的權利（包含對人類行為而言必備的善）優先於其他人的自我決定權。

3. 個人自我決定權利（前提是被充分告知結果）優於自身基本福祉，除非其他人的基本福祉也受到威脅。

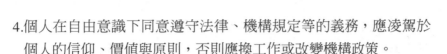

4.個人在自由意識下同意遵守法律、機構規定等的義務，應凌駕於個人的信仰、價值與原則，否則應換工作或改變機構政策。

5.當個人基本福祉的權利與法律、規定以及民間組織中的規則相衝突時，個人基本福祉的權利可優先考量。

6.防止傷害的義務（如飢餓），以及提升公共利益的義務（如居住、教育和社會救助），這兩種義務優先於個人財產所有權的權利。

◆倫理決策的步驟

若能將倫理決策做一些系統性的處理，並且依循某些步驟以確保倫理難題的各種層面都能兼顧，就能有助於增強專業人員的倫理決策能力，提升其倫理抉擇的品質及處遇的有效性（Curtin, 1978; Tymchuk, 1985; Welfel, 1998; Joseph, 1985; Mattison, 2000; Reamer, 1999, 2001; Corey, Corey & Callanan, 2003），茲將不同專業領域學者所建議的倫理決策步驟整理如Box1.2，因各學者所提之決策步驟有其相似性，茲以Reamer（2001: 35）提出解決社會工作倫理上的兩難問題的決策七步驟為例說明如下：

步驟一：釐清倫理議題

釐清倫理問題的本質，並釐清衝突的專業價值與職責。

步驟二：找出所有可能會被倫理決策所影響的個人、團體和組織

在個人、團體及組織層面中，找出所有可能會影響倫理抉擇議題的各項因素。

步驟三：嘗試找出各種可採取的行動以及參與者，並評估每種行動的利弊得失

透過團體思考等各種方式，條列各種可能的解決方案，並列出每個可能受到影響的個體，以及每一方案執行的優點、缺點。

步驟四：審慎的檢視贊成或反對每種行動的理由

考慮的面向包括相關的：(1)倫理理論、原則與指導方針；(2)倫理守則及法律原則；(3)實務理論與原則；(4)個人的價值觀：包括宗教、文

化、種族價值及政治上的意識型態。

步驟五：徵詢同儕以及專家的意見

　　為了避免偏見，工作者應最好徵詢各類專家或同儕意見，確保中立客觀的倫理價值觀，確保服務對象的權益。

步驟六：作抉擇並記錄作抉擇的過程

　　依上述分析選擇最適可行方案，工作者應將討論及抉擇過程加以記錄，俾利經驗傳承。

步驟七：監督、評估與記錄倫理抉擇所帶來的結果

　　評估倫理抉擇對服務對象所造成的衝擊，有助瞭解處遇影響，並作為未來修正倫理抉擇的參考。

　　倫理決定的形式也區分為個人決定及團體決定兩類，個人決定適用於案情簡明或緊急事件處理時；而團體決定則由機構或專業團體組成一個組織或倫理委員會共同討論決定，適用於案情複雜或牽涉到數個團體利益時。

【倫理兩難決策案例討論】

　　陳佬，75歲為養護中心住民，罹患肺癌末期，喪偶，有一女兒但失去聯絡。近日來出現呼吸喘及低血氧等情形，但意識清楚，主動要求做氣管插管，並希望死前能再見到女兒一面。插管後陳佬病況較為穩定，但因聯絡不上女兒，感到人生無意義，要求醫師拔除氣管內管，想自然死亡。但醫師因陳佬至少還有約六個月存活時間，拒絕陳佬的要求，陳佬不滿並出現攻擊行為，時時企圖拔管，醫師建議工作人員可以適當約束陳佬，以維安全。面對陳佬拒絕接受治療的權利，及是否應積極面對最後六個月的存活期，工作人員該如何處理？（如**表15-3**）

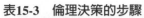

表15-3　倫理決策的步驟

步驟	主要探討議題	內容
一、釐清倫理議題	1.衝突的倫理價值為何？ 2.衝突的職責為何？	1.倫理辨識：涉及不傷害原則與自主原則的價值衝突 2.法律規範： 　(1)《安寧緩和醫療條例》制訂目的是「為尊重不可治癒末期病人之醫療意願及保障其權益」，對末期病患有不施予急救之權利保障；但非等同於同意安樂死或自殺「助死」。 　(2)《醫師法》明訂醫師對於危急之病人，應即依其專業能力予以救治或採取必要措施，不得無故拖延。
二、找出所影響的個人、團體及組織	有哪些主要的關係人	1.個人：陳佬（有拔除氣管內管要求） 　醫師（不願執行拔管動作） 　工作人員（如護理人員，醫師建議護理人員執行約束） 　陳佬女兒（陳佬期待見面者，且為陳佬繼承者） 2.團體及組織：養護機構（與陳佬簽訂入住合約之機構） 　醫療院所（診治陳佬醫師所服務的單位）
三、可採取的行動以及參與者	有哪些解決方案？	行動方案一：依陳佬自主意願，請醫師拔管 行動方案二：依醫師主張不傷害原則，繼續插管，並照顧陳佬
四、檢視每一行動的理由	評估每一解決方案的倫理理論、倫理守則、法律原則及價值觀	**行動方案一：依陳佬自主意願，請醫師拔管** **倫理理論：** 1.行善原則：依陳佬意願，提早死亡，將讓陳佬懷著無法見到女兒的憾事而終，且不符醫學上治療的最佳利益等行善原則。 2.不傷害原則：陳佬為臨終病人，在意識清楚下要求氣切插管，現存活期尚有六個月且病情穩定，拔管將不符合不傷害原則。 3.自主原則：陳佬具有自主意願要求拔管，但主因為插管治療生活品質低落，且無法完成見到女兒的期待，仍需釐清陳佬是否全然放棄見女兒的意志。 **倫理守則：** 1.醫師應關懷病人，以維護病人的健康利益為優先考量。 2.護理人員應尊重生命、尊重個別性、自主性及接納價值觀。 **法律原則：** 《安寧緩和醫療條例》明訂對於末期病人，可依其意願有不施予急救之權利；但非等同於同意安樂死或自殺「助死」。

（續）表15-3　倫理決策的步驟

步驟	主要探討議題	內容
		價值觀： 文化價值觀仍朝向積極性治療，不期待安樂死。 倫理原則適用順序： 不符合Dolgoff及Reamer等學者認為保護生命為優先性的原則。 **行動方案二：依醫師主張不傷害原則，繼續插管，並照顧陳佬** 倫理理論： 1.行善原則：陳佬意識清楚且狀況穩定，並有六個月存活期，工作人員積極聯絡女兒，避免讓陳佬抱憾而終，亦不符行善原則。 2.不傷害原則：拔管治療並提供適切照顧將符合不傷害原則。 3.自主原則：陳佬期待見到女兒的心願未了，仍符合其自主原則。 倫理守則： 1.醫師應關懷病人，以維護病人的健康利益為優先考量。 2.護理人員應尊重生命、尊重個別性、自主性及接納價值觀。 法律原則： 符合《安寧緩和醫療條例》對於末期病人，可依其意願有不施予急救之權利；但非等同於同意安樂死或自殺「助死」之法律意旨。 價值觀： 符合文化價值觀應朝向積極性治療之期待。 倫理原則適用順序： 符合Dolgoff及Reamer等學者認為保護生命為優先性的原則。 方案可能的限制、缺點： 1.插管治療或醫師建議的約束，對陳佬的生活品質降低，影響對生命的期待及與外界良好的互動。 2.遲遲無法聯絡到女兒，心理失落感日益加劇。
五、徵詢同儕專家意見	徵詢意見	徵詢同儕或更多不同領域專家的意見，有無其他可行方案，或行動方案中可併同採取何照顧方式較為妥適。
六、作抉擇並記錄過程	選擇最適方案執行	1.依評估結果選擇行動方案二，即依醫師主張不傷害原則，繼續插管，並照顧陳佬。 2.相關照顧的方式，包括由護理人員或社工人員與陳佬

（續）表15-3　倫理決策的步驟

步驟	主要探討議題	內容
		溝通，將可能的約束行為減低；時時掌握陳佬生命徵象，減輕插管帶來的不適；提供各項情緒支持與生命回顧等。 3.為了避免陳佬有類似的自殺行為，應提供各項防範措施、加強關懷與鼓勵。
七、監督、評估與記錄結果		持續就陳佬生理、心理與社會等層面進行評估，並記錄各項影響。

 處理倫理議題的專業發展與自我準備

　　爲了提升老人照顧與服務工作者處理倫理議題的能力與品質，可以從以下幾個方面著手：

一、在專業人員個人層面，應致力充實自我的專業知能

　　認識專業服務的義務、目標、法律、角色，以及個人價值在服務過程中所產生的影響力，是有助於預防實務的倫理問題與不當行爲。老人照顧與服務工作者亦應具備有洞察能力與敏感度，同時也應具有統觀且變通的能力。Kondrat（1999；引自萬育維、王文娟，2002：332-333）提及專業中的自我察覺（self-awareness）可以分爲三個層次：(1)簡單的意識上的察覺：例如過去的經驗；(2)反應性（reflective）的察覺：例如感受到當時正在經驗到的那些事；(3)反省性（reflexive）的察覺：能察覺到自我的價值、觀念和想法是如何由過去的經驗當中被形塑出來的。而作爲一個專業人員最重要的是要常進入第三個自我察覺的層次，「爲什麼我要如此建議服務對象？」、「我對服務對象的情緒是代表了什麼

意義？」、「我為什麼要進行轉介、結案？是為了誰的利益？」、「我的介入會不會帶來什麼負面的影響或破壞？」，而這些能力的養成有賴工作者自我專業知能的充實與自我準備。

二、在專業人員專業教育方面，應強化倫理教育及多元管道提升處理倫理議題之知能

除了在教育過程中應充分提升受教育者瞭解個人和專業的核心價值、不同服務對象間價值觀和決定、倫理理論和倫理原則、法令規範和政策指引及機構的政策與服務宗旨外，實務工作層面，亦應持續舉辦有關倫理決策的繼續教育訓練課程，以增強倫理思考能力，以下方式亦可協助提升實務上處理倫理議題之知能（徐震，2002：13-14）：

1. 集體研討：透過分專業或分項工作研討會，提升處理知能。
2. 學術研討：運用實證方法、取得本土資料，將理論、政策與方法含括其中共同研討。
3. 通案處理：依實務工作經驗，將個案類型歸納分類，建立處理原則。
4. 案例分析：蒐集各項問題，邀請各界共同分析，逐年彙編成冊，累積經驗，啟發智力。

三、在組織發展與專業制度方面，應致力建立制度性之倫理議題處理機制

專業倫理守則訂定之後，若沒有相關配套措施，包括專業倫理委員會的設置、倫理申訴案件處理程序、倫理守則解釋案件處理程序等等，將無法有效使倫理守則具體落實。

因應社會變遷，社會對於專業人員有著高度的期待及賦予更多的職責，同時服務對象的權利意識也漸次提升，組織或機構若要降低工作者

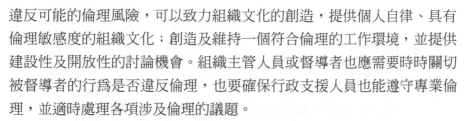

違反可能的倫理風險，可以致力組織文化的創造，提供個人自律、具有倫理敏感度的組織文化；創造及維持一個符合倫理的工作環境，並提供建設性及開放性的討論機會。組織主管人員或督導者也應需要時時關切被督導者的行為是否違反倫理，也要確保行政支援人員也能遵守專業倫理，並適時處理各項涉及倫理的議題。

同時，組織亦應規劃進行倫理的風險管理（risk management），以社會工作為例，Reamer指出倫理風險管理首要是教育組織中的工作人員要瞭解相關法律，也要瞭解實務上可能會發生的倫理風險，以及目前相關服務的研究與評估的新知，如此才可預防各種可能的倫理申訴或訴訟。Reamer（2001: 37-38, 2002: 74）提出倫理的風險管理步驟如下：

1. 組成倫理稽核委員會（ethics audit committee）。
2. 選定要稽核的倫理主題（全面的或特定的），可依機構服務的狀況而找出主題，例如案主權利、保密與隱私、知後同意、服務輸送的適當性、利益衝突、諮詢督導、員工的發展與訓練、轉介、欺騙行為、工作人員的個人問題、評估與研究等等。
3. 決定蒐集資料的方法，例如相關文件、訪談、諮詢等。
4. 評量所欲稽核的倫理主題之風險高低程度，包括：機構政策與實際工作的程序兩層次。
5. 訂定出行動計畫。
6. 依照風險高低及所需資源的多寡來排出行動計畫的優先順序。
7. 列出實際的行動步驟來改變現況。
8. 找出各個負責人，並列出完成時間表。
9. 設定機制追蹤各任務的進行進度。
10. 完整記錄上述的過程。

至於專業制度的發展，相關的專業團體設立制度化的倫理委員會，提供且建立非涉及法律面的倫理申訴制度，或建立涉及法律面訴訟的配套措施，如提供工作者在訴訟過程中的協助等面向，都有助於倫理知能的發展。

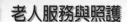

♀ 結語

　　老人照顧與服務在實務上具有不可預期性及複雜性,專業人員在處遇過程中除了專業方法的技術外,尚需保有倫理議題處遇敏感度與彈性,始能確保服務對象權益。同時也因服務過程中,專業人員具有高度專業自主權,外界監督不易,倫理的實踐將是取信於社會大眾的基石,也是專業發展必須持續堅持的一環。

Box1.1　老人照顧專業人員倫理規範

醫師倫理規範	中華民國醫師公會全國聯合會民國98年5月24日第八屆第三次會員代表大會修正通過	
與病人間	1.應關懷病人，以維護病人的健康利益為優先考量。 2.對於診治之病人應提供相關醫療資訊，向病人或其家屬說明其病情、治療方針及預後情形。 3.不以宗教、國籍、種族、政黨或社會地位等影響對病人的服務。 4.應以病人之福祉為中心，不做不能勝任之醫療行為，對於無法確定病因或提供完整治療時，應協助病人會診或轉診。 5.自己或同仁不適合醫療工作時，應採取立即措施以保護病人。 6.應尊重病人隱私權，不無故洩漏因業務而知悉之病人秘密。
與醫療機構及醫事人員間	1.應有專業自主權，對病人之處方、治療或為其轉診，不應受到所屬醫療機構、藥廠、生物科技公司或保險制度之影響。 2.在醫療團隊中，應遵守下列規範： (1)認同其他醫事人員的技術與貢獻。 (2)與其他醫事人員有效地溝通並不吝於指導。 (3)瞭解自己的專業身分與專長、在團隊中的角色與責任，以及責任分配。 (4)在必要時，照會及善用其他醫療專業的特長。
醫師相互間	1.應彼此尊重、互敬互信。 2.不詆毀、中傷其他醫師，亦不得影響或放任病人為之。 3.對於本人僱用或受監督、輔導之同仁願意努力協助發展專業能力與進步。 4.不宜以不正當方法，妨礙病人對其他醫師之信賴。 5.知悉其他醫師有不符規範或專業素養行為或其他不正當行為之具體事證時，宜報告其所屬之醫師公會。 6.醫師相互間所生之爭議，應向所屬醫師公會請求調處。 7.基於個人之原因，進行醫療爭議訴訟時，應通知所屬醫師公會協助。
紀律	1.不容留未具醫師資格人員為病人診療或處方。 2.不將醫師證書、會員章證或標誌以任何方式提供他人使用。 3.診治病人不得向病人或家屬索取或收受不當利益。 4.與廠商互動時，應遵守「醫師與廠商間關係守則」。 5.不以誇大不實之廣告或不正當之方法招攬病人。 6.醫師應負責督導所聘僱之人員不得有違法或不當之行為。
護理倫理規範	中華民國護理師護士公會全國聯合會民國95年03月11日第六屆第三次會員代表大會通過
基本責任	健康促進、疾病預防、重建健康和減輕痛苦。
對服務對象	1.尊重生命，協助瀕臨死亡者安詳且尊嚴死亡。 2.尊重個別性、自主性、人性尊嚴，接納宗教信仰、風俗習慣和價值觀及文化差異。 3.公平應用資源，不因社經地位或個人好惡而有不一致的服務。 4.應尊重並維護其隱私及給予心理支持。

（續）Box1.1　老人照顧專業人員倫理規範

	5.保守醫療秘密，運用其資料時需審慎判斷，經服務對象同意或遵循法令程序處理。 6.提供醫療照護活動時，應善盡告知責任。 7.執行醫療照護、研究或實驗性醫療時，應維護服務對象的安全及權益。 8.秉持同理心，提供符合服務對象能力與需要的護理指導與諮詢。 9.對服務對象的疑慮應給予充分的說明及協助，以維護其權益。 10.對服務對象及家屬應採取開放、協調、尊重態度，鼓勵其參與計畫及照顧活動。 11.工作團隊成員有不適當的醫療照護行為時，應採取保護服務對象的行為並同時報告有關人員或主管。 12.有繼續性醫療照護需要時，應給予轉介並追蹤。
對專業服務	1.負起照護責任，提供合乎專業標準的照顧，定期檢討並致力改進。 2.接受責任時先確立自身身心安全。 3.維持自我身心平衡，終身學習，提升個人專業行為之標準及執業能力。 4.委婉謝絕服務對象或家屬的饋贈，以維護社會形象。
與社會互動	1.積極參與促進大眾健康的活動，並教育社會大眾，以增廣其保健知識與能力。 2.關切影響健康之社會、經濟、環境及政治等因素，視專長積極參與有關政策之建言與推動。 3.不以執業身分替商品代言促銷。 4.重視環境倫理價值觀，將環境問題視為己任。
對工作團隊	1.建立良好團隊合作關係，凝聚團隊共識，協助其他成員發展專業能力。 2.當同事或自身健康及安全面臨危險，且將影響專業活動水準和照護品質時，必須採取行動，並適時向上呈報。 3.對任何危及專業、服務品質或對服務對象身、心、社會方面有影響的活動，都需立即採取行動，同時報告有關人員或主管。
與專業成長	1.充實護理專業知識與技能，致力提升護理執業標準、發展護理實務、管理、研究及教育。 2.加入護理專業團體，並積極參與對護理發展有貢獻的活動。 3.成為護生的角色模範，並具教學精神，培養優良護理人才。
社會工作倫理守則	*中華民國社會工作師公會全國聯合會民國95年12月22日第二屆第二次會員代表大會通過*
核心價值	以人性尊嚴為核心價值，努力促使案主免於貧窮、恐懼、不安，維護案主基本生存保障，享有尊嚴的生活。
倫理原則	尊重、關懷、正義、堅毅、廉潔、守法、專業 1.應尊重生命，力行平等、誠實、信用原則。

（續）Box1.1　老人照顧專業人員倫理規範

	2.應接納案主的個別差異和多元文化。 3.在社會公平的基礎上，支持關懷案主表達需求、增強案主能力，努力實現自我。 4.基於社會公平與社會正義，尋求案主最佳利益的維護。 5.應以堅毅的精神、理性客觀的態度幫助案主，協助同僚。 6.應誠實、負責、自信、廉潔、守法自許，並不斷充實自我，提升專業知識和能力。
對案主	1.應基於社會公平、社會正義，以促進案主福祉為服務之優先考量。 2.應尊重並促進案主的自我決定權。案主為未成年人或身心障礙者，或無法完整表達意思時，應尊重案主監護人、法定代理人、委託人之意思。 3.服務時應明確告知案主有關服務目標、風險、費用權益措施等相關事宜，協助案主作理性的分析，以利案主作最佳的選擇。 4.應與案主維持正常專業關係，不得與案主有不當關係或獲取不當利益。 5.基於倫理衝突或利益迴避，須終止服務案主時，應事先明確告知案主，並為適當必要之轉介服務。 6.應保守業務秘密：案主縱已死亡，社工師仍須重視其隱私權利。案主或第三人聲請查閱個案社會工作紀錄，應符合社會工作倫理及政府法規；否則社會工作者得拒絕資訊之公開。但有下列特殊情況時保密須受到限制： 　(1)隱私權為案主所有，案主有權親自或透過監護人或法律代表而決定放棄時。 　(2)涉及有緊急的危險性，基於保護案主本人或其他第三者合法權益時。 　(3)社會工作師負有警告責任時。 　(4)社會工作師負有法律規定相關報告責任時。 　(5)案主有致命危險的傳染疾病時。 　(6)評估案主有自殺危險時。 　(7)案主涉及刑案時。 7.收取服務費用時，應事先告知案主收費標準，所收費用應合理適當並符合相關法律規定，並不得收受不當的餽贈。
對同僚	1.應尊重同僚，彼此支持、相互激勵，與社會工作及其他專業同僚合作，共同增進案主的福祉。 2.不宜或無法提供案主良好服務時，應透過專業分工，尋求資源整合或為適當之專業轉介；在完成轉介前，應採取適當之措施，以保護案主權益；轉介時應充分告知案主未來轉介服務方向，並將個案服務資料適當告知未來服務機構，以利轉銜服務。 3.當同僚與案主因信任或服務爭議，應尊重同僚之專業知識及案主合法權益，公正客觀釐清問題，以理性專業的思維、客觀的分析，維護案主權益與同僚合理之專業信任。

（續）Box1.1　老人照顧專業人員倫理規範

	4.為維護社會工作倫理，應協助保障同僚合法權益，面對不公平或不合倫理規範之要求。
對實務工作	1.應致力社會福利政策的推展，增進福利服務效能，依法公平進行福利給付與福利資源分配。 2.應具備社會工作專業技能，不斷充實自我；擔任教育、督導時，應盡力提供專業指導，公平、客觀評量事件；接受教育、督導時應理性、自省，接納批評與建議。 3.服務紀錄應依法令及相關規範正確、客觀的記載；服務紀錄應適當妥善保存，保護案主隱私權益及後續服務輸送。 4.在轉介個案或接受個案轉介，應審慎評估轉介後可能的利益與風險，並忠實提供案主轉介諮詢服務。 5.應恪遵法律規範，忠實有效呈現工作成果，協助社會工作延續教育與人力發展；爭取社會工作師公平合理的工作環境。 6.應在社會工作倫理規範下，理性、客觀、公正處理，參與權益爭取活動，並忠實評估其對案主、社會大眾所衍生可能利益與風險。
作為專業人員	1.應不斷進修努力，提升社會工作專業知能，以服務案主及推展社會福利服務。 2.應包容多元文化、尊重多元社會現象，防止因種族、宗教、性別、國籍、年齡、婚姻狀態及身心障礙、宗教信仰、政治理念等歧視，所造成社會不平等現象。 3.嚴禁參與違法之活動，並注意自我言行對案主、服務機構、社會大眾所生影響。 4.應加入社會工作師公會，共同推動社會工作專業發展。
對社會工作專業	1.應致力提升社會工作專業形象，及服務品質，重視社會工作價值，落實倫理守則，充實社會工作知識與技術。 2.應致力社會工作專業的傳承，忠實評估社會工作政策、方案的執行，促進社會福利公正合理的實踐。 3.應致力於社會工作專業知能的發展，尊重智慧財產權，樂於分享研究成果予同僚、學生及社會大眾。 4.應致力於促進社會工作專業制度建立，發展社會工作的各項措施與活動。
對社會大眾	1.應促進社會福利的發展，倡導人類基本需求的滿足，促使社會正義的實現。 2.應致力於社會公益的倡導與實踐。 3.面對因災害所致社會安全緊急事件，應提供專業服務，以保障弱勢族群免於生命、身體、自由、財產的危險與意外風險。 4.應努力實踐社會的公平正義，提供弱勢族群合法的保障，協助受壓迫、欺凌者獲得社會安全保障。 5.應促使政府機關、民間團體，及社會大眾履行社會公益，及落實案主合法權益保障。

（續）Box1.1 老人照顧專業人員倫理規範

職能治療專業倫理	中華民國職能治療學會民國91年10月26日修訂
服務對象	1.應尊重且重視服務對象的福利、尊嚴、隱私、安全、健康及顧慮，不計其種族、宗教、國籍、性別、年齡、殘障、疾病、社會地位、經濟地位或信仰。 2.應尊重服務對象的自主性，尊重其角色，也應尊重其拒絕治療的權力。 3.應告知服務或教學研究對象，有關治療的癒後或活動的結果。 4.處理轉介及治療介入時，應依循倫理準則來判斷資源分配的優先順序。 5.應確保其行為或態度讓服務對象在接受治療時感覺安全、被接受及沒有威脅。 6.對於因業務而獲得的資訊，應嚴守秘密，非透露內情將確實有助於保障第三者的權益者，不得洩露。
社會責任	1.應在其能力範圍及專業標準中工作，並積極展現及維持其專業能力於高度之水準。 2.應對外提供有關職能治療服務之正確資訊。
與同僚及專業	1.應遵守職能治療師法及其相關規定。 2.在與同業或他業共事時，應正確展現其經驗、訓練，及專業能力。並應瞭解他人之服務品質，對於不法、悖德和失誤的執業情況，應向主管機關報告。 3.應維護職能治療專業服務標準。 4.在傳播專業有關的資訊時，應指出同業的貢獻。 5.不應參與任何有損專業利益及有礙專業發展的行為。
物理治療師倫理準則	中華民國物理治療學會民國91年12月6日第十四屆第七次理事會通過
對服務對象	1.應尊重每一個體之權利與尊嚴。 2.服務對象應不限國籍、種族、膚色、宗教、政治或社會地位。
對專業服務	1.應遵守有關物理治療執業之法律及相關規定。 2.應充分瞭解其專業的目的、責任及執業範圍。 3.有責任維持和提升物理治療的專業能力。 4.應誠實取得合理之業務執行報償。 5.有責任提供業經驗證之專業資訊。 6.有責任拒絕、譴責或檢舉不合倫理之行為，以保護大眾健康與專業信譽。
對服務團隊	應善盡在服務團隊中的專業責任，並促進不同專業間的合作。
對社會大眾	應積極配合國家政策，與民眾和其他專業共同負起增進國民健康之責任。

Box1.2　倫理分析的步驟

分析模式	倫理分析的步驟
Curtin（1978）批判性倫理分析模式	1.蒐集背景資料 2.確認倫理成分 3.邀請所有倫理行為者共同參與 4.確認各種意見 5.應用倫理原則 6.作成決策 7.採取行動
Tymchuk（1985）的決策模式	1.問題情境分析 2.界定問題的關鍵所在 3.參考專業倫理規範 4.評估服務對象及團體權益及個人權責 5.擬訂解決每一問題的方案 6.預估每一方案可能產生的後果 7.分析每一決定可能產生的利弊 8.做最後決定
Thompson & Thompson（1985）的生命倫理決策	1.檢視整個情境 2.進一步蒐集更多資訊 3.確認倫理議題 4.確認個人和專業價值觀 5.確認關鍵人物的價值觀 6.確認價值觀中的衝突 7.決定主要決策者 8.確認行動範圍和預期結果 9.作出決策，並採取行動 10.檢討決策結果
Joseph（1985）的社會工作倫理決策模式	1.分析實務情境存在困境 2.蒐集完整背景資料 3.從事實面、實證資料面、倫理面、法律面與倫理守則分析，提出贊成及反對的觀點 4.做出價值判斷，並界定個人價值觀，排出價值觀評量的優先順序，檢視是否有偏誤 5.做出選擇的原則 6.提出贊成與反對證明或者辨正合理性的說明 7.表明立場，陳述理由與說明
Welfel（1998）的決策模式	1.發展倫理的敏感度 2.辨識兩難問題與可能的行動選擇 3.參考專業標準與倫理守則 4.參考相關的倫理文獻

（續）Box1.2　倫理分析的步驟

分析模式	倫理分析的步驟
	5.應用基本的倫理原則和理論到問題情境 6.諮詢專業同僚的意見 7.審慎做倫理決定 8.知會適切人員與執行倫理決定 9.倫理行動的反思
Reamer（1999, 2001）的倫理決策模式	1.釐清倫理議題 2.找出在個人、團體與組織層面中所有可能會影響倫理抉擇議題的各項因素 3.嘗試找出各種可採取的行動以及參與者，並評估每種行動的利弊得失 4.檢視每種行動贊成或反對的理由：(1)倫理理論、原則與指導方針；(2)倫理守則及法律原則；(3)社會工作實務理論與原則；(4)個人的價值觀 5.徵詢同僚以及專家的意見 6.作抉擇並記錄作抉擇的過程 7.監督、評估與記錄抉擇的結果
Mattison（2000）的社會工作倫理決策模式	1.瞭解個案資料 2.區辨實務的考量因素和倫理守則的基本原理 3.指認對立的價值 4.指認個案涉及倫理守則的基本原理 5.指認可能的行動方針 6.評估義務優先順序的適切性，以及辨明行動的選擇 7.做成決策
Corey、Corey和Callanan（2003）的倫理決策模式	1.確認問題：倫理面、法律面、道德面 2.確認可能牽涉之潛在性問題 3.檢視相關臨床的倫理守則 4.熟悉適當法令規定 5.獲得其他專業者之第二意見諮詢 6.確認行動的可能性與成功率 7.衡量不同決定所產生的影響結果 8.選擇接近最佳的行動
British Medical Association（2004）的倫理決策模式	1.認識臨床情境中是否出現倫理議題或困境 2.突破困境，確定倫理爭議之所在 3.尋求額外的資訊，包括病人的觀點 4.確認所有相關的法律規定或專業規範或指引 5.將主要爭議問題進行批判性分析 6.作出具正當性的決策

參考書目

社會工作倫理守則（2008）。中華民國社會工作師公會全國聯合會。

物理治療師倫理準則（2002）。中華民國物理治療學會。

職能治療專業倫理（2002）。中華民國職能治療學會。

護理倫理規範（2006）。中華民國護理師護士公會全國聯合會。

醫師倫理規範（2009）。中華民國醫師公會全國聯合會。

王永慈（2004）。〈檢視社會工作管理的倫理議題〉。《台灣社會工作學刊》，第1期。頁1-44。

牛格正、王智弘（2008）。《助人專業倫理》。台北：心靈工坊文化。

包承恩、王永慈譯（2000）。《社會工作價值與倫理》。台北：洪葉文化。

吳英黛（2009）。《物理治療倫理——思維與實踐》（第二版）。台北：金名圖書。

周世珍（2007）。〈長期照護之倫理與法律議題〉。收編於劉淑娟主編（2007），《長期照護》。台北：華杏出版社。

胡中宜（2005a）。〈長期照護實務的倫理議題與倫理決策〉。《長期照護雜誌》，9(4)，頁308-324。

胡中宜（2005b）。〈「作為或不作為？」：社會工作實務中的倫理問題與倫理兩難〉。《玄奘社會科學學報》，第3期，頁85-113。

胡中宜（2005c）。〈社會工作師執業的倫理規範與不當行為之探討〉。《社區發展季刊》，第110期，頁465-475。

徐震（2002）。〈專業倫理與社工倫理〉。收編於王永慈、許臨高、張宏哲、羅四維主編（2002）。《社會工作倫理應用與省思》。台北：輔仁大學出版社。

張宏哲（2002）。〈老人福利服務過程中的倫理議題之初探：以台北市為例〉。收編於王永慈、許臨高、張宏哲、羅四維主編（2002），《社會工作倫理應用與省思》。台北：輔仁大學出版社。

張宏哲、張信熙（2002）。〈家庭社會工作實務倫理議題：老人保護〉。收錄於徐震、李明政主編，《社會工作倫理》，頁273-291，台北：五南圖書。

陳燕禎（2004）。〈社會工作的倫理與兩難〉。收編於呂寶靜主編，《老人安養護機構、長期照護機構社工人員操作手冊》。中華民國老人福利推

動聯盟編印。

曾華源、胡慧嫈、李仰慈、郭世豐（2011）。《社會工作專業價值與倫理概論》（第二版）。台北：洪葉文化。

萬育維、王文娟（2002）。〈老人與身心障礙社會工作實務倫理議題〉。收編於徐震、李明政主編（2002），《社會工作倫理》。台北：五南圖書。

葉匡時（2000）。〈論專業倫理〉。《人文及社會科學集刊》，第12卷第3期，頁495-526。

盧美秀（2006）。《護理倫理與法律》。台北：華杏出版社。

British Medical Association (2004). *Medical Ethics Today: The BMA's Handbook of Ethics and Law*. London: British Medical Association.

Clark, C. L. (2000). *Social Work Ethics: Politics, Principles and Practice*. Basingstoke: Macmillan.

Corey, G., Corey, M. S., Callanan, P. (2003). *Issues and Ethics in the Helping Professions*. (6th ed.). CA: Brooks/Cole.

Curtin, L. L. (1978). A proposal model for critical ethical analysis. *Nursing Forum*, *17*(1), 12-17.

Dolgoff, R., Loewenberg, F. M., Harrington, D. (2005). *Ethical Decisions for Social Work Practice*. (7th ed.). Belmont, CA: Thomson Brooks.

Dolgoff, R., Loewenberg, F. M., Harrington, D. (2009). *Ethical Decisions for Social Work Practice*. (8th ed.). Belmont, CA: Thomson Brooks.

Fitzpatrick, T. (2001). *Welfare Theory: An Introduction*. N. Y.: Palgrave.

Joseph, V. (1985). A model for ethical decision-making in clinical practice. In Germain, C. B. *Advances in Clinical Social Work Practice*. pp. 207-217. MD: NASW.

Levy, C. S. (1976). *Social Work Ethics*. New York: Human Sciences Press.

Mappes, D. C., Robb, G. P., Engels, D. W. (1985). Conflicts between ethics and law in counseling and psychotherapy. *Journal of Counseling and Development, 64*, 246-252.

Mattison, M. (2000). Ethical decision making: The person in the process. *Social Work, 45*(3), 201-212.

Reamer, F. G. (2002). Risk Management. In Roberts, A. R., Greene, G. J. (2002). *Social Workers' Desk Reference*. pp. 70-75. Oxford New York: Oxford University Press.

Reamer, F. G. (1999). *Social Work Values and Ethics*. (2nd ed.). New York: Columbia University Press.

Reamer, F. G. (2001). *The Social Work Ethics Audit: A Risk Management Tool*. Washington, DC: NASW Press.

Reamer, F. G. (2006). *Ethical Standards in Social Work: A Review of the NASW Code of Ethics*. (2nd ed.). Washington, DC: NASW Press.

Thompson, J., Thompson, P. (1985). *Bioethical Decision-making for Nurse*. East Norwalk, CT: Appleton Century Crofts.

Tymchuk, A. J. (1985). Ethical decision-making and psychology students' attitudes toward training in ethics. *Professional Practice of Psychology, 6*(2), 219-232.

Welfel, E. R. (1998). *Ethics in Counseling and Psychotherapy: Standards, Research, and Emerging Issues*. CA: Brooks/Cole.

第十六章

⦿—王寶英

失智照護

學習重點

1.認識失智症的類別、診斷與治療方式。

2.瞭解失智症之照護連續過程及照護模式。

3.運用失智症照護原則,提供以長者個人為中心的整合
服務。

4.失智症問題行為的認識及處理原則。

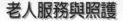

前言

　　國際阿茲海默症協會（Alzheimer's Disease International, ADI）形容失智症為「21世紀最嚴重的健康和社會危機」，在其所發表之〈2010全球失智症報告：失智症對全球經濟的衝擊〉中提及，目前全世界約有3,560萬人罹患失智症，每年約有新增460萬新病例，相當於平均每七秒鐘就有一位新增個案，2030年將增加到6,500萬人，2050年更可能高達1億1,540萬失智症患者，其中以亞洲地區增加的幅度最大。急遽增加的失智人口所衍生的照護需求，將帶來驚人的經濟成本與照顧危機（國際阿茲海默症協會，2010）。

　　我國自1993年底老年人口已達到7%，正式邁入世界衛生組織所定義的高齡化社會，截至2009年1月止，65歲以上人口占總人口比率已達到10.46%（內政部社會司，2009）。根據行政院經濟建設委員會於2008年的推估，至2018年老年人口將高達14.7%，至2056年將到達37.5%（行政院經建會，2009），未來每四位國民其中就有一位是老人，而慢性病困擾了眾多的老年人口，其中之一便是失智症。由世界各國研究資料顯示，約5%到8%的老人有失智現象，但根據國內各學者流行病學研究結果，台灣地區65歲以上的人口，失智症之盛行率為約2.5%（劉秀枝，2001）（如**表16-1**），女性約男性的2倍。85歲以上則增加到20%，百歲以上更高達89%。

表16-1　國人失智症之盛行率

研究者	年代	地區	盛行率	男／女
林信男	1982	恆春	2.7%	1.0 / 4.5
葉炳強	1991	台北	1.9%	1.3 / 2.9
劉秀枝	1993	金門	2.6%	1.7 / 3.3
劉景寬	1993	高雄	4.3%	3.0 / 5.8
陳榮基	1994	宜蘭	3.0%	--

事實上失智症不止見於老年人口當中，只是65歲以上盛行率較高，而且幾乎每增加五歲，盛行率即成倍數增加（楊榮時、魯思翁，1999）。參考台灣四個失智症流行病學調查，研究分別於台灣不同地區進行，依老年失智症流行病學家Jorm's Model公式之統整運算，得到結果：年紀愈大盛行率愈高，且有每五歲盛行率倍增之現象，與國外研究結果相同（如**表16-2**）（邱銘章、湯麗玉，2009）。

台灣失智症的盛行率在65歲以上老人約爲3.7%-4.4%（台灣臨床失智症學會，2008），推估目前失智人口數約爲14-17萬人，其中有65%以上的患者隱藏在社區中未被診斷發現，既缺乏專業醫療照護，亦帶來家庭及社會的困擾（劉秀枝，2001）。無論從經濟、人口、醫療或社會衝擊等不同層面而言：失智症照護，已是不容忽視的重要議題。

認識失智症

失智症是記憶力障礙再加上其他認知功能損害的一群疾病。根據美國精神醫學會《精神疾病診斷與統計手冊》第四版（*DSM-IV*）的定義，失智症是指由於各種不同原因所造成的慢性精神障礙，呈現漸進性之智能、語言及記憶力缺損，以及其他認知障礙，但無意識障礙，且這些缺損常嚴重干擾與影響社交及職能上的功能（謝佳容，2003）。需同時符合記憶與認知功能障礙，且已影響社會與職業功能才能被定義爲失智症，它並非單一疾病，而是一組症狀的組合，在每位患者出現的症狀並不完全相同，需由專業醫師診斷才能確認（邱銘章、湯麗玉，2009）。初期症狀並不明顯，易被誤認爲正常老化的一部分而忽略，正常老化與失智症初期在記憶障礙的區別，可由發生頻率、遺忘事情的範

表16-2　台灣社區65歲以上老人每五歲失智症盛行率

年齡	65-69	70-74	75-79	80-84	85-89	≧90
百分比	1.2%	2.2%	4.3%	8.4%	16.3%	30.9%

圍、提醒後是否可以想起、嚴重程度、有無病識感及是否影響日常生活等層面來判別。常見十大症狀包括：記憶減退影響到工作、無法勝任原本熟悉的事務、言語表達出現問題、喪失對時間地點的概念、判斷力變差警覺性降低、抽象思考出現困難、東西擺放錯亂、行為與情緒出現改變、個性改變、活動及開創力喪失（台灣失智症協會，2008）。

一、失智症的類別

失智症可以分為退化性失智症（Degenerative Dementia）、血管性失智症（Vascular Dementia）、混合性失智症（Mixed Dementia）與其他因素所造成的失智等四類，而退化性失智又可分為：阿茲海默症（Alzheimer's disease）、路易氏體失智（Dementia with Lewy Bodies）及額顳葉型失智（Frontotemporal Degeneration）等。阿茲海默症是於1907年由德國的精神科醫師及神經病理學者Alois Alzheimer首先描述並因此為名，是最主要且罹患率最高的類型，約占所有失智症的50-60%以上。其次為血管性失智症，約占10-20%，混合性失智症約占10%，其他失智症約占10-20%（王培寧、劉秀枝，2010）。

二、失智症的診斷方式

失智症的診斷方式包括：詢問病史、進行心智功能評估與神經影像和實驗室檢查。常用的心智功能評估工具為：簡易智能測驗（Mini-Mental State Examination, MMSE）、認知功能篩檢量表（The Cognitive Abilities Screening Instrument, CASI）、臨床失智症評估量表（Clinical Dementia Rating Scale, CDR）。實驗室檢查項目如**表16-3**。

表16-3　實驗室檢查項目

必要常規檢查	特殊病情需要
血液常規（CBC） 生化檢查（肝腎功能） 維他命B12濃度 甲狀腺功能 梅毒血清檢查 腦部電腦斷層或磁振造影	胸部X光、尿液檢查 神經心理測驗 腦脊髓液檢查 腦電波 單光子電腦斷層檢查（PET/SPECT）

資料來源：王培寧、劉秀枝（2010）。

三、失智症的治療方式

　　失智症的治療方式因不同病因而有所差異，主要可分為三大方向：藥物治療、非藥物治療與日常生活照護，主要目的在症狀控制、維持現有身心功能延緩退化速度（林泰史、陳榮基，2009）。

　　藥物治療分為認知功能藥物治療——以提高乙醯膽鹼酵素濃度來改善失智症症狀，主要適用為輕中度失智者，包括愛憶欣（Aricept）、憶思能（Exelon）、利憶靈（Reminyl）。另有非膽素功能治療用藥如憶必佳（Ebixa）與威智（Witgen）。而針對長者之行為及精神症狀之藥物治療，常見藥物類別包括：抗精神用藥、抗憂鬱劑、抗焦慮或鎮靜安眠藥等。

　　非藥物治療是透過各種活動參與，讓失智者實際感受自我肯定與價值，藉以維持現有功能並延緩退化，內容包括：現實導向、團體活動、懷舊治療、認知訓練等（邱銘章、湯麗玉，2009）。

四、預防失智症

　　預防失智症可藉由多動腦、多運動、多活動、清淡飲食、活躍的社交網絡等方法來降低罹病機率。預防之道要避開危險因子，增強保護因子，相關危險與保護因子如**表16-4**所示（王培寧、劉秀枝，2010）。

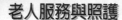

表16-4　老年失智症的危險與保護因子

危險因子	保護因子
年齡	高教育（多動腦）
低教育（不動腦）	多休閒活動、多運動
女性	良好的社交網絡
血脂蛋白基因E第四型	控制血管因子
血管性因子 高血壓、糖尿病、高血脂、中風	地中海式飲食 多蔬菜、水果、穀類、橄欖油 適量魚、葡萄酒 少量紅肉和家禽肉

關懷失智症

　　在失智症漫長病程中，照顧者往往在缺乏支持與資源下，獨自負擔照顧責任，所面臨的照護壓力，使他們身心疲憊。失智症病患主要照顧者壓力源包括：個案記憶行為問題、日常生活功能、認知功能及經濟來源，這些壓力源影響家屬的健康狀況。對個案記憶行為問題評價及日常生活功能評價受困擾程度越高，及處理記憶行為問題自我效能越低，則家屬整體健康愈差（邱麗蓉、謝佳容、蔡欣玲，2007）。面對沉重的照護負荷，照顧者也在照顧歷程中，經歷不同照顧需求：從對各種突如其來的照護狀況手足無措，到漸漸調整適應，也學習面對自己需要支持與協助的事實。因此，在失智症照護中，陪伴照顧者，理解他們的感受，尋求與連結適用之照顧資源，適時協助並提供照顧者支持服務，是非常重要的。具體服務內容包括：照護諮詢、照顧技巧訓練、服務資源介紹與提供、照護共識整合、福利資源等。依照顧者不同的個別概況，給予所需協助。

失智症照護

　　失智症發病後餘年約有七到八年，有些甚至可以延長到十五年左右（Barclay et al., 1985），漫長的病程帶給患者及照顧者相當大的照護負擔。在病程初期，尚擁有自我照顧能力，仍可以留在社區及家庭照護，一旦進入中、重度之後，無論身體上的退化及行為上都產生極大的轉變。根據國外研究調查發現約有50-90%的中至重度失智長者會出現問題行為，且隨著病情進展而日益嚴重（高潔純，2004）。問題行為也是家屬照顧失智長者最重的負荷來源；使長者與家屬的生活品質下降，並提早送長者入住機構，增加照顧成本（黃正平，2006）。

一、失智症的照護連續過程

　　失智症照護是整合性的照護工作，因應病程發展，必須提供各種不同服務模式，才能滿足個案需要。根據OECD（2004）提出對於失智病患的照顧連續過程（如**圖16-1**），共分為診斷、早期、中期、晚期、末期，照顧上包括健康照顧與社會照顧，其橢圓形代表主要提供服務內容，在連續照顧過程中，各階段所提供的服務均有重疊，無法完全清楚區隔。

　　在疾病初期，診斷的確立與適當的治療是重要目標，給予足夠的疾病相關訊息與知識，並協助照顧者面對疾病發展與學習照顧技巧，是重要任務。

　　到了疾病中期，全力維持現有健康機能，預防疾病發生，是健康照顧的重點；對照顧者給予持續不間斷的支持及諮商，對於病患支持和安心的需求亦須適當的提供；在社會照顧層面，適時介入日常生活輔助與支持，必要時考量使用暫托或喘息服務的協助。

　　進入疾病晚期、末期時，健康照顧的重點轉為控制惡化的症狀，

盡可能維持舒適；對照顧者的支持轉為考量安寧照顧的諮商；對於日益退化的生理概況，日常生活全面介入與協助為此階段的社會照顧重要目標。

二、失智症照護模式

(一)依團隊成員專業區分提供的服務

失智症照護模式可分為社區式與機構式，服務型態包括：(1)家屬團體；(2)專業組織；(3)日間托老與日間照護中心；(4)短期喘息服務；(5)急性病房；(6)護理之家；(7)養護機構（葉炳強、徐亞瑛、劉珣瑛，1993）。在機構中，專業的團隊成員包括醫師及護理師、社工人員、物理及職能治療師、心理師、營養師及志工等，根據失智者不同層面的需要來提供跨專業整合照護。依團隊成員專業區分，提供的服務包括：

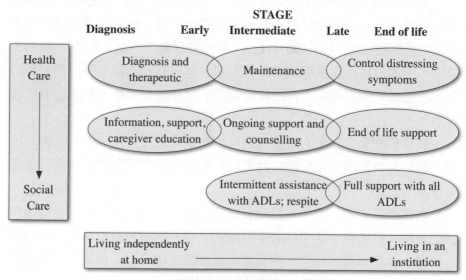

Note: ADLs=Activities of Daily Living.

圖16-1　OECD失智症照顧連續過程

◆醫療服務

主要著重於失智症之診斷及治療服務。診斷流程包括：由記憶門診或相關門診進行病史評估、確定診斷（疾病分類、分級）、日常生活功能分析、精神狀況（憂鬱狀況）評估、依個案診斷給予合適治療。

◆護理服務

主要的目標是提升失智長者的獨立性，以維持在身體、智能、情緒及靈性上發揮最大的功能，服務目標包括：維持最佳之生活型態、能獨立維持最佳的身體與心理功能、提升自我價值感、提供安全與隱私的環境、提供良好的營養供給環境（天主教耕莘醫院，2001）。

◆社會工作服務

為落實共同照護（share care）及在地老化（aging in place）的長期照護政策與理念，社工人員對於失智症的照顧可以藉由多專業團隊的整合，提供個案及家屬一個更廣泛的照顧策略，以提升個案及家屬的照顧品質。服務內容包括：社會個案工作——特別是運用行為治療及個案管理技術提供問題解決或諮詢；社會團體工作——主要是以支持及教育的技術，操作以社區及社會支持網絡為主之家屬團體及志工團體；社區工作及倡導性工作——包括社會資源的開發與整合。

◆職能治療服務

主要服務內容為：輔具使用的評估與操作之協助；個別性、團體性的治療活動安排；訂定日常活動作息時間表，並運用團隊合作，設計現實導向、懷舊導向的環境布置。

◆其他服務

物理治療師、營養師、心理復健師、照顧服務員、牧靈關懷員、藥師、志工等其他工作人員所提供之服務，總括而言，即是藉由團隊，提供失智長者及家屬的整合服務。

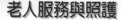

(二)機構式照護的優缺點

機構式照顧最重要的目的在維持個案最佳功能的認知狀態及生理、心理功能。長期照護的過程中，工作人員的「關懷」（caring）態度是最為重要的服務態度，支持個案的尊嚴、自由、選擇，藉由機構照顧中陪伴與長期的關懷，提升個案的生命品質。機構式照護藉由整體專業團隊的合作，將個案的行為問題加以系統化處理，期能有效控制行為的衍生及惡化。機構照護的優點（Joanne R. & Elizabeth M., 1995）：(1)預防個案在機構中遊走行為發生及可能產生之損傷；(2)預防認知混淆的產生及給予必要的治療；(3)當個案因虛弱影響日常生活自理，給予正性協助及提供必要之支持；(4)控制個案的問題行為，預防因為這些行為所產生之危險；(5)預防跌倒。而機構照護的缺點整體而言，會因不同機構發展的特性而有其區域化的情形，欠缺推展性。另外，即是機構式照護較欠缺個別需要的滿足。

(三)各國針對失智症之照護模式

世界各國目前針對失智症之照護多採用綜合性多元性之照護模式，包括家庭照護、社區式照護（居家服務、日間照顧、家庭托顧服務、團體家屋）與機構式照護等，但都強調「社區化」、「小單位」及「像家」的照顧環境。在台灣，提供長期照護的資源及管理模式是目前時勢所趨，但針對失智症患者照顧模式，則仍未有明確之定位及規範。失智老人的照顧有許多服務利用上需求，但服務使用率卻偏低。因此確認失智老人的照顧需求、整合服務利用資源，是未來建構失智照護模式重要根本（黃惠玲等，2008）。國際阿茲海默症協會（ADI）於2004年10月在日本京都舉行的國際大會，宣誓「京都宣言：失智症者照護基本行動綱領」，提出十項行動建議，呼籲各國政府據以研訂失智症照護方案。內容包括：(1)在基層醫療照護中提供治療；(2)患者可獲得適當的治療；(3)提供社區照護；(4)教育民眾；(5)引導社區、家庭和大眾參與；(6)制

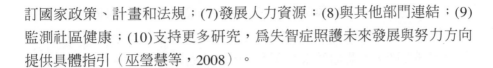

訂國家政策、計畫和法規；(7)發展人力資源；(8)與其他部門連結；(9)監測社區健康；(10)支持更多研究，為失智症照護未來發展與努力方向提供具體指引（巫瑩慧等，2008）。

失智症照護原則

　　隨著失智症的病程發展，每個階段都有不同的照護需求，不同階段需要不同的照護方式，因此建立以失智長者個人為中心的照護目標，是非常重要的。失智症基本的照護原則包括：疾病初期——確立診斷，早期發現早期治療，以達到症狀控制與減緩退化速度為目標，同時考量尊嚴自主的原則；中期的照顧重點為——規劃安全的照護環境與問題行為的處理；最後為晚期階段——身體清潔與舒適以及安全維護是考量要點。整個過程中都需要透過簡單清楚而規律的生活作息與活動安排，來給予適當刺激以減緩退化的速度。

　　其他具體的照顧原則包括：

一、個別的照護計畫

　　盡可能保持原有的生活習慣，依長者原來的生活步調過日子，家人和長者相處時間長，對長者的生命歷程有清楚的瞭解，善用過往鮮明的早期記憶，可以作為與長者溝通談話的話題運用，也可藉此適時為長者進行個別懷舊治療，給予安全感與支持。

二、維持穩定的情緒

　　我們很難掌握生病長者疾病的變化與退化速度，但可以掌握和長者相處的品質。照顧者常會有這樣反覆矛盾的心情，覺得生病的長者真

是令人又愛又恨，有時候氣得半死，有時候又覺得可愛逗趣，搞得人哭笑不得，然而，時間總是無情的流逝，一旦長者退化，不再能和我們以言語溝通互動，回想他原來許多令人困擾的行為和反應，往往會令人有許多的感慨，為了避免這種遺憾，最好的方式是鼓勵照顧者創造更多正向的溝通經驗，與長者共同創造更多幸福愉快的記憶。照顧者需要留意審慎檢視自己的態度，以良好的情緒管理能力，培養彈性調整因應，將複雜的事情簡單化，讓長者擁有穩定的情緒，照顧起來就會比較得心應手。

三、規律的生活作息

觀察長者整天的生活概況，嘗試安排全日的生活活動，盡可能考量長者個人的喜好與照顧者的需求，內容應包含食衣住行育樂等面向，目的在讓長者參與自我照顧，以維持日常生活的功能，保持現有能力；同時也讓照顧者有清楚的照顧依循，一旦建立生活作息，長者的生活模式較易掌握，照顧者也能減少一些照護負擔，惟作息調整與計畫需注意長輩的反應適時調整，同時也需要照顧者共同配合。

四、避免環境中過多的刺激

給予適當的生活刺激，讓他有足夠的時間回應並處理生活事務，提供參與作決定的機會，在固定的作息模式之外，可以適時加入一些不同的規劃，讓生活有一點驚喜和創意，但要留意刺激的適當與適量，過多的刺激是壓力，一旦超過長者能負荷的程度，將會導致焦慮不安等問題行為發生。適合的活動安排，例如到戶外散步、與人互動交談等，特別是外出散步，如再適當曬曬太陽，可以成功減少黃昏症候群與日夜顛倒的情形發生。

五、良好的溝通與互動

提供照顧者自我審視的溝通小祕笈（Alzheimer's Society, 2001）：

1. 確認失智長者的注意力已集中在照顧者身上。
2. 使用長者熟悉的稱呼。
3. 碰觸他的手，讓他知道你正在和他說話。
4. 確認失智長輩已準備好要回應你。
5. 留意環境照明是否適宜。
6. 環境是否過於吵雜有噪音。
7. 是否使用相關的輔具設施來協助溝通。
8. 適合的姿態。
9. 自己的表達是否清楚。
10. 是否給予太多字句與選擇。
11. 是否使用過多兒語。
12. 給予足夠時間以等待回應。
13. 以肢體語言來協助溝通。
14. 不要勉強失智長者回應。

　　與失智老人溝通的原則：長者雖不一定瞭解語意，但對表達的語氣態度很敏感；建立信任感為重要基礎，善用生活經驗文化或習慣字詞，避免糾正他所說的，必要時可以複述方式來確認他所說的意思；語氣溫和友善但態度堅定，以合適的音調與音量，一次只給一個口令；以他熟悉的語言和簡短的語句回應，盡量不要勉強或催逼他，多給他一點時間來回應；溫和耐心地重複提醒，自己的態度要放輕鬆；瞭解他現有的能力，邀請他一起參與日常生活工作。常常鼓勵長者以口語表達；適時給予指引，讓他有機會從事他喜歡的活動；經常使用輔助物來協助溝通，如圖片與照片等。

　　長者因認知功能障礙，對事物理解需要較長的時間，記得與他說話

時，要讓他可以看到你，並且用較低的語調說話，避免快速舞動肢體，以免引發妄想情緒。隨著病程進展，語言表達功能也會日漸退化，加強非語言的溝通，以適當的肢體碰觸與表情表達友善，可以增進長者的安全感，要記得：長者可能不懂我們說了些什麼，但對我們表達的態度卻非常敏感，溝通之前，花點時間想一想，同時注意自己的情緒狀態是很重要的。

六、問題行為處遇

失智長者的問題行為，或稱困難行為、精神行為症狀（Behavioral and Psychological Symptoms in Dementia），可分為三大類別：(1)憂鬱症（depression）；(2)精神病症狀（psychotic symptoms）——妄想（delusions）、錯認（misidentifications）、幻覺（hallucinations）；(3)行為障礙（behavioral disturbance）：類別與種類極多，包含：攻擊行為、睡眠障礙、迷路、重複現象、漫遊、貪食行為、病態蒐集與不適當性行為等（黃正平，2006）。

問題行為可視為失智長者因無法處理壓力，而表現出的一種溝通形式，當失智長者無法緩解壓力或表達內在需要時，將會因焦慮情緒而引發失序行為。失智長者失去認知能力，仍保有經驗不同情緒能力（高潔純，2004）。

處理失智長者的精神行為症狀時，仔細地觀察與評估是非常重要的，評估項目與內容應包括：

1. 症狀（行為）何時開始？在什麼情況下發生？突發或是逐漸產生？發生的頻率？
2. 症狀（行為）的發生，是否有可理解的生理需求？例如：錯將房間的一角當成廁所，為找出路而不停遊走等。
3. 長者的過去疾病史、社會史及人格特質與生命歷程。
4. 瞭解長者的藥物使用情形是否有改變？並特別注意哪些藥物會造

成激動、混亂情形發生？

5.詢問長者的最近生活壓力事件。

6.是否因身體不適（如疼痛）症狀導致問題行為發生。

7.探究可能發生的原因——觀察當症狀發生時，長者的行為表現，哪些情況下會有這種舉動發生？行為有沒有造成後續影響？

問題行為處理的一般原則，包括：

1.適時的制止、仔細的評估、換個角度想。

2.行為的疏導、耐心的安撫、好好的回想。

3.假如你能適時的離開他一下，就比較能夠容忍困難行為的發生。

4.找出問題行為的原因，對症下藥，如感冒、發燒、胃痛、便秘等。

5.簡化環境，降低長者的壓力與焦慮，如固定的外在環境、簡單而規律的生活作息、將複雜的活動分解成簡單的步驟執行、溝通方式簡單化。

6.利用語言及非語言的溝通，持續提供失智者安全感。

7.安排長者喜好的活動，幫助放鬆情緒與轉移注意力。

8.給失智者做決定的機會，增加其自信心與成就感。

常見的失智長者問題行為表現包括：遊走、妄想、災難反應、黃昏症候群、重複問題與行為、不當性行為、收藏與堆積物品、攻擊、冷漠、情緒易變、易怒、情緒異常、焦慮不安、睡眠週期障礙與強迫行為等。失智長者的問題行為處理往往是照顧者最大的壓力來源，面對層出不窮的各式困擾行為，照顧者應先有基本的認識與瞭解，進一步尋找可能原因，再試著以轉移注意力、耐心安撫、情緒疏導、陪伴參與活動等方式處理因應。建議照顧者可彙整分析問題行為發生的頻率、時間、影響、改善方法等資料，於就醫時提供醫師診療參考。一旦長者問題行為已嚴重干擾日常生活或已造成照顧者的生活負荷，配合醫師建議使用藥物是必要選擇。

　　失智長者出現精神行爲問題可說是照顧人員最大的照護壓力來源。這些問題行爲往往會令人手足無措，如果不適當處理，會令長者及照顧人員承受許多壓力和影響。處理問題行爲沒有絕對的方法，在處理前宜先瞭解這些行爲發生的原因及背景，以便對症下藥，並適時預防下次問題行爲的發生。目前，除了藥物治療外，非藥物治療也扮演一樣重要的角色。包括：認知訓練、現實導向、確認治療、多感官刺激治療、其他心理行爲治療等，均能有效地改善患者的精神行爲問題。處理失智長者的精神行爲問題，可依下列方式進行：整體評估、瞭解原因、分析原因、訂定個別照顧計畫、適時修正與評值照顧計畫等。具體施行程序建議：非藥物治療優先，包括：照顧者以冷靜態度對應、建構安靜安全環境，給予現實導向訓練、懷舊治療、確認治療等，輔以透過藥物改善相關徵狀，如維持智能、舒緩情緒、改善睡眠與其他精神行爲相關症狀，如妄想、幻覺等（梁萬福，2008）。

七、照顧者調適

　　看著家人因病受苦，且漸漸的不再認識環境的人事物，家屬朋友所面臨的心碎與無奈，實在教人心疼！陪伴失智長者努力適應的過程，往往有愛莫能助、使不上力的感覺，是很複雜的感受。所以在失智照護領域中對照顧者的陪伴與支持也是極重要的一環。不論是藉著諮詢服務、教育訓練課程或是參與支持團體等，都希望透過團體互助與支持，幫助照顧者整合資源蓄積動力，持續陪伴失智長者，共享幸福的記憶。

結語

　　生病的失智長者，仍是一個獨特的人，以自己現有的能力探索生活，嘗試用自己的方法去面對與解決問題，難在我們不容易瞭解他的邏輯，而一旦透過細心的觀察，一定可以找到線索，理解與接納他的行

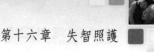

爲，進而創造支持友善的生活環境，引導我們進入他的世界，學習與他相處及照護陪伴的技巧，特別是他過去鮮明的早期記憶，往往能成爲我們彼此建立信任關係的基礎。期待更多人以正面積極態度重視失智症，接納生病的人，支持照顧者，讓他們可以活得更有品質與尊嚴。

21世紀失智長者照護宣言——認識他、找到他、關懷他、照顧他

我不因現在的健康快樂而漠視失智長者的問題，

我要更深入的認識他；

我不因生活的忙碌追逐而忽視失智長者的存在，

我要更積極的找到他；

我不因失智長者令人困擾的怪異行為而厭惡他，

我要用愛心來關懷他；

我不因失智長者喪失社會期待的價值而放棄他，

我要用耐心來照顧他。

參考書目

天主教耕莘醫院（2001）。《機構式失智者照護工作手冊》。台北：天主教
　　耕莘醫院。

王培寧、劉秀枝（2010）。《別等失智上身——瞭解它面對它遠離它》。台
　　北：台灣商務印書館。

內政部社會司（2009）。〈全國老人福利機構資源分布表〉。2009年3月8
　　日，取自http://sowf.moi.gov.tw/04/07/2/2-2.xls.

台灣臨床失智症學會（2008）。〈失智症盛行率調查報告〉。2008
　　年2月18日，取自 http://www.tds.org.tw/html/front/bin/ptdetail.
　　phtml?Part=022&Category=121256.

台灣失智症協會（2008）。〈失智症十大警訊〉。2008年2月26日，取自
　　http://www.tada2002.org.tw/index_news.php?ncid=2&nc2id=16.

行政院經濟建設委員會（2009）。「中華民國台灣97年至145年人口推估」。

巫瑩慧、湯麗玉、陳達夫、邱銘章（2008）。〈國際阿茲海默症協會「京都
　　宣言：失智症者照護基本行動綱領」〉。《長期照護雜誌》，12(3)，頁
　　245-248。

林泰史、陳榮基（2009）。《圖解失智症阿茲海默症》。台北：世茂。

邱銘章、湯麗玉（2009）。《失智症照護指南》。台北：原水文化。

邱麗蓉、謝佳容、蔡欣玲（2007）。〈失智症病患主要照護者的壓力源、評
　　價和因應行為與健康之相關性探討〉。《精神衛生護理雜誌》，2(2)，頁
　　31-44。

高潔純（2004）。〈機構失智長者的問題行為〉。《長期照護雜誌》，8(2)，
　　頁251-261。

黃正平（2006）。〈失智症之行為精神症狀〉。《台灣精神醫學》，20(1)，
　　頁3-18。

黃惠玲、徐亞瑛、黃秀梨、陳獻宗（2008）。〈失智症照顧服務之可行模
　　式〉。《研考雙月刊》，32(6)，頁22-33。

梁萬福（2008）。《安老院舍醫護專業服務手冊》。香港：天地。

楊榮時、魯思翁（1999）。〈失智症患者的活動治療〉。《國防醫學》，
　　29(1)，頁21-25。

葉炳強、徐亞瑛、劉珣瑛（1993）。《癡呆症患者的認識與照顧》。台北：

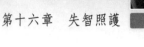

健康。

張文芸（1996）。〈痴呆老人問題行爲的認識〉。《護理雜誌》，43(4)，頁85-91。

張媚（2007）。〈建構以社區爲基礎的失智症照護模式〉。行政院衛生署九十五年度科技研究計畫。

國際阿茲海默症協會（2010）。〈2010全球失智症報告：失智症對全球經濟的衝擊〉。2010年10月8日取自http://www.alz.co.uk/research/worldreport/

謝佳容（2003）。〈老年人認知功能的指標測量與應用〉。《醫護科技學刊》，5 (4)，頁387-393。

鄧世雄（2007）。〈本土失智症機構照護模式之探討〉。行政院衛生署九十五年度科技研究計畫。

劉秀枝（2001）。《當父母變老：關心失智症、中風及其他精神疾病》。台北：天下文化。

Alzheimer's Society (2001). *Quality Dementia Care in Care Homes: Person Centred Standards*. UK: London.

Barclay, L. L., Zemcov, A., Blass, J. P., & Sansone, J. (1985). Survival in Alzheimer's Disease and Vascular Dementias. *Neurology, 35*, 835-9.

Joanne R. & Elizabeth M. (1995). *Individualized Dementia Care*. Springer Publishing Company.

OECD (2004). OECD Invited Comment on Draft Revision of its Corporate Governance Principles.

第十七章

◉—陳政雄

失智症治療性環境計畫

學習重點

1. 瞭解失智症的症狀與生活問題，以及症狀的進行期程。

2. 瞭解失智症的照顧服務與環境需求，在不同期程中需要哪種環境。

3. 學習失智症治療性環境的概念及十大內涵。

4. 知道如何建構一個優質的失智症治療性環境。

前言

　　隨著社會的高齡化，失智症者也急速增加。

　　台大醫院神經科主治醫師陳達夫於「第一屆台灣失智症聯合學術研討會」（2009）指出，依據失智症流行病學研究學者Jorm的推估模式，以台灣四個不同地區調查資料之計算分析，得出台灣社區失智症盛行率為：65-69歲為1.2%、70-74歲為2.2%、75-79歲為4.3%、80-84歲為8.4%、85-89歲為16.3%、90歲以上為30.9%。顯示，年齡愈高，失智症的盛行率愈高；年齡是失智症的最大危險因子，每增加5歲，失智症盛行率增加1倍。

　　依此估算，台灣2009年底的246萬老年人口中，約有12萬的失智症老人。其中，只有2萬至3萬失智症老人接受機構式照顧，其餘的失智症老人接受社區式或居家式的照顧服務。

　　1946-1964年，每年25-40萬的戰後嬰兒潮世代即將進入老年期，75歲以上的後期高齡者也將急速增加，失智症者也會大量出現於社區。因此，除了在機構內推行失智症「照顧專區」之外，更應該在社區中推展「團體家屋」與「日間照顧中心」；讓更多的失智症者過著自尊、自立的一般人生活，能在住慣的社區中延長被照顧的時間，以達到在地老化的目標。

失智症的症狀與生活問題

　　廣義上，失智症不一定是正常老化的現象，也不一定是遺傳的結果。但是，失智症將導致日常生活功能的障礙，增加許多照顧上的困難。失智症是一種多發性的認知損傷，發生的原因很多，大致可分為以下四種（沙依仁，1996）：

1. 隨著年齡的增加，腦的結構逐漸改變；腦細胞數量減少，腦的重量減輕，造成腦萎縮的現象。由於老化現象，產生腦皮質萎縮、智能減退等無法矯正的病因而形成失智症。例如：阿茲海默症（Alzheimer's disease）、匹克氏病（Pick's disease）等，統稱為「原發性退化失智症」。

2. 腦血管的硬化、脆弱，造成腦的血液循環不良。由於腦部發生多發性血管梗塞而產生之失智症，稱之為「多發性梗塞失智症」（multi-infarct dementia）。因與高血壓、心臟血管障礙有關，又稱為「血管性失智症」（vascular dementia）。

3. 由原發性退化失智症與多發性梗塞失智症混合而成，稱之為「混合型失智症」。

4. 其他原因，例如：腦腫瘤、硬腦膜下血腫、常壓性水腦等腦部結構異常，憂鬱、巴金森氏症、梅毒、甲狀腺功能低下等疾病，或缺乏維他命B12、嗜酒、服用藥品，以及內分泌素、重金屬、瓦斯等引起腦部病變等，也會導致併發腦症或症狀性精神病，稱之為「可矯正失智症」。

　　最早，台灣於1946-1948年由台大神經精神科林宗義教授進行60歲以上人口的失智症社區研究，結果得到的盛行率是0.5%（葉炳強，1999）。1982年之後，開始有醫師陸續調查65歲以上老人的失智症社區研究。其結果，台灣社區老年人失智症之盛行率約為1.9-4.4%。失智症的類型以阿茲海默症為主，血管性失智症次之，混合型失智症最少。所以，大約有三分之二的失智症老人是沒有辦法矯正的病因（劉景寬等，2000）（如**表17-1**）。

　　失智症的主要能力缺損，可以分為人格、情感、行為及社會等四個方面。人格上，包括：缺乏自發性、幽默感，對工作、家庭、娛樂等失去熱情與興趣。情感上，容易哭鬧、不安、焦躁。當患者意識到自己的許多功能逐漸喪失時，也會出現憂鬱。之後，會出現不同的行為症狀，例如：妄想、幻覺、遊走、說髒話、徘徊、無目的行動、掩藏東西、亢

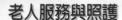

表17-1　台灣老年人失智症之社區盛行率　Ａ：阿茲海默症　Ｖ：血管性失智症

年代	地區	城／鄉	調查人數（人）	盛行率（％）			失智人數	失智症種類（％）			
				男	女	合計		Ａ	Ｖ	A+V	其他
1982	恆春	鄉	1,023	1.0	4.5	2.7	28	96	4	0	0
1988	台灣省	城／鄉	1,469	1.8	2.2	2.0	31	58	32	0	10
1991	台北市	城	1,038	1.3	2.9	1.9	20	50	35	15	0
1993	金門	鄉	1,736	1.7	3.3	2.5	44	80	7	0	13
1993	高雄市	城	1,016	3.0	5.8	4.4	44	49	24	11	16
1994	南台灣	城／鄉	2,915	3.0	4.6	3.7	109	54	23	7	16
1994	宜蘭	鄉	2,717	3.0	5.4	4.2	113	62	33	0	5
1995	高屏	城／鄉	1786	3.2	4.3	3.8	67	52	24	9	15
平均			1,712.5	2.3	4.1	3.2	57	62.6	22.8	5.3	9.4

資料來源：陳政雄整理（2002）。劉景寬等（2000）。

奮、暴力、夜不眠、胡鬧、害怕孤單、失禁、隨地便便、異食、不潔、長期臥床等。在社會上，無法對應社交活動，無法與人溝通，經常表現出不適當的行為。從照顧者的角度來看，這些精神行為症狀（Behavioral and Psychological Symptoms of Dementia, BPSD）被視為一種問題行為。但是，對於溝通困難的失智症者而言，這種行為表現的背後，應該意涵某種生活上的需求與困難（児玉桂子、大島千帆，2008）。

　　失智症從開始到結束，可分為三個階段，整個期程約為五至十五年。初期，約為期二至四年；有不安的症狀，工作與社交能力減退，不論本人或親友都發覺情況愈來愈不對，需要別人的幫忙。進入中期，約為期二至八年；日常生活障礙增加，工作能力降低，注意力、記憶力、判斷力及抽象思考能力發生變化。情感的表達、社會的表現能力迅速減退；生活愈來愈混亂，必須花更多的時間給予適當的生活照顧與指導。邁入末期，約為期一至三年；失智症的特徵表面化，大部分的精神行為症狀已進入沉靜化，溝通困難的情況下，失智症者完全依賴著照顧者生活（如表17-2）。

　　隨著失智症的進行期程，失智症者的身心狀況日益惡化；日常生活中，經常發生意外事故，例如：跌倒、墜落、燙傷、碰撞、誤食異

物、藥物中毒、浴缸裡溺斃等。失智症者很難自立生活，需要別人的幫忙與照顧。同時，家族及照顧者的身心負擔也愈來愈沉重。因而，必須提供足以對應精神行為症狀，以及解決生活問題的照顧服務與適當環境（Elizabeth C. Brawley著，浜崎裕子譯，2002a）。

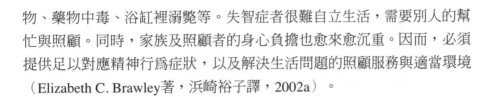 失智症的照顧服務與環境需求

從前，失智症者的照顧方法，總是以抑制失智症混亂精神行為症狀為主；認為失智症者什麼事都不能做，什麼事都不要做。現在的照顧方法，應該不要只看到失智症者的「不能」，反而要從生活中發現失智症者的「殘能」。甚至，還要發掘失智症者的「潛能」；促進失智症者在自尊而自立的環境、在住慣的地方，繼續過著一般人的生活。

失智症照顧是一種連續性服務，從初期、中期到末期，從輕度、中度到重度，不能中斷。輕度的初期，大多數失智症者都住在自己家裡，家人也盡可能將失智症者留在家裡照顧。但是，當症狀繼續惡化，家族的壓力愈來愈大，或家中無人、無法照顧時，就必須接受「居家照顧服務」，由照顧服務員到家協助照顧。甚至，必須選擇更適當的二十四小時的照顧環境。例如，住到「服務住宅」，接受生活支援員（Life Support Adviser, LSA）的健康管理。或者，住進「照顧住宅」，接受照顧服務員的全天照顧（詳第五章）。

表17-2　失智症的症狀與進行期程

初期（輕度；健忘；2-4年）	中期（中度；混亂；2-8年）	末期（重度；失智；1-3年）
經常健忘	忘記親友姓名	無法辨認家人
重複相同話語	困惑、焦慮	無法語言溝通
忘記日常物品稱呼	忘記日常生活事物	吞食困難
數字認知障礙	錯覺、幻覺	失禁
正常判斷力減低	夜不眠	長期臥床
什麼都沒興趣	經常漫遊而走失	喪失日常生活能力

資料來源：陳政雄（2007）。

　　輕度、中度的失智症者也可以使用「日間照顧中心」❶，接受白天的「社區照顧服務」；一方面可以減輕居家照顧者的壓力，另一方面可以充實失智症者的生活內容。甚至，進住小規模的「團體家屋」（參見第五章註釋❸），接受二十四小時社區照顧服務；一方面失智症者可以得到「像家的照顧環境」，另一方面家人也可以隨時就近探訪。重度失智症老人就必須進入機構，接受專業性照顧服務；在機構裡設置「照顧專區」❷，由專業人員進行專業性「設施照顧服務」。最後，必須轉入「安寧病房」，接受臨終前的照顧服務（如**表17-3**）（Uriel Cohen、Gerald D. Weisman等著，浜崎裕子譯，1995a）。

　　失智症的初期，為了盡量維持失智症者的自立生活，減少發生精神行為症狀，必須重整「舒適的居住環境」，以延緩失智症的症狀惡化。進入中期，隨著失智症狀的惡化，逐漸感到日常動作的困難，經常發生意外事故。這時，必須增加照護服務量，重整「有效的照顧環境」；一方面要預防事故發生，也要設法減輕照顧者負擔。到了末期，失智症者症狀進入重度，大都無法自己行動，失智症者的特有行為及生活上的活動也逐漸減少。但是，末期失智症者缺乏感情表達，較難與照顧者溝通，容易造成誤解。必須用心營造「溫馨的生活環境」，提供失智症者應有的生活品質，充實生活內容。例如：懷舊的經驗、家族的團圓、外出的機會、季節的感受等生活情境（田村靜子，2003）（如**表17-3**）。

---

❶「日間照顧中心」被定位為社區照顧服務，針對需要支援、需要照護的居家老人為對象，提供機能訓練及日常生活的必要援助，以及增進生活機能的休閒活動，以發掘潛在能力、重建人格尊嚴、豐富社會生活為目的。其照顧服務包括：生活諮詢、生理清潔、餐飲服務、健康確認、機能訓練等。

❷以團體家屋及團體生活照顧單位理念，於老人福利機構設置失智症老人「照顧專區」。以小規模、多機能服務模式，滿足失智症老人的多元服務需求，減輕家庭照顧負擔。服務對象為臨床失智症評估量表（Clinical Dementia Rating Scale, CDR）評估中度以上、具行動能力、能與少數人共同生活之失智症老人為原則。服務人數以每一單元6-12人，每一機構最多設三個單元為原則。每一單元日常生活基本設施應設寢室、客廳、餐廳、簡易廚房、衛浴設備及其他必要的設施。每一專區必須設置公共空間，提供失智症老人活動治療及相互交流之場所，且必須確保衛生及安全。

表17-3　失智症的照顧服務與環境需求

照顧服務 期程與環境	居家照顧服務		社區照顧服務		設施照顧服務	
	服務住宅	照顧住宅	日間照顧	團體家屋	照顧專區	安寧病房
初期（舒適的居住環境）						
中期（有效的照顧環境）						
末期（溫馨的生活環境）						

失智症治療性環境內涵

　　爲了造就舒適的居住環境、有效的照顧環境、溫馨的生活環境，確保失智症者的自尊及維持自立之生活目標，必須建構與失智症者直接相關的三種環境要素。首先，必須建構「物理性環境」，包括：適應失智症者生活特質必要的軟體環境，以及必需的設施設備等硬體環境；例如：生活圈、活動領域，以及空間構成、室內及景觀設計、防災避難等。其次，必須建構「社會性環境」，建立失智症者與別人、團體之間的良好關係；包括：與失智症者關係密切的家族、親友、照顧者，以及鄰居或同住於設施裡的住民等。同時，必須建構「營運性環境」，包括：「長期照護機構」、「團體家屋」、「日間照顧中心」等的經營方針及照顧方式（Uriel Cohen、Gerald D. Weisman等著，浜崎裕子譯，1995b）（如**圖17-1**）。

　　失智症者的優質生活環境可以提升生活品質，良好的生活品質可以緩和失智症的精神行爲症狀的惡化。爲了確保自尊、自立的生活目標，物理性環境、社會性環境、營運性環境三者必須相輔相成才能達成任務。以下所舉的十種環境內涵，不只可以提升失智症者的生活品質，而且可以延緩症狀的惡化，具有治療性的作用 （Uriel Cohen、Gerald D. Weisman等著，浜崎裕子譯，1995c）（ Elizabeth C. Brawley著，浜崎裕子譯，2002b）。

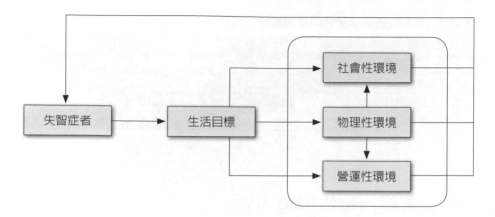

圖17-1　失智症的治療性環境概念圖

資料來源：Uriel Cohen、Gerald D. Weisman等著，浜崎裕子譯（1995）。

一、確保安全與安定的生活環境

　　由於失智症者的身體與認知障礙，很容易受到環境的傷害。因而，必須先確保失智症者的物理性安全及心理性安定。硬體上，物理性環境的規範，例如：整體空間構成、防火避難系統、消防設施設備以及無障礙環境等，必須確實因應失智症者的身心特性，明確規定於計畫內容與設計準則中。軟體上，營運性環境的管理，例如：職員培訓、人力配比、照顧理念等，必須確實滿足失智症者的症狀需求，明確規定於實施策略與服務內容中。

二、強化環境的認知力與方向感

　　失智症者常有徘徊的症狀，在環境認知力與方向感低下的情況下，對時間、空間容易產生混亂，必須提供明確的時間指標與空間指引，讓失智症者隨時知道現在是什麼時候？現在自己在哪裡？如此，可以減少

失智症者的不安，促進失智症者適時參與活動的機會。這未必是一種「實體療法」（reality therapy），卻可以讓失智症者理解或預測自己的生活方向，從不同的環境中獲得豐富的生活內容，構成失智症者良性的物理性環境與社會性環境。例如：知道每天該吃飯的時間、該到哪裡去吃飯、會和誰一起吃飯等。

三、提供環境刺激與挑戰的機會

對應失智症者的知覺與認知力的老化現象，必須注意環境刺激的強度與內容；太強的刺激，容易造成失智症者的壓力。但是，避開知覺性與社會性的刺激，不但得不到治療的效果，也會加重症狀的惡化。因而，如何提供「不增加失智症者壓力」的環境刺激與挑戰機會，對失智症者十分重要。

設置私密性空間，可以緩和失智症者的知覺刺激與挑戰機會；特別是視覺與聽覺方面的緩和效果。規律性的日常活動與一貫性的生活過程，可以減輕失智症者的壓力。緊湊而刻板的日課表容易造成治療的反效果，也是造成失智症者緊張的主要原因；不可要求失智症者從事做不到的事情，應該提供失智症者自發性參與活動的機會。逐漸降低刺激的程度可以讓失智症者承受適當的負擔，當不安的情緒出現時，必須將社會性環境與物理性環境緩和化、單純化。

四、持續以前舒適與親切的事物

將失智症者的生活環境與從前的生活史連結，吸取失智症者過去的生活經驗，提供失智症者以前熟悉的生活環境；失智症者可以在熟悉環境中，減少環境壓力，一步一步從家裡移居到設施中。可以提升服務品質，也可以維持治療效果。延續失智症者從前的生活方式，是遠離不能、發現殘能、發掘潛能的最好方法；提供適當的物理性環境，讓失智

症者繼續從事以前熟悉的事物。例如：提供治療性花園給喜歡園藝的失智症者，提供作業室給喜歡動手的失智症者，提供工作室給喜歡工藝的失智症者等，都可以帶給失智症者極大的治療效果。

五、規劃有意義的休閒活動內容

失智症者並非完全無能，參加有意義的活動可以遠離不能，維持失智症者的殘能，更可以發掘潛能，保持失智症者的尊嚴。失智症者並非衰弱的病人，失智症者周遭的家族、親友、照顧者、鄰居等，必須提供一般人該有的機會，讓失智症者享有一般人的自立生活。鼓勵失智症者參與有意義的休閒活動，是提升失智症者生活機能的最佳方法，例如：工藝製作、餐飲準備、寵物飼食、花園散步等；即使是慢吞吞的，也要讓失智症者完成自己可以做的事，這會帶來失智症者無限的生活樂趣與生存意義。完備的物理性環境不但可以補足失智症者部分的機能障礙，增加失智症者的社會性參與機會，同時也可以減輕照顧者的負擔。

六、促進接觸與溝通的社交機會

社交是人類的基本需求，溝通是人類社交的工具。失智症者由於認知能力下降、溝通機能衰退，逐漸成為社會的孤獨者。所以，失智症者更需要社交活動，必須提供失智症者與社會更多接觸機會。保持溝通與互動可以促進思考與記憶，可以提升認知強度。環境是增進社會接觸的要素，比其他的方法更容易達到社交目的，所以說「環境是社會的產物」。例如：沿著牆壁排列的椅子，稍做改變，變成圍繞圓桌的排法，就可以增進社會性接觸的機會，促進彼此的溝通與互動。所以，物理性環境的計畫、規劃、設計，都必須提供相互溝通的場景，以促進失智症者社交活動和社會參與的機會。

七、安排家族參訪與懇親的活動

　　失智症者適應新環境的過程中，必須經常提供家族參與的機會。安排家族、親友定期參訪的機會，讓家族與親友熟悉、關心新環境。也就是說，讓失智症者與家族共同來塑造新環境。讓失智症者聽到家人的聲音，讓家人看到失智症者的活動；讓失智症者感受家人的愛心與關懷，讓家族感覺環境的舒適與溫暖。不論是物理性環境或營運性環境的塑造，都要鼓勵家族及親友的參與；同時，可以從家族與親友的訪談中，瞭解更多失智症者的生活史與生活細節。這是保持設施與外界接觸的有效方法，也是家族與親友對設施的一大貢獻。

八、塑造自律與自制的居家環境

　　讓失智症者以自己的能力決定自己的生活方式，發揮管理自己的殘能；在手可以摸到、眼睛可以看到的範圍內，讓失智症者控制自己的小小世界。提供失智症者自律與自制的機會，可以促使失智症者自己調整環境刺激與挑戰機會，也可以促進失智症者回到從前健康時候的熟悉環境。對於住在設施的失智症者而言，具有降低依存性、延緩老化速度、培養環境意識、提升學習能力等好處。盡可能讓失智症者決定自己的生活，負責自己的人生。臨床上，必須限制照顧者提供失智症者過分的服務，鼓勵失智症者盡可能保持自己的能力與自立。

　　不論是物理性環境或營運性環境，都必須支持「個性化」的理念。可以鼓勵失智症者從自己家裡帶家具或裝飾品來布置自己的房間，也可以選擇自己喜歡的床單、窗簾等，以塑造一個「家庭化照顧環境」。同時，營運上也可以鼓勵失智症者發揮自律與自制的能力，創造一個不混亂、有定向感、親切又熟悉的生活環境。

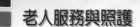

九、保護個人尊嚴與隱私的權利

設施中，為了監護失智症者日常生活活動的安全，因而失智症者也逐漸喪失該有的隱私權。把寢室視為失智症者的個人專用空間，別人必須敲門才能進入，一方面可以滿足失智症者的領域感，也可以維持失智症者的身分地位，保護失智症者的個人權利與隱私性。在隱私的盥洗室裡更換失智症者的尿布，不但保護失智症者的個人權利，同時可以維持失智症者的自尊。失智症者是在有意識下的認知障礙，照顧者的照顧理念、態度與表情等，對失智症者都很重要。甚至，有時候還要掩飾失智症者的失敗與錯誤，以維持失智症者的尊嚴。

十、因應老化與身心狀況的改變

隨著年齡的增加與失智症的進行期程，各個失智症者的精神行為症狀會有不同的變化，各個失智症者的差異性也很大。因而，因應年齡與症狀的變化，成為失智症者照顧服務的基本課題。依據失智症者生活能力與症狀進行期程，將失智症者分組照顧是個不錯的方法。但是，在環境的安排上，甚至連居住的樓層、寢室的位置、起居的場所、吃飯的地方等，也都要分組才行。如此，每組屬性不同，輕度、中度、重度各有不同的照顧計畫，同時還可以和其他組相互交流。不論是物理性環境或營運性環境上，可將大規模的機構分成幾個小規模的設施，不但可以塑造容易互相認識的生活環境，建構較佳的社會性環境，也可以因應症狀與老化的改變，形成良好的監護系統與轉介系統。

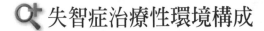 失智症治療性環境構成

基於以上治療性環境內涵，在物理性環境上必須提供「無障礙的活動場所」，安排「無壓力的刺激環境」，設計「可回憶的懷舊環境」。在社會性環境上，必須規劃「多機能的交流空間」。在營運性環境上，必須實施「團體生活照顧單元」（group living care unit）。

一、提供無障礙的活動場所

由於失智症者的身心狀況與認知障礙，終於出現失語、失認、失行等症狀。要提高失智症者的生活能力，必須營造無障礙環境、減少意外發生，使傷害降到最低。要維持失智症者的認知力與方向感，消除失智症者的心理障礙，必須建構簡單明快的空間規劃、容易操作的設施設備。否則，失智症者容易產生不安的情緒反應，造成失智症者的生活與行動的困難。

硬體上，必須消除移動路徑的高低差，設置階梯、坡道、扶手，提供足夠輪椅使用的空間等，建構連續性、整體性的無障礙環境。為補足失智症者行動力、認知力的缺失，必須用心分析設施設備的細部操作方法。例如：長柄把手比圓把手更容易操作，按鈕的照明開關比扳上扳下的開關容易使用。但是，失智症者很難重新學習事物，因而，也必須是失智症者容易又習慣的細部操作方法。

軟體上，必須擅用視、聽、嗅、觸、味等感覺傳達，提供明確的相關資訊；以多樣的知覺信號傳達信息，可以增強失智症者對生活與環境的理解。例如：開放式廚房的料理活動，可以提供多樣的知覺資訊；失智症者可以看到準備用餐的過程、聽到餐具的碰撞聲、聞到炒菜的香味、嚐到食物的滋味，可以增加失智症者對餐飲活動的喜好與餐廚空間的理解。

二、安排無壓力的刺激環境

對失智症者而言，空蕩的大空間或太多的人一起活動，都會造成失智症者的緊張。依時間、空間不同，安排不同的活動，可以降低干擾與衝突，提供失智症者適當的環境刺激與挑戰機會，促進有意義的休閒活動機會。設置溫室、日光室、感官室等活動空間，可以提供無壓力的視覺、聽覺、嗅覺、觸覺等環境刺激，對失智症者的身心穩定十分有效。

居家化的地板材料、窗簾、天花板，以及掛著照片的牆壁，擺設花盆、植栽的室內空間等，可以塑造豐富、貼心的生活環境，可以緩和失智症者的視覺刺激。以窗簾調整窗外亮度，鋪設不反光地板材料，可以防止室外光線的直射與反射，降低視覺刺激，避免失智症者發生眩暈而導致跌倒、墜落等意外事故。

分散廣播與警報配置系統，調節音色、音量，可以降低聽覺刺激，強化溝通環境，有效傳達消息給失智症者；室內多使用吸音材料、少採用反射材料，可以增強聲音的清晰度，讓人聽得更清楚。

植物對感官刺激及環境品味十分重要，植栽、盆景等的花色與花香，可以提供失智症者的視覺、嗅覺、觸覺刺激，可以提升失智症者的生活品質。同時，照顧植物的工作也成為失智症者有意義的休閒活動。

照顧者與失智症者經常抱抱、握握手，可以增強觸覺刺激，加深照顧者與失智症者之間的感情。對於日落症候群（Sundown Syndrome）的失智症者，必須注意每天的生活流程，對應生活步調，調整環境刺激的程度，以免引發症狀。

三、設計可回憶的懷舊環境

失智症者可以記住進入末期之前的深刻情感，有效使用從前持有的物品，可以喚醒失智症者的記憶。不但提供失智症者回想的機會，也可

以增進失智症者、照顧者、家族、朋友之間的交流。對失智症者過去喜歡的東西、活動、環境等，可以持續以前舒適與親切的事物；也許只是一個「不值錢的寶盒」，卻可以勾起無限的回憶；這些回憶，將是失智症者殘留的情感要素。例如：擺設老舊家具、古典器具的咖啡廳，就可以讓時光倒流，塑造舒適與親切的活動。

　　大廳或走廊展示的工藝品、美術品、蒐集品等懷舊物品，可以增強失智症者的定向感。提供失智症者容易辨識的活動場所，例如：開放式廚房、治療性花園，設置在容易接近的地方，配置座椅及輪椅的參與空間，讓失智症者很自然地參與自己熟悉的活動。

　　失智症者本人及家族的照片、影片、DVD等，讓失智症者記住自己的家人，想起過去的故事。同時，可以讓照顧者知道失智症者的往事。允許失智症者帶自己的家具到設施裡，可以讓環境更親切也更有個性。老舊物品的擺設，對失智症者的生活品質具有正面的意義。

四、規劃多機能的交流空間

　　失智症者需要簡潔的生活空間，讓失智症者知道方向，容易看到、容易找到。包括：個人寢室、社交場所、戶外花園、散步路徑等。失智症者可以在不同時間選擇自己獨處，或與人交談、社交活動，決定自己的生活方式。因而，這些空間可以促進失智症者的自尊、隱私，以及自律、自制。

　　失智症者常有徘徊的行為，與其把它視為一種精神行為症狀，倒不如把它看成一種活動，可以提升失智症者的刺激程度與挑戰機會。可提供連續性的散步環路，形成一個安全的監護系統；沿途設置可記憶、可定向的路標，例如：盆栽、水族箱、雕像等；規劃不同生活機能的空間，例如：起居、餐廳、美容、打牌等，各處設置多樣化的座椅，不但可以吸引散步者停留，增進失智症者的交流機會，也可以減少迷失方向，以保障失智症者的物理性的安全與心理性的安心。

　　戶外空間充滿著許多感官刺激，失智症者可以從戶外的體驗中，

察覺朝陽與黃昏，以及季節的變化。可以提供遮陽及家具、種植花草、飼養寵物，形成有效的戶外交流空間。好天氣時，可以做更多的團體活動，例如：運動、聊天、散步、野餐、烤肉、園遊會等，可以替代室內的使用功能。提高花台的高度，可以促進輪椅使用者參與園藝活動，增加相互交流的機會。優質的戶外空間可以保持失智症者的健康狀況，可以美化照顧者的工作環境，可以增進志工的參與意願，促進家族的參訪懇親，可以塑造失智症者、照顧者、家族之間的社會性環境。

五、實施團體生活照顧單元

失智症者對環境資訊的接收與理解能力較弱，在大規模、一致化的環境容易造成緊張混亂、無法定向等現象，很難完成一般的日常生活活動，導致失智症者無法發揮自己的殘能。因而，必須塑造小規模、多機能的家庭化環境，讓失智症者明確瞭解自己的日常生活活動空間與時間，讓失智症者可以維持自己該有的權利與隱私。

在營運性環境上，必須實施「團體生活照顧單元」理念；改善輸送帶方式的集體照護，以失智症者的需求為中心，提供一般的生活服務。實施貼身的照顧，讓設施成為生活的場所，而不只是個收容的地方。依據失智症者的屬性，包括：性別、失智、失能、城鄉等，設定照顧單元。讓照顧單元就是生活單元，讓照顧服務員就是生活陪伴者，以期達到像家裡一樣的生活環境（泉田照雄等，2002）。

單元空間的構成，可由數個私密的個人空間圍繞一個半公共空間；長期照護機構和團體家屋可由起居、餐廳、開放廚房為核心，周圍配置失智症者的寢室，形成「生活單元」或「照顧單元」；日間照顧中心可由咖啡廳、休息角落、開放廚房等空間，圍繞一個半公共的大廳。從物理性環境而言，連續的公私領域可以促進知覺刺激、社會作用、活動參與等功能。擴大公私領域的選擇可以減少行為症狀的發生，緩和症狀的惡化（如圖17-2）。

失智症者的活動，從積極參與到消極觀看，有各種不同的社會性行

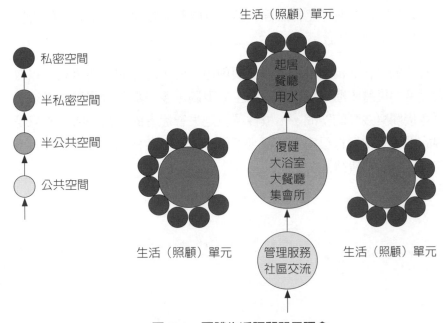

圖17-2　團體生活照顧單元理念

為。必須提供失智症者調整刺激與挑戰的機會，就像在家裡一樣，有起居室、客廳等公共的「生活重心」，也有寢室、書房、工作室等私密的「生活據點」；從公共空間到私密空間可以自由選擇、停留，形成不同的空間領域與活動特性。其四種空間層次如下：

1. 私密空間：必須提供失智症者私密的個人房，以維護個人的安全、隱私、個性。是個獨處、受保護的地方，是一個小而舒適、可以靜思的場所。
2. 半私密空間：失智症者、照顧者、家族、朋友等相處的地方，強調空間的環繞與獨立感，較少的感官刺激與社會性干擾，是個被界定的地方。
3. 半公共空間：與主要活動隔而不離，不必積極參與，只要旁觀、欣賞，是一種參與活動之前的預備空間。
4. 公共空間：大家都可以參與的空間，有較高的刺激，可以舉辦大

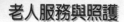

型活動。對失智症者而言，必須考慮對失智症者產生太多的視覺性、社會性刺激。

優質的失智症治療性環境，必須創造一個小尺度的生活單元，以取代大尺度的集體照顧環境；少一點生活限制，多一點社會交流，必須塑造更多接觸與共享的空間。治療性環境是失智症者的生活場所，不只是收容的地方；就像自己家裡一樣，不但可以滿足各種生活需求，還可以緩和失智症者的精神行為症狀。

參考書目

田村靜子著（2003），〈在宅痴呆性高齢者のための住環境への工夫と配慮〉。《痴呆性高齢者が安心できるケア環境づくり》，頁144-151。東京都：彰国社。

児玉桂子、大島千帆著（2008）。〈認知性高齢者への在宅環境配慮〉。《超高齢社会の福祉居住環境》，頁73-83。東京都：中央法規出版株式会社。

沙依仁（1996）。《高齡學》，頁122-123。台北：五南圖書。

泉田照雄等著（2002）。《ユニットケアケアマニュアル》。東京都：筒井書房。

陳政雄編著（2007）。《失智症治療性環境之安排》。96年度失智症照護專業核心課程培訓講習會（北區）。台北市：台灣失智症協會。

葉炳強（1999）。〈台灣地區失智老人的醫療照護〉。《台灣醫學》，第3卷6期，頁721-727。

劉景寬、戴志達、林瑞泰、賴秋蓮等著（2000）。〈台灣失智症的流行病學(1)〉，《應用心理研究》，第7期秋，頁157-169。

Elizabeth C. Brawley著，浜崎裕子譯（2002a）。《痴呆性高齢者のためのインテリアデザイン》，頁36-46。東京都：彰国社。

Elizabeth C. Brawley著，浜崎裕子譯（2002b）。《痴呆性高齢者のためのインテリアデザイン》，頁88-94。東京都：彰国社。

Uriel Cohen、Gerald D. Weisman等著，浜崎裕子譯（1995a）。《老人性痴呆性のための環境デザイン》，頁71-82，東京都：彰国社。

Uriel Cohen、Gerald D. Weisman等著，浜崎裕子譯（1995b）。《老人性痴呆性のための環境デザイン》，頁16-25。東京都：彰国社。

Uriel Cohen、Gerald D. Weisman等著，浜崎裕子譯（1995c）。《老人性痴呆性のための環境デザイン》，頁58-68。東京都：彰国社。

第十八章

◉— 林志鴻

長期照護保險

學習重點

1.瞭解長期照護保險的意義與發展概況。

2.瞭解長期照護保障制度的體制選擇及主要類型。

3.瞭解長期照護保險制度在我國的發展與規劃。

4.瞭解長照制度的主要內容與我國的制度規劃。

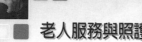

長期照護保險的意義與發展

一、定義

　　長期照護保險指國家以公共資源，建立給付與遞送體系，以普遍民眾為保障對象，賦予民眾照護給付請求權，提供必要給付，協助國民對抗照護需要風險之威脅與危害，使其具有自主而尊嚴的生活，這一整體之服務、財務、需要滿足之活動之總稱，稱為長期照護保險制度，是國家介入長期照護體系，提供國民制度化保障的福利制度模式的一種體制類型。其保障事故稱為長期照護事故。由於人口結構變遷、疾病類型轉變、家庭結構與成員居住模式改變，有照護需要的人越來越多，在照護服務是個人家庭責任主義之下，通常造成個人或家庭沉重的負擔，或得不到足夠的照護需要的滿足。因此，長期照護事故的性質逐漸展現其具有社會風險的性質，要求國家社會必須予以重視解決（Thiede, 1990: 32）。

　　從制度宏觀角度觀察，透過強制納保規範形成風險分擔團體，集合社會的資源，購買具品質確保的照護服務，協助有照護需要的民眾解決問題，是建構長期照護保險的重要任務之一。但從民眾微觀的角度分析，如何透過有效的照護管理機制，以實際的照護給付，落實照護計畫，使得照護需要者能夠在長期的照護歷程中，無論在宅或機構環境中，都能與其自己家屬或機構接受照顧的其他照護需要者，持續的在生活與人際上相協調，而非將照顧服務抽離其生活與人際，純從技術性角度著眼，此將降低障礙照護服務效能的發揮。因此從制度設計著眼，如何藉由營造有利於家庭與社區環境動態的生活條件出發，協助落實照護需要滿足，是建構良好長期照護保險制度的核心任務。

　　長期照護即生活，長期照護為長期照護動態歷程，必須與其居家或

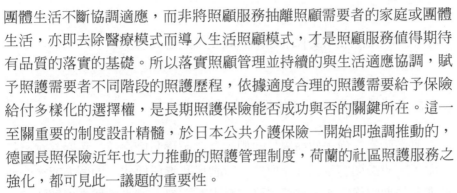

團體生活不斷協調適應，而非將照顧服務抽離照顧需要者的家庭或團體生活，亦即去除醫療模式而導入生活照顧模式，才是照顧服務值得期待有品質的落實的基礎。所以落實照顧管理並持續的與生活適應協調，賦予照護需要者不同階段的照護歷程，依據適度合理的照護需要給予保險給付多樣化的選擇權，是長期照護保險能否成功與否的關鍵所在。這一至關重要的制度設計精髓，於日本公共介護保險一開始即強調推動的，德國長照保險近年也大力推動的照護管理制度，荷蘭的社區照護服務之強化，都可見此一議題的重要性。

　　長期照護保險制度的基本假設為：制度保障的事故具有社會風險性質，民眾面對該風險負擔沉重或具社會公益性質，獲得制度化解決的正當性，要求國家介入協助處理，同時，國民透過制度化的程序同意國家以制度化的方式解決該問題。而社會保險的基本特徵在於以社會連帶責任為基礎，運用大數法則，強制特定或全體國民納保，形成風險分擔團體，以量能付費為原則，互助共濟，以相對低廉的負擔，購買所需的、有服務品質的服務，滿足長期照護需要，共同解決所面對的長期照護課題。強化與極大化風險分擔團體的風險事故，互助共擔支付能力及付費意願，以及確保具品質的照護服務兩項任務，是制度永續經營的基礎，也是長期照護保險人的重責大任。

　　大數法則的運用乃是認為，社會中同時間內無虞事故的成員多於遭遇事故的成員，成員無虞事故的期間多於遭逢事故的期間，所以才能以大量小額保險費用支應小量大額支出。而健全的風險分擔團體的共擔機制，在於合理費率的訂定與調整、強制納保規範的實施。而建構具品質與效率的服務遞送機制，結合多元的服務提供者，訂定合理的支付價格與服務提供者，從而也創造所謂的長期照護產業與就業機會，使得風險分擔團體成員遭遇長期照護事故時，得以共同的集體的力量，獲得具品質的服務，解決照護需要問題。

二、長期照護制度化保障模式的類型與發展

(一)自我照護責任及其可能模式與問題

　　許多國家在尚未建構屬於他們的長期照護制度之前，民眾其實已經經歷了一段長期的自我責任模式。所謂自我責任模式，即個人或家庭成員遇有長期照護需要，靠著自己或家人共同努力尋求各種方式解決。比如家中有多餘人力，則可能以這些人力透過自願或共同分擔方式，或無償或有償交換方式，進行照顧。通常年長的照護需要者常由配偶或子女照顧，而年少照護需要則常須父母照顧，對家中原先的生活規律與人際互動常造成重大衝擊，很可能造成「老老照顧」或強迫式要求子女或媳婦提供照護；如果家中沒有多餘人力，則或者僱（外）傭以照顧，或勉強需白天就業晚上自行兼職照顧。

　　除此之外，有經濟能力者可向市場購買服務，或商請親友鄰居提供照顧；如果單人家戶無人力提供協調緩衝，又無餘裕向市場購買服務，則待儲蓄盤纏用盡後，只能仰賴社會慈善濟助，甚至是淪為低收入戶，靠社會救助制度的照護服務過活。當然所得能力比較高者，也可以事先向私人保險公司購買「看護保險」，遇有需要則可以依合約獲得保險給付，但是其保費通常甚為昂貴，一般民眾負擔不起，常形成所謂的「市場失靈」現象，即市場裡有照護的需要，但是支付能力不足，而供給面因為長期照護所需照護期間資訊不足，成本無法有效掌握，形成有意願提供者為求控制經營風險，以致形成要不提高保費，要不提供有限給付保障的情形。所以在工業先進國家，也是長期照護需要問題首先遭遇的國家，原先也鼓勵照護市場與保險的發展，但終究無法有效發展。直到國家長期照護制度推動後，民眾獲得基本需要的滿足後，私人保險市場發展長期照護附加保單，而有較大幅度的發展。

　　照護需要者或其家庭成員也常在無法獲得照護時，向現有的福利

制度尋求協助。比如有實施健康保險制度的國家，民眾甚至尋求健保的資源獲得需要的滿足，從而有急性醫療資源（acute care）被轉為長期照護資源（long term care）的資源誤置問題。有些國家甚至早就將長期照護服務提供與健康保險共構，如荷蘭（1965年起）與德國（1989）。但終究因為保障事故性質不同，費用無法有效調控，形成費用暴漲問題。各國社會救助制度常成為照護需要者及其家屬最終的依靠，但是大量的照護需要者依靠社會救助制度，此時民眾盤纏耗費已盡，也造成社會救助制度性質的改變以及經費預算的僵固化與烙印效果，不是長治久安之道，而有制度化解決的呼籲與倡導，終而有德國（1994）獨立的長期照護保險制度的創新出現。

因此，所謂的個體自我責任模式，其實是含有許多的照護模式在內，包括家人照護、鄰閭互助、購買照護服務、社會慈善協助、依附相關福利制度、國家殘補、私人保險的多元分立模式。基於長期照護事故常為長期性質，許多這類照護需要者及其家庭，可能掙扎於資訊不透明、規範與要求不同的照護方式之中，也形成不平等的國民待遇（卓春英，2001）。

(二)獨立長期照護保險制度的出現

就全球而論，歐盟各國最早進入人口結構老化的新紀元，特別是法國（1865），1970年代起德國、日本、義大利則開始進入顯著的老年社會歷程。自1990年代起，包括台灣在內的亞、非國家也隨著社會經濟結構變遷，進入人口結構老化的行列，而歐盟與日本等國則進入老年國家與超高齡國家。人口結構老化只是一個面向，家庭的組成與子女數、居住的方式與分布、雙薪家庭的成、長平均預期壽命的延長、貧富差距的擴大與照護費用的上漲等多元交互之影響下，普遍的個體家庭逐漸感受長照事故的沉重壓力，而有透過國家干預制度化過程，建立風險分擔，互助共濟機制，以協助遭遇此類事故的個人家庭，解決長期照護服務需要。1990年代起，長期照護政策即成為歐美日國家社會政策的重點（OECD, 1996）。

上列所述可說是長期照護保障制度化的背景因素，但是促成歐盟會員國家與日本制度化解決的關鍵變遷原因在於，越來越多的個體家庭無力自行承擔日益高漲的長照費用，掙扎於家庭成員間以及公私部門分立切割的不同照護方式之間，甚至許多中產階級國民也因無法再支付長期照護費用而淪為低收入或貧民。1970年代起德國社會政策學者發覺此現象，認為是社會國之恥，呼籲國家社會必須出面尋求解決策（林志鴻，2000），隱藏在這些掙扎背後的是相關的社會安全制度，包括健康保險、社會救助以及其他津貼補助制度，有越來越多的經費與資源被用為協助照護需要者。其後果則是這些制度面臨經費與資源的誤置，制度變質，費用快速增長（陳君山，1996），如健保急性病床高比例的作為所謂社會性住院的後果（李光廷，2004）。而不同國民因為不同制度的資格限制與人為因素，獲得不同的國民待遇，則是憲法與社會權益上的嚴肅課題。

因此，而有德國長期照護保險立法倡導，自1974年起至1994年期間，出現過十九個版本，而後協調整合立法通過，制定世界第一部獨立的長期照護保險法，1995年開始實施，稱為第五保險。隨後荷蘭制度也進行改革。而日本與韓國也建立獨立的長期照護保險制度。

長期照護保障制度的體制選擇與主要類型

一、長期照護保障制度體制選擇

國家面對民眾遭遇長期照護事故的處境，必須有所作為。通常是提供有長照需要而無力自行負擔者的民眾財務補助或進行安置，進而以租稅優惠方式獎勵民眾購買私人長照保險，逐漸進展為殘補模式；有些國家則強力介入干預，建立普及式保障制度，矯正長照供需失靈問題，降低虛耗的大量社會成本，改良照護提供資源與國民的不同待遇問題。於

經濟產業發展的考量，則為長期照護相關產業與專業的開展，就業機會的提供。當然各國政府的作為涉及問題的嚴重性，主流意識型態與當時經濟社會環境條件，而有不同的制度建構選擇可能與政治決策。就建構長期照護保障制度模式，可有至少四種不同的體制選擇可能，如圖18-1所示。

　　1.國家完全責任制（稅收制）。
　　2.社會保險制。
　　3.強制儲蓄制（儲蓄帳戶制）。
　　4.私人長照保險制。

　　在以國家責任體制類型中，財源由一般稅收支應，供給與需求由國家部門壟斷管理分配。此一類體制又可分：強調普及主義公民權的國家完全責任制，以及排富條款下有限國家責任制。也可以將照護給付納入既有社會救助制度或如美國的醫療救助制度（medicaid），增訂新增項目，或另立特別制度實施，輔以租稅優惠民眾購買私人長期照護保險，形成所謂的殘補體制。社會保險的類型，則原則上透過強制納保機制，

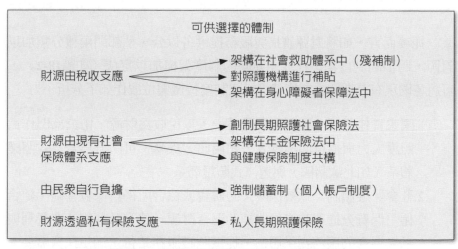

圖18-1　照護需要風險保障可能之體制選擇

資料來源：修改自Rothgang（1994: 166）。

建立風險分擔團體,財源由社會保險費支應;服務提供則透過特別契約進入,公立、非營利、私人權屬共同提供,保險制度則訂定合理支付價格以為給付的補償。在私人保險方面,除了傳統的強調自願主義,基於買賣雙方合意之私人商業保險方式外,尚可用強制投保的方式,或是利用租稅減免的措施直接補貼價格(保險費)的方式來獎勵自由投保。

各國在思考制度建構取向時,通常會將不同的制度模式加以比較其優劣,配合該國家自有的政治經濟社會文化以及社會保障制度條件因素,而作制度體制的選擇。不同制度模式牽涉不同制度理念、權利義務安排與制度的利用行為。實務上,各國制度選擇固然需依各國實際建構時其偏好與選擇個別加以檢定,但是通常會有所謂的「路徑依賴」(path dependency)現象,即長期照護制度因為屬於近代才逐漸成立的制度,其制度模式選擇可能性容易受已經建立運作的制度模式所範限,從而限縮新制度的模式選擇空間,而有與現有社會保障制度模式類似的建構,如北歐瑞典、丹麥的國家責任制;德、日、荷、韓的社會保險制。但這不意謂新制度的建立就無法有創新體制與制度內容的可能。

二、長期照護制度特徵與主要類型

扼要而言,如將財源籌措與服務提供各以公、私部門兩種分類加以對照,將不同制度類型在此兩範疇的制度架構加以定位(如**圖18-2**),可將各國現有長期照護制度建構模式制度特徵與位置作如下分析:

1. 國家責任體制(福利國家體系):以稅收為財源,由公部門作為照護人力與給付的提供者,如瑞典、丹麥。可區分為普及式照護體系(如北歐諸國)與選擇式照護體系。

2. 社會保險體制:以被保險人的薪資或綜合所得為保費基礎,結合僱主保費分擔與政府稅收補助混合財源,建立公共的、非營利與私人混合的服務提供體系,提供照護服務給付,滿足民眾需要。長期照護社會保險模式首先出現於荷蘭(1965)的健康保險制

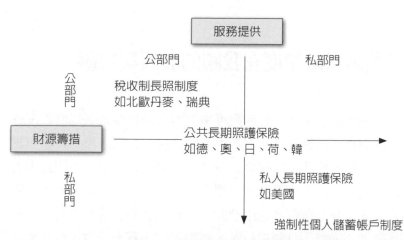

圖18-2　長期照護制度特徵與主要類型

度，當時長期照護事故與荷蘭的《重大疾病費用法》合併共構。
其後1994年德國通過《長期照護保險法》，1995年實施，於社會
保險史上首開建立獨立的長期照護保險制度的先河，於1995年實
施（OECD, 1996）。2000年日本實施公共介護保險，2008年韓國
實施長期照護保險制度。

3.市場優位（殘補體制）：國家以資產調查為手段確認特定人口群
　實施救助，多數人則經由市場機制解決。

4.此外，政府也可以強制民眾提存資金，以強制儲蓄方式建立個人
　帳戶制度，或者以稅捐優惠鼓勵民眾投保私人長照保險。這兩種
　方式都欠缺風險分擔機制，仍以個體責任為主。作為一個社會主
　要的長期照護事故保障制度，有待觀察。

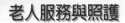

長期照護保險制度在我國的發展與規劃

截至民國98年爲止，我國長期照護事故需要滿足模式係以個體家庭責任爲主，國家責任爲輔之殘補理念與架構實施。長期以來，長期照護服務業務分屬社政、衛政及退輔會、原住民族委員會等體系；照護人力特別是外籍看護工，以及照護訓練與證照業務爲勞工委員會主管；保障對象局限在老人、身心障礙者、中低收入及精神病患者等特定對象，對於國民的保障並不完整，且制度紛亂、標準不一、資源分散，行政成本偏高，有待整合與提升。

近十餘年來政府相關部門也推出整合與提升的相關方案，如**表18-2**所示。政府透過不同計畫與方案的規劃，逐步將不同體系的協助資格標準、協助對象、預算編列、人力整備等加以協調整合，而有進入殘補模式，進而規劃朝向制度化保障的模式發展。這些方案包括民國87年至96年的「加強老人安養服務方案」；民國89年至92年的「建構長期照護體系先導計畫」，特別是民國97年之後，透過「長期照護十年計畫」以及「長期照護保險法」草案的擬定，規劃長期照護保險制度，調整「長期照護十年計畫」融入長期照護保險制度作爲服務基礎體系，並對我國服務供給與人力現況進一步探討，對未來長期照護需求進行推估，希望達成制度化照護模式的建構。牽涉的層面涉及政府與民間部門的協調與規劃。就行政體系而言，目前長期照護服務業務分屬社政、衛政及退輔會等三大體系，在照護服務人力培育與規劃上也牽涉教育與勞動部會，服務體系則牽涉公私部門間的資源配置、統整與發展，以及如何對待國際照顧人力的議題。

表18-2 我國長期照護保障相關政策的推動

期程	方案名稱	主辦單位
87-96	加強老人安養服務方案	內政部
89-92	建構長期照護體系先導計畫	內政部、衛生署
90-93	新世紀健康照護計畫	衛生署
90；93	九十年調整外籍監護工之申請資格。九十三年七月起調整外籍監護工審核機制，納入社政及衛政審核系統。	勞委會
91-96	照顧服務福利及產業發展方案	經建會、內政部、衛生署
91-96	長期照護社區化計畫	衛生署
96-105	我國長期照護十年計畫	內政部、衛生署
96-97	遠距照護試辦計畫	衛生署
96-98	健康照護服務產業發展方案	經濟部
98/01~06	長期照護保險法制度規劃——制度原則	經建會
98/07~12	長期照護保險法制度規劃——長照保險法草案	衛生署

長照制度的主要內容與我國的制度規劃

　　以下將以衛生署規劃長期照護保險法草案的主要內容，包括制度規劃的核心價值與原則；體制選擇、組織體系與整體保障架構；保障對象；保障事故；給付制度；支付制度；給付遞送制度與品質確保；財源、費用與負擔；財務處理方式與基金管理等內容加以概要的說明。

一、規劃制度的核心價值與原則

　　推動長期照護保險旨在建立風險分擔互助團體，提供良好品質有效運作的多元照護服務體系，透過照護管理制度的實施，落實照護計畫，保障遭遇長期照護事故的國民能夠獲得自主、尊嚴、人性的生活。此即：

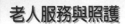

(一)建構普及式照護體制

　　透過社會連帶責任的強化，確保所有可能遭遇長期照護事故的國民，通過專業評估程序確認照護需要與照護計畫時，確保提供必要的照護服務。

(二)尊重照護需要者自主選擇為原則的照護服務體制

　　1.尊重照護需要者自己選擇照護模式的制度空間，依其個別化需要，自主選擇照護服務模式與配置。
　　2.結合保健、醫療、年金、救助與身障福利制度，建構照護管理機制。
　　3.結合專業評估與部分負擔機制，節約制度費用支出。

(三)考量個體與家庭多元結構與偏好，提供多元彈性具品質照護服務體系

　　1.提供多元彈性給付服務體系，回應多元動態照護需要。
　　2.創造服務模式，以及有利的人文與環境條件，落實居家照護服務。
　　3.預防及復健，包括日常的健康管理、健康促進、強化需照護狀態時的機能回復等。

(四)建構具品質與效率的照護管理制度，確保並落實服務提供

　　1.落實「照顧即生活」，構建照護管理制度，回應多元照護需要。
　　2.重視服務提供者的工作條件、性別衡平與合理支付制度。
　　3.建立專業監督與查核機制，確保服務品質。

二、體制選擇、組織體系與整體保障架構

(一)體制選擇與定位

　　長期照護可行體制如上所述，主要有：國家完全責任制、社會保險制、強制儲蓄制、市場制（殘補制）。考量我國現行社會福利體制，以國家完全責任制與社會保險制較具有可行性（鄭文輝等，2002）。在所得再分配效果、免付費保障、較低的保障管銷費用等面向，國家完全責任制優於社會保險制。但在資源配置效率與彈性、費用指定使用、費用節約、公部門較輕的財務責任等層面，社會保險制較具優勢。而就現行制度相容易行及制度經驗的採借，則爲實施社會保險體制的重要參考。

(二)組織體系

　　長期照護保險是一個制度，透過專業確認其制度保障事故，依此事故性質與範圍確定保障對象，設定制度任務，提供給付滿足保障對象的規範性需要，並架構相關的制度運作相關機制，由重要關係人組成相關的決策與管理機制，作爲關係人權益與互動的基礎，提供一個行動場域，由這些相關的人或組織去執行各該行動以及爭議的解決。這些制度運作的相關人與團體，包括被保障對象及其組織（保險人）、相關企業組織及其團體、服務提供者及其組織，以及各級政府主管機關等。除了被保障對象、相關企業組織及其團體、服務提供者與其組織之外，其架構和任務如下所示：

1. 主管機關：《行政院組織法》修訂後爲衛生福利部，修訂前爲衛生署。
2. 承保機關（保險人）：中央健康保險局。
3. 相關機關：在主管機關下，設立

(1)長期照護保險委員會：由付費者代表、政府代表及學者專家組成，共同決定給付內容，依給付內容與提供者代表洽商支付標準以購買及支付長期照護；

(2)長期照護保險爭議審議委員會：由長期照護學者專家、法律專家及社會公正人士組成。審議各項有關長期照護之爭議事項。

4.中央及地方縣市政府之角色功能區分：由於目前我國各地方政府的經驗、能力、人力與財力等差異甚大。醫療與社會福利資源仍分布不均，城鄉差距以及偏遠地區在資源可及性（availability）與可近性（accessibility）仍待努力的階段。因此，長期照護保險的權責下放到地方，在執行初期仍有困難（楊志良、吳肖琪，2009）。

2010年起中央健康保險局改制為行政機關，其首長由衛生署長任命，其他職員皆為公務員，以行政機關面對長照保險供給與需求方的相關人必須中立執法的立場，將如何扮演被保險人權益代表的保險人的角色？其與長期照護保險委員會之關係如何？由誰主責長照保險制度的財務管理責任？則有待進一步觀察。

(三)整體保障架構

在公私部門提供長期照護制度保障的區隔與分工上，整體而言，長照保險提供的普及式保障，應以基本的必要的服務加以定位，從而在公私部門資源配置之間，將形成至少三個層次的長期照護服務與財務制度：一者為長照保險提供的基本服務體系；二為私人保險提供的附加保險服務體系；三者為個人與家庭成員的互助和補充。

◆政府建立長照制度提供基本的照護服務

面對重大的社會風險，基於社會連結與風險分攤的理念，政府必須建立完善之長期照護制度，以滿足國民基本且必須之照顧服務需求。對於弱勢民眾，則應有相關的社會救助措施、慈善團體及志士來協助。

◆個人在能力範圍內購買長照商業保險

　　政府以稅收優惠鼓勵民眾購買私人保險提供附加照護服務，個人可以在能力範圍內購買長期照護商業保險，活絡私人長照保險市場，也提升民眾以自有財源增加保障水準（鄭文輝等，2009）。

◆個人與家庭成員互助和補充

　　透過個人的自我照護預防管理，與家庭成員的互助連帶，在生理、財務、家庭人際相互關照等方面，形成根本的互助基礎。

三、保險對象與給付對象

　　長期照護保險的保障對象可行方案包含以全民，或以40歲以上國民為保障對象兩種可能方式。前者可以歐盟各國為代表，後者以日本為代表。一般而言，因為疾病或衰老所造成生理、心理或認知功能障礙而導致無法自理生活者，皆為需要長期照護之對象。換言之，從國民的需要來看，任何年齡都可能有長期照護的需求。目前討論的重點往往著重於高齡者，主要原因係由於年齡越高者，其發生長期照護需求的機率較高，反之亦然。所以是否其結論就是長照保險以老人高齡為保障對象，其他年齡層不予保障？這一結論有幾個問題必須思考：

　　第一，客觀而言，年齡並不能提供是否納保的可靠判準。如同身心障礙者一般，人類在生命歷程中，可能會因不同的原因與情境，在不同年齡階段，落入長期照護事故。所以應以是否可能遭遇長期照護事故作為是否納保之依據，而非年齡（Sieveking, 1998）。

　　第二，如果保險對象設定以老人高齡者為限，則財務負擔應以他們為主，其他年齡層是否需介入分擔？如果不介入分擔，將極可能形成弱體保險，則制度將在降低給付水準或不斷提高費率之間擺盪，勢將無法永續經營。如果要介入分擔，但是遇有長照事故又無法獲得給付，則其只有負擔義務而無受領權益，勢將不可行。

　　第三，依經驗數據，其他群體也有長照需要，則是否應思考以其他

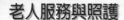
財源與制度協助事故遭遇者，此將形成一個事故，兩套制度，不平等待遇以及資源無效率的問題。

何況長期照護保險並非僅對失能者提供幫助，更是對家中有失能者的家庭提供莫大的助益。目前我國長期照護所需的費用，大部分由個人及其家庭支應，一般養護機構每月平均費用約三至六萬元。此項長期照護費用對個別家庭而言，將是沉重的財務負擔。限制年齡必然需針對這些未受到保障的失能民眾，如遲緩兒及脊髓損傷之中低收入戶，另外維持或設立一套制度或體系，則又需耗用許多行政成本，也會形成一種風險多種制度之差別待遇，除了對提升全民福祉無法發揮綜效，也會降低風險分擔機制。經由多次專家會議討論結果，建議採行「全民納保」、「全民保障」，即凡是有長期照護需求者皆為長期照護保險的給付（服務）對象，至於長期照護需求的判定或評估標準，另由「給付方式及給付項目之評估」乙案說明之。

四、保險事故

長照保險的保險事故為照護需要。長期照護事故為長期照護保險保障的事故，在制度上必須依照相關學術與專業要求加以定義，並進行制度化操作定義，以為民眾有長期照護服務需要而申請服務提供時，透過客觀公正、透明專業評估標準與程序確認其社會需要，獲得保險制度協助所需要的服務。這些透過評估制度確認而得以受領長期照護給付的被保障對象，即稱之為給付受領者或對象。

所謂長期意指永久、不可逆的意思，至少六個月以上，即專業評估人員依規範性標準評估是否有照護需要，除了依照指標判斷該人是否有照護需要之外。這一定義如同其他社會保險制度保障事故發展的順序一樣，通常都先出現在倡導制度建構的專家學者著作中，而後透過社會政策與立法的過程，在長期照護保險法中加以制度化定義，並對民眾面臨遭遇的狀態加以描述，而加以命名，如日本公共介護保險制度稱「需照護事故」；德國長期照護保險制度稱「照護需要事故」。

　　先進國家長期照護事故的定義由原先與急性醫療（cure）混合定義，隨著制度討論的成熟而採取偏向生活照顧，含括生理、心理以及社會功能是否能夠獨立自行運作爲主（Kane, Kane & Ladd, 1998）。以德國長期照護保險爲例，德國法制稱長期照護事故爲「照護需要性」（Die Pflegebeduerftigkeit）：指個人因生理的、精神的或心智上的疾病或障礙，對於其遂行尋常的、規律的日常生活飲食起居、個人身體照料以及家務處理等基本生活自理能力缺乏，長期的需要藉助甚至依賴他人之輔助才能遂行，此種個人維生基本活動，需要他人他力協助、遞補，方足以達成其過基本人性生活之狀態謂之照護需要性。有此需要者，稱爲照護需要者（陳君山，1996；林志鴻，2004）。日本介護保險法則稱「需照護」、「需協助」，介護保險的設立是基於國民共同連帶的理念，對於因高齡伴隨而來之疾病而需要照顧的人，爲回應其本身所具有的能力並使其能自立於日常生活中，提供醫療保健服務或社會福利服務（李光廷，2004）。

　　綜合而言，此風險具有以下幾點特性：

1.非屬疾病，而是因生活自理功能喪失，長期需透過第三者協助，始得以維持其自主的日常生活。

2.長期照護需要常不具恢復性，醫療處置成效有限，且照護專業及管理制度與健康保險並不相同。

3.長期照護需要發生率雖較一般疾病爲低，但可能持續至生命終結，因而照護與財務負擔沉重，非一般個別家庭所能負荷。

4.長期照護需要與年齡高度相關，通常伴隨慢性病出現多重需要。雖與年齡相關，但不是老人獨有，而是全年齡都可能遭遇。

5.長期照護歷程具長期、複雜與動態變動性質，由照護需要者、照護提供者及人際與物質環境條件構成。而成功的長期照護保險給付須與照護需要者家庭或機構成員協調，特別是長期歷程出現不同的需要與介入調整，需要建立照護管理制度，將照護回歸日常生活，同時創造家庭或機構的照護空間。

五、給付制度

保障對象認為自己有長期照護需要，則可透過申請方式獲得給付。期間需要一個評估認定過程以及初步照護計畫形成。這牽涉到給付資格與確認；照護需要評估與初步照護計畫擬定；給付方式與項目三個重要內涵，分別說明於後。

(一)給付資格與確認

保險對象透過申請與接受評估程序而獲得給付資格。所有保險對象都具有長期照護給付申領權，保險制度應廣開各種申領方式，去除可能障礙，且在最短時間內受領並執行保險對象的給付申請與評估確認事宜。給付申請由保險人受領，評估執行則或委由專業化公正組織（德國制度）或任一具證照專業者實施。因為照護給付核定與否牽涉被保險人重大權益，所以在德國長照保險制度將申領確認權益分由兩個組織執行。又德國長照保險制度為維護風險分擔團體的健全，避免被保險人搭便車心理，平時不納保付費，於遭遇事故才急於納保並申領給付，此將有違風險分擔精神並對財務健全造成危害，所以保險人在受領申請時會執行「前保險期間」（Vorversicherungszeit）的確認。申領給付者在申領時點以前需要納保付費一定期間，否則必須等待一定期間，才許可給付。等待期間的給付必須自行付費。由於照護給付申領與專業評估通常需要一段期間執行，所以通常各國制度都對於合於資格的照護需要者於評估確認後，都得以追訴其照護服務費用，自長期照護需要發生時開始支付。

(二)照護需要評估與初步照護計畫擬定

1990年代起經濟領域開始全球化，各國政府一方面遭受國家調控能力的強烈挑戰，以及因應企業全球競爭壓力，使得社會福利領域遭受強

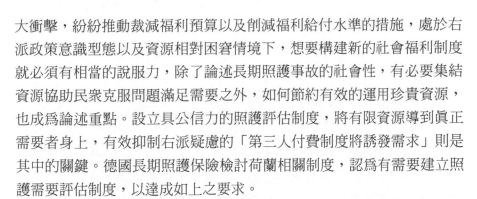

大衝擊，紛紛推動裁減福利預算以及削減福利給付水準的措施，處於右派政策意識型態以及資源相對困窘情境下，想要構建新的社會福利制度就必須有相當的說服力，除了論述長期照護事故的社會性，有必要集結資源協助民眾克服問題滿足需要之外，如何節約有效的運用珍貴資源，也成為論述重點。設立具公信力的照護評估制度，將有限資源導到真正需要者身上，有效抑制右派疑慮的「第三人付費制度將誘發需求」則是其中的關鍵。德國長期照護保險檢討荷蘭相關制度，認為有需要建立照護需要評估制度，以達成如上之要求。

　　長期照護評估制度要求評估者須到接受評估者居所進行基本生活自理功能評估，是否為長期照護需要者，並就其居所人際互動關係與環境設施因子加以檢視。如受評者確實為長期照護需要者，則對其照護需要等級進行確認，並在照護保險法規範架構下，依其自願選擇照護方式，形成初步照護計畫。執行評估者將這些內容做成照護評估報告，送保險人核定。如保險人確認該申請者之需要，則該給付受領人則進行照護計畫，此時保險人提供「照護管理師」提供照護計畫相關諮詢與資訊，協助給付受領者落實照護計畫。不服長期照護評估結果者則可以提出異議，保險人則啟動長期照護複評程序。

　　長期照護評估由專職人力依據評估量表執行。實務上一般而言，由1990年代注重生理功能量表，包括「日常生活功能」（ADLs）與「工具性日常生活功能」（IADLs），自2000年起則擴增多元面項，並強調「自主生活能力」的評估，其面項包括：

1.移動性：短距離的行走以及身體的位置變換。
2.認知與溝通能力：記憶、感覺、思考、判斷、溝通（精神的以及口頭的動作能力）。
3.行為以及心理問題狀態：對於自因性或他因性危險行為或處境的回應能力，以及對於恐懼、突發攻擊等心理回應問題（對於自我情緒與內在行動驅使的自我調控能力）。
4.自我照顧：身體照料、穿衣、進食與飲水以及如廁。

5.回應因疾病或復健措施所需而有的各種需要或負擔的能力，如用藥、傷口處理、使用助行器的狀況、執行長時間的居家或戶外復健。

6.日常生活安排以及社會接觸：對時間的分配、從起床到就寢的作息節奏、有意義的時間支配、社會關係的維護。

　　規劃中的我國長期照護保險法草案，對於給付需經過評估確認程序，於長照十年計畫等方案中已經具有規範，包括申請、受理、訪視評估、需求分析及判定、照顧計畫擬定、服務連結以及複評等七階段，依據各縣市人口多寡，由保險局至少設置一個受案據點，以便接受長照需求民眾就近申請。負責訪視評估及照顧計畫之照顧管理師資格，在開辦前三年比照長照十年規定，開辦第四年起則以專業認證。評估工具除現行評量方式外，對於認知功能障礙者建議加上Cohen-Mansfield躁動行為量表（Cohen-Mansfield Agitation Inventory, CMAI），至於身心障礙者評估工具則待開發。品質部分應儘速建立長期照護服務法、品質資料庫及評鑑機制，並辦理長期照護品質相關教育宣導（吳肖琪，2005）。至於如德國制度有關前保險期間的設計，規劃制度中尚未有深入討論。而將來評估量表含括的項目與標準如何，則尚待進一步討論。

(三)給付方式與項目

◆相關國家的制度經驗

　　各國長照保險給付方式以德國制度為例，可分為下列三種（林志鴻，2004）：(1)自主照護（又稱現金給付、直接支付、照顧津貼）：如奧地利；(2)實物給付：日本、加拿大等；(3)自主照護、實物給付及其混合制：如德國、荷蘭、北歐國家、英國等國。

　　由於家庭結構、居住區位、居住型態的改變，且長期照護又因為其長期歷程之性質，在照護實施的歷程中，可能因為接受照護者或提供照護者的變動，而需要改變目前照護方式與模式，長期照護保險制度提

供的給付方式與類型盡量講究多元與彈性，以滿足現在即將來之多元需要。

　　自主照護給付係提供現金予照護需要者，由其自主規劃，商請或聘派他人包括家人進行照護。此一模式與1970年代起身心障礙者領域逐漸興起「自主生活運動」有關，配合居家照護優先機構式照護原則，此一照護模式在歐洲有些國家甚至成為主要之長期照護實施方式。實物給付細分為機構式照護（即全日型機構照護）、社區式照護（包括日間照顧、社區復健等）及居家式照護（包括居家服務、喘息服務、居家復健等）。至於其他服務包括交通接送、餐飲服務、輔具、家庭托顧、無障礙環境改善、照護諮詢、免付費照護課程、照護提供者之支持、營養諮詢、藥師諮詢等，尚須進一步考量是否納入給付項目。

　　給付項目的區分可以以德國長照保險制度三個原則為例說明：(1)場域上而言，是居家式的，還是機構式的；(2)方式上而言，是實物的，還是自主照護的；(3)對象上而言，是給照護需要者，還是給照護提供者。

　　依這三種區分原則，長照保險的可能給付項目如**表18-3**所示（以德國長照保險制度為例）。

◆我國長期照護保險法草案規劃

　　規劃中的我國長期照護保險法草案保險給付原則有以下建議：

1.長期照護保險給付項目應提供以使用者為中心，提供多元、無縫式、彈性的整合性照顧服務，以滿足其基本需要。

表18-3　長照保險的可能給付項目

居家照護：實物給付	居家照護：自主照護（現金給付）
短期的與日間照護	機構式照護（全住院式給付）
照護假	照護機構的固定投資
照護諮詢與個案管理	照護輔具提供與租借
免付費照護課程	共同照護
失智症的看顧給付	親朋照護者的社會保障
住宅設施改善	家務協助

2.長期照護保險給付項目建議應包括：

(1)機構照護：提供全日型住宿照護，其中包含失智者安全看顧。

(2)社區式照護：建議提供日間與夜間照顧、社區復健、喘息服務。

(3)居家照護服務：建議提供居家護理、居家復健、居家服務、家庭托顧（含失智者安全看顧）、喘息服務。

(4)其他服務：喘息服務、交通接送、輔具、營養與送餐服務、無障礙環境改善、照護諮詢、免付費照護課程、照護提供者支持等。

3.開辦初期建議得視大眾之付費意願、長照資源之可用性、地區分布，仿照德國漸進導入不同給付項目，並配合給付項目導入時程，於法中明定調整費率。

4.開辦初期若社區式照顧較為缺乏，部分給付可評估暫由修正後的長照十年計畫（建議改為「長期照護網計畫」）經費支應之可行性，並視各類服務發展狀況，漸進導入長照保險給付。

5.長照保險應編列預算以鼓勵新型之社區與居家照顧服務，並得結合多元財源（健保、長照、社福、教育）之資源，以需照顧者為中心（如失智症者、心智障礙者、原住民），發展整合性照顧模式。新型服務在發展初期得由「長期照護網計畫」以補助預算方式促其發展。

6.基於給付從嚴之原則，全日型機構式照護除少數個案外，原則上僅給付重度失能者（李玉春等，2009）。

7.長照保險與全民健保之分工與整合：

(1)長照保險與全民健保之分工，凡屬治療可逆的歸健保，屬照護歸長照保險。

(2)失能六個月以內的亞急性照護，納入健保給付，健保部分服務應劃歸長照保險給付。

8.外籍看護工問題處理：

(1)保險初期，需照顧者若符合給付條件，得自行選擇給付方式，

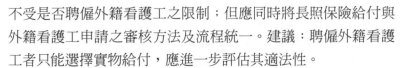

不受是否聘僱外籍看護工之限制；但應同時將長照保險給付與外籍看護工申請之審核方法及流程統一。建議：聘僱外籍看護工者只能選擇實物給付，應進一步評估其適法性。

(2)建議未來將目前允許各類長期照護機構（含社區及居家照護機構）申請一定比例外籍看護工之規定放寬，使能聘僱外籍看護工，提供外展服務至醫院、家庭、日間照護機構等，以提升服務品質。外籍看護工之勞動條件之提升應另以法律規範（李玉春等，2009）。

給付項目之建議：

1.給付方式建議採階段式給付設計，開辦初期建議採實物給付為主，現金給付為輔。中長期則視保險辦理狀況，及長照體系發展狀況，保留收回現金給付之可能性，或可訂定現金給付條件。

2.需照顧者得選擇部分現金、部分實物之混合制，並提供喘息服務與相關照顧者支持措施，確保照顧之品質。

3.對於領取現金給付者，照護者應接受一定時數之照護訓練，保險人並應定期監控服務提供狀況與品質，必要時得取消現金給付，改提供實物給付。

4.現金給付水準：建議在實物給付的40-45%間。

5.全日型機構性照護給付範圍，除法定給付服務外，建議不含膳食，以及為求舒適增加之費用，且只給付評鑑合格機構。住宿費用原則不給付，但若為考量與健保給付之平衡（健保給付住宿費），得考慮納入給付。

上列給付之規劃項目固然充足，但是未強調賦予照護需要者給付與照護方式的選擇權，顯然制度規劃者並未認知照顧即生活，長照照顧具長期動態歷程，必須將照顧給付與照護生活結合於照顧管理的機制之中。這一認知有待強化，而賦予照護需要者給付選擇權以及強化與生活環境結合的照護管理制度，有待進一步納入規劃。

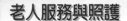

六、服務提供者與輸送流程

(一)加強長期照護服務資源

　　長期照護保險制度的建立不只需要建立強大穩固的風險分擔團體，確保照護給付的提供與支付補償的能力，更重要的任務在於提供照護需要者具品質的服務，應以實物給付（in kind）為原則，而所謂現金給付（in cash）是提供財務支援供照護需要者實施自主照護之用，依其規劃商請親人朋友或市場聘僱人員進行其所需的照護，所以其本質在營造讓照護需要者能夠落實自主照護，而非僅是現金的提供而已。從照護需要者的角度觀察，在盡了納保繳費義務之後，若遭遇長期照護需要時如何能夠獲得具品質與適切的服務提供，則是落實照護權益之所在，而照護資源的發展與健全有效的服務遞送體系則是落實照護權益的基礎。

　　在我國現有的照護服務資源與人力分布檢討中，2008年25縣市在服務資源方面，社區式服務以關懷據點分布最多，全省共計1,582個據點；居家式服務以居家護理分布最廣，共計471所；機構式服務計有立案床72,343床，入住率為74.9%。在人力資源方面，專業人力以護理人員為最大人力；半專業人力則以照顧服務員為最大照顧人力；非專業人力則以志工為最多（葉莉莉等，2009）。檢視現有之照顧資源量，發現機構式資源尚稱足夠因應2011年所需資源之數量，惟社區與居家式資源相當缺乏。

　　在十一項服務中，以家庭托顧、失智症老人日間照顧中心、交通接送及日間照顧中心執行的縣市最少，執行成功的縣市多集中在都會地區。探究原因包括專業照顧人力不足、人才培訓規劃與體系尚待開發，目前各縣市普遍反應服務需求高於供給，多項服務項目招標不易、部分照顧服務補助額度低於市場行情，造成推動福利服務之困境。且相關工作含有偏遠地區與原住民的縣市，特別不易推動。

　　在法制的建構上規劃研提「長期照護保險法」及「長期照護服務法」兩項法案，作為制度建構與實行的法源基礎，以下列各點為核心原則：

1.以人為中心，給付對象有權利參與服務使用計畫之擬定。
2.照護資源須具普及性、可近性，服務使用者可在居住地附近使用服務。
3.照護品質須是適切且可信賴的，照護服務可以由不同組織或機構提供，但服務品質均符合品質標準。
4.照護服務具服務效率，希望能以最少資源於最短時間，獲得最高的照護水準。
5.落實就地老化，「社區／居家服務資源優先，機構資源持平」之資源發展原則。（陳惠姿等，2009）

　　此外，資訊化統計與通報系統的建置也非常重要，實務上大部分的統計資訊均需以人工的方式整理再做計算，除了耗時、耗人力外，資料的正確性亦是需要考量的，因為資料來自不同的單位，填寫方式與計算單位也不同，因此如何以一致的單位與含括周延資訊為基礎，建構現代化的資訊系統，也是當前的要務。

(二)構建照護管理制度，實踐照護即生活的持續支持

　　從制度宏觀角度觀察，透過強制納保規範形成風險分擔團體，集合大眾的資源，購買具品質確保的照護服務，協助有照護需要的民眾解決問題。但從民眾微觀的角度分析，如何透過有效的照護管理機制，以實際的照護給付，落實照護計畫，使得照護需要者能夠在長期的照護歷程中，無論在宅或機構環境中，都能與其家屬或機構中其他照護需要者的生活相協調，因為長期照護的實施是鑲嵌於居家與團體生活歷程之中，照護需要者是在居家或機構中生活，而長期照護服務是協助照護需要者完善其生活機能，使其能過著自主而尊嚴的人性生活。

在此觀點下，長期照護是一個長期、複雜而開放的動態的歷程。在此一歷程中，由照護需要者與照護提供者合而構成照護情境，在長期的歷程中，由於雙方的主客觀因素的變遷，如照護嚴重等級變遷、照護需要者和提供者個人財務與家庭成員的互動及支持方式變動、照護提供者的健康與負荷等都可能產生變動，並直接影響到照護的過程與結果。

因此，照護情境與歷程就是照護需要者的生活與環境，照護服務是鑲嵌並開放給照護需要者的人際與社區環境，而非如疾病治療可封閉實施的。若將照顧服務給付抽離生活與人際，純從照顧給付的技術性角度，將使得照護服務效能降低甚至受到阻礙。從而營造有利於照護需要者的家庭／機構的人際、社區環境，使其得為適於照護生活的場域，甚為關鍵。而這動態的生活條件的認知與協調，於照護計畫落實之際即須加以診斷確認，協調改良，如有不利因素影響即須加以改善。

因此在制度規劃上，如何將照顧服務環境重新整合回歸生活之中，而非將照護服務與其家庭或團體生活孤立或抽離、隔絕對待。這也是照護事故定義經過不斷的檢討之後，由醫療模式導入生活照顧模式定義的真義（Kane, Kane & Ladd, 1998），也是照顧服務值得期待有品質效能的基礎。所以落實照顧管理並持續的與生活適應協調，賦予照護需要者不同階段的照護歷程，依據適度合理的照護需要給予保險給付多樣化的選擇權，是長期照護保險能否成功與否的關鍵所在。

這一至關重要的制度設計精髓，於日本公共介護保險一開始即強調推動照護管理師制度（李光廷，2004）。德國長照保險近年也廣設照護據點（Pflegestuetzpunte）大力推動的照護管理制度。荷蘭制度則立有專法，強化社區照護服務的聯結與提供，都可見此一議題的重要性。

七、支付制度

支付制度含括支付基準、計價公式、支付價格與調整機制。支付項目應隨給付項目而定。個別項目的計價原則包括照護服務個別作業的時間投入與資源物品的耗費，以及服務的品質要求，區別何種須列入

計價，何者須排除，以及是基本或高級給付水準而定其價格。依各國經驗：

1. 這些定價活動必須有一堅強的普遍客觀學術爲基礎，對該國照護服務實務經驗進行所謂的「照護作業」經驗統計，作爲照護作業活動項目的計價基礎。目前我國尚未進行這一工作，應早日進行。
2. 歐盟各國採基本、必要原則計價。
3. 支付方式採論人論月論等級與照護方式支付。
4. 尊重照護需要者的個別差異與偏好，允許實物給付與自主照護混合計價。德國長照保險並將連續性週期性的照護作業項目，如每日晨起更衣、離床、盥洗、如廁等作業加以結合，發展所謂的「照護作業組合」系統。
5. 支付價格調整必須建立客觀調整機制。

規劃上我國照護服務支付以基本給付爲原則，依循各國慣例以論人論月論等級方式支付。原則上個別給付項目的價格個別定價，規劃上考慮發展支付包（照護作業組合），預計於長照保險第二期規劃時即刻進行，蒐集一定數量長期照護需求者之失能程度〔ADLs、IADLs、認知功能、精神障礙、問題行爲、特殊照護（顧）需要、臨床特性等〕與各類長照服務需要程度，藉統計分析（分類樹分析），與專業的修正，發展台灣版的長照保險案例組合。特定給付項目如住宅設施改善，則各別計算（李玉春等，2009）。

八、財務制度

從保險人經營社會保險制度方面或觀點，其財務制度可以分成四大部分加以說明，收入、支出、財務處理方式與基金管理。

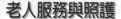

(一)收入

收入面牽涉被保險人的義務與負擔，包括財源與籌措方式、保費分擔方式與比例、費率的精算和費基的設計。為因應社會保險制度提供服務給付所需的支出及其可能的成長，首先須確定財源是由公部門或由民間部門負擔。實務而言，社會保險財源由被保險人負擔，此一模式淵源於社會保險初創於1880年代的德國時，主要是以受僱維生的勞動者為主體，所以在社會連帶責任以及勞資合作的觀點下，雇主也分擔保險費，形成勞資共擔方式，而在保險人的組織管理上也實施「在國家監督下行自治管理」的組織原則。在東方的日本，則首創國家以稅收補助進入保費分擔的行列，形成勞資政三方共擔的局面。我國社會保險財務負擔方式則逐漸師法日本的財務分擔方式，政府以稅收分擔保險費。財務籌措的工具則須選擇穩定、充沛、大眾化、易行的為主要考量。在工業化初創期的階段，民眾大量的成為從屬性的受僱者，以工資或薪資為主要來源，從而其籌措工具則鎖定薪資為扣繳保費的基礎。

時移勢異，1990年代全球化與金融財務管理投資工具的發展，以及衍生性金融商品盛行之後，一般民眾投資理財儲蓄工具多樣化，所得也差異化，且高薪資所得者非薪資所得部分比例加大，因此傳統以薪資所得為扣繳保費的費基（扣繳保費的基礎）也應由薪資為主的方式，轉為綜合所得為扣繳之方式，以求公平合理負擔保險費用（林志鴻、梁正德，2007）。

(二)支出

支出面即指保險人對照護服務提供者依特約提供給照護需要者法定給付項目時，必須支付給服務提供者的給付補償。牽涉被保險人加入長照保險納費盡義務後的給付權益，以及保險人依定價機制就所有給付項目議定個別項目的支付價格。前者為保險人對被保險人的給付承諾，後者為保險人代表被保險人集體的意思，對服務提供者特約提供合於品

質要求的服務的支付承諾。支付制度所牽涉的不僅是金錢費用而已，而且牽涉服務的品質要求必須合於當時專業要求。當然支付價格的議定也牽涉服務品項的多寡與工作的細緻與否的要求而定。在資源有限效率運用的要求下，各國除日本高呼給付高品質之外，多半以「必要」、「基本」為議定每一項目的首要考量，而基本與必要的最基本思考，則是架構在每一服務動作在實務現場的作業與資源耗用經驗上，其標準作業程序的確認，以及資源與時間耗用的獲得。前列這些標準程序、耗用時間與資源，必須以實證數據，以科學客觀的方法與程序獲得。目前在我國這一作為照護給付與支付基準的經驗客觀數據尚未獲得，有待儘速規劃實施。支付制度尚包括價格調整機制、協商組織與程序規範，以及調整價格機制所依據的客觀指標的選定與計算公式的決定。

(三)財務處理方式

　　財務處理方式是指為支付社會保險給付所需費用（財源）如何予以調度所採用的財務計畫籌措方式而言。有三種典型的財務計畫籌措方式，隨收隨付方式或稱完全賦課方式，完全提存準備方式，以及修正混合方式或稱部分準備提存方式。隨收隨付方式有兩種計費原則，其一是為人熟知的「量出為入」方式，即費用之收取多寡，以制度支付費用為主，支付總額決定後，再依此計算收入多寡問題；其二為「量入為出」方式，即與前列相反，制度以現行收入水準為基本考量。德國健保制度於1972年起實施隨收隨付制度，首先即以量出為入原則實施，此時健保制度發展配合經濟發展同向擴張，但於1992年起由於制度擴張已超過民眾負荷，經濟也呈現萎縮，為求制度能永續發展，故政策轉為費率穩定原則，運用各種工具，力求量入為出之落實。

(四)基金管理

　　當財務處理方式決定時，保險人將有哪些基金需要管理即已決定。財務處理方式為隨收隨付方式，則保險人只保有安全準備金，以備制度

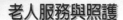

不時之需。一般定為制度總支付費用的三至六個月，即高者為六個月，低者為三個月。而費率調動的基本考量則在現金流量需要安全準備基金挹注，當安全準備金存量低於一定的月數均量時，如一或二個月，啟動費率調動。

　　財務處理方式無論為完全提存準備或部分準備提存方式，保險人皆擁有大量的支付準備。但是無論如何努力，或者從資源運用的效率考量，都不可能與不應該完全提存準備。頂多制度能夠維持五至八年的準備即可。此時保險人仍需規劃安全準備金，而將其餘的儲備基金用於投資與儲蓄，以求基金的保值，作為挹注將來支付之用。長期照護保險財務應以隨收隨付方式為財務處理方式，而在考量人口結構高齡少子女化世代平衡負擔之下，可將安全準備基金規模提升。

九、規劃中的長照保險的財務制度

　　就財源結構規劃而言，目前規劃中的長照保險將會與其他社會保險制度一樣，為兼具保險與稅收之混合制，它與日本介護保險制度類似，是較可行且可長可久之穩定財源。就總費用而言，可仿日本制度，90%應以保險費收入挹注，10%為部分負擔費用。勞資政保費分擔比例可比照全民健康保險分擔比例，並隨健保改革調整。但考量本保險受益對象多為非工作人口，故應調降雇主分擔比例為30%（健保為60%），政府補助增為40%（健保為10%）。至於農漁民、榮眷及其他保險對象則維持與健保相同分擔比例。部分負擔之可行方案，方案一為各項服務一律10%；方案二為居家／社區服務為10%，機構給付為15%，以鼓勵在地老化（鄭文輝等，2009）。

　　在總體費用估算方面，估計100年之總費用為459-975億元，占GDP比重為0.36-0.75%，費率則介於0.58-1.23%，此後費用將會逐年上升。財務處理機制包括採部分提存準備制、保險費率之精算採量出為入方式、建立收支連動調整機制等，以維持長期財務穩健（鄭文輝等，2009）。

結語

　　從世界的角度而言，長期照護是1990年代OECD會員國家社會政策的重點，長期照護保險制度是世界各國為協助國民面對長期照護事故可選擇的制度模式之一。獨立的長期照護保險制度出現於1994年的德國長期照護保險立法，該法於1995年實施。該制度的出現除了符合重大社會政策皆出現於社會經濟艱困環境中的歷史性經驗外，該制度也有其創新之處，即德國長期照護保險法特別是建構專業評估制度、多元與彈性的給付制度、賦予照護需要者法定選擇權、論人論月論等級支付制度等，這些制度內容也有檢討學習1965年即與健保共構實施的荷蘭制度經驗，而德國制度實施後也引起荷蘭的制度改革，以及日韓的跟進實施。日本制度有其特色與創新之處，特別是檢討德國評估項目局限狹義定義方式，建構多元評估項目以及強調照護管理制度，雖然其保險對象為選擇主義，排斥自主照護給付（現金給付）有討論空間。2006年起德國長照保險制度也檢討改進以往缺陷，規劃建構多元評估項目以及強調照護管理制度（Winkenfeld, Buescher & Schaeffer, 2007），顯見各國制度之間相互學習的狀況。

　　照護管理制度的建立與實施的確非常重要，因為長期照護制度建立的目的不只在透過強制納保規定形成風險分擔團體，協助有照護需要民眾獲得所需要的照護服務，而且在於能夠及時的獲得有品質的照護服務。但這是從制度層面介入，創造一個制度環境，提供豐沛穩固的風險互助基金與具品質確保的給付服務資源，如果從落實照護服務到給付對象的實踐層面而言，只是照護資源與環境條件的改善，但從評估確認照護需要之後，進入照護計畫之落實，此時重要的是照護需要者如何具體的落實照護計畫，而照護需要居家或機構照護場域適合照護實施環境條件的診斷與創設；個別化照護資源的確認與連結；長期照護歷程的改變時照護需要變動的受理與適時的回應機制；照護服務的品質與安全查核

等「照護管理」任務比總體制度建構更需要重視。即照護管理的重點在於依照每一照護需要者之個別具體需要，考量確認其個體、家庭、社區人文與物質照護環境，連結資源，落實照護服務。

所以其重點任務在於：確認照護需要與服務項目、認識照護服務提供的物質環境、家庭人際與支持環境、社區與資源環境，以及營造讓照護需要者與生活結合的照護環境，無論是在居家、機構，都能達到照護需要的服務與生活長期的協調。不但使得照護需要的滿足不致因為環境與資源人際之不協調而中斷品質受損，在長期照護之中能夠對於時常發生的小事問題加以排除，而且希望能提升照護品質。

我國長期照護制度目前主要還是個體責任，許多不同制度進入與服務提供規範交錯存在，由不同行政體系管轄，形成制度不透明與不同的國民待遇現象，在人口結構快速老化，家庭結構多元化，照護支持能力脆弱化、零散化，可預見長期照護議題將來勢必是一重要的社會議題，需要在制度建構上預為籌謀。自1997年起政府相關單位即不斷嘗試推動長期照護服務統整相關政策，而以2008年推動的「長期照護十年計畫」最具體最具整合性，但經檢討其成效並不顯著。2009年起政府推動長期照護保險制度立法，正式開啟長期照護制度體制規劃的論述與具體作為。2010年衛生署長照法案草案出爐，長期照護服務法草案則尚在積極研擬之中。這些攸關我國長期照護制度未來走向、制度內容與實施時間的重大政策，以及長期照護制度如何對待為數達十六萬餘人的「外籍看護工」，料將在未來的歲月裡繼續被檢視與討論。

參考書目

李光廷（2004）。〈日本介護保險的最新發展——由給付面看日本介護保險
　　的財務危機〉。陳聽安總編輯，《長期照護財務制度規劃》，第二章，
　　頁57-110。國家衛生研究院論壇長期照護委員會。

李玉春、林志鴻、葉玲玲、蔡誾誾、黃昱瞳（2009）。「長期照護保險法制
　　給付方式及給付項目之評估」。行政院經濟建設委員會九十七年度委託
　　研究計畫（案號：97121604-5）期末報告。

林志鴻（2000）。〈德國長期照護保險照護需求性概念與制度意涵〉。《社
　　區發展季刊》，第92期，頁258-269。

林志鴻（2004）。〈照顧需要風險制度化滿足之社會經濟效果——以德國長
　　期照護保險爲例〉。陳聽安總編輯，《長期照護財務制度規劃》，第一
　　章，頁7-56。國家衛生研究院論壇長期照護委員會。

林志鴻、梁正德（2007）。「我國全民健保保費計算基礎之探討」，玄奘大
　　學主辦。

卓春英（2001）。《頤養天年，台灣家庭老人照護的變遷》。巨流圖書。

吳肖琪（2005）。「長照與服務遞送」。行政院長照小組規劃報告。

葉莉莉、薄景華、翟文英（2009）。「我國長期照護資源供給調查期末報
　　告」。社團法人台灣長期照護專業協會。行政院經濟建設委員會九十七
　　年度委託研究計畫（案號：cepd97121604-2）。

楊志良、吳肖琪（2009）。「長期照護保險法制組織體制及保險對象之
　　評估」。行政院經濟建設委員會九十七年度委託研究計畫（案號：
　　97121604-4）期末報告。

陳君山（1997）。〈德國照護保險制度之研究〉。《社區發展月刊》，第78
　　期，頁105-122。

鄭文輝、朱澤民、鄭清霞、朱僑麗、周台龍（2009）。「長期照護保險法制
　　財務機制及財源籌措之評估」。行政院經濟建設委員會九十七年度委託
　　研究計畫（案號：97121604-8）期末報告。

鄭文輝、藍忠孚、朱澤民、朱僑麗、李光廷、李美玲、沈茂廷、林志鴻、林
　　依瑩、林昭吟、周麗芳、高森永、徐偉初、陳孝平、陳俊全、劉宜君、
　　鄭清霞（2005）。「我國長期照護財務規劃研究」。內政部委託規劃研
　　究，我國長期照護財務規劃研究委辦案第3標。

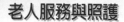
鄭文輝、林志鴻、陳惠姿、張宏哲、鄭清霞、朱僑麗（2002）。「推動長期照護保險可行性之研究」。行政院經濟建設委員會委託研究。台中健康暨管理學院長期照護研究所。

Kane, Rosalie A., Kane, Robert L., Ladd, Richard C. (1998). *The Heart of Long-term Care*. New York: Oxford university press.

OECD (1996). Caring for Frail Elderly People, Policies in evolution.

Schewe, Dieter (1999). Risikozuordnung und Risikoverlagerungen, Eine Einfuehrung in das Generalthema. *Sozialer Fortschritt. 48. Jahrgang*. Heft 1-2. Januar/Februar. pp. 1-3.

Sieveking , Klaus (Hrsg.) (1998). *Soziale Sicherung bei Flegebeduerftigkeit in der Europaeischen Union*. Nomos Verlaggesellschaft. Baden-Baden.

Thiede, Reinhold F. (1990). *Die gestaffelte Pflegeversicherung*. Sozialpolitische und oekonomische Aspekte eines neuen Modells. Campus. Frankfurt/New York.

Winkenfeld K., Buescher A., Schaeffer D. (2007). Recherche und Analyse von Pflegebeduerftigkeitsbegriffen und Einschaetzungsinstrumenten. Ueberarbeitete Fassung. Studie im Rahmen des Modellprogramms nach § 8 Abs. 3 SGB XI im Auftrag der Spitzenverbaende der Pflegekassen.Institut fuer Pflegewissenschaft an der Universitaet Bielefeld.IPW.

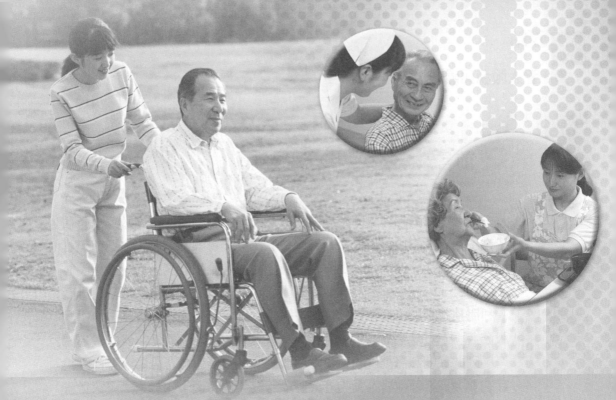

第十九章

◉—莊秀美

老人服務產業

學習重點

1.老人照顧服務產業成為新興產業的社會背景。

2.老人照顧服務產業的定義與範圍。

3.老人照顧服務產業的特性。

4.老人照顧服務產業展發展的現況。

前言

　　照顧服務乃指對於因慢性或永久的生理、精神障礙，導致無法行使日常生活功能的個人所提供的長期性專業與非專業的服務，包括醫療護理服務及生活照顧服務，對象涵蓋身心障礙者及失能老人等（莊秀美，2008：5），本章主要針對老人照顧而言。老人照顧服務應是自有社會福利服務以來就已存在，只是過去鮮少以產業觀點論之，因為社會福利服務起源於慈善救濟，屬於照顧或支援社會弱勢的專業，公益性質濃厚，因此民間團體提供的社會福利服務大部分是以社會公益事業的型態存在並發展。而政府推動的老人照顧服務業務方面，由於過去老人照顧主要由家庭擔負，因此早期公部門提供的老人照顧服務主要針對失依老人等特定對象。然而，自1980年代以來，隨著人口結構高齡化、家庭照顧功能降低等社會變遷，照顧服務需求急速增加，老人照顧社會化趨勢顯現，照顧服務成為老人福利政策的緊急課題。

　　約莫同時期，除了受到社會福利民營化思潮擴散的影響之外，為了因應民眾的社會福利服務需求，雖然政府增加社會福利預算，惟行政人力有限，善用民間資源乃成為解決福利服務供給問題的策略之一。政府陸續研擬社會福利民營化政策相關辦法，以推動民間參與福利服務之提供。受到社會福利民營化政策最直接影響的就是老人福利服務。1990年代之後，政府積極建構社區照顧服務體系，並以補助或契約委託方式鼓勵志願部門提供送餐服務、日間照顧、喘息照顧和電話關懷等服務，老人照顧服務民營化已成為社會福利民營化的重要一環（莊秀美，2005；2006；2007）。2002年開始推動的「照顧服務產業發展方案」中明示鼓勵非營利團體及民間企業共同投入照顧服務產業，為老人照顧服務發展正式注入產業觀點的具體實現。該方案於2003年修正名稱為「照顧服務福利及產業發展方案」，第二期計畫亦於2007年底辦理完竣，執行成效廣受各界關注。

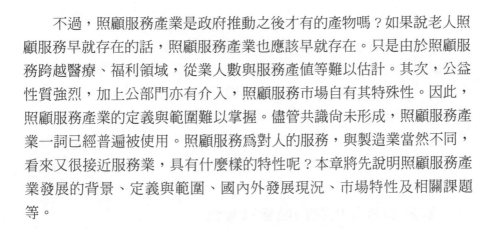

　　不過，照顧服務產業是政府推動之後才有的產物嗎？如果說老人照顧服務早就存在的話，照顧服務產業也應該早就存在。只是由於照顧服務跨越醫療、福利領域，從業人數與服務產值等難以估計。其次，公益性質強烈，加上公部門亦有介入，照顧服務市場自有其特殊性。因此，照顧服務產業的定義與範圍難以掌握。儘管共識尚未形成，照顧服務產業一詞已經普遍被使用。照顧服務為對人的服務，與製造業當然不同，看來又很接近服務業，具有什麼樣的特性呢？本章將先說明照顧服務產業發展的背景、定義與範圍、國內外發展現況、市場特性及相關課題等。

社會變遷下的新興產業

　　照顧服務產業可說是社會變遷下的新興產業，主要變遷有三：人口結構高齡化、家庭功能弱化及社會福利民營化。以下進一步說明之。

一、人口結構高齡化增加照顧服務需求

　　人口結構高齡化是二十世紀中葉以來全球多數國家共通的社會發展現象。高齡化社會固然是社會發展的象徵，但是同時也帶來衝擊及挑戰，因為其所引發的老人長期照護需求問題尚未獲得解決。

　　我國在1980年代達到高度的經濟成長的同時，生育率及死亡率下降的結果，使得人口結構急速老化。人口老化率於1993年時達到7.10%，至2009年底，已達到10.63%（內政部，2010）。未來人口結構的老化現象將受到第二次世界大戰後出生的嬰兒潮世代步入老年期的影響而更加快速。2016年老年人口總數將超過300萬人，人口老化率達到13.0%，至2051年，老年人口總數將高達649萬人，占總人口的37.0%（經建會，2007）。更值得留意的是，老的老年人口（75歲以上人口）占老年人口的比例亦逐年增加（內政部，2007）。推估到2051年時，將占老人人口

數的53.8%，高於65-74歲人口數所占的比率（內政部，2007）。

失能需照顧老人的人數隨著人口老化率的增加而成長，需求長期照護服務的人數在2007年計有24萬5,551人，到了2020年將增加到39萬8,130人（行政院，2007）。除了需照顧老年人口之外，身心障礙族群同樣有高度的照顧需求，2007年底領有身心障礙手冊者計有101萬696人，占總人口比率的4.40%（內政部，2008）。由此可知，人口結構高齡化帶動照顧服務需求人口的增加是可預見的。

二、家庭功能弱化帶動照顧社會化

過去以來，老人照顧主要由家庭負擔。根據老人狀況調查報告，65歲以上老人患有慢性病或重大疾病者占65.20%，近一成三的老人無法自理日常起居活動，其主要照顧者為配偶、子女或媳婿占40%，由外籍或本國看護工照顧者占18%，由機構、居家照顧服務員（含志工）照顧者占9%，無人可協助需自我照顧者近三成。近六成的老人希望與子女同住，目前未與子女同住的43%的老人之中，高達四分之一的老人希望能與子女同住（內政部，2005：3-6）。

少子化的結果，家庭規模逐漸縮小，加上婦女勞動參與率增加、婚姻維繫不易、離婚率居高不下、單親或繼親家庭增加、家庭形態多元化等家庭結構變遷，家庭中自助與互助能力消失，原本具備的「社會支持」與「家庭照顧」之功能降低。而老人在家庭中的角色與功能，也從過去的貢獻者淪落為負擔製造者，而有「家有一老，必有一倒」之說法。長期照護的社會化已是勢之所趨（徐震，2007；劉宛欣、莊秀美，2009）。

三、社會福利民營化助長照顧服務產業化

社會福利民營化政策的影響之下，1990年代之後，政府陸續擬訂老

人福利民營化的相關辦法及措施，共同發展照顧服務支持體系，並藉由照顧服務產業的發展，擴大相關勞力需求，有效促進就業。

「加強老人安養服務方案」（2002）在於推動結合民間的力量，提供緊急救援、失蹤老人協尋、老人住宅、老人保健、居家護理、長期安·養護、老人休閒等各項老人照顧服務。前述「照顧服務福利及產業發展方案」第一期計畫鼓勵民間團體及企業投入照顧服務產業，建構多元化照顧服務輸送系統，全面提升照顧服務品質，達成選擇多元化、價格合理化與品質高級化之目標。第二期計畫更被納入「挑戰2008：國家重點發展計畫」中，納入衛生、勞工、退輔、農業及原住民等行政體系，期透過跨部門合作，促進照顧服務「福利」和「產業」平衡發展，並作為未來照顧服務產業發展的基本方針，此後照顧福利的供給方式突破以往單純由社會福利體系主導的輸送模式。

「促進民間參與老人住宅建設推動方案」（2004）期促進民間大量投資老人住宅，成為帶動經濟發展的一股動力，且能有效促進老人住宅產業的發展，同時帶動經濟發展。「建立社區照顧關懷據點實施計畫」（2005）鼓勵民間團體設置社區照顧關懷據點，提供在地的初級預防照顧服務，再依需要連結各級政府所推動社區照顧、機構照顧及居家服務等各項照顧措施，以建置失能老人連續性之長期照護服務。「我國長期照護十年計畫」（2007）亦提出鼓勵民間參與長期照護服務提供，作為實施策略。

上述一連串老人福利民營化相關政策與措施之推動，正反映國內福利多元化發展趨勢及照顧服務產業發展環境的成熟。

定義與範圍

依據經建會的定義，照顧服務產業指為了減輕國民因失能所產生之身體及日常生活障礙，結合政府及民間力量，以專業化、企業化之方式，提供身體和日常生活照顧服務之一種產業。服務對象含括婦女、兒

童、身心障礙者、老人及青少年等（引自童棟樑、吳企雲，2005）。不過現行措施主要針對老人及身心障礙者（行政院經濟建設委員會、內政部，2005）。就服務內涵來看，照顧服務產業的範疇包括醫療、護理、生活照顧等之硬體建設及服務提供。既以產業論之，照顧服務不再是福利式的免費服務，使用者得付費購買服務。服務提供者亦不再限於公部門及非營利團體，也包括營利團體在內。服務提供者僱用專業人力及半專業人力提供服務，並收取服務費用以利組織運作。

老人照顧服務的項目，依國內《老人福利法》（2007）所規定，乃針對老人需求，提供居家式、社區式或機構式服務。服務項目可包括醫護服務、復健服務、身體照顧、家務服務、關懷訪視服務、電話問安服務、餐飲服務、緊急救援服務、住家環境改善服務、保健服務、輔具服務、心理諮商服務、日間照顧服務、家庭托顧服務、教育服務、法律服務、交通服務、休閒服務、資訊提供及轉介服務、住宿服務、生活照顧服務、膳食服務、緊急送醫服務、社交活動服務、家屬教育服務及其他相關服務，內涵相當多樣。《老人福利法》規範的照顧服務，也就是正式照顧服務，並未含括由家人或僱用看護在家裡提供照顧之非正式照顧在內，事實上並不符合現實上的老人照顧安排情境，因為目前絕大多數人選擇此類的老人照顧方式。

因此，廣義的老人照顧服務產業應可視同銀髮族產業，包括醫療輔具器材、醫療護理服務、健康維護、照顧福利服務、外勞人力派遣、家務服務及金融保險服務等。

照顧服務產業的特性

照顧服務屬於服務業的一環，基本上營運管理的理論、方法與服務業應是相同的。而服務業的經營管理，雖然基本面類似製造業，但是服務業的產出是無形的，此亦決定了服務業的特殊性。照顧服務除了具備服務的無形性、生產與消費的不可分性、不可儲存性、服務差異性、顧

客在服務過程中的參與、低進入障礙等特性之外，服務對象限於需照顧老人等特定族群。由於服務對象的特殊性，除了必須聘任專業的技術人員之外，服務提供的範圍與收費等也必須符合政策與制度的規定。照顧服務產業的特性如下（江尻行男、莊秀美，2007）：

一、生活文化產業

　　福利產業原本就著重日常化、無障礙、普遍化等價值的實現，因此福利的產品與服務的設計都應該非常體貼入微，注重每一個人的差異性。而且，不僅僅針對使用服務的身心障礙者或需照顧老人而已，應該擴展到服務對象的家庭成員。基於此點，理解每一個服務對象的生活、社會與文化是重要的，並依此設計的哲學與理念基礎，創造福利經營的「文化策略」，如此自然能夠提高顧客的滿意度。將此「文化策略」融入營運管理是福利產業存續的關鍵。換句話說，照顧服務業不是單純提供需照顧老人必要的日常生活服務而已，也必須納入需照顧老人的生活文化思考，考慮需照顧老人的個別喜好。亦即，照顧服務必須兼具連續性、綜合性、多樣化及個別化。

二、低創業障礙產業

　　未來多項照顧服務將會列為保險的給付項目，照顧服務費用的給付將更趨於穩定，對業者而言，營運收入也較有保障。由於少了這方面的擔憂，照顧服務事業可算是得以穩定經營的產業。比起其他行業，被倒債的風險也非常低。隨著制度的健全發展，照顧服務業的市場環境將會更好。安養護院以外的居家服務類照顧服務，雖然人事費用占營業費用的比率很高，但是設備投資負擔率低，盈餘創造不至於太難。由此來看，照顧服務產業可說是低開業障礙的產業。

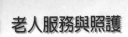

三、人力密集產業

照顧服務基本上是透過人力提供服務,因此必須聘任大量直接從事照護的居家照顧服務員(home helper)等。那是因為照顧服務的工作大部分都無法機械化,必須靠服務員的雙手來提供,而且絕大多數的服務並無法事前統一準備,照護花費的時間也很難掌握的關係。而且,服務人員必須具備特定的證照資格及一定水準的服務技術,否則就無法提供良質的服務,自然競爭力就會下降。由此來看,照顧服務產業屬於相當依賴勞動力的人力密集型產業,也因此人事費用的開銷很難降低。如果為了提高經營效率,勉強將人事成本壓低的話,很有可能導致服務品質的降低。因此,照顧服務人力的充實與人力資質之提升成為照顧服務營運管理上的重要課題。

四、社區連結緊密產業

照顧服務之中,特別是居家照顧服務是將服務送到需照顧老人的住家,因此服務輸送系統與老人居住的社區密切結合,可算是社區連結緊密的產業。從管理的觀點來看,由於照顧服務的特性就是必須全力支援服務對象的生活需求,包括二十四小時待命服務、夜間及休假日服務等。不管是訪視型服務(居家訪視服務等)或是通院型服務(日間照顧等),有可能一天之內必須往返老人住家數趟,此時往返的交通時間必須盡量縮短,否則就會影響服務效率。而且如果企業無法應付所有的服務需求時就必須與社區內的其他機構合作,因此服務據點必須分散化並盡量靠近顧客為原則。這些特性局限了照顧服務機構規模的擴大,且分散機構的管理難度也大幅增加。

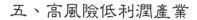

五、高風險低利潤產業

照顧服務的主要服務對象是那些原本風險就比較高的身心障礙者或需照顧老人等族群，因此服務本身具備高度的風險。其次，不僅限於照護對象，服務提供者附帶的風險也是不容忽視。特別是居家照顧服務通常是在老人的住家中提供服務，那是私密性很高的封閉空間，如果居服員心懷不軌或是老人有所誤解的話，非常容易發生糾紛。因此，如何避免、減輕或預防各種風險的發生，亦即所謂的風險管理是必要的。目前，照顧服務業者已逐漸重視照顧服務過程中的危機處理。其次，照顧服務費用的金額及部分負擔比例等都是由政府公訂，服務費給付設有上下限，部分負擔亦規定一成的比例，即使業者提供高品質的服務也無法獲得較高的服務給付。因此，維持一定的設置標準與人員配置下，照顧服務業的利潤是一定的，並不屬於高利潤的產業。

六、管理重視產業

照顧服務的型態非常多樣化，但是大部分的照顧服務不像製造業必須在創業階段投入大量的資金，但是卻非常需要人力的聘任、訓練等人力資源管理的know-how。亦即，照顧服務事業的成敗與否取決於有效的經營策略。

$\mathbb{Q}$ 國內外發展現況

一、國內發展現況

　　政府委託民間團體辦理的照顧服務項目持續增加，1999年時有「養護機構」、「安養機構」、「日間照顧機構」等十二項目。2004年增加「居家服務專業人力及充實辦公設備」，2006年增加「建立社區照顧關懷據點」，達十六項目。主要的委託對象包括地方政府、公立社福機構、財團法人（基金會、附屬福利機構等）、社團法人（社會福利團體、社區發展協會等）及志願服務隊等。2001年以後，財團法人福利機構、財團法人基金會及立案社會福利團體已成為照顧服務的主要提供者（行政院，2007：147-148）。

　　就機構類服務而言，老人福利機構方面，至2009年7月底止，需求床位數為70,726床，供給的床位數已達到90,517，供給床位數已超過需求床位數。不過，資源分布仍呈現區域不均現象，高雄市、嘉義縣、雲林縣等地尚呈供給不足狀況。但是在老人住宅方面，至2007年9月底止，老人住宅需求數125,271人，供給數僅3,120人，需求量大於供給量（內政部，2009）。

二、日本發展現況與動向

　　鄰近的日本算是照顧服務產業發展相當發達的國家，為了迎接「介護保險制度」的開辦（2000），日本於1999年實施「黃金計畫21」，除了訂出照顧服務的目標值之外，也逐步採取照顧服務供給主體多樣化策略。「介護保險制度」實施之後，社會福祉法人、公益法人、醫療法人

及營利法人（企業）、農協、地方自治公共委員會等團體都可以自由經營照顧服務事業，居家照顧相關服務更是大幅放寬企業的投資。根據預估，高齡者的消費市場一年高達約二十兆日圓，其中，「介護保險」的給付金額約七至八兆日圓，而保險給付以外的市場也很大，例如輔具市場（包含一般用品製造）就高達約二至三兆日圓。照顧服務產業的未來展望持續被看好，因為65歲以上的高齡者的增加是明顯可見的。戰後1947年至1949年三年間出生所謂的「團塊世代」就約有700萬人，他們在不久的將來即將退休，五年之後就會成為高齡者。日本的人口老化率已達21%，老人人口達2,400萬人，五年後又將達到另一個高峰。從各種情況來看都可預見照顧服務市場的擴大趨勢（莊秀美、鄭佳玲，2006；江尻行男、莊秀美，2007）。

根據至2008年10月止的統計，預防類照顧機構中，訪視型20,319所、利用型21,710所。此外，訪視照顧20,885所、利用型照顧22,366所、老人福利照顧機構6,015所、老人保健照顧機構3,500所，療養型醫療照顧機構2,252所，認知症對應型共同生活照顧（團體家屋）9,292所，各類照顧服務機構皆有增加。服務人數方面，預防類照顧服務方面，訪視型照顧322,058人，利用型照顧310,515人。其他，訪視照顧716,345人、利用型照顧933,611人、老人福利照顧416,052人、老人保健照顧291,931人，療養型醫療照顧92,708人，認知症對應型共同生活照顧（團體家屋）132,069人。照顧服務從業人數（指全職者）已高達1,281,712人，其中訪視型照顧從業人員162,753人，利用型照顧從業人員198,526人，老人福利照顧機構261,179人、老人保健照顧機構183,152人，療養型醫療照顧機構73,457人（厚生勞働省，2009）。

日本的照顧服務產業的市場結構中，企業的角色與功能備受各界的關注與期待。雖然住宿型機構的經營條件尚未全面開放企業參與，但是居家照顧服務事業早已吸引大量企業的加入。其實，日本的企業在提供照顧服務之前，早就經營輔具的製造、販賣，經營付費老人院等照顧服務事業。「介護保險制度」實施之後，企業陸續投入保險給付的照顧服務項目之經營。照顧服務企業急速成長，上市公司高達十數家，造就照

顧服務產業成為新世紀的創新企業。

就各項「介護保險制度」指定事業的屬性分類及比率來看（2005年度），社會福址法人主要經營特別養護老人院（約占90%）、短期住院生活照顧（88.7%）、訪視淋浴照顧（58.4%）、通院照顧（日間照顧約49.3%）、居家照顧支援（30.7%）等。醫療法人主要經營老人保健機構（73.7%）、療養型醫療機構（77.2%），及其他的療養型機構（七成以上）等。企業主要經營的產業，包括訪視照顧、認知症對應型共同生活照顧（團體家屋，以下同）、特定機構住院者生活照顧（付費老人院及護理之家等）及輔具租賃等類別都已超過五成。另外，企業也經營付費老人院（特定機構照顧）、「介護保險制」給付以外的照顧服務（如送餐、運送服務、緊急通報、寢具的清洗、烘乾及消毒等）等。

其他，如輔具的製造、販賣及付費老人院、高齡者住宅等幾乎都是企業經營（小野瀨由一，小野瀨清江，2006）。就前三大法人經營的產業類別特徵來看，社會福址法人以傳統的機構服務為主（特別養護老人院），以重度需照顧者為主要服務對象（需照顧度約4以上），同時提供居家服務（訪視照顧、日間照顧等）。醫療法人以經營醫療專業型的機構服務為主，主要服務對象為重度需照顧者（需照顧度約3或4），很少提供居家服務。企業主要經營居家照顧服務，特別是以訪視照顧服務（home help service）為主，以輕度需照顧者與需支援者為主。其次，企業經營居住收容型服務產業（付費老人院及團體家屋等）也急速成長，輔具產業中的市場占有率大（日本医療企画，2005）。

結語

推動照顧服務產業的同時，也必須關注服務品質的提升、偏遠區域的服務提供狀況、服務人力之培育、勞動條件及環境改善等課題。

就引進民間部門的部分而言，主要的目的就是透過各種團體與人力的參與，提升服務供給能力，並且藉此降低服務成本，建構所謂效率

化的服務輸送體系。也是透過多樣化經營團體的競爭，提升照顧服務品質，實現多樣化照顧服務的開發與傳播的一種政策性目的的制度設計。此乃基於多樣化經營主體的競爭參與之市場原理，不論營利或非營利，只要符合經營設置標準的團體就可以參與。即使參與主體及供給增加是由於需照顧者的急速增加擴大的需求所帶動而來的，只要供需平衡，有加入就有退出，透過這個過程就可順利轉移至成本降低及品質提升的競爭。

　　而就已參與（及即將參與）的團體而言，亦須秉持以客為尊及重視研究開發的理念經營。福利服務是對人的服務，服務利用者與服務提供機構或服務提供者的人際關係與信賴度是優良服務輸送的關鍵。福利服務使用者就如同服務業中的顧客一般，以客為尊仍是業者生存的重要關鍵。其次，應以消費者滿意為依歸，應投入研究，瞭解福利市場、福利使用者的特性，開發服務工具及模式，提升服務品質，才能獲取使用者的青睞。

問題與討論

1.照顧服務產業發展的背景為何？

2.照顧服務產業的定義與範圍為何？

3.照顧服務產業的特性為何？

4.照顧服務產業發展的前瞻課題為何？

參考書目

小野瀨由一、小野瀨清江（2006）。《介護ビジネス2006》。日本：同友館。

內政部（2005）。「中國民國九十四年台閩地區老人狀況調查摘要分析」。網址：內政部統計資訊服務網http://www.moi.gov.tw/stat/，瀏覽日期：2009年05月07日。

內政部（2007）。內政部統計資訊服務網。網址：http://www.moi.gov.tw/stat/，瀏覽日期：2009年07月25日。

內政部（2008）。「九十七年第三十四週內政統計通報（97年6月底身心障礙者人數統計）」。網址：內政部統計處網站http://www.moi.gov.tw/stat/news_content.aspx?sn=1324/內政統計通報，瀏覽日期：2008年10月20日。

內政部（2009）。「全國老人福利機構資源分布表」。網址：http://sowf.moi.gov.tw/04/07/07.htm，瀏覽日期：2010年02月25日。

內政部（2010）。內政部統計資訊服務網。網址：http://www.moi.gov.tw/stat/，瀏覽日期：2010年01月20日。

日本医療企画（2005）。介護ビジョン・最新介護経営（2005.11，2006.08.10.）。

江尻行男、莊秀美（2007）。〈日本的企業與照顧服務產業——企業的發展動向與經營策略分析〉。《管理學報》，第24卷第6期，頁637-655。

行政院（2007）。「我國長期照護十年計畫」。網址：行政院全球資訊網http://info.gio.gov.tw/ct.asp?xItem=32293&ctNode=3764，瀏覽日期：2008年04月27日。

行政院經濟建設委員會、內政部（2005）。《照顧服務福利及產業發展方案第二期計畫》。http://sowf.moi.gov.tw/04/02/02.htm，瀏覽日期：2009年06月11日。

厚生労働省（2009）。平成20年介護サービス施設・事業所調査結果の概況。http://www.mhlw.go.jp/toukei/saikin/hw/kaigo/service08/index.html，2010.01.31.

徐震（2007）。〈社區福利的組織化芻議——在少子高齡的社會中，對家庭養老育幼兩項功能的補助計畫〉。《少子高齡社會的福祉政策之實踐與

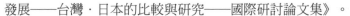

發展——台灣‧日本的比較與研究——國際研討論文集》。

莊秀美（2005）。〈日本社會福利服務的民營化——「公共介護保險制度」現況之探討〉。《台大社會工作學刊》，第11期，頁89-128。

莊秀美（2005）。〈台湾の高齢者福祉民営化をめぐる課題——コマーシャル・セクターの参入状況を中心として〉。日本社会福祉学会第53回全国大会国際学術交流シンポジウム，テーマ：「東アジア社会福祉モデルの構築に向けて——高齢者福祉の民営化に関連して」。口頭報告。2005年10月9日（日）14：40～16：40，日本東北福祉大学けやきホール。

莊秀美（2006a）。《日本企業の社会福祉事業参入戦略に関する研究》研究報告書，財団法人ロータリ米山記念奨学会特別米山SY-A（Alumni）奨学金（2005年度）。研究期間：2005.07.01～2006.06.30。財団法人ロータリ米山記念奨学会。

莊秀美（2006b）。〈山口県における営利法人の介護ビジネス参入に関する研究〉，《第11回山口地域社会学会》，2006年03月04日（六）13:30~17:00，山口大学大学会館2階会議室にで。

莊秀美（2006c）。〈台湾における高齢者福祉の民営化の実態と課題——企業の参入をめぐって〉。《海外社会保障研究》，第157号，頁80-89。

莊秀美（2007）。〈台灣地區老人福利服務的供給與營運——照顧服務民營化的政策方向與實施現況之探討〉。《少子高齡社會的福祉政策之實踐與發展——台灣‧日本的比較與研究——國際研討論文集》，頁147-157。

莊秀美（2007a）。〈介護保険制度における企業の介護ビジネス参入の課題——山口県における企業参入の現状〉。《やまぐち地域社会研究》，第4号，頁1-13。

莊秀美（2007b）。〈台湾における高齢者介護福祉サービス〉。供給の民営化をめぐって〉。2007年日本地域福祉学会第21回大会シンポジウム。。2007年06月10日（日）13：00～15：30、日本地域福祉学会主催、日本：山口県立大学4号館D-14教室。

莊秀美（2008）。《長期照護機構服務變遷發展之研究——單位照顧（unit care）、團體家屋（group home）的實踐理念及前瞻趨勢之分析》。台北：松慧有限公司。

莊秀美（2008a）。〈台湾における高齢者介護サービス供給の民間参入に関する課題分〉。《東アジア研究》，15，頁93-106。日本：山口大学東

アジア研究科。

莊秀美（2008b）。「台湾における高齢者介護サービス事業の運営主体とその課題（特別演講）」。日本福祉大學：日本名古屋。

莊秀美（2010a）。〈從老人福利政策發展趨勢論社工人力需求與培育規劃之方向〉。《社區發展》，第129期，頁215-230。

莊秀美（2010b）。〈台湾における高齢者福祉政策の推移と発展——介護保険法の制定に向けて〉。收錄於《東アジア・台湾における都市高齢化》第2章，頁36-58。

莊秀美、鄭佳玲。（2006）。〈企業參與長期照護服務供給相關課題之探討〉，《中山人文社會科學期刊》，第14卷第1期，頁97-124。

野口定久（2007）。〈日本の介護保険制度の課題と展望－コムスン問題の克服〉，載《少子高齢社会における福祉政策の実践と展開——台湾・日本の比較研究——国際シンポジウム大会資料》，頁61-68。2007年10月26日（五）10:00～12：00，台湾東呉大学社会工作学科、日本地域福祉学会、台湾台北富邦銀行公益慈善基金会、台湾ソーシャルワーク教育学会主催。台北市士林老人サービスセンター共催。東呉大学綜合大楼国際会議ホール、東呉大学哲生楼哲英ホール（H101室）にで。

童棟樑、吳企雲（2005）。〈國營事業介入照顧服務產業可行性探討——以台電公司為例〉。《台灣老人保健學刊》，1(2)，頁52-64。

經建會（2007）。「中華民國95年至140年人口推計」。網址：http://www.cepd.gov.tw/m1.aspx?sNo=0000455&key=&ex=%20&ic=，瀏覽日期：2009年09月25日。

劉宛欣、莊秀美（2009）。〈居家照顧服務員工作滿意度及其相關因素之探討——以伊甸基金會為例〉。《社區發展》，第125期，頁454-471。

第二十章

◉─林綺雲

老人自殺

學習重點

1. 臺灣地區老人自殺的年齡分布、性別與自殺方法的現況。
2. 老人具有高自殺意圖以及高致命性的自殺行為的可能因素。
3. 從生理、心理與社會文化因素瞭解老人自殺的危險因子與保護因子。
4. 老人自殺的迷思。
5. 老人自殺防治之道。

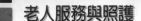

前言

　　就人類發展階段而言，當人步入老年（65歲以上）時期，即將面對諸多自然或人為的失落課題，不僅失去青春、健康、工作、重要他人等，也可能開始面對死亡的課題。有些老人可以正常接受這些生命發展過程自然或意外發生的失落，有些則飽受生理、心理與靈性健康的困擾，甚至出現自殺意念、意圖與行為。

　　台灣地區65歲以上老年人口比例逐年上升，事實顯示這些老人目前已經約占台灣人口的10%，實有必要對這個族群的生活或生存狀態有更多的理解與關懷。台灣地區自殺死亡率自1997年起至今已連續十二年名列十大死因第十位或第九位，約占死亡人數的2%，其中歷年老人自殺死亡數皆占自殺總人數的20%以上，顯示老人自殺問題之嚴重性，成為衛生福利政策的重要課題。以2006年台灣生命統計資料為例，當年台灣平均每十萬人自殺死亡率有19.3，而65歲以上老年人自殺死亡每十萬人口則高達39.3，居各年齡層之冠。老年人口自殺死亡人數亦從1995年的408人增加至2009年的823人，十五年間增加1倍以上的人數（行政院衛生署，2010）。

　　如果與歐美地區國家比較，台灣老人自殺死亡率（2006年為十萬分之39.3）遠高於美國（15.2）、德國（24.3）、英國（6.0）、義大利（13.1）；與亞洲國家相較之下，亦高於日本（31.8）、新加坡（23.1）及澳洲（12.7），僅低於韓國（55.8）（江艷秋，2006）；因此台灣老人自殺問題確實為嚴重的問題。

♀ 台灣地區的老人自殺現象

　　台灣地區老人自殺現象可以從年齡分布、性別與自殺方法各方面來說明如下：

　　第一，台灣老人自殺死亡率一直高於全人口平均自殺死亡率，且65歲以上老人自殺死亡率同樣也是逐年攀高。回顧台灣在1991年時，65歲以上自殺死亡總人數為358人，死亡率為每十萬人27.5（行政院衛生署，1999）；2006年間到達高峰，此年齡層之自殺死亡總人數上升至884人（男性571人，女性313人），自殺死亡率上升至39.3／每十萬人。2007至2009年間，此年齡層之自殺死亡總人數才逐漸下降，降至2009年的823人（男性536人，女性287人），自殺死亡率降至33.9／每十萬人（見**表20-1**）。

表20-1　1998-2009年台灣地區老人自殺統計

性別＼年度	合計			男性			女性		
	總人數	死亡率	排行	總人數	死亡率	排行	總人數	死亡率	排行
1998	584	32.79	14	395	41.07	14	189	23.06	14
1999	589	32.05	14	403	40.99	13	186	21.76	14
2000	672	35.49	14	447	44.61	13	225	25.24	14
2001	733	37.64	14	494	48.49	12	239	25.74	13
2002	678	33.86	14	412	39.77	13	266	27.52	12
2003	725	35.2	12	463	43.92	12	262	26.06	12
2004	768	36.24	12	488	45.46	12	280	26.78	12
2005	814	37.3	12	542	49.5	12	272	25.0	12
2006	884	39.3	12	571	51.1	11	313	27.6	12
2007	841	36.3	12	544	47.8	12	297	25.2	12
2008	868	36.6	14	559	48.4	13	309	25.4	14
2009	823	33.9	14	536	45.6	13	287	22.9	15

註：1.「死亡率」為每十萬人口死亡率。
　　2.「排行」為自殺死亡於該年度死亡原因之排行。

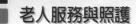

第二，自殺死亡率與年齡層成正比。台灣地區自1987年至2009年近二十多年間，自殺粗死亡率均隨年齡之增加而增加。例如2009年間，各年齡層每十萬人口自殺死亡率以65歲以上者最高（33.9%）；依次為45-64歲者（25.0%）；25-44歲者（20.3%）；15-24歲者（6.3%）。其中又以男性「最老的老年人（The oldest olds，即85歲以上），以下簡稱『老老人』」的自殺死亡率居台灣人口之冠（行政院衛生署，2010）。

第三，自殺性別中，男性明顯多於女性。1998年至2009年十二年間，台灣每十萬人約有35.6個老年人自殺，每十萬人口自殺率由1998年的32.79人逐年上升至2006年的39.3人，年度自殺死亡人數於這九年間增加了約300人。其中，歷年來男性自殺死亡率皆為女性的1.4-2倍之高，顯示男性自殺死亡率明顯高於女性的自殺率之現象，並未因為年齡層增加而有所減緩或改變（如**表20-1**）。

第四，自殺方法以上吊、窒息的致命方法為主要。台灣地區的老人無論男女常見的自殺方法是上吊與服毒，其次是跳樓、溺水等（如**表20-2**），手段相當暴力，表現出高度的自殺意圖。

表20-2　老人自殺性別與方法（2009）

性別	方法	總數	吊死、勒死及窒息	固體或液體物質	高處跳下	氣體及蒸汽	溺水	其他
男	人數	536	233	167	43	33	33	27
	死亡率	45.6	19.8	14.2	3.6	2.8	2.8	2.3
女	人數	287	118	94	34	6	27	8
	死亡率	22.9	9.4	7.5	2.7	0.5	2.2	0.6
總合	人數	823	351	261	77	39	60	35
	死亡率	33.9	14.4	10.7	3.2	1.6	2.5	1.4

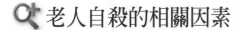

老人自殺的相關因素

　　事實上，自殺是世界性的人口議題，根據世界衛生組織調查顯示，自殺已位居為全球前二十主要死因之一，且每年有近一百萬人死於自殺，自殺死亡率為每十萬人有十六人或每四十秒就有一人自殺身亡。究其原因，90%的自殺與心理疾患有關，特別是憂鬱症及藥物濫用等，諸多研究證實自殺亦與複雜的社會文化因素有關，尤其社會經濟、家庭和個人危機之情境，例如失去所愛的人、失業或名聲等（WHO, 2010）。近幾年來，在第三世界的國家、開發及開發中國家，年輕人的自殺率有逐漸增加的情形，15-44歲的人口自殺已經列入該族群前三位的主要死因，但是就性別及年齡而言，男性老人的自殺率居高不下，一直是自殺率最高的族群。諸多研究也提醒助人者，應留意老人自殺行為確實具有高自殺意圖及高致命性，不可掉以輕心，說明如下：

一、老人自殺行為具有高自殺意圖及高致命性

　　在世界各地的人口統計中，老人比起年輕的族群有較高的自殺率是普遍的現象，在很多地區，年齡與生命週期性的自殺危機之間的關係，年齡與表達期望死亡的比例之間的關係都呈現正相關。學者們（Conwell, 1997, 2002; De Leo, 2001）指出老年人「自殺企圖」與「自殺死亡」二者的比例遠低於年輕人及一般人口。例如，「自殺企圖」與「自殺死亡」的比例在一般人口約8：1到40：1之間，在青少年約200：1，在老年人則約是2：1到4：1之間，反映出老人自殺行為具有高自殺意圖及高致命性。可能原因有：

　　1.老人的自殺意圖強：執行前多計畫已久且周詳，有死亡的決心，使用較致命性的方法。

2.老人很少透露出自殺想法或計畫：老人較少留下遺書，當有遺書時，常清楚表達決心、意圖、想法及情感上的疏離。

3.老人較多獨居者：自殺常發生在獨居老人家中，因此自殺時不易及時發現獲救。

4.老人原本的身體疾病及身體的脆弱性，致使老人自殺時不易存活。

換句話說，老人完成自殺的機率很高，宜早期找出自殺危險性高的老年人，分析其自殺的危險因素，及早預防。

二、老人自殺的相關因素

人們在老年時期的自殺想法與年輕時的想法是不同的，而老人自殺的原因也比任何一個年齡群要複雜，除了心理因素之外，還有客觀生活條件、經濟因素以及生理或疾病因素，更多是無價值感使然。Granello, P. F.和Granello, D. H.（2007）建議可以從精神疾病、身體疾病、人際支持、心理層面、社會文化等方向探討老人自殺的危險因子。

(一)心身症（精神疾病）

精神疾病的困擾是多數老人主要的自殺動機因子，大約75%的人在死亡之前都曾被診斷有精神疾病，50-87%的自殺者罹患憂鬱症，部分自殺者還有藥物或酒精濫用的問題。

吳書儀、劉珣瑛、葉炳強等人（2009）指出精神症狀與疾病老人自殺最高度相關的危險因子是精神疾病。老人自殺死亡的四個「心理解剖」（psychological autopsy）研究顯示，71-95%自殺死亡者死時罹患有DSM-IV第一軸的精神疾病診斷，憂鬱症是其中最常見的診斷，大部分（54-87%）老人自殺時罹患有憂鬱症，特別是在75歲以上的「老老人」。研究顯示罹患第一軸精神疾病診斷時，自殺死亡危險性的危險比（odds ratio）高達27.4-113.1倍。罹患復發性重鬱症的自殺死亡的危險

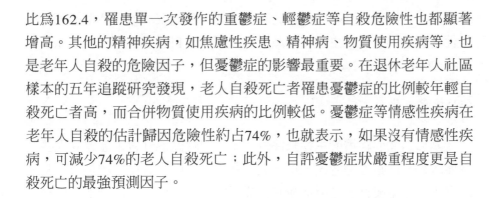

比為162.4，罹患單一次發作的重鬱症、輕鬱症等自殺危險性也都顯著增高。其他的精神疾病，如焦慮性疾患、精神病、物質使用疾病等，也是老年人自殺的危險因子，但憂鬱症的影響最重要。在退休老年人社區樣本的五年追蹤研究發現，老人自殺死亡者罹患憂鬱症的比例較年輕自殺死亡者高，而合併物質使用疾病的比例較低。憂鬱症等情感性疾病在老年人自殺的估計歸因危險性約占74%，也就表示，如果沒有情感性疾病，可減少74%的老人自殺死亡；此外，自評憂鬱症狀嚴重程度更是自殺死亡的最強預測因子。

(二)生理疾病

精神疾病之外的生理疾病對自殺行為的影響也是肯定的，約有65%的老人自殺者是在生病（重症或慢性疾病）期間，且其中約有27%的自殺者患有頑疾或重症。生病降低自主性且因置入新的生活方式而引發憂鬱、無助與無望感，且無法對治療信任，尤其是男性或老老人，對治療缺乏信任以及永無止盡的痛苦等，常見於自殺老人。

學者（Rubenowitz et al., 2001; Waern, 2003）指出憂鬱得分最高組的自殺死亡率是憂鬱得分最低組的23倍。雖然憂鬱症是老人自殺的最重要因子，然而老年人常因合併身體疾病，讓醫師與周遭親友忽略了老年人的憂鬱、沮喪、失志、無助或無望感。人們容易因為老年人的身體疾病或疼痛失能而合理化老年人的憂鬱症，誤以為身體生病時就會低潮，誤判這樣的情緒是理所當然的，而錯失治療良機。因此，如何加強社區憂鬱症老人的診斷率與治療效果以防治老人自殺是重要的課題。

(三)生活事件、人際與心理支持

獨居、離婚、喪偶等是很多老人的狀況，尤其是男性，已婚的人有較低的自殺率，不僅是婚姻伴侶關係使然，擴展人際互動或參與活動亦有關。老人多半獨居或感到孤單，一般而言，自殺的老人較少資源或支持，也較少與親友互動與聯結。因此，在個人或社區層面的預防措施是

必須的，包括改善身體與情緒健康、運動、改變或調整生活型態等，都是促進成功的老年化生活，以減少自殺想法及自殺發生率（Rubenowitz et al., 2001; Waern, 2003）。

(四)社會文化

基於自然或經濟的生存條件差異，有些社區或社會未能建立完善的制度或福利措施善待老人，視老人是社會或家庭的負擔，增加貧病交加的老人為避免成為負擔所造成的自殺死亡率。歷史上的極端例子就是古希臘人對老人自殺的包容態度，甚至認為老人如果覺得自己在社會上已經不能再發揮有用的或有意義的角色時，可選擇自殺。現今時代雖不再有這麼極端的態度，然而工業化社會對老化可能仍有相近的信念與假設（吳書儀等，2009）。

老人自殺與其他年齡層自殺一樣，都是有明顯的心理痛苦加上精神疾病、不良生活環境、身體疾病、獨居孤獨、無望、無價值感的綜合結果。然而，老人自殺卻相對易受忽視。因為老人的自殺想法與自殺行為，常被錯誤地合理化，當成已評估過「利弊得失」後的合宜想法。其他老人常見的慢性自殺或「間接自殺」也常被有意無意地忽略，例如：拒絕進食、拒絕使用維持生命必需的藥物（糖尿病胰島素治療等），或過量不當使用治療性藥物或酒精、精神治療藥物等。此外，有些老人一再自殺，自殺未遂的老人死亡雖非直接歸因於自殺行為，卻可能是因先前自殺企圖所造成的後續病理生理的延續結果，也很難正確歸因死亡原因（Ohberg & Lonnqvist, 1998）。

最後，媒體的報導也會影響自殺行為，由於一般人傾向將老年人的自殺行為視為一段豐富有意義的人生主動畫下的句點，較能被社會大眾體恤與接受，故老人的自殺新聞報導較少，間接導致社會大眾誤以為青壯年人口的自殺問題較嚴重。

老人自殺的危險與保護因子

綜合以上所言，在老年人（65歲以上）這個族群裡，自殺是一個經過深思熟慮且計畫周全的行為，和一般成年人的衝動性自殺行為不同。老年人不像一般成年人，會把自殺當作尋求幫助（plea for help）的手段，老年人的自殺企圖是有計畫、蓄意且一心想死，不容他人有機會搶救。一般成年人有各式各樣的自殺動機，如希望停止受傷、獲得注意力、企圖影響他人，或將自殺視為降低罪惡感、焦慮、復仇、憤怒和憂鬱等感受的方法，但對老年人而言，自殺能讓他們脫離憂鬱和絕望。企圖自殺的老人傾向死亡，而企圖自殺的一般成年人則是希望減緩暫時的痛苦。當老年人企圖自殺時，他們會選擇高致命性且較難介入的工具，例如槍械和上吊。相較於一般成年人，老年人較少採取心理支持系統（psychological assistance）來協助他們度過自殺危機。他們不傾向使用生命線或心理諮商服務。從族群來看，相較於一般成年人，老年人對自殺迷思和可使用資源的認識較少。因此，當老年人有自殺企圖時，他們通常死意堅決、自殺計畫周詳且傾向採取高致命性的手段。

但是有些老人有自殺意念卻不會採取行動，為什麼？這方面的相關研究很少，卻值得我們探究。Miller 等人（2000）的研究表示老年人擁有自殺意念但沒有採取自殺行動，主要有兩項原因：一是對家庭或孩子們有所牽掛，二是不符合其道德或宗教信念。因此，那些想過自殺的老年人會因強烈的道德禁止和緊密的親情關係拒絕以自殺方式結束生命，而那些跨越道德禁止和親情、選擇自殺的老年人，則會採用高致命性自殺方式自我了斷。

在西方世界，男性的老老人的自殺率最高，女性的保護因子是：(1)適應力較（男性）強；(2)較完善的社會支持系統；(3)對於每日生活活動有較佳的自我滿足感；(4)較強烈的有用感，透過對孩子或孫子的認同。換言之，在積極找尋老人自殺危險因子時，認識自殺防治的保護因子也

是相同重要的。

老人自殺防治的迷思

Granello, P. F.和Granello, D. H.（2007）指出重視老人自殺防治工作者務必要釐清並破除自己可能存在的迷思（myth），以利工作之進行。常見的迷思有：

迷思一：老年人在過去的發展階段中皆能成功經營而不自殺，故已具備良好的因應能力來經營或度過老年這個階段。

事實是：老人自殺的危險性因憂鬱症、孤獨和社交孤立而大增。喪偶或離婚的單身老人，其自殺率是其他有伴侶老年人的3倍。

迷思二：老人罹患憂鬱症是不可避免的。因此，對於老人憂鬱或因憂鬱而自殺的現象，我們無能為力。

事實是：大約有18%的65歲以上老人被診斷有憂鬱症，但臨床上也有相當有成效的治療方法。透過藥物、諮商和電療，約有80%的憂鬱症老人可獲得有效治療。

迷思三：退休生活代表的是一段放鬆、愜意的時光，退休的人不像工作者一樣有壓力。

事實是：老年人常見的壓力源如下：生活型態和經濟狀態的改變、對孫子女的牽掛、對罹病配偶的擔憂、親人或好友的死亡、個人健康的衰退、身體殘疾或慢性疾病、獨立生活的擔心和對於養老院的焦慮。

迷思四：老年人身上常見的生理疾病是造成他們自殺率上升的原因。

事實是：有些生理疾病（如後天免疫缺乏症候群、部分癌症、多發

性硬化症等）和自殺有較高的關聯性，但其他疾病則無。
這牽涉到個人如何去面對疾病──與憂鬱和焦慮共存──
造成自殺風險的上升，而非疾病本身。

迷思五：老年人的自殺行為是一種理性決策，與其心理健康無關。
自殺是基於「生命應該在個人的心理或生理疾病惡化前結
束」這樣的理性信念而產生的行為。

事實是：對多數人而言，年老本身並不是一個自我毀滅的理由。老
人憂鬱症是導致這些所謂的理性決策的主因，也是治癒性
很高的疾病。

老年人自殺防治實務

　　世界衛生組織的資料顯示，許多國家的老年人自殺死亡率居各年齡
層之冠，自殺死亡、自殺想法、自殺危險性隨年齡增加而增加。在其他
年齡層的自殺防治策略，可藉由辨識曾出現自殺企圖的高危險群進行防
治，然而，由於老年人自殺行為特質及多數老年人自殺死亡者通常並沒
有過去自殺企圖病史，卻常在第一次企圖自殺時便因此身亡，顯示老年
人的自殺防治策略，必須在老年人出現急性自殺危險前，及早防治（De
Leo, 2001）。

　　老年人的自殺行為比年輕人更為危急嚴重且常會造成死亡，因此，
老人自殺的處理與預防極為重要，如何為老人編織一個完整而有效的自
殺防護網（林綺雲，2010a）是全世界的重要公共衛生問題，各個國家與
社會都應正視且積極落實。本文在此引述吳書儀、劉珣瑛、葉炳強等人
於〈老人自殺現況暨老人自殺防治的探討〉一文中對從事老人自殺防治
的實務建議，包括辨識、評估、危機處理、同儕支持及衛生政策等層面
作摘要簡述如下，提供有志於從事老人自殺防治工作者指引參考。

一、辨識具有自殺危險的老人

早期篩檢出有自殺想法且自殺危險性高的老年人，以避免後續出現高致命性的自殺行為，至為重要。尤其是第一線接觸老人的臨床醫護人員應熟悉老人自殺危險因子，在此基礎上，要能評估個案自殺危險性，並建議後續之治療或轉介。尤其憂鬱的老人一般常以身體種種不舒服症狀表現，必須在生理因素之外，能辨識其心理或人際關係狀況，勇於詢問個案對自殺的看法或相關的問題。

根據Finkel和Rosman（1995）與Purcell等人（1999）的建議，在健康評估時應一併篩檢老人是否有憂鬱與自殺意念，做法包括：

1. 主動傾聽個案目前的症狀，安排詳細身體檢查以鑑別種種症狀之起因。
2. 尋找最近壓力源和失落事件，並探詢個案的精神疾病與自殺的個人或家族史。
3. 瞭解個案現在與家人的關係，是否有內在與外在保護因子。
4. 尋問個案對自殺的看法。

二、評估具自殺危險的老人

Joiner（2005）在《為什麼要自殺》一書中分享他的父親自殺離世的經驗，他的父親在人生最安逸穩定的退休生活狀態中選擇自殺結束生命，讓他以心理學家的研究精神去探索自殺者的相關因素，並發展出「自殺的自殘行為是慢慢發展出來」的命題。他認為自殺者，包括老人自殺，都需要逐漸醞釀才能完成最後的致命行為。所以，要從事自殺防治工作的人都要能進行風險評估，評估的內容包括：

1. 自殺者是否具備取得致命性自我傷害的能力，這些能力是在克服日常生活中的受苦與恐懼經驗，逐漸累積發展而成。

2.自殺者是否有知覺造成他人負擔感受，尤其是老人，深怕自己變成在家人生活、經濟或疾病照顧過程中的負擔。

3.自殺者是否出現低度歸屬感，低度或受挫的歸屬感往往來自與他人無眞正的連結，陷入孤獨的情境或感受。

4.自殺者是否有多次自殺未遂史，出現自殺行爲次數越多者越易完成自殺。

5.自殺者是否出現意志堅決的規劃和準備工作，包括勇於嘗試的勇氣感和效能感、接近自殺所需的手段和機會、企圖自殺的具體計畫、自殺意念持續的時間與激烈程度等。

6.自殺者是否有強烈的自殺慾望，要能評估其活下去的理由、死亡的願望、多久形成一次自殺念頭、不想再活下去的願望、討論死亡或自殺的內容等。

　　在辨識出有自殺危險性的老人之後，接下來便須評估其自殺危險性的高低。自殺風險的評估十分複雜，有些人會憑藉問卷或量表所得之分數，但是老人經常無法配合做問卷，Range和Knott（1997）與Valente（1993）建議最好是以臨床的觀察以及蒐集到的資訊爲基礎加以評估，若能輔以審愼的會談技巧與個案建立信任關係則更爲理想。如果懷疑一位老人個案有自殺傾向，應當直接探詢他是否希望生命到此結束，釐清其是否有自殺意念或意圖及出現的頻率，並進一步詢問是否有自殺計畫或曾經嘗試過等。

　　無論是老人或青少年的自殺傾向者，自殺防治守門人與個案溝通時有其技巧，評估或詢問自殺計畫的危險程度時須保持冷靜，以主動關懷與積極傾聽的態度，配合適當的回應與支持陪伴，技巧性詢問對方欲使用的自殺方法，以評估該方法的實施可能性等（林綺雲，2009）。

三、危機時的介入

　　經辨識與評估有危機狀態的個案應即時處理，危機介入的首要目標

在維護個案安全（Conwell, 1997; Valente, 1993），主要策略為：降低或去除立即的危險，不要讓目前有自殺危險的個案孤單一人，請家屬或主要照顧者盡量陪伴個案，直到危機解除，或個案接受精神醫療且獲益為止。醫護人員與個案的治療關係仍是危機介入時不可或缺的要素，有效的治療態度要能顧及個案束手無策的感受，同時強調現實環境中值得正向思考之處。至於是否應安排住院的危機處遇，最好能與其他同事及精神科醫師共同會診後再決定，應考慮因素包括：

1.沉重且未解決的壓力合併生活功能受損的症狀。
2.是否缺乏衝動控制能力。
3.缺乏支持系統。
4.自殺意圖的嚴重度及自殺企圖的致命性。
5.個案合作度。
6.個案所在地點等。

Pillai（1997）指出若評估個案不需住院，則需有後續的關懷或轉介計畫，包括治療已出現的症狀，轉介個別或團體治療、支持團體或社區資源等。

四、老人自殺防治之道

(一)從照顧老人自殺高危險群之醫療人員著手

醫師是最重要的老人自殺防治工作者，因為他們有大量接觸老人的機會，包括各科醫師，如家醫科、腸胃科、內外科等非精神科。研究顯示，老年人自殺死亡前一週20-50%看過醫師（非精神科醫師）、自殺死亡前一個月則有40-70%看過醫師（Conwell, 2002）。世界衛生組織（2001）針對基層醫療或非精神醫療的憂鬱症研究，都強調醫師需有良好診治老年憂鬱症與自殺的敏感度，且應經常性地探詢及篩檢看診老人

的無助感與自殺想法，一旦發現高危險個案即轉介給心理專業人員，提供多元化的協助管道。

(二)心理衛生居家服務

對於一些孤立、殘障、教育程度較差且無社交能力的老人來說，以電話問候方式是個變通的介入方法，電話關懷（TeleHelp/ TeleCheck）可讓獨居、出外行動不便的老人留在家中也能接受到心理衛生照顧，能大量節省財務資源，除此，心理衛生居家服務可有效減少老人自殺危險（Oyama et al., 2004）。與老人維持定期的接觸，提供他們心理上的支持並查探是否需要幫忙，且在需要時提供醫療、心理諮商或社會協助，藉此可減少醫療服務的使用且能普遍改進情緒與生活品質及增加安全感（De Leo et al., 2002）。總之，主動的接觸、持續的照顧以及程度漸增的情緒支持，是提供老人保護因子以對抗自殺的關鍵。

(三)老人自殺防治的相關政策

許多歐美已開發國家皆針對老人自殺防治制定全國性的政策，如建立基層醫師與精神醫療的合作平台，發展並推廣老人自殺、憂鬱症等治療指引，以增強第一線醫療人員對老人自殺防治的重視及能力。此外，政府也應教育民眾對自殺高危險群之辨識及轉介，限制媒體過度渲染自殺事件，限制自殺危險物品的可獲得性，例如：針對藥房藥品的管制、使用催化轉換劑以降低汽車廢氣的致命性等以積極預防各年齡層的自殺。此外，老年人相關社會福利制度的制定也將降低老人自殺的發生率，包括改變老人對退休的態度、增加老人經濟穩定性、提供較佳的精神衛生照顧等。

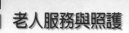

結語

　　台灣社會正在逐步邁入「高齡社會」，在衛生環境改善與醫療技術進步之下，已大幅提高人類平均餘命，高齡人口與日俱增使得台灣地區人口結構與可以與許多主要國家之趨勢媲美，其中老人人口成長速度甚至高於許多先進國家。

　　行政院衛生署（2011）公布2010年台灣自殺死亡人數3,889人，與2009年相比，降低6.0%。所有年齡層的自殺人口都有下降，唯有老年人口自殺死亡人數從2009年間的823人增加成886人，較2009年增加5.8%，是各年齡層中唯一增加的族群。

　　目前我國政府對於老人問題的解決策略上，也較偏重於經濟與生活照顧的層面，較少著重於心理及心靈的滿足，現階段高齡化的社會，老人心理健康議題如憂鬱症狀、低自尊、無望感、無力感及自殺等是不容忽視的一環，尤其是自殺更是值得重視。

參考書目

行政院經濟建設委員會（2006）。「中華民國台灣民國95年至140年人口推計」。

行政院衛生署（1999）。「台灣地區十大死因年齡結構別死亡概況」。

行政院衛生署（2006）。「死因統計結果簡要分析」。

行政院衛生署（2010）。「98年度死因統計完整統計表」。

江艷秋（2006）。〈老年榮民健康狀況、憂鬱、存活的理由與自殺意念之探討〉，未發表。桃園：長庚大學護理研究所。

吳書儀、劉珣瑛、葉炳強（2009）。〈老人自殺現況暨老人自殺防治的探討〉。《台灣醫學》，13卷4期，頁416。

林綺雲（2009）。〈自殺評估與溝通技巧——自殺防治守門人的十八般武藝〉。《諮商與輔導月刊》，284，頁48-55。

林綺雲（2010a）。〈編織自殺防護網——以社區為基礎的自殺防治模式〉。《諮商與輔導月刊》，290，頁49-54。

林綺雲（2010b）。〈希望治療法——輔導自殺者的策略〉。《諮商與輔導月刊》，291，頁46-55。

林綺雲（2010c）。〈個人與社會的關係——從涂爾幹的自殺論談起〉。《諮商與輔導月刊》，293，頁55-60。

Conwell, Y. (1997). Management of suicidal behavior in the elderly. *Psychiatr Clin North Am, 20*: 667-83.

Conwell, Y., Duberstein P. R. Caine ED (2002). Risk factors for suicide in later life. *Biol Psychiatry, 52*: 193-204.

De Leo, D., Padoani, W. Scocco P. et al., (2001). Attempted and completed suicide in older subjects: results from the WHO/EURO Multicentre Study of Suicidal Behaviour. *Int J Geriatr Psychiatry, 16*: 300-10

De Leo, D., Dello Buono, M., Dwyer J. (2002). Suicide among the elderly: the long-term impact of a telephone support and assessment intervention in northern Italy. *Br J Psychiatry, 181*: 226-9.

Finkel, S. I. Rosman, M. (1995). Six elderly suicides in a 1-year period in a rural midwestern community. *Int Psychogeriatr, 7*: 221-30.

Granello, P. F. & Granello, D. H. (2007). *SUICIDE: An Essential Guide for Helping*

Professionals and Educators. Allyn and Bacon.

Gordon, R. S. (1983). An operational classification of disease prevention. *Public Health Reports, 98*: 107-109.

Joiner, Thomas (2005). *Why People Die by Suicide*. Harvard University Press.中文譯本：朱侃如譯（2008）。《爲什麼要自殺》。台北市：立緒出版。

Lester, D. (1998). Preventing suicide by restricting access to methods for suicide. *Arcbives of Suicide Research, 4*: 7-24.

Mrazek, P. J., & Haggerty, R. J. (eds.). (1994). *Reducing the Risks for Mental Disorders: Frontiers for Preventive Intervention Research*. Washington, D.C: National Academy Press.

Miller, M., Hemenway, D., Bell N. S. & Rimm E. (2000). Cigarettes and suicide: a prospective study of 50,000 men. *Am J Public Health, 90*: 768-773.

Neimeyer, R. A.（1998），章薇卿譯（2007）。《走在失落的幽谷　悲傷因應指引手冊》（*Lessons of Loss: A Guide to Coping*）。台北：心理出版社。

Ohberg, A. & Lonnqvist J. (1998). Suicides hidden among undetermined deaths. *Acta Psychiatr Scand, 98*: 214-8.

Oyama, H., Koida J., Sakashita, T. et al., (2004). Community-based prevention for suicide in elderly by depression screening and follow-up. *Community Ment Health J, 40*: 249-63.

Purcell, D., Thrush, C. R., Blanchette, P. L. (1999). Suicide among the elderly in Honolulu County: amultiethnic comparative study (1987-1992). *Int Psychogeriatr, 11*: 57-66.

Pillai, P. (1997). Assessment of depression in older people. *Elder Care, 9*: 18-21.

Quinnett, G. Paul (2000). *Counseling Suicidal People: A Therapy of Hope*. Washington: The QPR Institute, Inc.

Range, L. M. & Knott, E. C. (1997). Twenty suicide assessment instruments: evaluation and recommendations. *Death Study, 21*: 25-58.

Rubenowitz, E., Waern, M., Wilhelmson K. et al., (2001). Life events and psychosocial factors in elderly suicides-a case-control study. *Psychol Med, 31*: 1193-202.

Valente, S. M. (1993). Evaluating suicide risk in the medically ill patient. *Nurse Pract, 18*: 41-50.

Waern, M., Rubenowitz, E., & Wilhelmson K. (2003). Predictors of suicide in the

old elderly. *Gerontology, 49*: 328-34.

WHO (2000). Preventing suicide: A resource for media professionals. From: http://www.who.Int/mental_health/media/en/426.pdf.

World Health Organization (2001). *Mental health: new understanding, new hope. World Health Report 2001*. Geneva: WHO.

WHO (2010). Suicide prevention: http://www.who.int/mental_health/prevention/suicide/Suicideprevent.

Zinner, E. S. (1993). *Foreword, Death in the school community: A handbook for counselors, teachers, and administrators*. American Counseling Association. Alexandria.

國家圖書館出版品預行編目(CIP)資料

老人服務與照護 / 陳人豪等著；黃惠璣主
編. -- 初版. -- 新北市：威仕曼文化，
2011.11
面； 公分. --（老人服務叢書；7）

ISBN 978-986-6035-04-3 (平裝)

1.老人福利 2.老人養護 3.健康照護

544.85   100021606

老人服務叢書 7

老人服務與照護

主　　編／黃惠璣
作　　者／陳人豪、黃惠璣、蕭文高、郭旭格、陳政雄、陳俊
　　　　　佑、陳瑛瑛、曾月盈、詹鼎正、石慧玲、毛慧芬、
　　　　　張淑卿、黃源協、蔡秋敏、王寶英、林志鴻、莊秀
　　　　　美、林綺雲
出 版 者／威仕曼文化事業股份有限公司
發 行 人／葉忠賢
總 編 輯／閻富萍
特約執編／鄭美珠
地　　址／新北市深坑區北深路三段 258 號 8 樓
電　　話／(02)8662-6826
傳　　真／(02)2664-7633
網　　址／http://www.ycrc.com.tw
 E-mail ／ service@ycrc.com.tw
 I S B N ／ 978-986-6035-04-3
初版一刷／2011 年 11 月
初版三刷／2020 年 9 月
定　　價／新台幣 650 元